Dinah Marte Golch

Die andere Tochter

Dinah Marte Golch

DIE ANDERE TOCHTER

Roman

List

List ist ein Verlag
der Ullstein Buchverlage GmbH

ISBN 978-3-471-36010-1

Gesetzt aus der Adobe Garamond Pro
bei Pinkuin Satz und Datentechnik, Berlin
Druck und Bindearbeiten: GGP Media GmbH, Pößneck

Oktober 2019

1

Ich bin nicht mehr Toni. Ich bin jetzt eine andere.

Ich stehe vor der Wohnungstür meiner Eltern. In den letzten Jahren habe ich die beiden fast jedes Wochenende besucht, manchmal sogar an meinen freien Mittwochnachmittagen, dabei hätte ich eigentlich zu Hause den Bürokram machen müssen. Wenn ich kam, stand mein lächelnder Vater im Türrahmen. Bei diesem Anblick ging mir immer das Herz auf. Und egal, ob meine kleine Selfmadefirma gerade nicht lief oder ob ich mal wieder mit Holger an den Rand unserer Liebe gekommen war, Papas Umarmung bewirkte jedes Mal, dass ich mich schlagartig besser fühlte.

Nun ist diese Tür im dritten Stockwerk des Schöneberger Altbaus geschlossen. *Petzold* steht auf dem Klingelschild. Niemand wird öffnen. Es ist keiner mehr da. Über dem Schloss klebt – zur Hälfte auf der Tür und zur anderen Hälfte auf dem dunkelbraun lasierten Holzrahmen – ein Polizeisiegel. Es ist blau und mit weißer Schrift steht dort: *Der Polizeipräsident in Berlin – Wer dieses Siegel beschädigt, ablöst oder unkenntlich macht oder den dadurch bewirkten Verschluss unwirksam werden lässt, macht sich nach § 136 StGB strafbar.*

Ich habe den Paragrafen recherchiert. Im Recherchieren bin ich gut geworden, seit im April in meinem Leben eine Bombe hochgegangen ist und alles verändert hat, was einmal mein Leben war. *Verstrickungsbruch und Siegelbruch* heißt der Straftatbestand. Er wird mit bis zu einem Jahr Gefängnis und mit einem Bußgeld bestraft.

Aber ich habe doch nur noch diese zweiundsiebzig Stunden Zeit! Was soll ich denn sonst tun?

Es ist lächerlich, dass die Kripobeamten mich gefragt haben, wo ich zur Tatzeit war, und auch, dass sie mich nicht in die Wohnung lassen. *Verdunklungsgefahr*, was für ein abstruser Gedanke. Ich bin die einzige Tochter meiner Eltern, überhaupt die einzig übrig gebliebene Petzold aus unserer Familie. Und wenn ich noch etwas für meine Mutter tun kann, dann finde ich es hier. Ich mache das hier für meine Eltern.

Natürlich habe ich auch recherchiert, wie man ein Siegel ablöst, ohne es zu beschädigen. Meine Hand in der Jacke ballt sich um den Ersatzschlüssel, den ich immer hatte, aber nie verwendet habe. Nun benutze ich den Schlüssel das erste Mal seit meinem Auszug.

Während ich die Tür öffne, denke ich an den Moment kurz vor meinem zwölften Geburtstag, als ich zu ihnen gezogen war. *Willkommen* stand auf der Fußmatte, die jetzt immer noch hier liegt. Roch die Wohnung damals auch schon so heimelig? Oder habe ich auf so was nicht geachtet, weil ich ein Kind war – ein trauriges Kind, das nicht mehr bei Oma leben durfte? Dieser mir inzwischen so vertraute Geruch hat etwas von meinem Vater, diese ganz besondere Mischung verschiedener Duftnoten, die für mich immer Wärme bedeuten, das Gefühl, aufgehoben zu sein, und das Wissen, dass alles gut wird. Ich bin fast vierzig, aber ich vermisse meinen Papa so sehr, dass es wehtut.

Wie soll nun jemals wieder etwas gut werden? Hier ist ein Mord passiert. Und ich bin schuld daran.

April 2019

2

Der Moment, kurz bevor sie das Haus oder die Wohnung eines Fremden betrat, hatte immer etwas Magisches.

Als sie angefangen hatte, war sie sich manchmal wie ein Voyeur vorgekommen. Aber nie erfasste sie nur das Sichtbare. Sie sah fast alles, nahezu das ganze Leben der Fremden.

Es dämmerte schon, als sie das kalte Treppenhaus emporstieg. Kein Laut war zu hören, bis auf die nassen Tritte ihrer Turnschuhe auf dem dreckigen Linoleum. Die Wohnungstür war nicht abgeschlossen, lediglich ins Schloss gezogen. Toni wunderte sich. Warum waren die Menschen nur so gutgläubig? In eine Altbauwohnung gelangte man mittels einer Kreditkarte binnen zwei Sekunden. *A. Rami* stand auf dem Klingelschild. Die Wohnungstür knarzte und kurz meinte Toni, Licht in einem der Zimmer gesehen zu haben. Aber dann war es doch nur das kalte Licht der Straßenlaterne, das an diesem Spätnachmittag in die Wohnung fiel.

Selten fand sie Geld unter einer Matratze oder Schmuck, der zwischen schmutziger Wäsche versteckt worden war. Doch mit ihrem über die Jahre trainierten Blick entdeckte sie all das andere, was sich mitzunehmen lohnte.

»Absolut gruselig«, meinten Tonis Freunde – die wenigen, die sie hatte – und hauptsächlich waren es Holgers Freunde.

Holger hatte Toni einmal begleitet und hinterher gesagt, dass er das nicht noch einmal bräuchte. Maximal noch, wenn er die Wohnung seiner eigenen Eltern ausräumen müsse, sollten sie eines Tages sterben.

Diese Wohnung hier gehörte jemandem, den sie nicht kannte, *A. Rami.* Eine wohlstrukturierte Aufgabe lag vor ihr, und das machte es einfach. Sie freute sich sogar auf die nächsten eineinhalb Stunden. Auf die fremde Wohnung. Darauf, in ein anderes Leben einzutauchen. Jemanden kennenzulernen, den sie nie kennenlernen würde.

Toni schaltete das Licht ein. Die Angehörigen hatten sie beauftragt, die Wohnung zu entrümpeln, weil sie den Mietvertrag kündigen wollten. Toni hatte bereits eine Vielzahl Wohnungen und Häuser Verstorbener ausgeräumt. Noch nie war es ihr unheimlich gewesen. Ihr erster Blick ging wie so oft in den Garderobenspiegel, dann band sie sich ihr aschblondes Haar zusammen, stellte ihre Flasche Wasser ab (in alten Häusern und Wohnungen lag oft meterhoch Staub und man musste viel trinken, um nicht ständig zu husten) und öffnete routiniert eine Kladde für die Bestandsaufnahme.

Toni sah sofort, dass die Verwandten von A. Rami die Habseligkeiten durchwühlt hatten. Sie hatten Schubladen aufgerissen, aber anscheinend nur wenig mitgenommen.

Nahezu bei jeder Entrümpelung wunderte sie sich, was Menschen aufhoben und womit sie die Mauern ihres Lebens bauten; so hoch, dass sie kaum noch darüber hinweg sehen konnten. Die Verstorbenen wären gekränkt, wüssten sie, wie wenig das alles den Hinterbliebenen bedeutete. Es sei denn, es war Geld oder Mobiliar, das zu Geld gemacht werden konnte. Dann gab es in den toten Wohnungen Lücken in der Einrichtung oder dunkel umrandete Flecken an der Wand.

Für gewöhnlich entsorgten die Erben Dinge, die ein schlechtes Licht auf ihre Toten warfen. Aber Toni hatte schon alles gefunden: Sammlungen pornografischer Zeitschriften, Bilder von Vorfahren in SS-Uniformen, Marihuana in beachtlichen Mengen, Briefe von heimlichen Geliebten, Protokolle über die Lärmbelästigung durch ungeliebte Nachbarn und Spendenbescheinigungen für rechts- oder linksradikale Gruppierungen und Parteien.

Das meiste von dem Zeug, was sie in den Häusern der Toten fand, ließ sie von ihren polnischen Hilfskräften auf einen Wertstoffhof fahren. Es interessierte sie nicht, was davon die Jungs einfach behielten.

Toni sah sich im Flur der Altbauwohnung um. Neben der Tür hing eine Schmiedearbeit in der Größe einer Zigarettenschachtel. Sie hatte keine Ahnung, was die arabischen Schriftzeichen auf dem kleinen Kunstwerk bedeuteten, aber es gefiel ihr.

In fast jedem Nachlass fand Toni etwas, das sie mit nach Hause nahm.

Auch das befremdete Holger.

Toni mochte es. Mit dem Ableben eines Menschen war auch jedes Leben aus den Besitztümern gewichen. Die Gegenstände hatten keine emotionale Bedeutung für Toni und so war es ihr egal, ob sie etwas bei Ikea, auf dem Flohmarkt oder in einem Nachlass fand.

In ihrem kleinen Haus am Rand von Spandau, in dem sie bis zu ihrem zwölften Lebensjahr bei ihrer Großmutter gewohnt und das diese ihr vor zehn Jahren vererbt hatte, passte nichts zueinander. Die Einrichtung ihrer Oma hatte Toni nach und nach durch Stücke ersetzt, die sie bei ihrer Arbeit gefunden hatte. Kein Stuhl passte zum anderen, keine Teller zueinander, kein Glas glich dem nächsten. Ihre Freunde fanden diesen Stil »sehr witzig und originell«. Wenn sie zu Besuch kamen, trugen sie meistens dicke Pullover, man wusste schließlich nie, ob die Heizung noch funktionierte. Manchmal war es so ungemütlich kalt wie in dieser Altbauwohnung.

Über den letzten Streit mit Holger hatte Toni ihre großen Plastiksäcke für den groben Unrat vergessen. Holger und sie hatten sich darüber in die Haare bekommen, dass Toni nie ein ganzes Wochenende bei ihm im Prenzlauer Berg blieb. Aber Toni hatte gewusst, dass das nicht das eigentliche Thema gewesen war. Unausgesprochen war es wieder darum gegangen, dass sie die Vorstellung nicht ertragen konnte, er zöge bei ihr ein. Außerdem stellte die Kinderfrage ihre Beziehung immer mehr auf den Prüfstand. Toni glaubte, dass sie inzwischen jede Variation dieses Gefechts durchgespielt hatten. Sie hatte kurz vor ihrem vierzigsten Geburtstag keine Torschlusspanik. Nur Angst, dass ein Kind etwas besiegeln würde, von dem sie nicht wusste, ob es funktionierte. Holger bedeutete ihr viel, sehr viel sogar, aber sie waren im letzten Jahr zunehmend in einen On-off-Status geraten, meistens ausgelöst durch dieses Thema. Es gab Tage, da gefiel ihr die Vorstellung, mit ihm und einem kleinen Mädchen in ihrem Haus zu leben. Doch es gab zu viele Tage, an denen sie spürte, dass an diesem Bild etwas ganz und gar nicht stimmte.

Sie sah sich in der kalten Wohnung nach Mülltüten um. In der Küche wurde sie nicht fündig. Also ging sie ins Badezimmer, das eher eine Nasszelle war. Eine Toilette mit abgebrochenem Deckel, der in der Ecke stand, eine kleine Dusche mit angeschimmeltem Plastikvorhang, ein dreckiges Waschbecken mit einem Spiegel darüber.

In dem Schränkchen, das vom Beckenrand bis zum Boden reichte, fand sie nur Toilettenpapier, Gummihandschuhe und WC-Reiniger.

Toni richtete sich auf und blickte in den Spiegel. Das grelle Licht der Deckenlampe machte sie blass und betonte die Narbe über der linken Augenbraue, die ihr selbst fast nie auffiel.

»Du gehst schnurstracks auf die vierzig zu«, sagte sie vorwurfsvoll zu der Frau, die sie da musterte. »Vielleicht solltest du deine Abneigung gegen Wellnessurlaube noch mal gründlich überdenken.«

Und dann entdeckte sie im Spiegel etwas hinter sich: eine Plastikkiste, die auf einer schmalen Waschmaschine stand. Flaschen und Putzmittel lugten daraus hervor. Und, wie es aussah, auch Mülltüten.

Toni grinste sich im Spiegel an. »Bingo.«

Ihr Handy vibrierte in ihrer Hosentasche. Kurz dachte sie, es könne Holger sein. Aber auch wenn sie das freuen würde, ihn zu hören, es änderte nichts an ihrem Dauerkonflikt. Es war ihr Vater. Toni nahm das Gespräch an und klemmte sich das Telefon zwischen Schulter und Wange, um nach der Plastikkiste greifen zu können.

»Hallo, Papa«, sagte sie überrascht.

»Kannst du nachher rumkommen und mir beim Reifenwechsel helfen?«

»Wann lasst ihr das endlich von einer Werkstatt machen?«, gab Toni seufzend zurück. Mit der Kiste in der Hand blickte sie umständlich auf ihre Armbanduhr. Bei ihren Eltern vorbeizufahren, würde sie heute mitten in den Feierabendverkehr bringen und einiges an Zeit kosten.

»Komm schon, du würdest mir damit wirklich eine Freude machen. Vorschlag: Deine Mutter kocht, du bleibst zum Essen. Bitte.«

»Na gut«, erwiderte Toni, und dann merkte sie, dass ihr das Handy von der Schulter zu rutschen drohte. Sie wollte die Kiste zurück auf die Waschmaschine hieven, als ihr ein stechender Schmerz ins Handgelenk fuhr. Sie schrie auf – und ließ die Kiste los. Flaschen fielen zu Boden und zersprangen. Toni machte einen Schritt zurück, rutschte jedoch aus. Sie fand nichts, wo sie sich abstützen oder festhalten konnte. Hart schlug sie mit der Stirn gegen die Waschmaschine und ging zu Boden.

Ein beißender Geruch stieg ihr in die Nase.

»Toni, was ist los?«, hörte sie die Stimme ihres Vaters aus dem Handy, das über die Kacheln am Boden bis zur Schwelle zum Flur geschlittert war.

Toni begann zu husten, sie versuchte sich aus einer Lache aus verschiedenen Flüssigkeiten und Glassplittern hochzudrücken. Tränen schossen ihr in die Augen.

Das Letzte, was sie sah, war das Totenkopfsymbol auf einer der kaputten Flaschen am Boden, und als es schwarz um sie herum wurde, wunderte sie sich noch, wer so ohrenbetäubend laut schrie.

3

Dunkelheit. Diffuse, pochende Kopfschmerzen.

Toni öffnete die Augen. Ein kleines bisschen Grau sickerte hinter ihre Lider und sofort zog sich der Stacheldraht fester um ihren Kopf.

Sie stöhnte leise, schloss die Augen und überlegte, auf welcher Party sie wohl versackt war. Eine Erinnerung. Etwas im Spiegel.

Dann feuerten die Synapsen ihrer Amygdala, ihr Herz begann wie wild zu schlagen und heißes Adrenalin flutete ihren Körper.

»Hilfe«, flüsterte sie, öffnete erneut die Augen und schloss sie sofort wieder. Das Grau schoss jetzt mit giftigen Pfeilen.

Jemand nahm ihre rechte Hand. Toni wusste sofort, wer es war. Die Hände hatten milchkaffeebraune Altersflecken, die sie nicht sehen konnte und zugleich genau vor sich sah. Die Fingerspitzen fühlten sich rau an. Toni klammerte sich an die Hand ihres Vaters, die nun wie ein Leuchtfeuer in der Dunkelheit war, ein Fixpunkt in den Schmerzwellen.

»Wir sind hier, Liebes. Du hattest einen Unfall.«

Toni nahm jetzt etwas auf ihrer Stirn wahr, eine sanfte, leicht ziehende Berührung. Sie war auch auf den Wangenknochen. Und auf den Lidern. Sie hob die freie Hand vorsichtig zu ihrem Kopf.

»Papa? Was ist passiert?«

Eine andere Hand nahm ihre Linke und hielt sie davon ab, den Stoff von ihren Augen zu ziehen. Sie war kräftiger als die Hand ihres Vaters und die Haut war weich. Die Hände eines Lehrers, der sich, wenn er nach dem Kochen seine beschichtete Pfanne spülte, Gummihandschuhe anzog.

»Schatz, du hast einen Verband.«

Das letzte Mal, als sie Holger gesehen hatte, war er wütend gewesen. Nun klang seine Stimme belegt und liebevoll.

»Du bist in der Augenklinik. Sie haben dir im Krankenwagen die Augen gespült. Du hast starke Schmerzmittel bekommen.«

Nun hörte sie ihre Mutter. Sie rief nach einem Arzt. Es klang nah, aber nicht danach, dass sie im selben Zimmer war.

»Hallo? Meine Tochter ist wach. Kommt mal jemand?«

Toni konnte sie sich genau vorstellen, wie sie mit resolutem Blick den Flur rauf und runter sah, um jeden damit zu töten, der nicht direkt Spalier stand. Ihre sechsundsiebzig Jahre hatten Brigitte Petzold hager werden lassen, aber nicht weniger beeindruckend.

Erinnerungsfetzen kämpften sich durch die Dunkelheit in Tonis Bewusstsein. Da war eine zigarettenschachtelgroße Schmiedearbeit mit arabischen Schriftzeichen gewesen. Etwas im Spiegel. Ein Totenkopfsymbol auf einer Flasche.

Toni entzog Holger die Hand und tastete ihre Stirn ab.

»Du hast eine Platzwunde«, sagte er und nahm erneut ihre Hand.

»Was ist mit meinen Augen?«

Erst antwortete niemand und das machte ihr Angst. Dann hörte sie Holger an ihrer linken Seite und sie kannte ihn gut genug, um zu wissen, dass er nur die halbe Wahrheit sagte. »Du hast was in die Augen bekommen. Sie haben dir Tropfen dagegen gegeben. Das muss jetzt erst mal verheilen.« Und fast erleichtert fügte er hinzu: »Ah, da kommt der Oberarzt.«

Eine fremde Männerstimme stellte sich vor und Toni vergaß sofort wieder den Namen. Die Stimme klang routiniert und professionell. Vor ihrem inneren Auge sah sie einen älteren Mann mit grauem und etwas lichter werdendem Haar, weißem Kittel und weißen Birkenstock-Schlappen. Die Gestalt, die dieser Mann in ihrem Kopf annahm, hatte eine gewisse Ähnlichkeit mit Dr. Brinkmann aus der »Schwarzwaldklinik«. Offenbar vermischte sich eine der wenigen Kindheitserinnerungen, die sie hatte, mit ihrem benebelten Jetzt. Wenn sie als Kind nicht hatte schlafen können, war sie zum Wohnzimmer geschlichen, wo ihre Oma in der Welt ihrer Lieblingsserie versunken war. Toni hatte vor dem Türspalt gesessen, den Brinkmanns beim Leben zugeschaut und geglaubt zu erfahren, wie es in richtigen Familien so zuging.

»Sie sind mit einer Mischung aus Lauge und Säure in Berührung gekommen«, sagte Dr. Brinkmann. »Ihre Hornhaut wurde stark verätzt. Durch die Verseifung wurde auch die Bindehaut angegriffen. Ihr Körper versucht mit einer Entzündungsreaktion gegenzusteuern. Wir unterstützen die Heilung medikamentös. Ob bleibende Schäden an der Horn- und Bindehaut entstanden sind und ob eventuell auch die Iris in Mitleidenschaft gezogen wurde, können wir erst sagen, wenn die Augen anfangen zu heilen.«

»Was soll das heißen?«, keifte ihre Mutter. »Iris angegriffen? Das heißt, dass sie blind werden kann?«

»Wie gesagt. Wir müssen abwarten, wie die Heilung verläuft.«

Toni hörte Holger schwer atmen, hörte ihren Vater leise weinen, ihre Mutter toben, um dem Arzt eine konkretere Aussage zu den Heilungschancen abzuringen. Sie selbst wusste nicht, ob sie begriff, was der Arzt gesagt hatte, sie spürte nur, dass etwas sie tief in die Matratze drückte, tiefer in die Dunkelheit.

Oktober 2019

4

Ich stehe im Wohnungsflur meiner Eltern, die Hand noch auf der Klinke der geschlossenen Tür. Vor Kurzem lag hier noch die Hand meines Vaters. Und die meiner Mutter.

Langsam nehme ich den besonderen Geruch ihrer Räume nicht mehr wahr, wie es passiert, wenn man zu oft an einem Parfüm schnuppert und es dann nicht mehr riechen kann. Es ist still. Aber je länger ich hier stehe und mich frage, ob ich das hier schaffe, umso mehr Geräusche nehme ich in der vermeintlichen Stille wahr. Eine Heizung brummt. Im Haus geht eine Tür. Draußen startet ein Auto. Irgendwo ruft jemand nach einem Kind. Und in all diesen Geräuschen fehlen schmerzhaft die meiner Eltern. Sein etwas schlurfender Gang auf den Dielen, ihre Stricknadeln, die leise in den Maschen wispern; sein Husten, wenn er zu viel geraucht hat, ihr Seufzen darüber, weil er das nicht ändern will; das Ploppen seiner Bierflasche, das leise Klirren ihrer Teetasse auf dem Unterteller.

Ich sehe vor mich auf den Boden. Da stehen die Hausschuhe der beiden. Fein säuberlich nebeneinander. Im Regal die geputzten Schuhe. Fürs Schuhputzen war Papa zuständig. Er hat es geliebt und ich sehe seine Hände mit den milchbraunen Altersflecken vor mir, wie sie mit der Bürste über das Leder polieren, und dann sehe ich ihn, wie er zu mir hochguckt, mir zuzwinkert und auf meine Füße deutet. Ich hasse Schuheputzen. Er hat das immer für mich getan.

Über dem Regal im Flur hängt ein Bild der beiden. Sie stehen auf einer Klippe am Meer. Das Foto ist ein paar Jahre alt und ein anderer Tourist hat es auf ihrer letzten Reise von ihnen gemacht. Papa ist braun gebrannt. Mama hat einen großen Strohhut auf, einen scheußlichen, wie ich finde, und eine alte Sonnenbrille. Er sieht glücklich aus. Sie – das weiß ich nicht, ich kann es nicht erkennen.

Ich streiche mit den Fingern über das Bild, allerdings nur auf seiner Seite, nicht auf ihrer. Mit meiner Mutter habe ich nie gekuschelt. Brigitte Petzold hat Körperkontakt nicht gemocht und nun käme es mir falsch vor, diese Grenze zu überschreiten, so irrational das auch sein mag. Zwischen uns war oft eine unsichtbare Wand, so wie jetzt die Glasscheibe über dem Foto.

»Ich muss das jetzt tun«, flüstere ich. »Ich muss jetzt professionell sein, sonst bekomme ich das nicht hin, versteht ihr?«

Ich habe keine Kladde dabei wie sonst, wenn ich eine Wohnung oder ein Haus zum ersten Mal sichte. Hier und heute muss ich nur eine Sache finden. Ich glaube, noch nie in meinem Leben war etwas so wichtig wie dieses Stück Papier. Eine Patientenverfügung oder ein Organspendeausweis.

Die Zeit für eine Entscheidung drängt, da waren die Ärzte im Krankenhaus klar. Aber ich kann das einfach nicht alleine entscheiden. Zum einen, weil ich nicht weiß, was meine Mutter gewollt hätte, und zu Papa lassen sie mich noch nicht, mit ihm kann ich noch nicht darüber reden. Und zum anderen bin ich unfähig, das zu entscheiden, weil ich inzwischen genau weiß, was bei einer Organ- und Gewebespende passieren und wie sehr es das Leben eines Menschen aus den Angeln heben kann.

Die Transplantation hat mir ein neues Leben geschenkt. Ein aufregendes, berauschendes. Sie hat mich zum glücklichsten Menschen auf diesem Planeten gemacht.

Und sie hat mir unendlich viel genommen, denke ich, als ich noch mal auf das Foto meiner Eltern sehe. Ich vermisse meinen Vater, den ich immer geliebt habe, auch wenn er betrunken war. Und ich vermisse meine Mutter, die ich nie lieben durfte.

Mein schlechtes Gewissen erdrückt mich. Aber vielleicht ist es das Letzte, was ich noch für sie tun kann.

Mai 2019

5

Toni lag in dem fahrbaren Krankenbett. Die Augenbinde war entfernt worden und sie sah nichts außer nebulösem Schwarz-Weiß um sich herum. In der letzten Woche hatte sie versucht, sich daran zu gewöhnen, den Raum über die anderen Sinne wahrzunehmen. Zu hören, wo sich ihre Besucher im Zimmer aufhielten. Sich die Schritte zu merken, die sie tun musste, wenn sie von einer Schwester zu der kleinen Toilette geführt wurde.

Sie hatte versucht, die Panik nicht zu groß werden zu lassen, wenn sie in dem Gefängnis aus Grautönen die Orientierung verlor; wenn der Gedanke, dass sie vielleicht nie wieder mehr als jetzt sehen würde, sie in einen Strudel sog; wenn sie auf dem Weg zum Bad das sichere Gefühl hatte, gleich gegen eine Wand zu rennen, auch wenn ihre Hände, die sie schützend vor sich hielt, nichts tasteten. Die Dunkelheit wanderte jeden Tag ein bisschen tiefer von ihren Augen in ihre Seele.

»Die Keratoplastik ist die häufigste Organtransplantation weltweit«, hatte Dr. Brinkmann erläutert. »Und sie ist sehr erfolgreich. Sie haben also gute Chancen, wieder sehen zu können oder zumindest einen Großteil Ihres Sehvermögens zurückzugewinnen. Sie werden nach der Operation regelmäßig Immunsuppressiva nehmen müssen, um eine Abstoßung zu verhindern. Bei Ihnen müssen wir die kompletten Hornhäute der Augen entnehmen. Wir ersetzen sie dann durch die Cornea eines passenden Spenders und vernähen sie. Die Fäden können wir erst zwölf bis achtzehn Monate später ziehen, da diese Wunden nur sehr langsam heilen. Sie werden oft und sehr regelmäßig zu Nachsorgeuntersuchungen gehen müssen, damit mögliche Entzündungen oder eventuelle Abstoßungsreaktionen frühzeitig erkannt werden.«

Nach nur zehn Tagen hatten sie einen geeigneten Spender gefunden.

Toni spürte, wie sich das Krankenbett in Bewegung setzte und nach kurzer Zeit die Richtung änderte. Die Liege rumpelte und das Geräusch der Räder veränderte sich, es drang jetzt näher an ihr Ohr. Dann ein Ping-Geräusch. Sie waren im Aufzug und fuhren hinab zum Operationstrakt.

In den letzten beiden Wochen war Holger jeden Tag an ihrem Krankenbett gewesen, hatte ihr aus der Zeitung vorgelesen, versucht sie abzulenken und hatte sie lange im Arm gehalten, nachdem die Ärzte ihr die Augenbinde abgenommen hatten und Toni nur noch nebulöse Schatten hatte sehen können. Je mehr er ihr helfen wollte, umso mehr fühlte sie sich mit ihrer Hilflosigkeit konfrontiert, in die sie gestoßen worden war. Und sie begann sich zu fragen, ob er es wagen würde, sie zu verlassen, sollte sie blind bleiben. Sie wusste nicht, welche Antwort auf diese Frage sie lieber bekommen würde.

Ihr Vater und ihre Mutter waren anfangs alle zwei Tage gekommen, im stetigen Wechsel, mal sie, mal er. Am Schluss hatte es Tage gegeben, da war keiner von beiden aufgetaucht. Toni war fast dankbar über diese Tage, an denen sie nicht neben ihrem Bett saßen, sich den Anschein von Zuversicht zu geben versuchten und dabei eine Schwere verbreiteten, die Toni tief in die Matratze hinunterzog.

Wenn sie alleine war, dachte sie an ihr Haus. Wenn sie

schlief, träumte sie konfuses, unzusammenhängendes Wirrwarr.

Bei dem erneuten Pling-Geräusch schreckte Toni hoch. Aufzugtüren, die zurückglitten, und wieder setzte sich das Krankenbett in Bewegung. In ein paar Stunden würde Toni wach werden und dann würde sich herausstellen, ob sie die Dunkelheit jemals wieder verlassen durfte.

Die Krankenschwester sprach mit ihr. Wahrscheinlich war es ihre Aufgabe, um sie abzulenken, und Toni rührte es. Doch sie antwortete unaufmerksam.

»Wir geben Ihnen jetzt das Narkosemittel«, sagte der Chirurg wenig später. Vielleicht war es aber auch der Anästhesist. »Zählen Sie von hundert rückwärts.«

»Hundert, neunundneunzig …«, sagte sie und merkte, dass sich ihre Zunge schon wie ein nasser Waschlappen bewegte. Sie versuchte sich von der Liege hochzukämpfen und spürte sanften Händedruck auf den Schultern.

»Wehren Sie sich nicht gegen die Narkose. Lassen Sie sich fallen. Alles ist gut. Sie schlafen ein bisschen und wir sehen uns im Aufwachraum.«

Und dann trug die Narkose sie auf sanften Wellen in eine andere Welt davon.

6

Die ersten Tage nach der Operation waren im Dunst von Schmerzmitteln vorbeigegangen. Dann war es hell in ihrer Welt geworden. Schon am Tag nach der Operation, noch völlig verschlafen von der Narkose, hatte sie unter der Augenbinde hervorlugen dürfen und sich seitdem über jeden Lichtstrahl gefreut, der sich an ihrer neuen Cornea brach, das komplizierte Kamerasystem der Augen passierte und von hundertzwanzig

Millionen Sinneszellen der Netzhaut zu ihrem Gehirn geschickt wurde – um dort endlich wieder zu einem Bild zu werden. Einer Abfolge von unzähligen Bildern.

Toni hatte bis dato nicht geahnt, wie schön der Reigen von Staub sein konnte, der durch einen Lichtstrahl tanzte. Ihr war nie aufgefallen, wie sehr ein Regentropfen schillerte, der an einer Scheibe hinunterlief. Sie bemerkte zum ersten Mal, wie friedlich Holger im Schlaf aussah, als er auf dem Besuchersessel eingenickt war. Das alles rührte sie zutiefst.

Nur der Spiegel in dem kleinen Bad des Krankenzimmers hatte ihr ein bisschen Angst gemacht. Zuerst hatte eine Fratze mit blutunterlaufenen Augen zurückgestarrt, die direkt aus einem Albtraum angereist war und noch kein Rückfahrtticket gelöst hatte. Aber dann, in der zweiten Woche, hatte sie noch etwas anderes gesehen.

Plötzlich hatte jemand aus diesen Augen im Spiegel zurückgeblickt. Es war, als würde aus dem Nichts heraus eine Person in ihrem Vorgarten stehen und ihr mitten in die Seele schauen. Erschrocken hatte sie das Badezimmer verlassen. Als sie wieder im Krankenbett lag, etwas verstört von der Begegnung mit sich selbst, glaubte sie, sich alles nur eingebildet zu haben.

Beim nächsten Mal, als sie einen Blick in den Spiegel gewagt hatte, war ihr aufgefallen, wie fein ihre Iris gemalt war. Je länger sie sich in die Augen geblickt hatte, umso mehr schien sich ihr Gesicht zu verändern und doch sah sie immer nur sich selbst. Sie konnte sich nicht von dem Bild lösen. Und wieder hatte plötzlich jemand zurückgeschaut. Jemand, der nicht sie war.

Toni schrieb dieses Phänomen den Immunsuppressiva zu, die sie nun täglich zweimal nehmen musste, damit die neuen Hornhäute nicht von ihrem eigenen Immunsystem als Fremdkörper abgestoßen wurden. Die Ärzte hatten ihr gesagt, dass es zu Nebenwirkungen kommen könne. Und so erzählte sie auch Holger nichts von der Sache.

Er kam jetzt fast täglich nach seinem Job als Deutschlehrer für geflüchtete Kinder zu ihr ins Krankenhaus und bemühte sich, ihr möglichst unbekümmert von dem Leben da draußen zu erzählen. Die Arbeit schlauchte ihn und es war alles andere als sein Traumjob. Doch mit dem Rückgang der Printmedien hatte er seine Stelle als Zeitungsredakteur verloren.

»Es ist nur vorübergehend«, hatte er 2015 gesagt, als die Zahl der Geflüchteten in Deutschland rapide angestiegen war und man plötzlich viele Quereinsteiger für Sprachkurse benötigte. Aus *vorübergehend* waren inzwischen vier Jahre geworden. Holger trauerte seinem alten Job noch hinterher, aber er jammerte nicht mehr darüber. Er las weiter Zeitung, und zwar die gedruckte und nicht die digitale Form, und fraß jedes Buch zu politischen Themen. Tonis Eltern mochten es als Lehrer, dass er ebenfalls unterrichtete, Brigitte allerdings hätte ihn lieber an einer *richtigen* Schule gesehen, wie sie es ausdrückte.

Zwei Wochen nach der Operation parkte Holger seinen Wagen mit knirschenden Reifen auf dem unbefestigten Gehweg vor Tonis Haus. Er trug ihre Reisetasche durch den Vorgarten und schloss die Tür auf. Er ließ sie nichts selber tun. Toni nahm es gleichmütig und manchmal auch dankbar hin. Ihre Kräfte, sich gegen jegliche Bemutterung aufzulehnen, waren aufgebraucht. Sie blieb in ihrem Vorgarten stehen. Wie verrückt hatte sie sich darauf gefreut, das sprießende Grün zu sehen, das Unkraut, das sie unbedingt beseitigen musste, die Haustüre zu ihrer eigenen kleinen Welt. Doch als sie an dem Vintage-Briefkasten vorbeiging und an der Parkbank (die sie beide bei einer Entrümpelung gefunden hatte), rührte sich nichts in ihr.

Sie betrat das windschiefe Haus, das sie schon als Kind bewohnt hatte, scheuerte sich an der Fußmatte das nasse Frühjahr von den Schuhen und ging ins Wohnzimmer.

Es war ein Gefühl, als würde sie das Haus eines Verstorbenen betreten. Ihr Blick glitt über die Möbel und die Bilder, scannte alles, als würde sie gleich die Kladde für die Bestandsaufnahme öffnen, und sie merkte, dass etwas in ihrem Haus fehlte: das Gefühl, zu Hause zu sein. Toni war ganz irritiert davon. Wahrscheinlich war die Erschöpfung der letzten vier Wochen schuld an diesem Zustand. Hätte sie sich erst erholt, würde ihre kleine Welt auch wieder heimelig sein.

Holger räumte ihre Tasche aus, setzte Teewasser auf und legte Toni die Immunsuppressiva, die Augentropfen und die Augensalbe auf den Esstisch.

»Ich fahre gleich einkaufen«, rief er ihr aus der Küche zu.

»Okay, danke. Ich werde mich etwas ausruhen.«

Sie setzte sich aufs Sofa und dachte an das letzte Gespräch mit dem Oberarzt, der – welche Überraschung – ganz anders ausgesehen hatte als der Dr. Brinkmann in ihrer blinden Vorstellung: Er war rothaarig, klein und trug Turnschuhe.

»Sie können eine psychologische Betreuung in Anspruch nehmen.«

»Wieso sollte ich das?«

»Wir empfehlen es allen Organempfängern. In Ihrem Fall handelt es sich zwar nur um eine Gewebespende, aber was immer gleich ist: Empfänger leben unter einer großen Anspannung, mit der Angst, dass das Organ trotz der Medikamente abgestoßen wird. Das kann zu einem hohen Stresslevel führen. Und viele Patienten leiden unter Schuldgefühlen, weil sie durch die Spende weiterleben dürfen, während ein anderer gestorben ist.«

Sie hatte ihn angesehen und versucht, sein echtes Aussehen mit der Stimme zu verbinden, die ihr inzwischen so vertraut war.

»Nun, es ist ja nicht so, dass ich ein Herz bekommen hätte.«

»Ich biete es Ihnen nur an.«

Gerade als es eigentlich nichts mehr zu sagen gab und Dr.

Brinkmann schon aufstand, um sie höflich und deutlich auf seine knapp bemessene Zeit hinzuweisen, gab sie sich einen Ruck. »Von wem kam die Cornea, die Sie mir implantiert haben?«

Dr. Brinkmann ging um den Schreibtisch herum, ohne den Blick von ihr zu nehmen. »Das wissen wir nicht. Die Zuteilung erfolgt über die Corneabank. Es herrscht absolute Anonymität. Und auch Sie werden es nie erfahren.«

Er öffnete die Tür zum Flur.

»Ich meine nur, weil Sie das mit den Schuldgefühlen erwähnt haben«, beeilte sich Toni zu sagen. »Ich habe einmal ein Video gesehen, da hat ein Mann mehrere Menschen getroffen, die ein Organ von seiner toten Tochter bekommen haben.«

»Das ist Amerika.« Dr. Brinkmann machte eine wegwerfende Handbewegung. »Hier geht das nicht. Keinerlei Kontakt zwischen Spenderfamilien und Organ- und Gewebeempfängern. Und mit gutem Grund. Wenn Sie das Bedürfnis haben, können Sie vielleicht der Spenderfamilie einen Brief schreiben. Bei Organen prüft das Deutsche Organspendezentrum den Brief und fragt bei Angehörigen, ob sie ihn erhalten wollen – sorgfältig anonymisiert. Manchen Menschen hilft es, sich bei der Spenderfamilie zu bedanken. Es ist aber keine Pflicht. Bei Gewebespenden herrscht eine gewisse Grauzone, da dieser Paragraf im Transplantationsgesetz schlichtweg vergessen wurde. Ich kenne aber Patienten, deren Briefe wurden weitergeleitet. Sie müssten sich an die Corneabank wenden.«

Holger brachte Toni eine große Tasse Tee ans Sofa und sie schrak aus ihren Gedanken hoch. Er gab ihr einen Kuss auf den Kopf und als sich die Haustür hinter ihm geschlossen hatte, sprang sie auf und griff nach ihrem Telefon. Sie erreichte den Leiter der Corneabank. Er versprach ihr, zu sehen, was er für sie tun könne.

Toni durchwühlte den alten Sekretär in der Ecke ihres

Wohnzimmers, den sie erst vor Kurzem restauriert hatte. In dem gleichen Haushalt, in dem sie dieses Möbelstück gefunden hatte, war ihr eine Pappschachtel mit altem, schwerem Briefpapier in die Hände gefallen. Sie war sich sicher, es in einer der Schubladen verstaut zu haben.

Kurz darauf saß sie auf einem der nicht zusammenpassenden Stühle am Esstisch und schrieb:

Liebe und sehr geehrte Spenderfamilie,
zunächst möchte ich Ihnen mein tiefes Beileid zum Verlust Ihres Familienmitglieds aussprechen. Ich werde nicht im Mindesten nachvollziehen können, was das für Sie heißt. Nach einem Unfall bin ich blind geworden und durch eine Gewebetransplantation ist das Wunder geschehen. Ich kann wieder sehen. Es wäre nicht möglich gewesen ohne die Cornea dieses einen Menschen, den Sie verloren haben. Darüber bin ich traurig, aber ich möchte Ihnen danken dafür, dass ich wieder sehen kann.
Seit der Operation sehe ich vieles in meinem Leben, was mir vorher nicht aufgefallen ist. Ich schlafe sehr viel weniger als vorher, weil ich nicht aufhören kann, zu sehen und dankbar dafür zu sein. Ich restauriere gerne alte Möbel und es wäre nicht möglich ohne mein Augenlicht. Nun habe ich sogar überlegt, meine alte Kamera herauszuholen und wieder zu fotografieren oder gar anzufangen zu malen. Es ist, als hätte ich erst jetzt begriffen, was es heißt zu sehen.
Ich wünsche Ihnen viel Kraft und Beistand und seien Sie versichert, dass ich sehr gut auf dieses Geschenk aufpassen werde.
Herzlich und unbekannterweise in tiefer Verbundenheit,
Antonia Petzold

Das mit dem Möbelrestaurieren stimmte natürlich nur ein bisschen. Es war nicht mehr als ein Hobby, für das Toni meistens zu wenig Zeit hatte. Aber es wäre eine schlechte Idee, der Familie zu schreiben, sie würde Häuser von Toten entrümpeln, wo sie gerade jemanden verloren hatten.

Sehr zufrieden war sie nicht mit dem Brief. Sie hatte auch nicht lange dafür gebraucht. Trotzdem fühlte sie sich nach den wenigen Zeilen so erschöpft, als hätte sie den ganzen Tag gearbeitet.

Sie adressierte und frankierte den Umschlag, dann klebte sie ihn zu, bevor sie anfangen würde, den Brief in Zweifel zu ziehen und ihn am Schluss wegzuwerfen. Sie legte ihn in die Küche und ging nach oben in das kleine Schlafzimmer unter der Schräge. Dann fiel sie in einen tiefen Schlaf.

In dieser Nacht träumte sie das erste Mal von dem Mädchen.

7

Toni war noch halb in der Traumwelt gefangen, als Tagesgeräusche sich einen Weg in ihr Bewusstsein suchten. Geschirr klapperte, ein Radio dudelte, es wurde geredet und gelacht. Mit der trägen Schwere, die der Traum hinterlassen hatte, schlurfte sie ins Bad, klatschte sich kaltes Wasser ins Gesicht und während sie Zähne putzte, blickte sie ihr Spiegelbild an. Die Hämatome um die Augen gingen zurück, das Weiß in ihren Augen verlor das Rot, das die Operation hinterlassen hatte und sie aussehen ließ wie eine Untote. Die Platzwunde, die ihr die Waschmaschine der Altbauwohnung auf die Stirn gestanzt hatte, verheilte auch.

Toni stieg ins Erdgeschoss hinab und mit jeder Stufe fiel ein Teil des Schlafkaters von ihr ab.

Draußen glänzte die erste Maisonne im Tau. Toni musste blinzeln. Sonne vertrug sie immer noch nicht gut. Immerhin waren die beiden Sonnenbrillen jetzt mal zu etwas zu gebrauchen, die sie vor drei Jahren bei einer Entrümpelung gefunden hatte. Die Brillen waren so alt, dass sie inzwischen wieder modern waren.

Holger saß mit ihren Eltern am Küchentisch. Es roch nach Kaffee und Croissants.

»Na, Murmeltier? Du hast vierzehn Stunden geschlafen.«

Er nahm ihr Gesicht in beide Hände und küsste sie. Ihr Vater umarmte sie und ihre Mutter zwang sich zu der Lüge, dass Toni schon *sehr viel besser* aussähe.

Toni war überrascht und freute sich über die gute Laune, die die drei zu verbreiten versuchten. So eine Stimmung hatte es nicht mal an Weihnachten gegeben.

Während sie frühstückten, sprachen sie über Tonis Arbeit und wie sie die Zeit überbrücken würde, bis sie wieder einsatzfähig war. Ihr Vater bot ihr an, im Garten zu helfen, und ihre Mutter erklärte sich bereit, zu putzen und zu bügeln, falls Toni Hilfe brauchte. Es war ungewöhnlich für die beiden. Sehr ungewöhnlich. Ihre Mutter war trotz ihres Alters noch überaus rüstig, fitter als ihr Vater, der zwei Jahre jünger war und den seine Vorliebe für Bier und Eckkneipen gezeichnet hatte.

Ihre Mutter hantierte mit dem alten Gasherd und dem verbeulten Teekessel herum. Aber sie verkniff sich Kommentare über die bunt zusammengewürfelte Küchenausstattung. Tonis Mutter mochte eigentlich gar nichts in diesem Haus. Nicht mal das Haus selber. Toni hatte lange gedacht, es läge daran, dass ihre Großmutter das Haus explizit ihrer einzigen Enkelin vererbt hatte und nicht ihrem Sohn Peter und somit auch ihr nicht als Ehefrau. Aber Brigitte hatte Toni deswegen nie Ärger gemacht. Nicht ein böses Wort war gefallen.

Während Brigitte Tee aufgoss, murmelte sie über die Schulter in Richtung Toni: »Nach dieser Sache wirst du hoffentlich endlich diese schreckliche Arbeit aufgeben. Das ist ja nichts. Immer mit diesen Toten.«

Toni hörte das nicht zum ersten Mal, und dass sie enttäuscht war, weil ihre Mutter so wenig Anerkennung zeigte für das, was sie tat, hatte sich auch schon wiederholt.

»Ich habe mit Möbeln zu tun, nicht mit Toten«, erwiderte sie spitzer, als sie gewollt hatte. Inzwischen vermutete sie, dass Brigitte das Thema umso verhasster war, je älter sie wurde. Führte ihr die Arbeit der Tochter die eigene Vergänglichkeit vor Augen? Das Zukunftsbild, dass Toni eines Tages die Wohnung in Schöneberg ausräumen musste, in der sich vierzig Jahre Leben bis unter die Decken stapelte?

»Darüber reden wir jetzt gar nicht«, sprang Herr Petzold seiner Tochter bei. »Wenn Toni so weit ist, dass sie wieder arbeiten will, wird sie sich das in Ruhe überlegen.«

Als ihre Mutter vom Gasherd zurück zum Tisch ging, passierte etwas Ungewöhnliches: Brigitte widersprach nicht. Stattdessen lächelte sie einsichtig. Und dann nahm Toni etwas zwischen ihren Eltern wahr, was sie zutiefst berührte. Brigitte legte beschwichtigend kurz eine Hand auf die Schulter ihres Mannes. Toni wusste nicht, wann sie zum letzten Mal eine Berührung zwischen ihren Eltern gesehen hatte. Während ihre Mutter dort stand, blickte ihr Vater zu ihr hoch. Sie sahen sich an und etwas schien heller in ihren Gesichtern zu werden. Sie schienen sich mit den Augen anzulächeln. Toni erinnerte es an die wenigen Hochzeitsfotos der beiden. Es gab überhaupt kaum Fotos aus ihrer Familie und nahezu keine, auf denen gelächelt wurde.

Vielleicht, dachte Toni beim Anblick ihrer Eltern, hat der Schrecken der letzten Wochen auch bei ihnen etwas ausgelöst. Vielleicht Dankbarkeit, dass nichts Schlimmeres passiert war, und eine neue Wertschätzung dafür, dass sie sich nach vierzig Jahren Ehe immer noch hatten.

Als die beiden Tonis starrenden Blick bemerkten, zog ihre Mutter die Hand zurück und setzte sich. Ihr Vater wischte sich verlegen Brösel aus dem Mundwinkel.

Toni nahm sich noch ein Croissant, nicht, weil sie Hunger hatte, sondern um so zu tun, als ob dieser Moment nicht stattgefunden hätte. Sie fragte sich, warum solche Momente bei ihnen nicht zum Alltag gehört hatten. Ob sie selbst eines Tages auch so mit einem Mann leben würde? Vielleicht mit Holger?

Sie betrachtete ihn. Ihr Stand vor dem Unfall war der Off-Status gewesen, aber dies hatte in den letzten Wochen keine Rolle gespielt. Er war bei ihr gewesen, nahezu jeden Tag, und das mit einer Selbstverständlichkeit, die Toni fast beschämte. Holger verhielt sich, als hätte es das letzte Gefecht nie gegeben. Er öffnete die Doppeltür zum Garten, deren Holzrahmen Toni unbedingt abschleifen und streichen musste, und warf für die Vögel die abgeblätterten Reste der Croissants auf die schmale Holzterrasse, die das Frühlingswetter mit einer schmierigen Schicht aus Dreck und jungem Moos überzogen hatte. Dann schloss er die Tür und lächelte Toni an.

»Wir werden im Garten eine Menge zu tun haben«, sagte er und deutete hinaus. »Wenn die Ärzte dir das Okay geben. Vielleicht sollten wir sicherheitshalber einen Gärtner suchen. Wir sollten jedes Infektionsrisiko vermeiden.«

Toni hätte sich gerne über seine Worte gefreut. Aber das Wir in ihrem Herzen war kaum wahrnehmbar. Es war – genauso wie das Gefühl, zu Hause zu sein – an den Rand ihrer Gefühlsskala gerutscht. Vielleicht auch eine Nebenwirkung der Medikamente, dachte Toni. Beim nächsten Augencheck in der Cornea-Sprechstunde würde sie das Thema ansprechen.

Als ihre Eltern gingen, klopfte ihr Brigitte ungelenk auf den Rücken. »Bleib wacker«, sagte sie, ohne Toni anzusehen.

Ihr Vater umarmte sie. »Wir haben dich lieb«, flüsterte er und fügte mit Blick auf Brigitte hinzu: »Und sie will doch auch, dass es dir gut geht und du nach vorne schaust.«

Kaum waren sie alleine, trat Holger hinter Toni und legte seine Arme um ihre Schultern. Er küsste sie in den Nacken.

Toni wusste, was das hieß. Sie waren, ohne darüber zu sprechen, wieder in den On-Modus geraten.

Sie liebten sich in Tonis Bett – mit der Gewohnheit eines Paares, das sich gegenseitig nicht mehr überraschte. Toni täuschte Leidenschaft vor, um seine gute Laune nicht zu zerstören. Sie kam nie, wenn er in sie eindrang, aber er wusste, wie er sie zu berühren hatte, damit auch sie zum Höhepunkt kam. Er war kurz und farblos. Aber, dachte Toni, als sie in die Dusche stieg, es gab diesem Tag ein Gefühl der Normalität. Als hätte es ihre ständigen Streitigkeiten nicht gegeben, ob sie das Haus aufgab oder Holgers Namen mit auf ihr Klingelschild setzte. Als wäre sie nicht enttäuscht über Brigitte. Als hätte es nie eine Operation gegeben, keine Wohnung in Wilmersdorf. Und keine Angst, blind zu werden und dass der eigene Körper die neue Hornhaut wieder abstoßen könnte.

Oktober 2019

8

Ich sehe in das Wohnzimmer meiner Eltern. Es ist das typische Berliner Zimmer, recht geräumig, aber es hat nur ein Fenster und ist deshalb ziemlich dunkel. Ich frage mich, ob ich das Licht anschalten kann. Oder wird dann ein Nachbar aufmerksam, dass jemand *in den Tatort* eingedrungen ist?

Ich wundere mich, dass es hier aussieht wie immer. Ich hatte ein Chaos erwartet und dass die Polizei hier alles auf den Kopf gestellt hat. Warum ist das nicht passiert? Als wäre dieser brutale Mord nicht passiert. Oder glaubt die Kripo mir endlich, dass die Täterin in Frankfurt sitzt und sie hier keine Beweise mehr für irgendetwas suchen müssen?

Auf dem Sofa sehe ich die beiden Gemütlichkeitsdecken meiner Eltern, seine ist blau, ihre beige. Sie liegen ordentlich gefaltet auf der Rückenlehne, wie Platzhalter für die beiden Menschen, die mich gezeugt und ab dem zwölften Lebensjahr großgezogen haben. Auf dem Couchtisch liegt Brigittes Strickzeug, ein angefangener Pullover, vielleicht sollte er mein Geburtstagsgeschenk werden. Übermorgen werde ich vierzig und ich werde nicht mit den beiden an dem runden Holztisch vor dem einzigen Fenster in diesem Raum sitzen und selbst gebackene Torte essen. Mein Papa wird mir nicht sagen: »Du bist das Beste, was uns je passiert ist«, und Mama wird nicht wie sonst an meinen Geburtstagen all ihre Liebe hervorholen, die sie übers Jahr so schwer zeigen konnte. Warum durfte ich sie nicht noch einmal so erleben? Wenigstens einmal diese Erinnerung tanken, dass ich *richtig* bin, dass sie mich liebt, mich umarmen kann?

Mir fällt auf, dass meine Eltern das Zimmer kaum verändert haben seit meiner Jugend. Die Couch, auf der wir früher alle weit voneinander entfernt gesessen und Fernsehen geguckt haben, ist immer noch die gleiche. Jeder von uns war dann in seiner eigenen Welt und ich war überzeugt, dass die Kluft zwischen uns meine Schuld war, weil ich geklaut hatte. Ich spüre das Gefühl erneut, klar und deutlich, als ich auf das Sofa blicke. Es war, als wäre ein großes Loch im Raum, das niemand füllen konnte, und jetzt erinnere ich mich, meine Eltern gefragt zu haben, ob Oma nicht zu uns ziehen könne. Brigitte war unglaublich böse geworden und ich habe nie wieder gefragt. Ich wundere mich, wo die Erinnerungen all die Zeit gewesen sind.

Ich atme tief ein und aus. Ich muss mich auf das konzentrieren, was ich abspulen kann wie das Fahrradfahren: die Bestandsaufnahme und die Suche nach wichtigen Dokumenten. Normalerweise notiere ich mir in der Kladde alle Möbelstücke und sonstige Einrichtungsgegenstände. Dann bewerte ich, was auf den Sperrmüll kann, was einen Wiederverkauf lohnt, was für Angehörige wichtig und emotional bedeutsam sein könnte und was man vielleicht an eine wohltätige Organisation spenden sollte. So habe ich dieses Zimmer noch nie betrachtet und es tut weh, als mir klar wird, dass ich nahezu alles von meinen polnischen Hilfskräften zum Werkstoffhof bringen ließe.

Die Eichenschrankwand mit den Büchern hat diverse Schubladen, in denen ich eine Patientenverfügung finden könnte. Ich ziehe eine Schublade nach der anderen auf: Servietten (die für täglich und die für besondere Gelegenheiten), Serviettenringe (nie gebraucht), besondere Seifen für besondere Anlässe (nie gebraucht), Tischsets (fleckige und neue, die hier still auf einen geeigneten Anlass warten, den es nicht mehr geben wird), Stifte (ich sehe sie damit Kreuzworträtsel lösen, ihn eine Postkarte schreiben – an mich, an wen sonst, er hat sonst niemanden), ein Schälchen mit ihren Eheringen (sie waren ihnen zu groß geworden – oder war ihre Liebe geschrumpft?), und da ist ein Untersetzer für heiße Töpfe, den ich ihnen als Kind zu Weihnachten gebastelt habe. Oma hatte mir gezeigt, wie das geht. Sie hatte Korken von Weinflaschen gesammelt, sie der Länge nach halbiert und ich habe sie dann auf ein Holzbrett geklebt. Ich wusste nicht, dass meine Eltern den Untersetzer immer noch haben, nach über dreißig Jahren. Es rührt mich zu Tränen.

Und dann denke ich an Oma, wie geduldig sie mit mir war. Nie hat sie mich alleine gelassen. Oft wirkte sie traurig, obwohl sie lächelte. Ich dachte dann, sie wäre über mich traurig, weil ich keine guten Noten hatte. Später glaubte ich, dass sie ihren Mann vermisste und meine Eltern mich deswegen zu ihr gegeben hatten, damit sie nicht so einsam war. Als ich mit zwölf auszog, weinten wir beide. Ich wäre damals lieber bei ihr geblieben, in dem windschiefen Haus am Rande von Spandau. Sie ist mir immer eine bessere Mutter gewesen als meine eigene. Und als ich mit zwölf Jahren in die Wohnung meiner Eltern einzog, stand da Frau Petzold, meine Mutter, eine Fremde, zu der ich mein Leben lang Brigitte gesagt habe.

Vielleicht hat es mich deshalb so stark nach Frankfurt und zu Clara Mertens gezogen? Weil sie mir immer noch fehlte, die Frau, zu der ich *Mama* sagen kann?

In keiner der Schubladen finde ich wichtige Papiere oder Unterlagen. Da liegen mehrere Geschenk- und Glückwunschkarten. Eine ist beschrieben. Vorne drauf sind Luftballons, bunte und fröhliche. Auf der Innenseite der Karte erkenne ich die akkurate Handschrift meiner Mutter:

Mein liebes Kind,
zu deinem Geburtstag sollst du wissen, dass ich dich über alles liebe. Es tut mir leid, dass ich es nicht besser konnte. Du wirst immer in meinem Herzen sein und da hast du einen großen Platz.
In Liebe,
deine Mama

Es schnürt mir die Kehle zu. Plötzlich spüre ich sie wieder in diesem Zimmer, wenn ich mich umdrehe, sitzt sie bestimmt auf dem Sofa. Etwas macht mir Angst: dass ich meiner Mutter noch nie so nahegekommen bin wie jetzt, nach ihrem Tod.

Mai 2019

9

Sie schauen gut aus!«, begrüßte sie Dr. Brinkmann.

Toni wusste nicht, was sie davon halten sollte, denn sie sah immer noch aus, als litte sie unter schwerem Heuschnupfen oder habe gerade geweint.

»Wie waren die letzten Tage?«

Toni setzte sich vor den Apparat, mit dem die Augen untersucht wurden.

»Langweilig.«

»Etwas anderes als langweilig ist aus ärztlicher Sicht auch nicht zu empfehlen. Haben Sie eine Tagesstruktur?«

»Das Einzige, was mich strukturiert, sind die wöchentlichen Termine in der Cornea-Sprechstunde und die mit Ihnen.«

Sie gewöhnte sich langsam an sein reales Aussehen, das so ganz anders war als in ihrer Vorstellung, als sie nichts gesehen hatte. Inzwischen konnte sie sich sogar merken, dass er Matthias Rau hieß.

»Wann wollen Sie wieder arbeiten?«

»Nächste Woche.«

Während er ihre Augen untersuchte, ermahnte er sie, an die Schutzbrille zu denken. »Staub, Bakterien, Putzmittel – nichts davon darf in die Nähe Ihrer Cornea. Die Wundheilung sieht gut aus. Wie vertragen Sie die Immunsuppressiva?«

»Ich habe den Eindruck, sie machen mich müde.«

Er tippte etwas in seinen Computer. »Schwermut? Gereiztheit? Depressive Verstimmung? Seltsame Wahrnehmungen?«

Sie grinste. »Nicht mehr als vorher auch.«

Dr. Brinkmann-Rau fixierte sie über den Rand des Monitors.

»Nein, alles gut«, beeilte sie sich zu sagen. Sie erinnerte sich daran, wie sich ihre Gefühle verändert hatten, dass sie sich in ihrem Haus nicht mehr zu Hause fühlte, dass ihre Liebe zu Holger inzwischen von einer schleichenden Lähmung befallen war – aber es wäre wohl lächerlich gewesen, das anzusprechen, oder? Er war Augenarzt und kein Therapeut.

Er wandte sich wieder dem Computer zu. »Solange Sie vorschriftsmäßig Ihre Medikamente nehmen und kein unangenehmes Gefühl in den Augen auftritt, reicht der nächste Termin in zwei Wochen. Sie können ab jetzt auch zu Ihrem Augenarzt gehen.«

»Bilderbuchpatientin also«, lobte Toni sich selbst.

Er sah sie streng an. »Nur, wenn Sie die Schutzbrille nehmen.«

Toni hatte ein mulmiges Gefühl, wenn sie daran dachte, erneut eine fremde Wohnung zu betreten. Aber sie würde wahnsinnig werden, wenn sie weiter zu Hause herumsaß. Eine innere Unruhe hatte sie erfasst. Anfangs hatte sie nicht geschlafen, weil sie wach sein und *sehen* wollte; dann war es öfter passiert, dass sie in der Dunkelheit erwachte und zu wissen glaubte, dass sie wieder erblindet war. Sie hatte jedes Mal geschrien und seit Tagen schlief sie nur noch mit angeknipster Nachttischlampe. Und vor Kurzem waren die Träume in immer kürzeren Abständen wiedergekommen – die Albträume von dem Mädchen.

Sie *musste* wieder arbeiten gehen, ihren Tag wieder mit Inhalt füllen, ihren Befindlichkeiten etwas Handfestes gegenüberstellen, damit diese nicht das Einzige blieben, was in ihrem Leben passierte. Langsam verspürte sie sogar Abneigung gegen ihr Haus, das sie so sehr liebte. Es verkörperte inzwischen all ihre Ohnmacht und Hilflosigkeit. Auch wenn sie jederzeit hinausgehen konnte, kam sie sich eingesperrt vor. Sie wusste nichts mit sich anzufangen und konnte sich weder auf ein Buch konzentrieren noch auf einen Film. Sie war dankbar, wenn Freunde vorbeikamen und sie ablenkten. Sie freute sich sogar über die Besuche ihrer Eltern, und zwar besonders dann, wenn ihr Vater alleine kam.

Auf dem Rückweg vom Arzt schlenderte Toni durch einen gesichtslosen Supermarkt auf der Suche nach etwas, worauf sie Appetit entwickeln könnte, aber sie wurde nicht fündig. Seit der Operation sollte sie plötzlich auf ihre Ernährung achten. Nicht zu viel Fett, möglichst keinen Alkohol, da die Leber mit dem Abbau der Medikamente schon Höchstarbeit leisten musste, keinen Zucker und regelmäßig auf die Waage, da das Kortison zu einer ungesunden Gewichtszunahme führen konnte.

Wenig später öffnete sie den Vintage-Briefkasten und stopfte die Post in ihre Einkaufstasche zum Gemüse, auf das sie eigentlich keine Lust hatte. Etwas in ihr verlangte nach Fleisch. Nach einem Fleisch mit einem ordentlichen Fettrand. Aber mehr als ein Geflügelwürstchen würde sie sich nicht gönnen.

Sie schlang es kalt und im Stehen herunter, während sie lustlos den Brokkoli und die Paprika auf die Arbeitsplatte bugsierte. Sie überflog die Post, die an sie adressiert war. Werbung, Krankenkasse, wieder Werbung, Kontoauszüge. Und ein Umschlag aus wattiertem Papier, auf dem ihr Name und ihre Adresse in geschwungener, gleichmäßiger Handschrift unter der Briefmarke saßen. Toni kannte den Absender nicht: C. Mertens aus Frankfurt a. M.

Vielleicht ein Auftrag.

Sie riss den Umschlag auf und zog zwei handbeschriebene Seiten edelstes Briefpapier mit Wasserzeichen heraus.

Liebe Antonia Petzold,
Sie können sich gar nicht vorstellen, wie viel mir Ihr Brief bedeutet. Zu wissen, dass Sie wieder sehen können und dass Sie das mithilfe meiner lieben Tochter Susanne können, fühlt sich an, als wäre sie noch da draußen. Als gäbe es sie noch.
Sie sollen wissen, dass sie eine wundervolle Frau war, die leider durch einen tragischen Unfall viel zu früh verstarb. Ich und wir alle vermissen sie jeden Tag. Sie war unser Sonnenschein. Sie war freundlich, sehr musikalisch, sie malte, reiste gerne und hatte dunkle, tiefe Augen. Übrigens mochte sie keine alten Möbel, so wie Sie es wohl tun. Aber sie liebte Berlin, wo Sie wohnen.
Nur Sie haben mir einen Brief geschrieben, kein anderer Empfänger, und Ihre Zeilen sind ein großer Trost für mich. Es ist so sinnlos, dass ein junges, talentiertes und kraftvolles Leben von einem Moment auf den anderen beendet wird. Es wird nie einen Sinn ergeben. Susanne war erst Anfang dreißig.
Aber ich bin dankbar zu wissen, dass es Sie gibt.
Ich selbst mag Berlin nicht. Ich mag die Stille und die Ruhe in Kronberg, einem Vorort von Frankfurt. Falls Sie jemals nach Hessen kommen, lassen Sie es mich wissen und seien Sie mein Gast. Ich würde Ihnen gerne mehr von Susanne erzählen. Und Ihnen gerne einmal in die Augen sehen.
Als ich Ihren Brief las, spürte ich, dass Sie ein wundervoller Mensch sind. Höflich und freundlich wie meine Zsazsa. So haben wir sie genannt.
Wir haben noch einige Möbel aus der Jugendstil- und Art-déco-Zeit und sind nicht zufrieden mit unserem Restaurator. Vielleicht möchten Sie sich die Stücke einmal ansehen und den Auftrag annehmen?
Ich freue mich, wenn Sie mir zurückschreiben. Es würde mir so viel bedeuten. So oder so, passen Sie gut auf sich auf und

seien Sie versichert, dass Sie mir ein unglaublich großes Geschenk gemacht haben.
Es grüßt Sie sehr herzlich
Clara Mertens

In einem Postskriptum stand eine Handynummer. Toni wusste nicht, wie lange sie in der Küche gestanden und wie oft sie die Zeilen gelesen hatte.

Wie viel mir der Brief bedeutet … ein großer Trost für mich … dankbar zu wissen, dass es Sie gibt … seien Sie mein Gast … dass Sie ein wundervoller Mensch sind … ein unglaublich großes Geschenk …

Toni war so erleichtert und berührt, dass ihr Tränen in die Augen traten. Sie hob den Blick erst, als sie im Obergeschoss die Waschmaschine piepen hörte. Während sie im Bad die Wäsche über dem Klappständer verteilte, merkte sie, wie sich ein Bild von Clara Mertens in ihrem Kopf zusammensetzte, sich ständig veränderte und schließlich zu einem sanften, schmalen Gesicht wurde. Dunkle Augen, braune Haare und ein eher dunkler Teint. Wahrscheinlich hatte das Bild in ihrem Kopf ebenso wenig mit der echten Clara Mertens zu tun wie Dr. Brinkmann in ihrer blinden Zeit mit dem echten Dr. Rau.

Einer spontanen Eingebung folgend griff sie sich den Laptop auf dem Bett und gab den Namen der Absenderin in die Suchmaschine ein. Es gab nichts zu einer Clara Mertens im Internet, was auf die Mutter von Susanne – oder Zsazsa, wie mochte es zu diesem Kosenamen gekommen sein? – passte. Keine Clara Mertens in Frankfurt, keine Clara Mertens zwischen fünfzig und siebzig Jahren. Es hatte eine Frau mit fast gleichem Namen gegeben, die noch 45 in einem Konzentrationslager durch die Nazis hingerichtet worden war. Das war alles.

Toni hörte schwere Schritte auf der Treppe. Es musste Holger sein. Nach dem Arzttermin hatte sie ihn angerufen und er wollte mit einer Flasche Prosecco vorbeikommen, um auf die guten Neuigkeiten anzustoßen. Ein Glas würde sie sich heute gönnen.

Als er in der Tür stand, wusste sie, dass der Abend gelaufen war. Holger war einer dieser Männer, die zwar als schön durchgingen, dabei aber meistens langweilig aussahen. Sie war nicht gerade scharf auf ihn gewesen, als sie sich kennengelernt hatten. Aber die unaufdringliche Beharrlichkeit, mit der er ihr den Hof machte, und dass er so fit im Kopf und gebildet war, hatten Toni nach und nach überzeugt. Manchmal dachte sie, wenn sie in sein hübsches Gesicht sah, dass sie ihn liebte, aber einfach nicht in ihn verliebt war. Nur selten, wie zum Beispiel jetzt, gaben die Gefühle seinen Zügen etwas Kantiges. Fraglos war es gerade Ärger.

»Woher hat sie deinen Namen?« Er hielt den Brief von Clara Mertens in der Hand.

»Du liest meine Post? Hallo? Geht's noch?«

»Sie darf deinen Namen nicht kennen.«

Auch Toni ärgerte sich jetzt und stand auf. »Wo ist das Problem? Ich freue mich riesig über diesen Brief.«

»Das Problem ist, dass es ein Gesetz gibt, das regelt, dass Organempfänger und Spenderfamilien keinen Kontakt zueinander haben.«

»Mein Gott.« Toni ließ sich theatralisch zurück aufs Bett sinken und ein unbekannter Trotz flammte in ihr auf. »Ich bin keine Organempfängerin, ich habe zwei Quadratzentimeter Hornhaut bekommen. Dann haben die bei der Corneabank halt einen Fehler gemacht oder was weiß ich. Ist doch nicht so schlimm.«

Toni hatte sich tatsächlich keinerlei Gedanken darüber gemacht, wie Clara Mertens an ihren Namen gekommen war. Wahrscheinlich hatten die Leute, die solche Briefe kontrollierten, schlicht und ergreifend vergessen, ihre Unterschrift zu schwärzen, bevor sie ihre Zeilen nach Frankfurt weitergeleitet hatten.

»Das ist doch krank«, schimpfte Holger. »Du hast in den letzten Wochen viel durchgemacht. Das Letzte, was du jetzt brauchen kannst, ist die Mutter einer Toten, die dir in die Augen sehen will.«

»Es ist schön, dass du mal wieder weißt, was gut für mich ist«, gab Toni zurück und wusste, dass sie beide sich damit auf geradem Weg in ihr übliches Streitmuster befanden.

»Mensch, Toni, denk doch mal nach! Brich den Kontakt zu der Frau ab. Sofort. Und beschwer dich bei der Corneabank, dass deine Adresse rausgegangen ist. Das ist absolut fahrlässig.«

»Hörst du mir überhaupt zu? Ich habe mich über den Brief gefreut!«

Er lachte auf und schlug mit der flachen Hand gegen den Türrahmen.

»Toni! Sie will dir mehr über ihre tote Tochter erzählen, durch deren Cornea du jetzt wieder sehen kannst. Checkst du das nicht? Die Frau hat 'ne Meise und will was von dir, und zwar nichts Gutes! Am Schluss steht die hier vor der Tür und will Geld und du bist so dämlich und fühlst dich dann auch noch zu Dankbarkeit verpflichtet.«

»Dämlich«, wiederholte sie ruhig, um nicht zu zeigen, wie sehr sie diese Formulierung kränkte.

Holger konnte nicht anders, jetzt schrie er sie an. »Und damit so ein Scheiß nicht passiert, gibt es Gesetze! Mensch, ich mach mir Sorgen um dich!«

Toni sprang auf und riss Holger den Brief aus der Hand. »Lies nie wieder meine Post.« Sie drehte sich um. »Und nimm den Prosecco mit, wenn du gehst!«

Dann hörte sie, wie unten die Haustür zuschlug.

10

Kurz darauf später kämpfte Toni sich in ihrem alten VW-Kombi über den Stadtring und verließ diesen auf dem Kaiserdamm. Vorbei an der Deutschen Oper steuerte sie über die breite, sechsspurige Allee Richtung Tiergarten. Kurz bevor sie Schöneberg erreichte, hauchte die Heizung endlich warme Luft aus dem Gebläse.

Toni brauchte jetzt dringend einen Rat. Und den einzigen Menschen, dem sie in dieser Sache vertrauen konnte, würde sie um diese Uhrzeit wahrscheinlich nur fragen können, wenn sie plötzlich vor ihm stand.

Nachdem Holger gegangen war, hatte Toni eine ganze Weile auf dem Bett gesessen. Ob Holger recht hatte? Oder ob sein Drang, ihr Leben zu bestimmen, mal wieder über alle Maßen groß geworden war, sodass es zwangsläufig hatte krachen müssen?

Nachdem nichts über Clara Mertens im Internet zu finden gewesen war, hatte sie nach kurzem Zögern nach der Todesanzeige von Susanne Mertens gesucht. Die Anzeige war schlicht.

Susanne Zsazsa Mertens,

12. 1. 1987 – 19. 2. 2019.

Geliebte Tochter, Schwester, Verlobte, Freundin.
Zu früh aus dem Leben gerissen, für immer in
unseren Herzen. Abschiednahme und Trauerfeier
finden im engsten Familienkreis statt.

Konnte das sein? Zsazsa war im Februar gestorben, Toni hatte ihre Operation Anfang Mai gehabt. War es möglich, dass sie die Cornea einer Frau bekommen hatte, die schon monatelang lang tot gewesen war? Alle Artikel, die Toni dazu im Internet fand, waren sich einig: Die Cornea unterschied sich von Organspenden dadurch, dass sie noch mehrere Wochen nach der Entnahme transplantiert werden konnte.

Toni hatte den Laptop zugeklappt. Es war noch nicht mal acht Uhr abends. Sie würde verrückt werden, wenn sie die nächsten Stunden zu Hause säße und sich Gedanken darüber machte, ob sie Clara Mertens antworten oder ob sie auf Holger hören sollte.

Vierzig Minuten später parkte sie ihren Kombi auf der Hauptstraße in Schöneberg. Ihre Eltern wohnten zwar in dem weniger hippen Teil des Kiezes, gehörten aber zu den Auserwählten, die sich von ihrer Rente eine Vierzimmerwohnung mit Stuck und Balkon leisten konnten, da sie einen fünfunddreißig Jahre alten Mietvertrag hatten.

Ihre Wohnung war keine hundert Meter entfernt. Toni zog sich die Kapuze über den Kopf und ging in die entgegengesetzte Richtung davon, überquerte die Hauptstraße und blieb an der nächsten Kreuzung stehen. Schummriges Licht drang aus den Fenstern einer Eckkneipe. Sie spähte durch die gelben Scheiben, obwohl sie wusste, dass er dort sein würde.

Als sie die Tür öffnete, schlug ihr Zigarettenrauch und Biergeruch entgegen. Die Wände waren holzgetäfelt und die Deckenleuchten mit roten Stofflampenschirmen reichten nur mühsam bis in die Ecken des Lokals. Toni entdeckte ihren Vater am Ende des Tresens auf einem Barhocker. Er unterhielt sich mit ein paar Leuten, deren Gesichter so durchschnittlich und austauschbar waren wie die Eckkneipe: nichts Besonderes, etwas ungepflegt, aber immer eine Anlaufstelle.

Als ihr Vater bemerkte, dass seine Kumpels verstummten und an ihm vorbei zur Tür sahen, drehte er sich um. Einen Moment sah er erschrocken aus, aber als Toni ihn anlächelte, hellte sich seine Miene auf. Er umarmte sie und sie konnte sich augenblicklich mit den letzten Stunden versöhnen.

»Was willst du trinken?«

»Nur ein Wasser. Ich kann eh nicht lange bleiben bei dem Qualm.«

Kurz darauf saßen sie etwas abseits auf zwei Barhockern. Toni schälte sich aus ihrer Jacke. »Ich brauche einen Rat von dir. Aber versprich mir, dass du Mama nichts davon sagst.«

»Immer noch meine kleine Toni. Wieder eine Vier in der Mathearbeit?«

Sie lächelte, dann zog sie den Brief von Clara Mertens aus der Jacke. Er las ihn aufmerksam. Sie beobachtete ihn schweigend, nippte an ihrem Wasser und fragte sich, ob sie auf das hören würde, was er ihr riet. Für gewöhnlich hatte sie das immer getan. Er hatte mal die gleichen straßenköterblonden Haare gehabt wie sie. Inzwischen war er grau und rote Äderchen spannen ein Netz über seine Nasenflügel. Ihr war, als hätten die letzten Wochen seine Furchen tiefer werden lassen und als wären seine Augen, die immer schon etwas Melancholisches gehabt hatten, etwas trauriger geworden.

Als er endlich aufblickte, zündete er sich eine Zigarette an, obwohl noch eine im Aschenbecher vor sich hin qualmte. Er faltete den Brief zusammen und trank an seinem Bier. Toni spürte deutlich, wie schwer es ihm fiel, sie anzusehen.

»Warum zeigst du mir das?«, fragte er.

»Weil ich nicht weiß, ob ich zurückschreiben soll.«

»Was willst du von dieser Frau?«

Toni zuckte mit den Schultern.

»Wenn ich dir einen Rat geben soll: Lass die Toten ruhen. Rühr nicht an etwas, wo du die Konsequenzen nicht absehen kannst.«

»Ich glaube, ich muss sie einmal sehen«, platzte es aus Toni heraus. »Ich will wissen, wer meine Spenderin war. Sonst werde ich immer darüber nachdenken.«

Er musterte sie so intensiv, dass sie den Blick abwandte und noch ein Glas Wasser bestellte, ohne dass sie eines gewollt hätte.

»Weißt du noch nicht genug? Reicht dir das nicht?«

Wieder zuckte Toni mit den Schultern, diesmal kaum merklich. Er nahm ihre Hand.

»Egal, was du über sie erfährst, es wird an deinem Leben hier nichts ändern. Du wirst dich irgendwann entscheiden müssen, ob du mit Holger zusammen sein willst oder nicht.«

Toni spürte, wie ihr das Blut in die Wangen schoss, und griff verlegen nach ihrem Wasser. »Ist das so offensichtlich?«

Ihr Vater winkte der Wirtin zu und sie zapfte ein neues Bier. »Jede Beziehung hat diese Phasen. Mal geht es so aus und mal so. Du kannst dem jetzt kurzzeitig entfliehen. Aber wenn du zurückkommst, ist das Problem immer noch da.«

»Das sagt mir der Mann, der heute sein wievieltes Bier hat?« Sie sagte es liebevoll und ihr Vater wusste, dass sie es nicht anders meinte.

»Ich habe nicht gesagt, dass ich meine klugen Hinweise selbst befolge. Aber ich spreche noch klar und deutlich, oder?«

Toni hatte ihrem Vater den Alkohol nie vorgeworfen. Ein Jahr bei den Anonymen Alkoholikern hatte ihn zwar nicht dazu gebracht, trocken zu werden, aber seinen Bierkonsum so weit einzuschränken, dass er nicht auf einer Parkbank aufwachte oder sein Leben komplett an die Wand fuhr. Irgendwie kam sogar ihre Mutter mit seiner Trinkerei klar. Vielleicht lag es daran, dass er nie gehässig oder laut wurde. Ihre Eltern hatten es irgendwie geschafft, sich zu tolerieren. Ob es reine Resignation war oder Weisheit, wusste sie nicht. Eventuell glichen sie sich auch einfach nur wunderbar in der Summe ihrer Fehler aus und die Balance wäre schrecklich gekippt, wenn einer von beiden an seinen Schwächen gearbeitet und sich zum Positiven verändert hätte.

Drei neue Gäste betraten die Bar und mit ihnen fegte ein kalter Luftzug durch den stehenden Rauch.

Tonis Vater ließ kurz ihre Hand los, zog an seiner Zigarette und umfasste dann wieder ihre Finger. »Du wolltest meinen Rat. Ich weiß, dass du es nicht ausstehen kannst, wenn man dir sagt, was du tun sollst. Du warst immer ein Dickschädel. Ich sage dir: Lass es bleiben. Aber du bist erwachsen. Hör auf deinen Bauch.«

Plötzlich kam sie sich sehr jung vor. »Wenn ich sie treffe und es geht vollkommen schief – kann ich dich dann trotzdem anrufen und dich vollheulen?«

Er drückte ihre Hand und ließ sie dann los. »Das weißt du doch.«

»Und nichts zu Mama?«

Er zog mit dem Zeigefinger einen imaginären Strich über seine geschlossenen Lippen.

»Danke.« Sie lächelte.

Aber er blickte ernst zurück. »Toni, gib gut auf dich acht. Reiß keine alten Wunden auf bei dieser Frau. Dazu hast du nicht das Recht. Und sei nicht sauer auf deine Mutter. Sie ist manchmal sperrig, das weiß ich, aber sie liebt dich und macht sich nur Sorgen um dich. Schau nach vorne, okay?«

Sie umarmte ihn, trat in den Abend hinaus und atmete die kalte Luft ein. Als sie ihr Handy aus der Tasche holte, fühlte sie sich, als würde sie sich zu ihrem ersten Date verabreden.

Oktober 2019

11

Die Tür zum Schlafzimmer meiner Eltern ist angelehnt. Mein Herz schlägt sehr laut. Ich erinnere mich an den Morgen, als ich aus Warschau zurückgekommen bin und all die Polizisten hier gewesen sind. Ich hatte nur einen Blick in das Zimmer erhascht und der war schon zu viel gewesen. Ich habe Angst vor dem, was ich nun sehen werde. Mit dem Fuß stoße ich die Tür an, nur ganz sachte, und sie öffnet sich einen Spaltbreit. Das Zimmer ist viel heller als das Wohnzimmer und ich sehe, dass jemand die Bettdecken entfernt und das Laken abgezogen hat.

Ich höre meinen eigenen Atem. Ich stoße die Tür weiter auf. Von draußen scheint die Oktobersonne auf die nackten Matratzen. Der Blutfleck ist braun geworden und sieht gar nicht mehr nach Blut aus. An der Wand sind dunkle Spritzer. Ob das bei der Tat passiert ist oder als die Sanitäter versucht haben, Brigitte wiederzubeleben, weiß ich nicht.

Ich merke, dass mein Kinn zittert. »Scanne den Raum«, befehle ich mir laut, »das bist du deiner Mutter schuldig. Das ist das Einzige, was du jetzt noch für sie tun kannst, eine Scheißpatientenverfügung zu finden.«

Ich atme ein, ich atme aus. Trete ins Zimmer. Da ist die Ikea-Schrankwand, die sich meine Eltern letztes Jahr gekauft haben. Die Schränke haben eine Innenbeleuchtung und

Milchglastüren, meine Eltern wollten sich mal richtig was gönnen.

»Den haben wir jetzt, bis wir abkratzen«, hatte mein Vater gesagt, als endlich alles aufgebaut war. Ich half ihnen beim Transport und beim Montieren. Für so was war ich immer da. Als mein Vater das mit dem Abkratzen sagte, meinte er wohl, dass sie sich nun fünfzehn, vielleicht zwanzig Jahre an ihrer Anschaffung erfreuen könnten und dass sie noch sehr lange stolz auf sich sein würden, sich mal richtig was gegönnt zu haben. Niemand hatte geahnt, dass schon nach einem Jahr ihr Ende gekommen sein würde.

Auf dem Nachttisch auf ihrer Seite (da, wo die Matratze voller getrocknetem Blut ist) liegen ein paar Bücher. Ich hatte sie ihr vor einiger Zeit mitgebracht. Brigitte hatte sich selber nie neue gekauft.

»Zwanzig Euro für ein Buch, die spinnen doch inzwischen. Das sind vierzig Mark!«, hatte sie oft gesagt. Sie hatte überhaupt noch viel in Mark gedacht. Wann immer ich bei einer Wohnungsauflösung Bücher sah, von denen ich dachte, sie könnten ihr gefallen, brachte ich sie ihr mit. Sie nahm sie immer gleichmütig an und bedankte sich selten, fast so, als müsste ich ihr dankbar sein, dass ich dadurch weniger zu entsorgen hatte. Dabei waren diese Mitbringsel nur verzweifelte Versuche, ihr ein Lächeln abzugewinnen. Ob sie das gewusst hatte?

Auf seinem Nachttisch befindet sich nichts außer einem Halstuch und einem leeren Glas. Schubladen gibt es nicht. Ich wende mich dem fast noch neuen Schrank zu. Ich öffne eine der Doppeltüren und innen geht das Licht an.

Ich erinnere mich an den Abend, als wir die Elektrik angebracht hatten. Meine Mutter war richtig gutgelaunt gewesen. Sie hatte gelacht und mir kurz zum Zeichen des Dankes den Arm um die Schulter gelegt.

Ich war so gerührt, dass ich mich schämte. Ich dachte mein Leben lang, ich sei in ihren Augen nicht richtig, eine Belastung, zu viel, zu kompliziert, nicht gut genug.

War ich eine gute Tochter? Das hatte sie ja mit der Geste ausdrücken wollen. Ich hatte ihr immer im Stillen vorgeworfen, wie lieblos sie war. War ich eine gute Tochter, als ich sie in Gefahr brachte, weil ich nicht wahrhaben wollte, dass manche Menschen über Leichen gehen? Besonders dann, wenn es um mehrere Hundert Millionen Euro geht?

Meine Augen schmerzen und der Blick auf das, was von meiner Welt noch übrig ist, trübt sich an den Rändern rot ein. Ich muss mich beeilen, denn nicht nur das Krankenhaus zählt die Stunden runter bis zu einer Entscheidung. Auch ich muss die Zeit nutzen, weil ich nicht weiß, ob ich wieder blind werde und zurück in die Dunkelheit falle.

Juni 2019

12

Toni spazierte der Skyline entgegen und wunderte sich über die Stadt. Sie sah die Bankgebäude aus Glas und Beton, die in der frühen Abendsonne wie türkisfarbenes Gletschereis blitzten. Neben hübschen alten Bürgerhäusern standen hässliche Wohnkuben aus den Sechzigerjahren. Wäre ganz Frankfurt eine Wohnung, die sie entrümpeln müsste, würde sie in ihre Kladde notieren, dass nichts so recht zusammenpasste, eine Menge zum Sperrmüll müsste, und sich fragen, wer so unorganisiert leben konnte.

Im Schatten der Skyline sah sie eine Schar gesichtsloser Anzugträger, vielleicht Bänker, die auf einen U-Bahnhof zustrebten. Einer warf achtlos einen Zigarettenstummel auf den Weg, ein anderer stellte seinen Starbucks-Kaffeebecher auf eine Parkbank und marschierte telefonierend weiter, ganz in sein Businessgespräch auf Englisch versunken. Ob diese Leute überhaupt noch wussten, in welcher Stadt sie waren? Gestern Hongkong, heute Frankfurt, morgen Singapur? Überall sah es gleich aus. Wolkenkratzer und Starbucks-Läden, Flughäfen und stockender Berufsverkehr.

Toni folgte der blauen Linie auf ihrer Handy-Navigation, die sie zum Treffpunkt mit Clara Mertens führte, und tauchte in die Straßen des Bahnhofsviertels ein, den Teil Frankfurts, der niemals schlief. Sie sah Obdachlose und Drogensüchtige zwischen Fahrradleichen und Mülltonnen auf den Gehwegen liegen. Ekel befiel sie. An den Eingängen der Bordelle blinkten die Open-open-open-Schilder und Neonsymbole, zahlreiche, in schummriges Rot getauchte Fenster hoben sich von den Fassaden ab. Spärlich gekleidete Damen, die sich hier verkauften, standen rauchend auf der Straße. Es war ein Witz, dachte Toni, dass eine Stadt mit 700 000 Einwohnern über ein solches Arsenal an Stundenbetten, Wichskinos und Fickläden verfügte. Sie hatte noch nie geglaubt, dass es Frauen gab, die das hier gerne taten. Und sie hatte schon immer den Kopf darüber geschüttelt, wie viele Männer es gab, die sich das einredeten.

Vor einer Fixerstube für cleanen Konsum von Heroin ratterte Toni der letzte Streit mit Holger durch den Kopf: *Die Frau will was von dir, und zwar nichts Gutes … und will Geld … ich mach mir Sorgen um dich …*

War Clara Mertens eine Prostituierte? Eine Bordellbesitzerin? Das Lokal, in dem sie verabredet waren, musste gleich hier sein. Toni dachte, dass sie immer noch gehen konnte, sollte ihr der Laden nicht gefallen – oder sollte ihr Clara Mertens missfallen. Mit jedem Schritt wurde die Frage *Was will diese Frau von dir?* lauter. Warum hatte sie sich das nicht schon früher gefragt? Auf der Zugfahrt nach Frankfurt etwa, als der Sprinter den Main überquert und sie einen ersten Blick auf die Stadt erhascht hatte, als sie am Hauptbahnhof angekommen war, auf dem Weg in ihr Hotelzimmer, das sich nicht nur als günstig, sondern auch als schäbig entpuppt hatte, grad groß genug, um aus dem Bett zu steigen und auf dem Weg zum Bad nicht über den Koffer zu stolpern und auf dem fleckigen Teppich zu landen. Sie hatte es sich tatsächlich erst auf dem Weg zum Treffpunkt gefragt.

Sie stand schließlich vor einer Tür mit Guckfenster und Türsteher. Sie war drauf und dran umzukehren, als ein Trupp junger Männer in Businesskleidung auf das Haus zustrebte und sie mit ihnen ins Lokal gespült wurde.

Innen war es heiß. Die offene Kücheninsel dampfte, Köche schwitzten. Ein Kellner wuselte zwischen den voll besetzten Tischen umher. Lachen, Gesprächsfetzen und Musik webten einen dichten Geräuschteppich. Dieses Restaurant war ein einziger Hipsterspot. Und Toni mit ihren Jeans, den etwas angestoßenen Schuhen und der mehrere Jahre alten Jacke war alles, was ein Hipster nicht war. An der Wand erspähte sie eine Tafel, auf der mit weißer Kreide die Abendkarte notiert war. Steak 45 Euro. Dorado 32 Euro. Gemüserisotto 27 Euro. Das hier ging weit über Tonis Verhältnisse. Vielleicht, dachte sie, gab es auch Salat.

Und dann sah Toni sie. Es war ihr sofort klar, dass die Frau, die dort saß, Clara sein musste. Und genauso wenig, wie Toni in dieses Viertel und in dieses Lokal gehörte, schien die Frau hier hineinzupassen. Sie war schmal und zart und mitnichten so lebhaft wie die anderen Gäste hier, sondern wirkte ruhig und besonnen. Sie blickte auf ein Blatt Papier, das sie mit ihren schmalen Fingern behutsam glatt strich, obwohl es gar nicht zerknittert war. Es war ein Brief. Ihr Brief. Clara Mertens' Gesicht rahmte eine weiße Haarmähne. Und als sie aufsah, verschwand das Leid, das ihr widerfahren war, hinter einem Lächeln. Die Traurigkeit in ihren Augen konnte es allerdings nicht überstrahlen.

Die Frau stand auf. »Antonia?«

Toni war so überrascht, dass Zsazsas Mutter überhaupt nicht ihren Erwartungen – oder eher Befürchtungen – entsprach, dass sie nur andeutungsweise nickte.

»Ich bin Clara.« Und dann umarmte sie Toni, lang und herzlich.

Der Kellner brachte Wasser, Toni nippte am Glas, um ihre Verlegenheit zu überspielen, und suchte fieberhaft nach den

Sätzen, die sie sich zurechtgelegt hatte, um das Gespräch zu beginnen – und im Fall der Fälle zu beenden. Doch ihr Hirn war wie leergefegt. Dass Clara ihr unverwandt in die Augen sah, oder genauer, ihre Augen *an*sah, anstarrte, erforschte, machte es nicht besser.

Die Frau mit dem Gesicht einer Endvierzigerin und der Haarfarbe einer Achtzigjährigen faltete Tonis Brief zusammen und legte ihn beiseite. Die Fingernägel waren dezent lackiert. Toni rollte instinktiv die Finger ein. Ihre Nägel waren geschnitten. Sauber. Aber sie hatte nun mal Arbeitshände. Sie waren zwar in den letzten Wochen etwas weicher geworden, Nagellack hatten sie jedoch noch nie gesehen, geschweige denn eine professionelle Maniküre.

»Wollen Sie einen Aperitif?«, fragte Clara.

Was hätte Toni jetzt um einen kleinen Prosecco gegeben, einen Lockermacher, damit sie ihre Befangenheit verlor.

»Ich darf keinen Alkohol trinken«, sagte sie stattdessen. »Wegen der Augen.«

»Wie geht es Ihnen mit …?« Clara zog etwas die Brauen hoch und das war genauso eindeutig, als hätte sie mit dem Zeigefinger auf Tonis Cornea gedeutet.

»Insgesamt gut. Ich muss mich noch an die Immunsuppressiva gewöhnen. Aber wie ich geschrieben habe …« Toni fühlte inzwischen so eine Anspannung, dass Clara diese mit Händen hätte greifen können, ohne sich dabei über den Tisch beugen zu müssen. »O Gott, es tut mir so leid. Ich … wie ich geschrieben habe, ich möchte nichts aufwühlen oder Sie verletzen. Auf gar keinen Fall will ich das.«

Clara legte ihre schmale rechte Hand auf Tonis Unterarm. »Antonia. Sie zu sehen ist das Schönste, was ich seit dem Tod meiner Tochter erlebt habe.«

Und plötzlich wurde alles ganz leicht. Die Berührungen, die Worte, das Lächeln. Und dann die maßlose Ehrlichkeit in Claras Augen. Clara beherrschte die Kunst des Small Talks. Ganz ungezwungen sprachen sie über dies und das, über alte Möbel und Mietpreise, über das Glück, in einem Haus mit Garten wohnen zu können. Nur über Zsazsa sprachen sie nicht. Toni wagte nicht, das Thema anzusprechen.

Sie entschlossen sich zu einem Spaziergang, da das Wetter zu schön war, der Appetit zu gering und das Restaurant zu laut. Der Weg führte sie hinunter zum Main, dabei ging es um unverfängliche Themen wie das Reisen mit der Bahn und die bedenkliche Architektur, die nach der Zerstörung durch den Zweiten Weltkrieg wie ein erneuter Bombenhagel in der Bankenstadt gewütet hatte, sodass die wiederaufgebaute Innenstadt von Frankfurt ein bisschen zu sehr wie Disneyland aussah.

»Für Frankfurt«, erzählte Clara, als sie am Untermainkai die steinernen Stufen hinunter zur Uferpromenade nahmen, »waren der Eiserne Vorhang und die deutsche Teilung fast ein Geschenk.«

Auf dem breiten, schillernden Main zogen Ruderer ihre Bahnen, die Wasservögel darüber schienen die Kondensstreifen im Ab- und Landeanflug des nahen Flughafens zu berühren.

»Die Amerikaner hatten hier ihr Hauptquartier, sie haben den Flughafen damals enorm ausgebaut«, fuhr Clara fort. »Dort steht übrigens ein Teil des Luftbrückendenkmals. Sie haben in Berlin ja den zweiten. Ich habe es neulich in den Nachrichten gesehen, es ging um die 70-Jahr-Feier zum Ende der Luftbrücke. Waren Sie da?«

»Ich wollte eigentlich, aber ich war noch im Krankenhaus. In Berlin nennen wir das Denkmal übrigens Hungerharke. Haben Sie noch weitere Kinder?«, fragte Toni und ärgerte sich sogleich darüber, wie ungeschickt sie das Thema aufgebracht hatte. In der Traueranzeige war Susanne Mertens zwar auch Schwester genannt worden, aber das musste nicht unbedingt etwas heißen.

»Evelyn«, sagte Clara und blieb einen Moment stehen, um

einem Fluggänsepaar zuzusehen, das sich an der Kaimauer zwischen Liebespaaren und Spaziergängern tummelte. »Sie ist in Ihrem Alter, arbeitet in der Firma meines Mannes. Sie ist ganz anders als Zsazsa.«

Zsazsa: Der Name klang wie Trommelwirbel am Ende eines Musikstücks. Es war das erste Mal, dass Clara ihn ausgesprochen hatte, ganz leichthin, als wäre er nicht Sinnbild für eine Tragödie. Und Toni brannte darauf, ihn noch mal zu hören, mehr zu hören, alles zu hören.

»Woher kommt dieser Name?«, fragte sie.

»Zsazsa hat sich als kleines Kind selbst so genannt, weil sie Susanne nicht aussprechen konnte. Und dann ist es so geblieben. Sie hatte für jeden einen Spitznamen. Mich nannte sie oft Klarinette, Evelyn immer Nyleve. Als kleine Mädchen waren die beiden ganz vernarrt ins Rückwärtssprechen. Haben Sie Geschwister?«

»Einzelkind«, erwiderte Toni knapp. Sie wollte nicht über sich und über ihre Familie sprechen.

»Dann müssen Ihre Eltern sehr an Ihnen hängen. Leben sie noch?«

Toni dachte daran, wie traurig sie gewesen war, als sie das Haus ihrer Großmutter verlassen und in die Wohnung nach Schöneberg hatte umziehen müssen; wie sehr sie das Gefühl gehabt hatte, ihre Oma im Stich zu lassen. Wie seltsam fremd ihr das neue Leben vorgekommen, wie einsam sie gewesen war. Und wie einsam sich ihre Oma gefühlt haben musste. Toni hatte sich noch einzureden versucht, dass alles gut werden würde, da sie nun ihren Vater jeden Tag sehen konnte. Doch schnell hatte sie festgestellt, dass gut gelaunte Wochenendbesuche und der Alltag zwei Paar Schuhe waren. Sie liebte ihren Vater, sehr sogar, aber zwischen ihnen war es nicht mehr wie vorher gewesen. Und nach sechs Jahren, in denen sie nie richtig bei ihren Eltern angekommen war, floh sie in ihre erste WG. Die zweite folgte schnell und dann hatte sie geahnt, dass sie nicht für ein Zusammenleben mit anderen Menschen geschaffen war.

»Meine Eltern leben noch, ja.« Und um Brigitte und Peter nicht zu sehr nach Frankfurt zu holen und damit die Erinnerung an die letzten Wochen in Berlin und an all das, was passiert war, plapperte sie einfach drauflos: »Ihre Tochter muss sehr talentiert gewesen sein.«

Clara lächelte versonnen, doch in ihren Augen zeigte sich wieder die Traurigkeit, die Toni schon zu Beginn bemerkt hatte. »Wahrscheinlich war sie zu talentiert. Oder zu vielseitig talentiert. Sie hatte zu viele Interessen und konnte sich nicht entscheiden, was sie machen wollte. Sie hat ein bisschen Kunstgeschichte studiert, ein bisschen Jura, dann war sie in Afrika, Affenbabys retten. Danach wollte sie afrikanische Sprachen studieren, auch da war sie sehr begabt. Aber weil es angeblich fast zweitausend afrikanische Sprachen gibt, hat sie sich schon bei der Frage verzettelt, welche davon sie nehmen soll. Danach war es das Malen, dann das Reiten, dann wieder das Malen. Letztes Jahr war sie viel in Polen, hat sich Städte und Kunst dort angesehen, ein bisschen Polnisch gelernt.«

Toni lauschte begierig. Sie sagte nichts, um Claras Redefluss nicht zu unterbrechen, und folgte ihr auf eine Mainbrücke, obwohl sie lieber weiterhin unten am Ufer entlangspaziert wäre.

»Mein Mann hat immer mit mir geschimpft, dass ich zu weich mit ihr gewesen bin und dass sie seiner Meinung nach deshalb nicht wie ihre ältere Schwester Karriere gemacht hat. Aber es gibt eben solche und solche Menschen. Und wenn man malen muss, dann soll man malen.«

Inzwischen waren sie auf der Brücke angelangt. Der Sonnenuntergang kündigte sich an und es war plötzlich, als würde die Stadt ihr glitzerndes Abendkleid anziehen. Rotes und goldenes Licht explodierte an den Glasfassaden der Wolkenkratzer, der

Main spiegelte die tief stehende Kugel am Horizont und die Schiffe unter ihnen leuchteten bunt.

Clara deutete die Uferpromenade an der südlichen Mainseite entlang.

»Das ist unsere Museumsmeile. Sehen Sie da, das Städel.«

Claras zeigte auf ein monumentales Gebäude mit einer repräsentativen Natursteinfassade. Nicht, dass Toni sich gut in Architektur ausgekannt hätte, aber schon von der Stelle, wo sie standen, war zu sehen, dass sich der damalige Bauherr im Stil der italienischen Renaissance ausgetobt und eine Art Tempel der Kunst errichtet hatte. Eine Eingangstreppe mit Kuppel wirkte einladend und die Seitenflügel des Baus ließen lang gestreckte Säle erahnen.

»Es war ihr Lieblingsmuseum hier in der Stadt.«

Sie erreichten die andere Mainseite. Während sie unter dem Gewölbe einer Platanenallee den Hochkai entlangflanierten, erzählte Clara von ihrem letzten Besuch mit Zsazsa im Städel-Museum.

»Wir haben uns Lotte Laserstein angesehen, es ist schon über ein Jahr her. Eine tolle Malerin, wundervolle Bilder. Sie hat übrigens viel in Berlin gemalt. Und wie so viele musste sie während des Dritten Reichs ins Ausland emigrieren. Drei ihrer Großeltern waren jüdisch. Sie hatte eine weibliche Muse, wahrscheinlich war sie lesbisch. Alleine dafür wäre sie in die Hölle gekommen. Auf jeden Fall waren wir ganz begeistert von ihren Bildern, haben uns eine Flasche Wein gekauft …« Sie lachte unbeschwert, dass Toni das Herz aufging, und für drei Schritte hakte sie sich sogar bei Toni ein. Claras erneute Berührung löste ein eigentümliches Glücksgefühl bei Toni aus und für einen kurzen Moment war es, als würden sie sich schon ewig kennen.

»Ehrlich gesagt«, fuhr Clara fort, »waren es zwei. Zwei Flaschen guter, schwerer, teurer Rotwein. Jürgen, mein Mann, war mal wieder irgendwo unterwegs. Und dann waren wir bei ihr zu Hause, wie wir es öfter gemacht haben, sie hat gemalt und wir haben Musik gehört und Wein getrunken. Später kamen dann Freunde von ihr vorbei. Bei Zsazsa ist immer irgendwer zu Besuch gewesen. Und als wir da so saßen, holte einer einen Joint raus. Und dann, was soll ich sagen, war es einer der schönsten Abende meines Lebens. Zsazsa hatte sehr nette Freunde und es war, als wäre ich einer von ihnen. Es war das erste Mal seit den Demonstrationen gegen den Vietnamkrieg, dass ich gekifft habe. Es war, als dürfte ich noch mal ganz jung sein.«

Clara sah einem schweren Lastenkahn nach, der in gemächlichem Tempo die Brücken passierte. Sie wirkte mit einem Mal völlig abwesend. Als wäre sie auf das Schiff gewechselt, als wäre sie gar nicht mehr da. Dies war der Moment, den Toni gefürchtet hatte. Dass die Mutter der toten Spenderin von ihrer Trauer davongetragen würde und sie selbst sich so elend dabei fühlte, als wäre es ihr eigener Schmerz.

Mit einem Mal wachte Clara aus ihrer Versunkenheit auf, kam zurück von dem Ort in der Vergangenheit, an den Toni sie nicht hatte begleiten dürfen, und schaute Toni unverwandt an, wieder mit diesem forschenden Blick, der ihr nicht in die Augen sah, sondern ihre Augen *an*sah. »Ich muss Sie etwas fragen. Es ist wichtig.«

»Natürlich«, sagte Toni, erleichtert, dass der gespenstische Moment vorüber war.

Eben als Frau Mertens ansetzen wollte, kam ein Fahrrad neben ihnen zum Stehen.

»Clara!« Ein Mann mit ausnehmend hässlichem Fahrradhelm und piekfeinem Anzug stieg vom Sattel und breitete die Arme aus. Zsazsas Mutter begrüßte ihn über die Stange des Mountainbikes und stellte ihn vor.

»Xaver arbeitet in der Europäischen Zentralbank.«

Der Mann nickte Toni kaum merklich zu und wandte sich erneut an Clara. »Wir sehen uns morgen auf der Vernissage. Ich komme vom Büro aus auf einen Sprung vorbei. Ist ja nicht weit.«

Er schwang sich auf sein Rad und nickte Toni erneut zu. »Na dann …«

»Ich bin schrecklich müde«, sagte Clara, als er davonfuhr, und Toni ahnte, dass der gedankliche Ausflug in die Vergangenheit Frau Mertens zugesetzt hatte. »Wie lange sind Sie in Frankfurt? Haben Sie Lust, morgen auch zur Vernissage zu kommen?«

Toni dachte daran, dass sie eigentlich am nächsten Tag zurück nach Berlin hatte fahren wollen. Aber sie wollte auch noch mehr über ihre Spenderin erfahren, es war, als hätte der Abend mit Clara mehr Fragen aufgeworfen als beantwortet. Also nickte sie.

»Gerne! Sie wollten mich noch etwas fragen?«

»Ach, ein andermal«, erwiderte Clara und winkte einem Taxi zu, das mit leuchtendem Schild auf der Straße auf sie zufuhr. »Ich schreibe Ihnen morgen wegen der Ausstellung. Finden Sie heim oder soll ich Sie irgendwo absetzen?«

»Haben Sie … dürfte ich«, stammelte Toni. »Haben Sie ein Foto von Ihrer Tochter dabei?«

»Ich schicke Ihnen eines.« Clara fasste Tonis Hände und sah sie eindringlich an. »Danke, Antonia, dass Sie gekommen sind. Schlafen Sie gut.«

Dann umarmte sie Toni und weg war sie.

Toni sah dem Taxi nach. Es war noch nicht um die Ecke, da vibrierte ihr Handy. Toni entsperrte es mit der Touch-ID ihres Daumens.

Eine Nachricht von Clara Mertens. Eine Bilddatei.

Inzwischen war es fast dunkel und als Toni die Datei antippte, leuchtete ihr das Gesicht einer jungen Frau entgegen.

Die Augen dunkel, die vollen Haare ein sattes Braun. Sofort erkannte Toni Clara in diesem Antlitz. Und Toni war die Antithese zu dieser jungen Frau. Was sich in diesem Bild zeigte – Schönheit, Stolz, ein Strahlen, eine erotische Kraft –, war all das, was Toni nicht besaß, nie besessen hatte und nie besitzen würde. Clara musste ihre Tochter vergöttert haben und auch wenn Toni das unverhältnismäßig fand, versetzte es ihr einen Stich. Ob Clara Toni auch mit ihrer verstorbenen Tochter verglich? Mit Sicherheit tat sie das.

Als Toni wieder auf die Mainbrücke kam, war der Gedanke längst zu einem Krebsgeschwür geworden. Ob Clara wohl dachte: *Und dafür ist meine geliebte Zsazsa gestorben? So ein Trampeltier sieht jetzt mit ihren schönen Augen?*

In gedämpfter Stimmung machte Toni sich auf den Rückweg zum Hotel. Am Restaurant im Bahnhofsviertel winkte ihr der Kellner zu, bei dem sie und Clara eine Flasche Wasser bestellt hatten. Lahm deutete sie einen Gruß an. Doch der Kellner winkte weiter, machte ihr ein Zeichen, dass sie zu ihm kommen solle. Er verschwand in dem Lokal und stand kurz darauf mit einem zusammengefalteten Papier vor ihr. Es war der zweiseitige Brief mit ihrer Krakelschrift.

»Muss Ihnen runtergefallen sein«, sagte der Kellner freundlich.

In ihrem winzigen Hotelzimmer angekommen legte sie den Brief auf das Nachttischchen. Nun fielen ihr auch wieder all die Sätze ein, die sie sich für das Treffen mit Clara zurechtgelegt hatte: *Können Sie mir eine Ausstellung empfehlen? Warum wohnen Sie nicht in Frankfurt? Sind Sie über den Tod Ihrer Tochter hinweg? Ist es schlimm für Sie, mich zu sehen?*

Beim erneuten Blick auf den Brief sah sie, dass die zweite Seite nicht vollständig war. Jemand hatte unter der Zeile *Herzlich und unbekannterweise in tiefer Verbundenheit* in einer etwas krummen Linie ihren Namen abgeschnitten. Jemand von der Corneabank? Um ihren Brief zu anonymisieren? Aber wie war Clara dann auf ihren Namen gekommen?

Und dann wusste sie auch die restlichen Fragen wieder: *Woher kannten Sie meine Adresse? Verstoßen wir gerade gegen ein Gesetz? Tun wir hier etwas Verbotenes?*

Eine Stunde später saß sie wieder in dem Restaurant, es war voll und laut. Vor ihr stand ein Steak für 45 Euro. Es war nicht blutig, es war roh. Toni bemerkte, dass alle Gäste rohes Fleisch auf den Tellern hatten, mit Messer und Gabel mundgerechte Stücke davon abschnitten und diese genussvoll in den Mund schoben. Toni gegenüber saß Clara, die ebenfalls ein Stück Fleisch von ihrem Teller aufspießte und es zum Mund führte. Toni wollte sie warnen, ihr sagen, dass das Stück noch zuckte, aber ihre Zunge war wie gelähmt, sie musste zusehen, wie das Fleisch zwischen Claras zarten Lippen verschwand und ihr ein Blutstropfen am Kinn herunterlief. Clara lächelte sie glücklich an und sagte: »Es war einer der schönsten Abende meines Lebens.«

Toni wachte mit galoppierendem Herzen auf. Alles war dunkel. Sie hatte Kopfschmerzen. Sie war im Krankenhaus. Sie war wieder blind. Panisch tastete sie nach dem Beistelltisch neben ihrem Bett und fühlte nur eine rau verputzte Wand. Auf der anderen Seite des schmalen Bettes fand sie einen Nachttisch und knipste das Licht darauf an.

Sie war in ihrem winzigen Hotelzimmer.

Ein Albtraum. Ein gottverdammter Albtraum, wie sie ihn seit Kindertagen nicht mehr gehabt hatte.

13

Toni saß an einem der Resopaltische im Frühstücksraum und kaute lustlos an ihrem Brot. Der Albtraum saß ihr immer noch in den Knochen und warf einen Schatten über den anstehenden Tag. Da Toni es hasste, an einem öffentlichen Ort alleine zu essen – dann kam sie sich alleine vor –, hatte sie sich einen zerfledderten Reiseführer von der Theke gegriffen und gab vor, darin zu lesen. Während sie die Fotos der Sehenswürdigkeiten überflog und nur hie und da eine Bildunterschrift las, waren ihre Gedanken bei Clara. Vor ihrem geistigen Auge sah Toni sie mit Zsazsa, wie die beiden Wein tranken und lachten, zusammen kifften. Toni hatte das erst dreimal ausprobiert und das war schon fast zwanzig Jahre her. Es hatte einfach nicht funktioniert bei ihr. Sie hatte lediglich heftige Hustenanfälle gehabt. Die Vorstellung, sie würde mit ihrer Mutter einen Joint rauchen, war zum Lachen. Völlig undenkbar. Hätte sie eine Form des Drogenkonsums mit ihrem Vater geteilt, dann wäre sie wahrscheinlich auch Alkoholikerin geworden.

Sie schaltete ihr Handy an. Augenblicklich traf eine Nachricht ein.

Liebe Antonia, Sie haben hoffentlich gut geschlafen. Ich freue mich so sehr, dass ich Sie gestern kennenlernen durfte. Bleibt es dabei, dass Sie mich heute auf die Vernissage begleiten? Ich könnte Sie um 17 Uhr an Ihrem Hotel abholen. Es wäre mir ein großes Glück. Herzlich, Ihre Clara.

Toni las die Nachricht mehrere Male. Sie schien Clara wirklich etwas zu bedeuten.

In einem plötzlichen Anfall von Wahrhaftigkeit antwortete sie: *Liebe Clara, sehr gerne komme ich mit. Ich habe allerdings nichts Feines zum Anziehen dabei. Wie ist denn die Kleiderordnung, damit ich mir noch etwas besorgen kann? Liebe Grüße.*

Sie unterschrieb mit *Toni.* Dann starrte sie auf den blinkenden Cursor. Sie löschte die vier Buchstaben, langsam, einen nach dem anderen, und mit einem eigentümlich aufgeregten Gefühl schrieb sie ihren vollen Namen. *Antonia.*

Die Antwort kam prompt: *Das müssen Sie nicht. Ich bringe Ihnen ein paar Sachen mit. Machen Sie sich einen schönen Tag. Ein Tipp: Samstags muss man auf die Konstablerwache. Ich freue mich!*

Der Tag flog auf gnädigen Flügeln dahin, getragen von einem warmen Vorboten des nahenden Sommers. Toni konnte das Hotelzimmer verlängern und sie flanierte durch die Stadt und dachte, dass sie sich so fühlte, wie die Menschen in den Straßencafés aussahen: unbeschwert, in Urlaubsstimmung und irgendwie zufrieden.

Alles andere war weit weg. Berlin, Dr. Brinkmann, ihr klammes Haus.

Sie schlenderte von der Hauptwache durch die Zeil, eine gesichtslose Fußgängerzone, wie sie überall zu finden war. In Gedanken kreuzte sie in ihrer Kladde für die Bestandsaufnahme allzu oft *Sperrmüll* an. Toni durchstreifte den Markt auf der Konstablerwache, einem Platz umringt von unansehnlichen Häusern mit aufeinandergestapelten Mietwaben. Sie interessierte sich nicht sonderlich für die Stände, die alles feilboten von Brot und Eiern über Käse und Fleisch bis zu Schafsfellen und duftenden Waffeln, Kräutermischungen für die »Frankfurter Grüne Soße« und Würstchen, deren triefendes Fett auf den Grills explodierte. Aber Toni wollte den Markt gesehen haben, da Clara ihn empfohlen hatte und sie eventuell am Abend danach fragen würde. Schon am frühen Mittag floss der Alkohol an den Weinständen in Strömen. Vielleicht, dachte Toni, würde sie sich an diesem Abend ein Glas Prosecco gönnen, um auf sich und ihren ersten Ausflug anzustoßen.

Dieses erste Glas hatte sie mit Holger trinken wollen, wegen des Streits um Claras Brief war es nicht dazu gekommen. Toni vermisste Holger, schrieb ihm aber nicht. Sie hatte das Gefühl, dass diese vierundzwanzig Stunden in der fremden Stadt nur ihr allein gehörten. Einen erneuten Streit, weil sie nach Frankfurt zu Clara Mertens gefahren war, oder zu der Frage, warum sie so sehr seine Nähe suchte, sie aber anscheinend nicht aushielt, konnte sie mitnichten gebrauchen. War dies nur darin begründet, dass er der eine Mensch in ihrem Leben sein wollte, sie manchmal regelrecht besitzen wollte? Oder passten sie einfach nicht zusammen? War Toni schlicht und ergreifend beziehungsunfähig?

Toni schob die Gedanken beiseite. Die Sonne knallte inzwischen vom Himmel. Sie fand ein Restaurant am Main mit einer Terrasse für die gehobene Küche und einem Selfservic-Bereich und Biertischen für das Fußvolk. Platanen und Schatten spendende Palmen verliehen dem Ort maritimes Flair und wie auch am Vortag herrschte ausgelassener Betrieb auf dem breiten Kai.

Toni ließ sich auf einem Liegestuhl im Schatten eines sanft geblähten Sonnensegels nieder. Immer noch dachte sie an Holger und die seltsame Dynamik ihrer Beziehung. Der Arzt hatte ihr eingebläut, jeden Stress zu vermeiden. Ihren Augen zuliebe, ihrer neuen Sehfähigkeit zuliebe. Sie solle die Nebenwirkungen der Medikamente nicht unterschätzen, mahnte er, angefangen bei Übelkeit über völlig entgleisende Darmtätigkeit und Infektanfälligkeit bis hin zu erhöhtem Blutdruck, Posttransplantationsdiabetes, Herz-Kreislauf-Erkrankungen und sogar Psychosen. Ihr Immunsystem sei auf einem sehr niedrigen Level, jeglicher Stress schwäche es noch mehr und könne sie zurück in die Dunkelheit führen.

14

Toni hatte sich im Hotelzimmer frisch gemacht. Sie bereute es, dass sie sich nicht an einem anderen Ort mit Clara verabredet hatte. Sie schämte sich für ihre schäbige Absteige.

Aber Zsazsas Mutter schien das heruntergekommene Zimmer kaum wahrzunehmen. Sie nahm sich völlig unwirklich auf dem abgetretenen Teppich aus. Ihr Kostüm war dezent und wirkte teuer. Mit Sicherheit war es nicht von der Stange.

»Hatten Sie einen schönen Tag, Antonia?«

Antonia. So hatte sie seit der Grundschulzeit niemand mehr genannt. Der Name klang seltsam weit weg und er hatte zugleich etwas Verlockendes, Verheißungsvolles. Wie Clara Mertens ihn aussprach, spiegelte er den Nachmittag wider: eine Reihe ungeplanter und verbummelter Stunden.

»Ja«, sagte Toni. »Ich hätte nicht gedacht, dass Frankfurt so schön ist.«

Clara reichte Toni eine Tasche. »Schauen Sie, ob etwas für Sie dabei ist.«

Als Toni aus dem kleinen Bad kam, war es, als erblickte sie eine andere Frau im Spiegel. Sie trug eine hoch taillierte beige Leinenhose in Karottenform, die Tonis Fesseln frei ließ und auf diese Weise besonders zur Geltung brachte. Eine weiße Seidenbluse mit breitem Kragen und tiefem Ausschnitt betonte ihre Schultern und ihr Dekolleté äußerst vorteilhaft. Die beigen Lederschuhe, flach, schmal und spitz zulaufend, ließen den Teppich noch abgewetzter aussehen.

Durch den Spiegel sah Toni Clara, die den Brief vom Nachttisch in die Hand genommen hatte und darauf starrte. Toni berichtete kurz von dem Wiedersehen mit dem Kellner vor dem Restaurant. Und dann wagte sie es endlich zu fragen: »Woher kannten Sie eigentlich meinen Namen? Meine Adresse?«

Clara log so schlecht, dass Toni peinlich berührt wegsah.

»Wahrscheinlich hat das Kuvert auf dem Brief gelegen. Und sich durchgedrückt.«

Hatte Toni nicht mit Füller geschrieben? Weil ihre Krakelschrift dadurch nicht ganz so hieroglyphenhaft aussah wie mit Kugelschreiber?

Als Toni Clara ansah, sagte diese: »Machen Sie doch den Pferdeschwanz auf.«

»Oh, nein, ich habe keine Haare, um sie offen zu tragen.«

Clara trat hinter Toni und löste den Zopf. Ihrer Handtasche entnahm sie ein kleines Haarspray. »Darf ich?«

Toni nickte und fragte sich, warum Clara so offensichtlich gelogen hatte. Wäre es unhöflich nachzufragen? Hatte sie überhaupt das Recht, so etwas zu fragen, wenn man bedachte, dass sie durch die Augenhornhaut von Claras geliebter Tochter wieder sehen durfte? Wäre es unverschämt?

Toni fühlte Claras Berührungen an ihrem Kopf, ihren Schultern, ihren Wangen. Sie lösten eine eigentümliche Sehnsucht in ihr aus, etwas, wovon sie nicht sagen konnte, was es war. Sie fühlte sich mitnichten erotisch angezogen, nur irgendwie getröstet, umsorgt.

Aber warum log Clara?

»Sie schminken sich nicht gerne, oder? Ist es wegen Ihrer Operation? Dürfen Sie nicht?«

Es lag mehr an ästhetischer und handwerklicher Ungeschicktheit, dachte Toni. »Mit Wimperntusche sehe ich nach einer halben Stunde aus wie eine Eule. Und mit Rouge, als hätte ich Scharlach.«

»Ihre Tagescreme ist zu fettig. Setzen Sie sich.«

Als Toni das nächste Mal in den Spiegel sah, wiederholte sich einen Moment das verstörende Erlebnis aus dem Krankenhaus, als sie sich in die Augen geschaut, sich selbst gesehen und ein anderer Mensch zurückgeblickt hatte. Ihre Augen sahen nun tiefliegend aus, größer als sonst, weiblicher.

Clara stand hinter ihr, hatte die Hände auf Tonis Oberarme gelegt und lächelte sie durch den Spiegel an. »Antonia …«

Wieder dieser fremd klingende Name. Ihr Name, der aber gar nicht zu ihr passte.

»Eine Sache noch …« Clara räusperte sich. »Mein Mann wird bei der Vernissage sein. Und Evelyn, meine Tochter. Die beiden wissen noch nicht, wer Sie sind, Antonia. Ich glaube, wir warten noch ein bisschen, ihnen davon zu erzählen.«

Wir. Clara dachte also, dass es eine Zeit geben würde, die sie beide warten könnten, und damit eine Zeit, die sie zusammen verbrachten. Würde es eine Zukunft ihrer … Freundschaft geben? Oder wie sollte man das nennen, was sie nun verband, das zarte Geheimnis von zwei Quadratzentimetern Hornhaut?

»Kein Problem«, sagte Toni. »Ich werde nichts sagen. Und ich freue mich, die beiden kennenzulernen.«

Clara wandte den Blick ab und für einen kurzen Moment schien es Toni, als habe sie Sorgenfalten auf Claras Stirn gesehen.

Oktober 2019

15

Alles, was ich noch klären kann, muss ich nun tun, solange ich noch mein Augenlicht habe. Bevor ich zurück in die Dunkelheit gezogen werde.

Im Schlafzimmer meiner Eltern habe ich nichts gefunden. Ich stehe in der Küche, der Hahn läuft und ich trinke kaltes Wasser aus einem ihrer Gläser. Wer es wohl zuletzt in der Hand hatte? Brigitte oder Papa?

Auf dem Küchentisch liegt Post, ungeöffnet, und ich denke: Sie müssen doch jetzt hereinkommen, sich setzen und über die Rechnungen streiten. Das muss doch jetzt so sein!

Aber nichts passiert. Die Uhr tickt und tropft einsame Sekunden in den Raum. Ich schließe die Augen, bis sie nicht mehr brennen, und dann trete ich mir in den Arsch. Eine weitere Chance habe ich nicht, das zerstörte Siegel an der Wohnungstür wird nicht ewig unbemerkt bleiben.

Ich durchsuche die Küchenschränke. Ich finde Rezepte aus Zeitschriften, alte Kataloge der Volkshochschule, Unmengen Papiere, die niemand mehr braucht. Ich weiß durch meine Arbeit, dass es eine Generation gibt, die sich sehr schwer damit tut, irgendetwas wegzuwerfen, die inzwischen vorgibt, ganz modern und *öko* zu sein, eben weil sie kaum etwas wegwirft, aber eigentlich nichts loslassen kann, weil sie früher mal nichts hatte. Im Job gehe ich damit ganz pragmatisch um, auszusortieren fällt mir leicht. Diese vollgestopften Küchenschränke bei meinen Eltern machen mich allerdings wahnsinnig. Ich finde Gebrauchsanweisungen von Küchengeräten, die ich schon für sie zum Wertstoffhof gefahren habe, als meine Augen noch gesund und meine eigenen gewesen sind.

Es *muss* eine Patientenverfügung in dieser Wohnung geben. Ich habe meinen Eltern schon vor Jahren gesagt, dass sie sich beizeiten darum kümmern müssten, da ich in Gesprächen mit Angehörigen immer öfter mitbekam, wie sehr diese sich grämten, wenn sie nicht wussten, was der Verstorbene sich am Schluss gewünscht hatte und ob sie in seinem Sinne handelten. Ich diene den Hinterbliebenen dann oft als ein Ventil und Beichtpriester für ihr schlechtes Gewissen und als letzte Möglichkeit, die Sache wieder geradezurücken, indem ich wenigstens mit dem Nachlass der Verstorbenen würdevoll umgehe.

Nun stehe ich selbst da und weiß nicht, was Brigitte sich gewünscht hätte. Verstehe aber jetzt, was Clara von mir wollte. Sie versuchte über mich, dem Tod ihrer Tochter eine Würde zu verleihen. Aber nichts an Zsazsas Tod hatte mit Würde zu tun. Das wusste Clara nur nicht und weil ich es herausgefunden habe, muss ich nun hier stehen und mich fragen, was meine tote Mutter gewollt hätte, deren Körper nur noch eine Hülle ist und an Maschinen hängt.

Ich wollte die Würde meiner toten Spenderin wiederherstellen und habe das mit der Würde meiner Mutter bezahlt.

In den Stapeln mit altem Papier und Gebrauchsanweisungen sehe ich einen bunten Flyer. »Volkshochschule Schöneberg – Vernissage zur Ausstellung der Malkurse 2017«.

Meine Mutter liebte Volkshochschulkurse. Das war ihr soziales Netzwerk. Gemalt hat sie nicht, aber sicher ist sie mit Bekannten aus ihren regelmäßigen Kursen *(Smartphone für Späteinsteiger – Osteoporose vorbeugen – Stricken für Fort-*

geschrittene) auf dieser Vernissage gewesen. Ich habe sie nur sehr selten zu solchen Veranstaltungen begleitet, da uns so was nicht näher zusammenbrachte, sondern mir nur zeigte, dass wir uns nicht nahe waren. Nach diesen Treffen, bei denen wir ein Mutter-Tochter-Verhältnis vortäuschten, war ich immer ganz erschöpft. Mein Vater war ansonsten zwischen uns die soziale Schmiere, er hatte die Leichtigkeit und Wärme, die die Distanz zwischen Brigitte und mir zumindest kurzzeitig minderte.

Mit dem Flyer in der Hand denke ich jetzt an jene Vernissage in Frankfurt. Ich hatte kein Problem, mit Clara zu der Ausstellung zu gehen. Sie war mir auf eigenartige Weise vertraut gewesen und sie hatte mir das Gefühl gegeben, etwas Besonderes zu sein. Das alles ist erst vier Monate her, aber es kommt mir vor, als wäre es letztes Jahr gewesen.

In der Galerie allerdings verstärkte sich etwas, was ich bereits vorher gespürt hatte. Ich hatte so ein Bauchgefühl, den Instinkt, dass etwas nicht in Ordnung war. Aber haben wir nicht alle verlernt, auf das Bauchgefühl zu hören? Überhören wir nicht alle die leisen Alarmglocken, wenn wir Menschen kennenlernen, die uns trotz aller Anziehung Unbehagen bereiten? Haben wir nicht alle gelernt, höflich zu sein und uns die Menschen schönzureden? Uns täuschen zu lassen, weil wir die Ent-Täuschung nicht ertragen?

Denke ich zurück an die Vernissage und den lauen Juniabend am Main, zieht kein Film an mir vorbei. Es sind eher unzusammenhängende Szenen, von denen ich nicht genau weiß, ob sie sich überhaupt in der Reihenfolge zugetragen haben, an die ich mich erinnere. Die vielen Menschen, die fremden Gesichter, das immer gleiche mitleidige Lächeln und das verstohlene Wispern hinter Claras Rücken, das alles war wie eine Fototapete, vor der ich mich bewegte und versuchte eine andere zu sein als Toni Petzold.

Juni 2019

16

Schon der Weg zur Vernissage hat für Toni etwas Unwirkliches. In der gleißenden frühen Abendsonne kommt Toni die Parkanlage zwischen dem Bankgebäude der EZB und dem Main wie ein lebender Organismus vor: Menschen bewegen sich an Open-Air-Kraftsportgeräten, im Skatepark, in den eingezäunten Ballsportanlagen wie eine einzige pulsierende Masse.

Der Weg führt die beiden Frauen unter einer Eisenbahnbrücke entlang, eine Klanginstallation, bestehend aus zwei großen Kugeln, spielt mit seltsam betörenden und psychedelischen Geräuschen die Symphonie einer Stadt.

Dann steht Toni mit Clara vor der gläsernen Galerie. Auf dem Schild am Eingang ist zu lesen: *Marla Groeben – Vernissage, heute geschlossene Gesellschaft*, die Wände, die als Raumteiler fungieren, sind rau und unverputzt. Der weitläufige erste Raum mit plüschigen Sesseln und Sofas erscheint Toni wie ein heimeliges Wohnzimmer aus einer anderen Zeit. Auf einem langen, weiß eingedeckten Tisch stehen unzählige Champagnerflöten, daneben Kübel voller Eis und Flaschen. Und Rosen, überall weiße Rosen. Clara wird sofort von einer Schar Gäste verschluckt, deren selbstsichere Aura Toni einschüchtert. Sie fühlt sich seltsam fremd unter all den Menschen, die sie nicht kennt.

Sie hat plötzlich ein Glas in der Hand, nippt an dem prickelnden Getränk, weil sie nicht weiß, was sie sonst machen soll. Sie nippt wieder, und wieder, und wieder. Der Alkohol steigt ihr in die Wangen. Sie spürt, wie sie glüht, und sie spürt, wie sie lächelt. Ein völlig sinnloses Lächeln. Sie lässt sich mit dem Strom der Gäste in den zweiten Raum spülen, Gesprächsfetzen aus perfekt geschminkten Mündern ziehen an ihr vorbei.

»Die arme Clara, ich glaube, sie ist noch nicht darüber hinweg.«

»Wie auch, es ist erst ein paar Monate her.«

»Vor allem die Umstände.«

»Allerdings. Entsetzlich.«

»Sprich sie bloß nicht darauf an, sonst bricht sie wieder zusammen.«

»Sie soll ja wochenlang in einer Klinik gewesen sein.«

Toni tauscht ihr leeres Glas auf einem vorbeischwebenden Tablett gegen ein neues aus, gibt sich unbeteiligt und lauscht doch wie elektrisiert.

Erst jetzt nimmt sie die Bilder wahr. Großformatige Gemälde voller Wucht und Kraft. Toni hat sie schon einmal gesehen, denkt sie, sie wirken ganz vertraut. Sie bemerkt, dass ein junger Mann sie beobachtet, er ist bestimmt zehn Jahre jünger als sie. Er starrt sie durch den ganzen Raum hindurch an und Toni fühlt sich plötzlich in ihrer Aufmachung unsicher. Sie scheint nicht recht zu ihr zu passen, sie mag es zwar, wie sie gekleidet ist, aber weiß nicht, wie sie sich bewegen soll. Der Mann starrt sie immer noch an. Mit einem Blick, der sie dazu bringt, die Augen niederzuschlagen.

Toni gibt vor, sich intensiv ein riesiges, tiefrotes Bild anzusehen, das die ganze Fläche unter einem Brückenbogen ausfüllt. Die Farbe scheint auf das Leinen gespachtelt zu sein, vereinzelt sind da gelbe und orange Flecken, die vor Tonis Augen anfangen zu tanzen.

»Sie müssen zurücktreten. Erst dann sehen Sie es wirklich.«

Toni sieht den jungen Mann neben sich an. Er lächelt unter seinem Dreitagebart. Die Brauen in der Farbe seines dunklen Haares sind buschig und zerzaust. Trotz seiner verschmitzten Mundwinkel liegt ein trauriger Zug um seine Augen. Toni denkt, dass er aussieht, als würde er zu einer Beerdigung gehen. Er trägt einen schwarzen Anzug und ein anthrazitfarbenes Hemd. In seinem Blick liegt etwas so Direktes, dass sie wieder die Augen niederschlägt. Unsicher tritt sie ein paar Schritte zurück. Und dann sieht sie es. Das Bild ist ein Feuer, groß und voller Kraft, es züngelt alles verschlingend über das Leinen, brennt an der Wand. Das Bild greift förmlich nach Toni. Ihr Blick wandert zum unteren Teil des Leinens. Die Scheite sind nicht aus Holz. Was dort brennt, sind Menschen.

»Ein sehr beeindruckendes Werk!«, hört sie noch.

»Clara, es ist wieder so gelungen.«

Dann explodiert ihre Champagnerflöte auf dem groben Betonboden. Dutzende Augenpaare zucken in ihre Richtung und zu den schäumenden Splittern auf dem Boden. Sie schämt sich, aber vor allem ist ihr heiß und schwindelig. Kellner eilen herbei.

Und plötzlich steht sie draußen, lehnt sich an die grobe Außenwand der Galerie und schnappt nach Luft.

Sie hört eine Stimme neben sich. »O Gott, sind die Bilder so schlimm?«

Jemand hält ihr eine Zigarettenschachtel hin. Einer der schrecklich gesund aussehenden älteren Männer, die sich dank guten Genen, gekonntem Kleidungsstil, teuren Vitaminpülverchen und wahrscheinlich ungesund viel Sport ein jugendliches Aussehen bewahren können.

Sie lehnt die Zigarette ab und dann steht der junge Mann neben ihnen. Er fragt, ob bei ihr alles in Ordnung sei. Sie nickt, noch ganz zittrig, und weiß nicht, warum ihr so schwindelig ist. Die Medikamente? Der Alkohol?

Sie beobachtet, wie die beiden Männer, der junge und der alte, das Ritual des Zigarettenanzündens teilen, und erneut lehnt sie eine Zigarette ab.

»Ich rauche nicht.«

»Wir offiziell auch nicht«, grinst der Jüngere und der Ältere sieht verstohlen durch die Glasscheiben ins Innere.

»Sie ist beschäftigt«, sagt der Ältere und Toni folgt seinem Blick zu Clara.

»Jürgen Mertens«, stellt er sich vor und wedelt mit verstohlenem Blick zu seiner Frau wie ein kleiner Junge den Rauch weg.

»Michael«, sagt der andere und hält Toni die Hand hin. Sie ist muskulös und warm und einen Moment hält Toni sich an ihr fest.

»Antonia«, hört sie sich sagen.

»Machen Sie sich keine Gedanken über das Champagnerglas«, meint Michael mit einer wegwerfenden Handbewegung.

Toni fängt sich. »Ich mache mir eher Gedanken, dass ich mich gerade zum Vollhorst gemacht habe.« Und dann sieht sie die Flecken auf der hellen Leinenhose, die der verspritzte Champagner hinterlassen hat.

Michael lacht. »Warten Sie einfach mal, bis die Leute noch mehr intus haben. Wenn dann der erste Bänker nach seiner 90-Stunden-Woche auf einem der Sofas einschläft und eine Frau ihrem Mann ein Glas ins Gesicht kippt, weil der 'ne Affäre hat. Wir Frankfurter sind so oft von fremden Mächten besiegt und beherrscht worden, dass es bei uns genetisch verankert ist, tolerant zu sein.«

Wieder liegt etwas Direktes in seinem Blick. Und dann, vielleicht Minuten oder eine Stunde später, sie hat jedes Zeitgefühl verloren, spürt sie seine Hand auf ihrem Rücken, wie ein geübter Tänzer auf dem Wiener Opernball lenkt Michael sie durch die Menge im Ausstellungsraum. Die Berührung fühlt sich seltsam vertraut an. Dann hat sie wieder ein Glas Champagner in der Hand und Clara steht mit Jürgen Mertens vor dem Feuerbild.

Clara hält eine Rede, von der Toni nur die Hälfte mitbekommt, weil das Bild wieder tanzt und die Eltern von Zsazsa zu verschlingen scheint. Jürgen Mertens sieht unglücklich aus. Die beiden müssen noch furchtbar leiden. Clara äußert lobende Worte über Marla Groeben; sie sei stolz, die Ausstellung präsentieren zu dürfen; es sei in der heutigen Zeit bei Künstlern Mode, sich immer wieder neue Namen und Biografien zu geben, damit ihr Schaffen nur am Werk interpretiert werde; das Feuerbild sei der Malerin das liebste gewesen; Marla Groeben sei von dem Frankfurter Feuerteufel inspiriert worden, der kostbare historische Holzbauten in Frankfurt niedergebrannt habe: den Goethe-Turm, den Koreanischen Pavillon und auch den Chinesischen.

Und dann sagt Clara die Sätze, die sich Toni ins Hirn brennen wie das Bild der beiden vor dem Leinen:

»Ich bin sehr traurig, dass sie – meine geliebte Tochter – heute nicht hier sein kann. Wir stoßen auf dich an, Marla, auf deine Bilder. Familie ist das Wichtigste. Du wirst uns immer fehlen, Zsazsa.«

»Die Schwester leidet so sehr«, hört Toni hinter sich, »dass sie nicht mal hergekommen ist. Irgendwie unheimlich, das alles.«

17

Nach einem kurzen tosenden Applaus auf Claras Rede wurden unzählige Champagnerflöten in die Höhe gehoben und es folgte eine Schweigeminute. Anschließend stolperte Toni in den milden Juniabend. Ihr schwirrte der Kopf.

Clara kam ihr nach. »Ist Ihnen nicht gut?«

Nein, Toni war überhaupt nicht gut. Dass die ausgestellten

Werke von ihrer toten Spenderin gemalt worden waren, fühlte sich für Toni an, als hätte jemand ihr mitten in die Eingeweide gegriffen.

»Warum haben Sie mir nicht gesagt, von wem sie sind?«

Clara sah zu Boden. »Ich wollte Ihre ehrliche Meinung. Und nicht, dass Sie mir etwas sagen, von dem Sie glauben, dass ich es hören will.«

Toni versuchte sich nicht anmerken zu lassen, wie verstört sie war. »Sie machen mir ein wenig Angst, wenn ich ehrlich bin. Sie sind auf jeden Fall unglaublich kraftvoll.«

Langsam strömten die ersten Gäste mit frisch gefüllten Gläsern ins Freie. Toni erkannte den Mann, der am Vorabend auf dem Fahrrad neben ihnen gehalten und Clara begrüßt hatte. Er starrte seltsam intensiv zu Toni hinüber. Sie sah Jürgen Mertens aus der Galerie schleichen. Er gesellte sich zu Michael und Toni beobachtete erneut ihr brüderliches Feuerritual und wie sie beim Rauchen zu Clara schielten.

Toni fragte Clara, ob sie mit der Ausstellung zufrieden sei.

Die Mutter ihrer toten Spenderin wechselte das Thema, ohne darauf zu antworten. »Ich hatte Ihnen vorgeschlagen, sich unsere Möbel anzusehen. Wollen Sie morgen vorbeikommen?«

Toni spürte, wie ihr das Blut in die Wangen stieg, wie es einem eben geht, wenn man sich selbst ein Talent andichtet, das noch nicht mal eine Begabung ist und gerade mal zu einem halbherzigen Hobby reicht – und man kurz davor ist, deswegen aufzufliegen.

»Ich muss Ihnen etwas sagen …«, fiel Toni Clara ins Wort, als diese eben wieder zum Sprechen ansetzte. »Ich habe geschrieben, dass ich Möbel restauriere, und ich kann das auch, aber es ist mehr ein Hobby, ich verdiene damit auch ein bisschen was …«

»Alles gut«, unterbrach Clara sie. »Ich weiß es. Ich habe Sie im Internet gefunden.«

Dann machte sie mit dem Kopf eine Bewegung, die besagte, Toni solle ihr folgen.

Der Platz vor der Galerie hatte sich inzwischen mit Gästen gefüllt, die die Kulisse der vom Abendrot beleuchteten EZB-Türme genossen. Toni folgte Clara durch die Menge. Als sie sich kurz noch einmal umdrehte, fing sie erneut den Blick von Michael auf. Darin lag auch etwas Wissendes, ein Wollen, das sie ebenso betörte wie verunsicherte. Dass er schätzungsweise zehn Jahre jünger als sie war, verstärkte beides nur umso mehr. Immer noch spürte sie seine Hand auf dem Rücken.

Im Vorbeigehen vernahm Toni das Flüstern von drei Gästen, die optisch aus dem Rahmen fielen. Sie waren die Jüngsten vor Ort und im Gegensatz zu allen anderen in Jeans und T-Shirt gekleidet. Eine Frau mit Pferdeschwanz und seitlich abrasiertem Haar, einer Frisur, die Toni unbegreiflich war, sagte eben:

»Zsazsas Schwester ist allen Ernstes nicht aufgetaucht.«

Ein Typ mit verwaschenem Shirt und Baseballkappe murmelte: »Weiß man inzwischen eigentlich, wie Zsazsa gestorben ist?«

»So, wie sie gelebt hat, wild, intensiv, in ihrem schönsten Kleid«, antwortete die Frau und fügte pathetisch hinzu: »Kann es etwas Besseres geben, als dass einen alle nach dem Tod so feiern? Dann hat man Spuren hinterlassen.«

Plötzlich fühlte sich Toni, als würde über sie gesprochen. Als würden sich Leute über sie unterhalten und nicht merken, dass sie sich im Raum befand. Das machte sie wütend. Eine Frage nagte an ihr, von der sie nicht wusste, ob sie sie Clara stellen durfte. Wie war Zsazsa gestorben?

Etwas abseits blieb Clara stehen und sah Toni unmittelbar an. »Sie räumen Wohnungen aus. Von toten Menschen.«

Toni senkte den Kopf, sie schämte sich. »Es tut mir leid, ich wollte Sie nicht anlügen …«

»Alles gut, wirklich. Sie wollten nicht pietätlos sein. Wie ist das? Ich habe es bis heute nicht geschafft, Zsazsas Wohnung auszuräumen. Es geht nicht. So habe ich das Gefühl, sie könnte jederzeit wiederkommen. Ich kann nichts wegwerfen, ich schaffe es nicht.«

»Geht vielen so, deshalb gibt es Leute wie mich.«

»Antonia, würden Sie mit mir in ihre Wohnung gehen?«

Tonis Puls begann zu galoppieren. Mit einem Mal war sie stocknüchtern. Sie wäre nie auf den Gedanken gekommen, dass es noch eine Wohnung von Zsazsa geben könnte.

»Tut mir leid, das war unangemessen«, beeilte sich Clara zu sagen. »Ich möchte Sie nicht unter Druck setzen. Sie sollen sich zu nichts verpflichtet fühlen. Überlegen Sie es sich, ich würde Sie natürlich bezahlen.«

Zsazsas Wohnung. Die Worte klangen wie eine Verheißung. Sie hörten sich wie die Antwort auf alle Fragen an. Toni wollte wissen, wer diese Frau gewesen war und was sie ausgemacht hatte, die tote Malerin, der sie ihr Augenlicht verdankte und die offenbar so gestorben war, wie sie gelebt hatte: wild und intensiv.

»Ich gehe mit«, sagte Toni bestimmt.

Clara schlang ihre Arme um Toni. »Danke«, flüsterte sie tränenerstickt. »Danke. Sie wissen gar nicht, wie viel mir das bedeutet.«

Als Toni beim Schließen der Hotelzimmertür die Frau im Spiegel erblickte, dieses Wesen mit den vor Glück geröteten Wangen, stand sie eine Weile da und sah sich an. Der Glanz in ihren Augen war etwas so Neues, dass sie ihren Blick kaum abwenden konnte.

Auch wenn die Bilder in der Galerie sie zunächst aus der Bahn geworfen hatten, war der Abend doch wundervoll gewesen. Claras Umarmung, ihre Worte … *Sie wissen gar nicht, wie viel mir das bedeutet.* Michaels Flirt mit ihr. Ganz verrückt, dachte sie. Ein zehn Jahre jüngerer Mann, dessen Blick davon zeugte, dass er keine Probleme hatte, Frauen ins Bett zu bekommen. Jürgens jungenhafte, charmante Art … Toni hatte sich auf dem Weg zur Toilette in einem der spiegelnden hohen Fenster gesehen, wie sie elegant heranschwebte, wie jemand, der es gewohnt war, die Abende auf Vernissagen mit weiß eingedeckten Stehtischen und Champagner zu verbringen, für den es ganz normal war, dass Menschen ihm mit einer solchen Aufmerksamkeit begegneten. Michael hatte sie mit Küsschen rechts und links verabschiedet, die ein bisschen zu lang gewesen waren und ein bisschen zu viel Wange zum Einsatz gebracht hatten. Sie konnte es sich nicht eingebildet haben. Nicht, dass Toni an eine Affäre dachte. Doch Michaels Worte *Schöne Träume, Antonia* hatten wirklich flirtig geklungen, fast ein bisschen anzüglich, sie hatten regelrechtes Bauchkribbeln bei ihr erzeugt.

Der ganze Abend gab ihr das beglückende Gefühl, dass sie tatsächlich Antonia sein könnte, während zu Hause alle die ewig gleiche Toni erwarteten – und sie diesen Erwartungen entsprach.

Sie zögerte den Moment hinaus, sich zu entkleiden, als würde sie damit auch dieses Gefühl abstreifen müssen.

Im Bad sah sie sich erneut im Spiegel an, staunend und vom Glanz ihrer Augen beglückt. Und dann geschah es wieder. Jemand sah zurück. Etwas sah zurück, das nicht sie war. Es dauerte nur eine Sekunde und dann waren da nur noch ihre Augen, fein nachgezogen und mit der dezenten Schminke wunderschön. Dieses Mal verstörte sie das Erlebnis nicht. Im Gegenteil. Sie wartete, ob es sich wiederholen würde. Doch nichts geschah.

Schließlich lag sie auf dem Bett und spulte immer wieder die Bilder vor ihrem inneren Auge ab. Die Umarmung, die Küsschen, ihr Spiegelbild in der Fensterscheibe … Langsam vermischten sich die Polaroids ihrer Erinnerung mit dem Feuerbild aus der Galerie und dann stand inmitten der eleganten Gästeschar das Mädchen, das die Hand nach ihr ausstreckte. Und Toni stand wie gelähmt da und konnte sich nicht rühren, während das Feuerbild Flammen schlug und Asche durch den Raum wirbelte.

Oktober 2019

18

Um organisatorische Dinge hat sich immer meine Mutter gekümmert. Ob Papa darin einfach nicht gut war oder ob er es ihr klugerweise überlassen hat, weil sie gerne alles kontrollierte, weiß ich nicht. Die beiden haben selten gestritten, außer über Rechnungen. Er hat nie aufbegehrt, wenn sie ihn zurechtwies.

Als Papa das eine Jahr bei den Anonymen Alkoholikern war, bin ich, um ihn zu unterstützen, zu der Gruppe für Angehörige von Trinkern gegangen. Dort sagten sie, dass unsereins co-abhängig sei und versuche, den Alkoholkonsum des Süchtigen zu kontrollieren und ihm zu helfen, die Sucht zu vertuschen. Ich habe Papa sein Problem nicht übel genommen, weil er nie böse geworden ist. Ob das auch schon als Vertuschen gilt? Ob Brigitte so viel bei ihm kontrollieren wollte, weil sie keinen Einfluss auf seine Sucht hatte? Oder ob er jeden Tag seine fünf, sechs Bier trank, weil sie ihn so kontrollierte? Wer weiß das schon.

Brigittes Arbeitszimmer ist das wohlorganisierteste Nichtswegwerfen-Können, das ich je gesehen habe. Ich stehe im Türrahmen und zögere einzutreten. Dieser Raum ist das absolute Tabu für jeden, der nicht meine Mutter ist. Nicht mal mein Vater hatte hier drin etwas verloren. Ich denke, sie hat sich oft in diese Welt verzogen, wenn ihr die Welt da draußen zu viel wurde. Hier hatte sie alles im Griff.

Die Regale reichen bis unter die Decke des dreieinhalb Meter hohen Altbaus. Jeder Winkel dieses Zimmers birgt ein Ordnungssystem, einen Ordner, einen Karton – Schuhkartons hat sie mit schlichtem Geschenkpapier beklebt –, eine Schatulle, etwas, worin Brigitte Dinge aufbewahren und ordnen konnte. Hier befinden sich die Ziegelsteine, aus denen sie die Mauern um sich herum gebaut hatte. Alles hier ist säuberlich beschriftet. Dieser Raum entspricht ihr. Er hat so etwas Förmliches, Steifes. Alles hier drin hat Haltung, ist nützlich. Keine Pflanze schmückt den Raum, kein Bild. Der Stuhl steht ordentlich an den Schreibtisch geschoben, die Arbeitsplatte ist voll und zugleich aufgeräumt. Auf einem DIN-A4-großen Kalender, den sie jeden Dezember in der Apotheke bekommen hat und auf dem das Jahr in zwölf Spalten eingeteilt ist, hat Brigitte Termine vermerkt. Ich überfliege sie, hauptsächlich sind es Arztbesuche und Volkshochschulkurse. Und da ist natürlich mein Geburtstag übermorgen. Das Datum ist eingekringelt und in Großbuchstaben steht da *TONI.*

Ich weiß, wie sehr es ihr widerstreben würde, dass ich mich hier umgucke, geschweige denn diese Ordnung störe. Deswegen ist es der letzte Raum, an den ich mich wage. Es kommt mir vor wie ein Verrat. Ich sehe die Regale durch.

Ich denke an meinen ersten Besuch bei Clara. Dort gab es auch hohe Mauern, aber die bestanden aus Geheimnissen.

Ich nehme die Klappleiter, die in der Ecke lehnt, und stelle sie auf. In ungefähr zweieinhalb Metern Höhe sehe ich eine Box mit der Aufschrift *Altersvorsorge.*

Während ich die Stufen erklimme, denke ich an Kronberg. Mich wundert es, wie unterschiedlich Elternpaare der gleichen Generation zu sein scheinen und in welchen Dingen sie sich wahnsinnig ähneln. War mir Clara deshalb so vertraut? Weil sie auch so wenig über das sprach, was wie ein Elefant im Raum stand?

Ich wuchte die Box die Leiter hinunter, nehme den Deckel ab und überfliege die Papiere. Meine Eltern haben nicht viel Geld und auch keine nennenswerte Altersvorsorge. Ihre Rente reicht. Mehr nicht.

Ich klettere die Leiter wieder hoch und packe die Box *Krankenkasse.* Wahrscheinlich finde ich hier auch nicht, was ich brauche. Ich ärgere mich, dass ich nicht konsequenter nachgehakt habe, ob meine Eltern eine Patientenverfügung gemacht haben. Überhaupt habe ich nie Dinge gefragt, von denen ich dachte, ich könnte ihnen damit zu nahe treten. Das war ein Fehler.

Genau wie bei Clara.

Juni 2019

19

Das Frühstück im Speiseraum des Hotels war auch am Sonntag so unaufgeregt wie am Tag zuvor, aber Toni verschlang es mit gierigem Appetit. Der Schatten des Albtraums hatte sich schnell verflüchtigt, Toni vermutete, dass es an ihrem anstehenden Ausflug zu Clara lag. Sie freute sich richtig darauf.

Wenn sie ausging, hatte sie manchmal danach ein Katergefühl, das nicht vom Alkohol kam; eher fühlte sich der nächste Tag wie ein melancholisches Danach an, ein trauriges Nachspiel, jeden Reizes beraubt.

Nicht so heute.

Auf die Nachricht ihres Vaters, ob sie zurück sei, antwortete sie, dass sie noch ein, zwei Tage Urlaub anhängen würde und dass es ihr gut gehe. Von Holgers Frage, ob sie jetzt nicht mal mehr schreiben würde – das verschmollte Vorwurfsvolle in den wenigen Worten war typisch für ihn –, ließ sie sich zu einer etwas zu überschwänglichen SMS hinreißen:

Bin in Frankfurt a. M., ich erzähle alles in Ruhe. Mache ein paar Tage frei, gucke Museen an. Tut mir gut. Wir reden, wenn ich zurück bin. Vermisse und küsse dich!

Sie erreichte Kronberg mit der S-Bahn und schlenderte durch die von knorrigen Bäumen gesäumten Straßen des Villenviertels. Sie war extra früher gefahren, weil sie Lust hatte, sich den Vorort anzuschauen. Auf der Fahrt hatte Toni im Internet gelesen, dass der Ort eine der drei reichsten Kommunen in Deutschland war, dass 33 der Reichsinnenminister Cronberg umgetauft hatte, da das C als undeutsch galt, und dass die CIA während des Kalten Krieges dort Agenten der sowjetischen Besatzungszone mithilfe von Gehirnwäsche, Drogen, Hypnose und sonstigen Foltermethoden befragt hatte. *Operation Artischocke* hießen diese Verhöre. Bei den Methoden hatten die Amerikaner sich auch von Berichten Überlebender aus den Konzentrationslagern der Nationalsozialisten inspirieren lassen. Die Nazis hatten ebenfalls mit Drogen, Krankheitserregern wie Malaria, Pest und Fleckfieber und Chemikalien an Deportierten experimentiert.

Das entzückende, auf einem Taunusberg gelegene Städtchen ließ die Gräueltaten der Vergangenheit vergessen. Hoch über den Gässchen aus Fachwerkhäusern thronte die mittelalterliche Burganlage. Als Toni in eine der an das Zentrum angrenzenden Wohnstraßen bog, sah sie außer hohen Mauern mit Überwachungskameras kaum noch etwas.

»Sie haben Ihr Ziel erreicht. Das Ziel befindet sich auf der rechten Seite«, informierte sie die Stimme aus der Handy-Navigation.

Eine rundliche Frau, die nach Putzmittel und leicht schweißig roch, ließ Toni unter den wachsamen Augen der Kameras ein Tor passieren. Toni folgte der Frau über einen Kiesweg an einem großen weißen Wohnkasten entlang, vorbei an einer Garage, die Platz für mehrere Fahrzeuge bot.

Nun tat sich ein weitläufiger, leicht abfallender Garten auf, in dem ein Mähroboter Runden auf einem raspelkurzen Rasen drehte. Was Toni von der Straße aus wie ein nichtssagendes Gebäude erschienen war, entpuppte sich hier auf der Gartenseite als moderne Bauhaus-Villa, bestehend aus sechs ineinander verschachtelten Wohnkuben mit bodentiefen Fenstern.

Toni kam sich mit einem Mal klein und unbedeutend vor. Alles hatte sie bei Claras dezenter Art vermutet, aber nicht so ein Anwesen.

»Im Wohnzimmer. Sie können über die Terrasse.« Die Frau deutete mit einer leichten Kopfbewegung zu einer offenen Schiebetür, dann verschwand sie in einem der Kuben.

Erst jetzt merkte Toni, wie aufgeregt sie war. Hier war Zsazsa groß geworden. Hier hatte sie gelebt, gespielt, mit Clara Wein getrunken. Ein seltsames Kribbeln erfasste Toni.

Sie blickte durch die Glasfront in einen der Kuben. Eine offene Küche mit einem frei stehenden Marmorblock, es folgte ein Essbereich und auf einer Art Podest eine Sofalandschaft mit einem Fernseher in der Größe einer kleinen Kinoleinwand. Ganz hinten im Raum standen Loungesessel um einen niedrigen Glastisch. Toni erkannte Clara an ihrem schmalen Rücken und dem weißen Dutt. Eine braunhaarige Frau in Tonis Alter saß vor einem Laptop und als Toni näher kam, hörte sie die Frau theatralisch aufstöhnen.

»Wirklich, Mama? Dieses schlimme Bild?«

»Es war ihr liebstes«, erwiderte Clara. »Und du musst es ja nicht kaufen.«

»Typisch. Sie macht es immer noch!«

»Was?«

»Sie bringt uns dazu, dass wir uns streiten«, schnaubte Evelyn. »Obwohl sie tot ist.«

Toni rief durch den Raum Claras Namen.

Evelyn blickte nur kurz auf und redete dann weiter mit ihrer Mutter. »Und diese fertigen Leute.« Sie wies auf den Laptop. »Hast du sie eingeladen?«

»Es waren ihre Freunde«, erwiderte Clara über die Schulter, während sie mit ausgebreiteten Armen auf Toni zukam.

»Ihre Parasiten, meinst du, Mama. Dein Hang zu kaputten Figuren. Je größer das Elend, desto besser.«

Clara verdrehte die Augen in einer Art und Weise, dass Toni vermutete, die beiden Frauen führten diese Art Gespräche öfter.

Erst als Clara Toni zur Begrüßung umarmte, schien die braunhaarige Frau im Hintergrund sie richtig wahrzunehmen. Clara stellte die beiden über die Entfernung hin vor. »Antonia sieht sich unsere alten Möbel an.«

Für Evelyn kein Grund, sich zu erheben. Wahrscheinlich bin ich auch nur eine kaputte Figur für sie, dachte Toni, eine Dienstleisterin in Jeans und Turnschuhen.

»Ich habe Ihnen die Kleidung von gestern mitgebracht«, sagte Toni und reichte Clara eine Tüte. »Tut mir leid wegen der Flecken auf der Hose. Ich würde sie reinigen lassen, aber ich wusste nicht, ob die Zeit reicht, bis ich nach Berlin fahre.«

»Ach was, das kann doch unsere Haushälterin machen«, sagte Clara und verschwand mit der Tüte.

Toni glaubte ein spöttisches Lächeln um Evelyns Mundwinkel zu erkennen, sie bemühte sich trotzdem, höflich zu bleiben. »Schade, dass wir uns gestern Abend nicht schon kennengelernt haben.«

Evelyn besaß nicht die Anmut ihrer jüngeren Schwester, auch wenn sie durchaus eine attraktive Frau war.

»Ach, Sie waren auch auf der Vernissage? Kannten Sie Zsazsa?«

»Nein. Es war mehr … Ihre Mutter hat mich eingeladen. Und ich male selbst gerne.« Was eine dreiste Lüge war. Toni verstand selbst nicht, warum sie das gesagt hatte. Sie hoffte, dass Clara schnell zurückkam und sie aus diesem holprigen Gespräch erlöste. »Gestern hieß Ihre Schwester ja Marla. Sie scheint sich gerne neu erfunden zu haben.«

Evelyn musterte Toni mit der kalten Abschätzigkeit eines Menschen, der sein Leben lang Hauspersonal herumkommandierte. »Nein. Nicht im Geringsten. Wie kommen Sie darauf?«

»Susanne, Marla …«, stotterte Toni. »Und … Zsazsa.«

Der Name schien plötzlich zwischen ihnen zu stehen wie ein Streitwort, das Toni gegen alle Regeln des Anstandes ausgesprochen hatte. Das erste Mal hatte sie den Namen gesagt und doch war er ihr schon so vertraut, als wäre es ihr eigener.

Evelyn ließ ihre Arme seitlich der Lehnen herunterhängen und trommelte mit den Fingern auf das Leder.

»Und Sie wollen unsere Möbel restaurieren? Wie sind Sie hergekommen? Mit einem Transporter?«

»Nein«, sagte Toni. »Mit der S-Bahn.«

Evelyns Mundwinkel verzogen sich wieder zu einem spöttischen Lächeln und Toni begann sie zu hassen. Sie schien die Sorte Mensch zu sein, die ein untrügliches Gespür für die Verletzlichkeit anderer Leute hatte und immer mit gespanntem Bogen herumlief, um kein Ziel zu verpassen.

Toni fragte nach einer Toilette und ging grimmig durch die offene Küche in den Teil der Villa, der zur Straße hin lag. Das Bad war dunkel und vor dem gekippten Milchglasfenster zeichneten sich Gitterstäbe ab. Toni kontrollierte ihr Aussehen und machte ihren Pferdeschwanz neu. Sie konnte Evelyn schon nach fünf Minuten nicht mehr ertragen. Türklingeln hallte durchs Haus und Toni hörte Evelyns Schritte auf dem Marmorboden.

Toni öffnete die Tür zum Gästebad und wollte eben zurück ins Wohnzimmer gehen, da hörte sie vor dem Haus Stimmen, die mit dem Geräusch von Schritten auf knirschendem Kies näher kamen.

»Du musst es meiner Mutter sagen«, hörte Toni Evelyn.

»Noch nicht jetzt«, erwiderte ein junger Mann.

Toni erschrak und hielt inne. War das Michael?

Er sprach gedämpft. »Deiner Mutter geht es gerade wieder besser.«

»Dann tu ich es! Oder hast du Angst, dass mein Vater dich dann entlässt?«

Toni kam sich schrecklich indiskret vor, dennoch hielt sie den Atem an und lauschte.

»Mensch, Evelyn«, hörte sie eine beschwichtigende Männerstimme. »Nur weil du mich nicht mehr um dich haben willst, heißt das nicht, dass es deinen Eltern auch so geht. Es geht nicht um die Firma. Ich mag Clara.«

»Hast du keine eigenen Eltern? Oder willst du es einfach nicht wahrhaben? Was willst du hier noch?« Das war nun laut und deutlich gewesen.

Er wurde jetzt auch lauter. »Du übertriffst dich mal wieder selbst. Ich verstehe ja, dass Zsazsas Tod dich total aus der Bahn geworfen hat. Wirklich. Aber seitdem bist du unausstehlich. Und du bist unausstehlich zu Clara und Jürgen. Vielleicht begreifst du es nicht, aber du bist nicht die Einzige, die unter der Situation leidet.«

»Ach, fick dich, Michael! Es ist vorbei. Begreif du das endlich. Such dir 'ne andere. Aber lass uns in Ruhe.«

Dann nichts mehr. Nur noch Schritte auf dem Kies.

So war das also. Michael war der Ex von Evelyn. Ob sie Toni deswegen so hässlich behandelte? Weil ihr jemand erzählt hatte, dass er am Vorabend mit Toni geflirtet hatte?

20

Clara schloss die Tür zur Einliegerwohnung der Villa auf. »Als wir gebaut haben«, sagte Clara und betrat das Apartment, »war Evelyn zwölf und Zsazsa sechs. Wir dachten, dass sie vielleicht hier einziehen würden, wenn sie ihr Abitur hätten. Aber es war ihnen zu weit draußen. Sie wollten in die Stadt.«

Toni blickte sich in der Wohnung um. In den drei Räumen sah es aus, als wären schon lange alle verstorben. Jemand hatte weiße Laken über die Möbel gelegt. Toni waren während ihrer

Arbeit schon diverse verhängte Spiegel begegnet und glänzende Gegenstände, über die man ein weißes Tuch gelegt hatte. Der Brauch war ein Aberglaube, der bei manchen Menschen immer noch seine Wirkung tat. Im Mittelalter hatte man gedacht, ein neuer Todesfall würde bevorstehen, sollte sich der Tote irgendwo spiegeln. Dass sich solche Bräuche hielten, schrieb Toni dem Umstand zu, dass die Menschen, so aufgeklärt sie auch waren, angesichts des Todes mit Unbegreiflichem in Kontakt kamen. Und Rituale halfen dabei, das Unbegreifliche begreiflich zu machen: eine Beerdigung, eine Trauerfeier und auch weiße Laken, die man ausbreitete und sich dabei einbildete, etwas Sinnvolles zu tun.

Toni blickte unter eines der Tücher und inspizierte eine Biedermeier-Kommode.

»Sie müssen das hier nicht machen«, sagte Clara. »Die Möbel, meine ich.«

»Ich sag's, wie es ist: Die Chance, dass ich sie versaue, ist recht hoch.«

»Überlegen Sie es sich in Ruhe. Wenn Sie wollen, gerne. Ansonsten stehen die Dinger eben noch zehn Jahre hier und verstauben. Das, was mir wirklich wichtig ist, wissen Sie ja.«

»Die Wohnung von …« Toni klang heiser und sie musste sich erst mal räuspern. »Zsazsa?« Den Namen auszusprechen kostete sie ehrliche Anstrengung, aber er schmeckte süß auf ihrer Zunge.

»Wenn Sie noch wollen?«

Toni nickte. »Ja, ich will.«

Als sie das sagte, spürte sie wieder ein Kribbeln im Körper, diesmal noch deutlicher als vorher auf der Terrasse.

Als Toni mit Clara durch den Garten zur Garage ging, standen zwei Männer auf der Terrasse. Jürgen winkte Toni zu, sie hob grüßend die Hand. Michael sah sie unverwandt an und lächelte.

Insgeheim hoffte Toni, dass er sie mit nach Frankfurt nehmen und etwas mit ihr unternehmen würde, ihr vielleicht sogar etwas über Zsazsa erzählte, doch er machte natürlich keine Anstalten, sie zu fragen.

Die unverplanten Stunden des Sonntagnachmittags lagen wie ein bedrohlicher Abgrund vor Toni, auch wenn sie sie sonst genießen konnte. Alleine in einer fremden Stadt, alle waren bei dem schönen Wetter mit Freunden unterwegs, mit Partnern. Nur sie würde alleine sein. Plötzlich vermisste sie ihren Garten, in dem sie ohne schlechtes Gewissen Zeit totschlagen konnte. Ihre Beete gaben ihr das Gefühl, die Stunden, die sie alleine verbrachte, sinnvoll zu nutzen.

In der Garage hielt Clara ihr einen Autoschlüssel hin.

»Sie können ihn haben, solange Sie hier sind.«

»Ich kann wirklich S-Bahn fahren«, sagte Toni und starrte auf den Autoschlüssel.

»Wenn Sie den Auftrag für ihre Wohnung annehmen, dann werden Sie doch sowieso ein Auto brauchen. Ich muss morgen noch was im Westend erledigen. Ich schreibe Ihnen, wenn ich fertig bin, und dann treffen wir uns an der Wohnung. Schweizer Platz in Sachsenhausen. Ich schreibe Ihnen die genaue Adresse.«

Toni nahm den Schlüssel des Minis entgegen. Er stand neben einem Porsche Cayenne und einem Mercedes-Cabrio. Wie sie in dem Mini etwas transportieren sollte, für den Fall, dass sie die Wohnung entrümpelte, war ihr ein Rätsel. Aber wahrscheinlich war »Entrümpeln« im Zusammenhang mit einem Familienmitglied der Mertens sowieso das falsche Wort. Toni glaubte nicht, dass es irgendetwas geben würde, was wertlos genug war, um es zum Wertstoffhof zu bringen.

»Michael mag Sie«, sagte Clara, als sie Toni zum Abschied erneut herzlich umarmte.

»Er scheint nett«, erwiderte Toni geschmeichelt.

»Ich wusste, dass Sie sich verstehen werden. Er gehört zur Familie. Ohne ihn könnte Jürgen nicht leben.«

Etwas, das Evelyn sicher aufstieß, dachte Toni.

Einige Straßen entfernt öffnete Toni das Verdeck des Minis. Und als sie auf der Bundesstraße das Gaspedal drückte, schoss der Wagen unter ihr los und sie wurde in den Sitz gedrückt. Ein wohliger Kick durchfuhr sie. Der Rausch der Geschwindigkeit war herrlich.

Toni fragte sich, wie Zsazsa wohl ihre Sonntagnachmittage verbracht hatte. In welchen Cafés hatte sie gesessen? Wo war sie in den Bus gestiegen? War sie überhaupt jemals Bus gefahren? Was hatte sie gesehen, wenn sie aus dem Fenster ihrer Wohnung geschaut hatte? Hatte sie das überhaupt gemacht oder war ihr Leben so angefüllt mit Leben gewesen, dass sie dazu gar keine Zeit gehabt hatte? Zsazsa war sicher nie langweilig gewesen. Sie war bestimmt viel gereist, hatte gemalt, war vielleicht geritten. An einem Nachmittag wie diesem hatte sie sicher mit vielen guten Freunden am Main gesessen und sie hatten sich angeregt über Kunst und Literatur unterhalten. Oder sie hatte sich von einem ihrer unzähligen Verehrer ausführen, umtanzen lassen wie eine Bienenkönigin, im Bewusstsein ihrer Schönheit, ihres Reizes, ihrer Sinnlichkeit. Die meisten der Drohnen waren wahrscheinlich schon glücklich darüber gewesen, diesem Schwarm angehören zu dürfen. Ob es jemanden gegeben hatte in ihrem Leben? Hatte Clara nicht etwas von einem Verlobten gesagt? Wie es dem wohl ging? Ohne sie?

Den ganzen Nachmittag über schlenderte Toni durch die Stadt. Weiterhin fragte sie sich: Wie hatte Zsazsa diese Stadt gesehen? Es fing wie ein kleines Experiment an, indem Toni versuchte diese Stadt *mit den Augen der anderen* zu sehen. Immerhin sah sie durch deren Cornea. Toni merkte, dass sie mit diesem Perspektivwechsel alles irgendwie intensiver wahrnahm.

Die Skyline wirkte beeindruckender, der Main blauer, die behäbigen Gänse auf den Grünflächen hübscher. Und sie selbst, sie fühlte sich leichter, neugieriger.

Toni bemerkte erst, dass sie wieder auf der Museumsmeile war, als sie am Städel vorbeikam und das Museum wiedererkannte. Auf der emporstrebenden Eingangstreppe saßen Kunst- oder zumindest Sonneninteressierte und bräunten sich. Als Toni vom Schaumainkai abbog, um im Schatten zu laufen, bemerkte sie, dass sie sich in der Schweizer Straße befand.

Sofort war das Kribbeln wieder da. Hier war sicher auch der Schweizer Platz. Das hier war Zsazsas Kiez, wie man in Berlin sagen würde. Hier war ihr Stadtteil. Hier hatte sie gelebt.

An der Hausnummer 3 blieb ihr Blick an einer Gedenktafel hängen. Hier hatte der Maler Max Beckmann während seiner siebzehn Jahre in Frankfurt vorübergehend gewohnt und gearbeitet. Wo Zsazsa wohl gemalt hatte? In ihrer Wohnung? Oder hatte sie ein Atelier gehabt?

Toni schlenderte die Straße auf der Schattenseite hoch. Elegante Boutiquen reihten sich an Cafés und Kneipen. Restaurants hießen hier »Brasserie« und Bäckereien nannten sich »Maison du Pain«.

Am Schweizer Platz fühlte sich Toni an Paris erinnert, das Rondell mit altem Baumbestand und die schönen Jahrhundertwendehäuser weckten in ihr erneut Urlaubsgefühle. Sie umrundete den zweispurigen Kreisel, der um die kleine Parkfläche führte, und sah an den Fassaden hoch. In welcher der Wohnungen mochte Zsazsa gelebt haben?

Und mit einem Mal kam Toni ein Gedanke. Sie schaute auf ihrem Handy nach und tatsächlich hatte Clara ihr schon die genaue Adresse geschickt. Aber Toni wusste, dass sie unmöglich ohne Clara das Haus – geschweige denn die Wohnung – betreten durfte. Wie ferngesteuert schritten ihre Beine auf den Eingang zu, über dem die Hausnummer aus der Nachricht hing.

21

Als Toni vor der Haustür stand, war ein Pärchen aus dem Haus getreten, sodass sie in den Hausflur gelangte. Die beiden waren in Zsazsas Alter gewesen. Ihre Nachbarn? Hatten sie sich gekannt? Gut verstanden? Ab und zu zusammen Kaffee getrunken?

Toni inspizierte die Briefkästen im Flur. Da stand es. Mertens. Ihr Herz hämmerte. Sie nahm die Stufen in den zweiten Stock, langsam, auf jedes Geräusch achtend. Die zweiflüglige Altbautür zur Wohnung war beige-braun gestrichen. Tonis Herz pochte heftig. Auf dem Fußabtreter stand: *Oh no, you again!*

Toni wusste, dass man eine Altbautür binnen zehn Sekunden öffnen konnte, wenn sie nicht abgeschlossen war. Man brauchte nur eine Kreditkarte. Die Anleitung dazu hatte Toni mal im Internet entdeckt, als sie sich versehentlich aus einer Wohnung ausgeschlossen hatte, die sie entrümpeln musste.

Es war Tonis Kreditkarte, die in den Spalt zwischen Tür und Türrahmen gesteckt wurde, es war ihre Hand, die die Klinke drückte, und es waren ihre Füße, die eintraten. Und dennoch war es, als wäre es eine andere Person, die eintrat, und als wäre sie, Toni, draußen auf dem Fußabstreifer stehen geblieben.

Sie fühlte sich nicht ganz bei sich, wie sie da im Wohnungsflur innehielt, auf die gedämpften Geräusche der Straße lauschte, einen warmen, wohligen Geruch wahrnahm, eine Mischung aus Parfüm und belebter Wohnung. Als wäre es eine andere Frau, die sie aus dem großen Spiegel neben der Garderobe anblickte. Wieder sah jemand zurück, der nicht sie zu sein schien. Und dieses Mal dauerte der Moment keine Sekunde. Er dehnte sich weit aus. Toni sah, dass die Frau ihr zunickte.

Ihr Körper bewegte sich langsam durch die Wohnung. In dem Wohnzimmer mit der ausladenden Sofalandschaft gab es kein Bild, an einer dunkelrot gestrichenen Wand hing lediglich ein weiterer goldgerahmter Spiegel. Die Frau darin sah zurück und nickte Toni wieder zu.

Die Füße schritten die vollen Bücherregale ab. Dicht an dicht standen Romane, Sachbücher, Kunstbände und Geschichtsbücher über Frankfurt und das Deutschland des 19. Jahrhunderts.

Die Füße durchquerten ein Arbeitszimmer mit Blick zum Hof, ließen ein Bad links liegen und standen dann im Schlafzimmer. Hier war der Geruch hergekommen. Angenehm und süßlich. Ein bisschen Flieder. Über dem Bett lag eine Tagesdecke. Auf dem Nachttisch lag ein aufgeschlagenes Buch, der Rücken nach oben, als hätte es jemand gerade erst aus der Hand gelegt und würde jeden Moment wiederkommen.

Tonis Hände drückten die leicht laufenden Schiebetüren des Schranks auf und der Duft von Zsazsa intensivierte sich.

Tonis Fingerspitzen glitten vorsichtig über die Blusen, fühlten den Stoff, der auf Zsazsas Haut gelegen hatte, die Hosen, die sich um ihre Hüften geschmiegt hatten. *Sie ist gestorben, wie sie gelebt hat, in ihrem schönsten Kleid.*

Toni zog eine Schublade auf, Seide und Spitze, kühl, zart und verführerisch. Noch nie hatte Toni etwas so Luxuriöses besessen, geschweige denn angezogen. Zsazsa hatte diese Wäsche sicher mit allergrößter Selbstverständlichkeit getragen, egal, ob ein Mann sie zu Gesicht bekommen würde, einfach weil sie ihrem Selbstwert entsprach. Wie Seide sich wohl am Körper anfühlte? Toni spürte den kühlen Stoff geradezu an ihrem Körper und sie erschauderte.

Plötzlich stand jemand dicht hinter ihr. Toni nahm die Wärme, die von einem anderen Körper auf sie abstrahlte, wahr. Sie zuckte unwillkürlich zusammen und fuhr herum, ganz darauf gefasst, jemandem schuldbewusst ins Gesicht zu blicken.

Doch da war niemand. Dennoch, die Wärme des anderen

Körpers war immer noch spürbar. Sie fühlte es ganz deutlich. Jemand war da. Und jetzt schien dieses Etwas noch näher auf sie zuzukommen, sie berühren zu wollen. Toni schob die Schranktür zu und stürzte aus dem Zimmer. Ihr Herz schlug wie wild.

Und dann stand sie plötzlich wieder auf dem Fußabstreifer, *Oh no, you again!* Ihr war, als müsste sie schreien, nein, *brüllen*, und weglaufen. In ihr pulsierte etwas, das herauswollte.

Ob es das Pärchen war, das sie veranlasste, stehen zu bleiben, oder das Gefühl, als habe sie etwas in der Wohnung liegen lassen, als habe sie einen Teil von sich selbst da drin vergessen, konnte sie nicht sagen.

»Hey, bist du die neue Mieterin?«, fragte die Mittdreißigerin, die sich als Melinda und ihren Freund als Christof mit f vorstellte. Sie hatte einen halbseitigen Untercut unter den schulterlangen Haaren, er eine anscheinend so früh einsetzende Glatze, dass er gänzlich auf eine Frisur verzichtete und den Rest seiner Haare als Millimeterschnitt trug.

»Schön, dass wieder jemand einzieht. Die Wohnung stand so lange leer«, plapperte Melinda.

Toni fragte sich, wieso ihr Herz immer noch so raste. Und wieso gingen die beiden nicht einfach weiter?

»Komm doch mal auf einen Kaffee bei uns vorbei«, sagte Christof mit f. »Wir wohnen genau ein Stockwerk über dir.«

Toni stammelte etwas, das ihr vernebeltes Gehirn als sozial angemessen einstufte. »Danke, das ist sehr nett.«

»Wir haben schon gedacht, dass jemand eingezogen ist.« Melinda schien das Plappern im Blut zu liegen. »Öfter mal hat es hier unten gerumst, als würde jemand die ganze Bude auf den Kopf stellen.«

Toni stellten sich alle Körperhaare auf. Und mit einem Mal war ihr klar, was in der Wohnung passiert sein musste. Natürlich. Wie hatte sie so dämlich sein können und nicht daran gedacht? Es war das erste Mal seit dem Vorfall in Wilmersdorf, dass sie eine fremde Wohnung betreten hatte, die Räume einer Toten. Ihre Amygdala – oder wo auch immer im Gehirn irrationale Angst wohnte – war außer Rand und Band geraten, weil sie sich noch vor Toni an den Unfall erinnert und deshalb mit Fluchtbefehlen reagiert hatte. So ergab alles einen Sinn, dachte sie. Und sie war da völlig unbedarft reingestiefelt, mal abgesehen von der Tatsache, dass sie sich damit strafbar gemacht hatte. Aber was, wenn es ihr morgen wieder so ergehen würde? Wenn sie mit Clara die Wohnung betrat und wieder der Fluchtinstinkt aus der Zeit der Neandertaler das Kommando übernahm?

Irgendetwas hatte Melinda gerade davon erzählt, dass die Vormieterin nicht gerne zu ihnen hochgekommen sei und man sich im Sommer immer auf dem Balkon im zweiten Stock getroffen habe. »Also, wenn du nicht auch an Höhenangst leidest, komm einfach mal rum.«

Toni spürte, dass ihre Augenlider unwillkürlich zu flattern begannen. »Zsazsa hatte Höhenangst?«

»Oh, du kanntest sie?« Melindas Augen leuchteten.

Toni wiegelte schnell ab. »Ich bin nur mit ihrer Mutter bekannt.«

»Verstehe.« Melinda beugte sich vertraulich zu ihr vor. »Deshalb das Scheißglück mit der Wohnung. In Frankfurt kann man ja nur noch wohnen, wenn man Millionär ist. Unser Mietvertrag ist einfach hundert Jahre alt. Unser Scheißglück. Wie geht es Clara?«

Toni zuckte mit den Achseln. »Na ja … ist ja noch nicht so lange her.«

»Ja, schrecklich.« Melinda hakte sich bei ihrem Freund ein. »Zsazsa war so süß. Wir konnten es auch kaum glauben.«

»Wisst ihr …« Toni haderte kurz mit sich, aber dann dachte sie, dass sie vielleicht nie wieder die Chance bekommen würde, diese eine Frage zu stellen. »Warum ist Zsazsa eigentlich gestorben? War sie krank?«

Wahrscheinlich war sie das nicht gewesen, sonst wäre ihr Gewebe nicht in den Kreislauf des Lebens zurückgekehrt. Falls doch, redete sich Toni ein, hatte sie ein Recht darauf, es zu wissen. Gewebebänke machten sicher auch Fehler, ihr Name und ihre Adresse waren ja schließlich auch irgendwie weitergegeben worden.

Melinda schmiegte sich an ihren Freund. »Ein Autounfall. Sie ist aber auch immer gefahren wie 'ne gesengte Sau.«

»Wart ihr auf der Beerdigung?«

»Nein. Die Schwester hat gesagt, die würde im Kreis der Familie stattfinden. Sie wollte uns auch nicht mehr zu dem Unfall sagen. Wir müssen weiter. Bis bald!«

Toni lächelte bemüht und sah den beiden nach, wie sie die Treppe hochstiegen, er die Jeans so tief hängend, dass man seine Boxershorts sah, und sie die Hand in seiner hinteren Hosentasche.

Zsazsa war also bei einem Autounfall gestorben. Dann musste sie mit einem anderen Wagen als ihrem Mini unterwegs gewesen sein. Toni dachte daran, wie gerne sie mit dem Wagen schnell gefahren war. *Sie ist aber auch immer gefahren wie 'ne gesengte Sau.* Sollte das Leben so banal sein? Ein Autounfall? Ob sie alleine in dem Wagen gesessen hatte? Oder mit jemandem zusammen? Mit ihrem Verlobten?

Auf dem Weg zurück auf die Straße stellte sie sich den Mann an Zsazsas Seite vor. Er war sicherlich ähnlich attraktiv und schillernd gewesen wie sie. So war es doch meistens. Schöne Menschen waren mit schönen Menschen zusammen. Man verliebte sich doch immer in jemanden, der einem einen Tick besser vorkam als man selbst, der einen aufzuwerten schien und bei dem man das erhabene Gefühl hatte, von genau dieser Person auserwählt worden zu sein. Was übrig blieb, wenn man eine gewisse Zeit zusammen war und sich besser kennengelernt hatte, war etwas ganz anderes. Aber war das nicht das Wesen der Liebe? Sich durch den anderen besonders zu fühlen? Was war das für ein Mann, an den sich Zsazsa für den Rest ihres Lebens hatte binden wollen, weil er sie noch besonderer machte?

Toni kaufte sich – nach diesen Gedanken etwas ernüchtert von dem, was von ihr und Holger übrig geblieben war – am Main an einem angetäuten Boot einen Fisch-Döner und ging zurück ins Hotel.

Das WLAN dort war so langsam, als würde ein alter Mann im Keller mithilfe eines Tretrads den Strom dafür erzeugen müssen. Während Toni aß, tippte sie in die Suchmaske des Handys. *Autounfall 19. 2. 19 Frankfurt.*

Zu dem Datum gab es unzählige Einträge von Presseportalen und Boulevardzeitungen (*»Karl Lagerfeld tot – was wird aus Katze Choupette?«*), von Polizeitickern und anderen Nachrichtendiensten. Aber kein Eintrag passte zu ihrer Suche.

22

Als Toni erwachte, kam ihr die seltsame Empfindung, die sie im Schlafzimmer der Wohnung übermannt hatte, vor wie aus einem Traum, irreal und weit weg. Das Gefühl, etwas Wichtiges in der Wohnung gelassen zu haben, was auf ihren Einbruch schließen ließ, war allerdings ziemlich real. Falls das so wäre, könnte Clara mitbekommen, dass sie schon mal dort gewesen war.

Für alle Fälle legte Toni sich die Ausrede zurecht, nur das Treppenhaus überprüft zu haben, wie sie es immer täte, bevor sie einen Auftrag annahm, um den Arbeitsaufwand bezüglich abzutransportierender Möbelstücke abschätzen zu können. Sie hoffte vor allem, dass sie nicht dem Pärchen aus dem dritten Stock begegnen würden.

Toni schaltete ihr Handy ein und Clara schlug in einer Nachricht vor, dass sie sich auf dem Uni-Campus Westend zu einem Kaffee treffen könnten, um sich dann gemeinsam auf den Weg zu machen.

In einer seltsamen Mischung aus Vorfreude und Unbehagen verließ Toni das Hotel.

Toni wartete vor dem monumentalen Bau, dessen mit Travertin verkleidete Fassade eine leichte Rundung beschrieb. Ihr Blick blieb an einer Tafel hängen, die in der Sonne blendete.

Niemand kann aus der Geschichte seines Volkes austreten.
Man soll und darf die Vergangenheit nicht auf sich beruhen
lassen, weil sie sonst auferstehen
und zu neuer Gegenwart werden könnte.
Jean Améry, 1975.

Sie kniff die Lider zusammen, das gleißende Licht stach ihr wie mit Nadeln in die Augen und einen erschreckenden Moment lang wurde sie an die Schmerzen im Krankenhaus erinnert. Ihr war schwindelig und schlecht.

Sie erschrak. Sie hatte vergessen, ihre Immunsuppressiva zu nehmen. Gestern Abend und auch heute früh. Erst als sie die Nottabletten in ihrer Tasche fand, beruhigte sie sich etwas. Wie dämlich konnte man sein, dachte sie. Sie hatte ihre verdammten Medikamente vergessen und setzte damit das Wichtigste aufs Spiel, was sie hatte.

Die Ärzte hatten sie gewarnt: »Am besten stellen Sie sich jeden Tag einen Wecker für die zweimalige Einnahme der Tabletten. Und wenn Sie merken, dass sie Ihnen nicht bekommen, melden Sie sich sofort!«

Im kalten Licht der Uni-Toiletten sah Toni nicht so schlimm aus, wie sie befürchtet hatte. Die Augen waren gerötet, aber das Stechen war abgeklungen. Sie trank genug Wasser aus dem Wasserhahn, um die Tabletten hinunterzubekommen, dann träufelte sie Augentropfen auf ihre Cornea.

Als sie zurück zum Haupteingang des Gebäudes kam, wartete Clara schon. Am Casino holten sie sich einen Coffee to go.

Clara hatte ihre Sonnenbrille aufgesetzt, die Gläser waren so groß wie Insektenaugen in einem Comic. Toni konnte deshalb nicht einschätzen, was in Zsazsas Mutter vor sich ging.

»Brauchen Sie noch etwas, bevor wir zur Wohnung fahren?«, fragte Clara.

Toni hatte Nein sagen wollen, aber es brach etwas ganz anderes aus ihr heraus. »Wie ist Zsazsa gestorben?« Erschrocken über sich selbst schlug sie die Augen nieder. Sie konnte selbst kaum glauben, dass sie das gefragt hatte, und fast erwartete sie, dass Clara in Tränen ausbrach.

»Es tut mir leid«, stammelte Toni.

»Natürlich wollen Sie das wissen. Gehen wir ein Stück.«

Sie stiegen die Treppenstufen des Casinos hinunter zu dem lang gestreckten Brunnen, der die Größe eines ernst zu nehmenden Schwimmbads hatte. An der bläulich grün angelaufenen Bronzestatue einer nackten Schönheit, die den Kopf zur Seite neigte und verträumt dem Wasser zusah, das unter ihr in den Brunnen schäumte, blieb Clara stehen. Blicklos sah sie aufs Wasser.

»Ich war in New York. Es ging mir nicht sonderlich gut zu dem Zeitpunkt.« Sie klang tonlos, ohne Gefühlsregung.

Und dennoch tauchte Toni tief in die Geschichte ein und es war ihr, als würde sie Zsazsas Mutter in der Woche des Unglücks begleiten.

»Ich musste einfach mal raus. Ich liebe New York, immer wenn ich dort bin, bleibt alles andere zu Hause.«

Toni dachte daran, dass es ihr selbst ebenso erging. Sie war von zu Hause geflohen, weil es ihr dort nicht gut gegangen war und sie alles an den Unfall erinnerte. Allerdings war sie nicht in die Stadt mit der großen Skyline geflohen, sondern in die mit der kleinen am Main.

»Ich habe Freunde getroffen«, fuhr Clara fort. »Und bin fast die ganze Zeit durch Galerien gelaufen, habe mir Ausstellungen angesehen. Zwei Wochen wollte ich bleiben, vielleicht drei.«

Einen Moment war nur das Gluckern des Brunnens zu hören und das gaumige Schnattern einiger fetter Wildgänse auf den Rasenflächen. Clara schien ganz entrückt und Toni dachte an ihren ersten gemeinsamen Abend, als Zsazsas Mutter schon mal in eine Erinnerungswelt getaucht war, in die Toni ihr nicht hatte folgen können.

Unvermittelt ging Clara weiter. »Die Wochen taten mir sehr gut. Ich hatte endlich mal Zeit, mich zu fragen, was ich mit dem Rest meines Lebens anfangen möchte. Ob ich eine eigene Galerie eröffne. Ich habe sogar überlegt, nach New York zu ziehen!«

Toni sah sie erstaunt an, doch Clara hielt den Kopf gesenkt und ihre Augen waren weiterhin unter der Sonnenbrille verborgen. Wenn Toni einfach stehen geblieben wäre, Clara hätte es wohl gar nicht bemerkt. Was musste nur passiert sein, dass Clara ernsthaft überlegt hatte, den Kontinent zu wechseln? Und dann wurde Toni bewusst, dass es nicht so viel brauchte, um aus dem eigenen Leben zu fliehen. Doch wie viel schwerer musste es sein, aus einem Leben wie Claras zu flüchten als aus dem von Toni Petzold.

Der sandige Parkweg knirschte unter ihren Schritten.

»Ich war nicht zu erreichen«, fuhr Clara in dem gleichen unbewegten Tonfall fort, die Augen immer noch nach unten auf den Weg und in den Brunnen der Vergangenheit gerichtet. »Zwei Wochen habe ich mein Handy nicht angemacht, keine

E-Mail gelesen, niemanden angerufen. Ich war glücklich dort, wissen Sie. Ich fühlte mich so befreit und leicht und es war fast, als dürfte ich mir ein neues Leben erfinden. Ich weiß nicht, wie ich es erklären soll.«

Sie musste gar nichts erklären, Toni wusste genau, wovon sie sprach. Ein paar Schritte gingen sie schweigend, vorbei an einem mannshohen Glaskasten, in dem ein alter Schreibtisch samt passendem Stuhl zu einem Stillleben arrangiert war, auf der Arbeitsfläche eine Lampe, scheinbar achtlos hingelegtes Papier und ein Metronom. *Minima Moralia* stand in den Marmor gemeißelt, der das Adorno-Denkmal umgab.

»Als ich das erste Mal das Handy angemacht habe, war es, als würde ich im tiefsten Winter in einen eiskalten See fallen. Die Mailbox war voll, Dutzende von Mails waren eingegangen. Jürgen, Evelyn, ihr Freund, Michael, alle haben sie mich gebeten, dringend zurückzurufen und mich zu melden, es sei etwas Schreckliches passiert.«

Vor einem Eisenschrank mit Glastüren, der mitten im Park stand und der als *Goethes Book Xchange* allerlei abgelegtes Wissen in Buchform zum Mitnehmen anbot, nahm Clara ihre Brille ab. Mit verweinten Augen in dem nun bleichen Gesicht starrte sie Toni an.

»Das werde ich mir nie im Leben verzeihen. Ich war nicht da, als meine Tochter starb.«

Toni war erschrocken von der leblosen Fratze, zu der Claras Gesicht geworden war. Das einzig Lebendige darin schienen die Tränen zu sein.

»Ich habe nur an mich gedacht. Ich war nicht zu erreichen. Ich hätte wissen müssen, dass Zsazsa das verstört. Und … ich habe nur an mich gedacht«, wiederholte sie. »Sie haben mir gesagt, Zsazsa läge im Krankenhaus. Ich habe den nächsten Flieger zurück genommen, aber das hat natürlich einen Tag gedauert. Jürgen und Evelyn haben mich vom Flughafen abgeholt. Schon als ich sie gesehen habe, wusste ich, was los war. Ich bin schon vor dem Zoll zusammengebrochen, habe geschrien. Jürgen und Evelyn durften nicht zu mir. Die Beamten dachten sonst was. Sie wollten mein Gepäck durchsuchen. Ich wollte nur zu Zsazsa, sofort, auch wenn ich da schon wusste, dass sie tot war. Es kam schließlich sogar ein Notarzt, um mir ein Beruhigungsmittel zu geben. Ich weiß nicht, wie lange es gedauert hat, bis Jürgen und Evelyn mich zum Auto gebracht haben. Und dann, als ich zu ihr und sie sehen wollte, kam der nächste Schock. Zsazsa war schon fast zwei Wochen tot. Sie hatten es mir nicht vor dem Flug sagen wollen. Und es kam fast noch schlimmer. Sie hatten sie schon beerdigt, weil sie nicht wussten, wann sie mich erreichen.«

Toni zögerte einen Moment, dann nahm sie Clara in die Arme. Sie fühlte sich schrecklich dünn und zerbrechlich an.

»Zweieinhalb Wochen war ich weg«, schluchzte Clara. »Ein paar unbeschwerte Tage ging es mal nur um mich, und dann das. Ich konnte mich nicht mal von ihr verabschieden.«

Wie grausam war das Leben manchmal, dachte Toni, und wie unvergleichlich milde kam ihr nun ihr eigenes Schicksal vor.

Clara löste sich aus der Umarmung und wischte sich mit einem Taschentuch über das Gesicht. »Ich muss schrecklich gewesen sein in der Zeit.«

»Wie kann man denn in so einer Lage schrecklich sein?«

»Ich habe nicht mitbekommen, wie schlecht es Evelyn und Jürgen ging. Ich habe die beiden angeschrien, dass es nicht Zsazsa ist, die sie beerdigt hatten, dass sie mich anlügen. Sie haben mir den Totenschein vorgelegt. Ich habe ihnen vorgeworfen, dass sie es hätten verhindern können und es nicht gemacht haben. Sie wollten mir helfen, aber der Einzige, den ich an mich herangelassen habe, war Michael.«

Toni begriff plötzlich, warum Evelyn Michael nicht mehr

mochte und sie, Toni, offensichtlich hasste. Was die eigene Tochter nach dem Tod ihrer Schwester nicht geschafft hatte – an die Mutter heranzukommen –, war einer Fremden offenbar binnen weniger Tage mühelos gelungen.

»Michael hat sich auch darum gekümmert, dass ich einen Platz in einer Akutklinik bekommen habe. Ich wollte niemanden sehen, Jürgen nicht, Evelyn nicht, auch sonst niemanden. Nur Michael ist mich besuchen gekommen.«

Und das erklärt Evelyns Kränkung, dachte Toni.

»In der Klinik haben sie mir Tabletten gegeben, Antidepressiva. Ich wollte nicht mehr leben. Als ich nach Hause kam, dachte ich, ich würde das alles nicht schaffen. Und dann kam Ihr Brief. Und das hat vieles verändert. Das erste Mal seit drei Monaten hatte ich das Gefühl, dass ich es schaffen könnte.«

Toni war erschüttert und wusste in diesem Moment, dass sie Clara nie würde enttäuschen dürfen und dass sie weitaus mehr für Clara war als nur eine Transplantatempfängerin. *Nur Sie haben mir einen Brief geschrieben, kein anderer Empfänger.* Toni musste Clara zumindest die kleine Gewissheit geben, dass das alles nicht ganz sinnlos gewesen war. Und sie würde sich in der Wohnung nicht von lächerlichen Empfindungen übermannen lassen; nein, sie würde angesichts dieses Schicksals wie eine erwachsene Frau und professionelle Entrümplerin handeln und Clara durch die Zeit begleiten, die es brauchte, um das schrecklich frühe Erbe von Zsazsa mit aller Würde auf eine Menge zu reduzieren, die in ein paar Erinnerungskisten passte.

Toni nahm sich fest vor, nun dem Rat der Ärzte zu folgen und sich auf dem Handy den Wecker einzurichten, der sie zweimal am Tag an die Einnahme ihrer Medikamente erinnerte. Zsazsas Cornea durfte sie nicht aufs Spiel setzen. Ihretwegen und noch mehr: Claras wegen.

Oktober 2019

23

Meine Augen brennen schon wieder. Ich träufele mir Tropfen hinein, die das Symptom zumindest kurzfristig lindern. Es dauert eine halbe Minute, bis ich nicht mehr alles wie durch einen Tränenschleier sehe.

Inzwischen stehen fünf Kartons neben der Altersvorsorge-Box auf dem Boden. Die Deckel liegen kreuz und quer herum. Brigitte würde explodieren, sähe sie es. Ich habe die Unterlagen durchgesehen, aber nicht weggeräumt. Die Zeit und Kraft, sie die Leiter hoch und an ihren Platz zu wuchten, spare ich mir.

Obwohl sie tot ist, sage ich laut zu ihr: »Ich mache das hier für dich.« Dann verstumme ich, weil ich merke, dass ich sonst wirklich weinen muss.

Ich scanne die Aufschriften der anderen Kartons: *Auto, Fotoalben, Fotoalben 2, Großmutter, Ladekabel, Telefone, Nähsachen, Wolle …*

Dass ich etwas suche und nicht weiß, ob es das überhaupt gibt und wo ich es finden kann, lässt ein Gefühl aus meiner Erinnerung an Frankfurt aufsteigen. Die Tage in Zsazsas Wohnung waren für mich schnell eine einzige Überforderung, aber ich habe das lange nicht wahrhaben wollen. Ich erinnere mich daran, wie ich das erste Mal mit Clara dort war, tauche wieder in jenen Junitag ein, spüre den Hausschlüssel in meiner Hand, der mich berechtigte, Zsazsas Schutzbereich zu betreten, wann immer ich wollte, und ihr Leben in Listen einzuteilen.

Clara blieb nicht lange. Sie wollte, dass ich mir unvoreingenommen eine professionelle Meinung zu der Wohnung bildete. Das war zu diesem Zeitpunkt wahrscheinlich schon gar nicht mehr möglich.

Ja, anfangs habe ich mit dem feierlichen Gefühl losgelegt, etwas wirklich Wichtiges zu tun. Ich habe mir eine Kladde besorgt, damit ich bei der Bestandsaufnahme wie immer im Stehen schreiben konnte. Ich bin ganz planmäßig vorgegangen, wie in den Hunderten Wohnungen vorher. Ein Zimmer nach dem anderen. Zuerst alle Wertgegenstände auflisten, die materiellen, und auf einer anderen Seite die, die einen emotionalen Wert darstellen könnten: Fotos, Briefe, Erinnerungsstücke. Dann die Einteilung, welche Möbel sich noch über das Internet oder einen Antiquitätenladen verkaufen lassen, was in den Sperrmüll muss und was sich spenden lässt. Das Gleiche dann für Kleidung, Bücher, Geschirr.

Mehrere Tage war ich in der Wohnung zugange. Was mir damals seltsam vorkam, aber auch das hatte ich verdrängt: Die ganze Wohnung war clean. Nicht nur sauber und aufgeräumt. Es gab keine Fotos am Kühlschrank, keine Postkarten, kein Nippes, den ihr jemand zur Verlobung geschenkt hatte. Es gab kein einziges Foto. Und zugleich fühlte sich diese Wohnung nicht tot an. Es war, als könne Zsazsa jederzeit zur Tür hereinkommen, ihre Tasche vor die Garderobe werfen und sich an der Kaffeemaschine zu schaffen machen. Es roch sogar noch bewohnt.

Damals war es ganz anders als jetzt, hier bei meinen Eltern. Sie sind erst eine Woche hier raus.

Ich starre auf die Habseligkeiten meiner Mutter. Da ist ein Karton mit Briefen. Vielleicht kann ich darin etwas über ihren letzten Willen erfahren? Aber darf ich Briefe lesen, die nicht für mich bestimmt waren? Oder verstoße ich damit posthum gegen das Briefgeheimnis? Ich erinnere mich, wie wütend ich gewesen bin, dass Holger, ohne zu fragen, den Brief von Clara Mertens gelesen hat. Er hat darin etwas erfahren, was er nicht hätte wissen sollen. Ich denke an die Briefe von heimlichen Liebschaften, die ich beim Entrümpeln in fremden Wohnungen entdecke. Was werde ich über meine Mutter erfahren, wenn ich diesen Karton öffne?

Juni 2019

24

Anfangs war es für Toni regelrecht ein Genuss gewesen, in Zsazsas Wohnung zu sein. Der Durst, mehr über ihre tote Spenderin zu erfahren, *ihr nahe zu sein*, wurde gelöscht. Aber schon nach drei Tagen fühlte Toni sich hohl, wenn sie abends die Türe abschloss. Etwas blieb offen, frustrierte sie, und das Gefühl, dass etwas nicht stimmte, verstärkte sich jedes Mal, wenn sie zurück zu ihrem Hotel fuhr.

Toni fragte sich, ob es an den Immunsuppressiva lag, die Stimmungsschwankungen verursachen konnten, oder vielleicht an dem schäbigen Zimmer, das ihr im Vergleich zu Zsazsas Wohnung noch schäbiger vorkam. Sie überlegte, ob es daran liegen konnte, dass sie tagsüber so beschäftigt war und ihre Abende, die sie hauptsächlich mit Serienschauen verbrachte, dagegen leer wirkten. Sosehr sie ihre Gemütszustände auch zu verstehen versuchte, keine Erklärung schien ihr wirklich stimmig.

Sie verlor zunehmend den Schwung. Zuerst glaubte sie, sich übernommen zu haben, immerhin hatte sie länger nicht gearbeitet. Doch statt sich zu erholen, wenn sie langsamer arbeitete, wurde sie unzufrieden.

Clara traf sie alle zwei Tage zum Mittagessen in einer Brasserie um die Ecke. Toni hoffte, bei ihr etwas Motivation tanken zu können, indem Clara ihr Ansagen machte. Aber die blieben aus. Clara schien in keiner Weise einen Gedanken daran zu verschwenden, dass eine Entrümpelungsfirma längst mit dem Auftrag fertig wäre und dass Toni von einer seltsamen Prokrastination befallen sein könnte. Im Gegenteil, sie ermunterte Toni sogar, sich genug Zeit für Ausstellungen zu nehmen. Die Frage, ob Toni irgendwelche Verträge kündigen solle, die eines Telefonanbieters zum Beispiel, hatte Clara erstaunlich harsch verneint. Dann war sie wieder zu der liebevollen weißhaarigen Frau mit dem entrückten Gesichtsausdruck geworden.

»Michael hat nach Ihnen gefragt«, sagte Clara eines Tages. »Ich habe ihm Ihre Nummer gegeben. Wenn Sie Hilfe beim Schleppen brauchen, zögern Sie nicht. Er ist ein kräftiger Kerl.«

Bei seinem Namen machte Tonis Herz einen Satz. Und als sie an diesem Nachmittag zurück in die Wohnung ging – Clara wollte sie dort nie besuchen –, kam sie sich das erste Mal seit Tagen wieder wie Antonia vor. Er hatte nach ihr gefragt. Plötzlich wollte sie mit der Wohnung weiterkommen. Die Aussicht, dass er ihr helfen würde, beflügelte sie und mit schlechtem Gewissen dachte sie an Holger.

Als sie jedoch über den Schuhabtreter – *Oh no, you again!* – trat, befiel sie erneut ein beklemmendes Gefühl.

Toni räumte das wandbreite Regal aus und packte die Bücher in zwanzig Kisten. Die Dämmerung hatte schon eingesetzt, als die Bretter leer waren. Nun stand das Regal wie ein weißes Skelett im Wohnzimmer. Toni war völlig erschöpft von den anstrengenden Stunden und wollte mit einer letzten Kraftanstrengung die Kisten besser stapeln. Eine Umzugskiste hatte sie ganz offensichtlich zu voll gepackt oder der Boden war nicht richtig gefaltet, er riss und der gesamte Inhalt fiel aufs Parkett. Es war die Kiste mit den Nachschlagewerken zur deutschen und Frankfurter Geschichte. Die Bücher lagen wie verwundet auf dem Boden, einige aufgeschlagen und voller Knicke, andere am Rücken eingerissen, nur wenige unversehrt.

»Fuck«, fluchte sie leise und überlegte, alles bis zum nächsten Tag so liegen zu lassen. Doch dann sammelte sie seufzend mehrere Bücher auf und packte sie in eine neue Kiste. Bei einem der aufgeklappten Bücher blieb ihr Blick auf einem Foto hängen, das die Gedenktafel zeigte, die Toni so geblendet hatte. Ihre Augen huschten über den Text daneben.

… in den Jahren 1928 bis 1931 für die Hauptverwaltung der IG Farbenindustrie AG errichtet. Als einer der damals größten Chemiekonzerne der Welt … in den Dienst des nationalsozialistischen Terrorregimes … zusammen mit der SS das Konzentrationslager Buna / Monowitz neben ihren Werken in Auschwitz. Von den Zehntausenden KZ-Häftlingen, die für den Konzern dort arbeiten mussten, wurden die meisten ermordet. Mit dem Gas Zyklon B … Hunderttausende von Menschen, vor allem Juden, umgebracht.

Kalter Schweiß trat ihr auf die Stirn. Kurz dachte sie, keine Luft mehr zu bekommen. Alles um den Bauchnabel herum krampfte sich zusammen. Sie rannte auf die Toilette. Schon als sie angefangen hatte, die Immunsuppressiva zu nehmen, hatte ihr Darm ab und zu rebelliert, aber so schlimm war es bislang nicht gewesen. Als sie nichts mehr in sich hatte, so fühlte es sich zumindest an, ging sie zittrig zurück ins Wohnzimmer, legte sich auf das Sofa und atmete schwer. Sie glaubte, ohnmächtig zu werden.

Toni wachte mit dem Gefühl auf, krank zu sein. Es war dunkel und sie wusste nicht, wo sie war. Sie hatte schlecht geträumt. Das Mädchen war wieder da gewesen, die Augen hohl und vorwurfsvoll. Rote Farbe hatte die Szene getrübt und war zu Feuer geworden. Toni hatte eingreifen wollen, aber wieder war sie wie gelähmt gewesen und als das Feuer schon an dem Mädchen züngelte, war sie hochgefahren.

Sie war noch angezogen. Die Zunge klebte ihr trocken am Gaumen. Sie ertastete ihr Handy und gab Siri den Befehl für die Taschenlampe. Was sie sah, war ein Haufen Bücher, die übereinanderlagen – *ein Scheiterhaufen*, schoss es ihr durch den Kopf. Sie war noch in Zsazsas Wohnung.

Toni torkelte ins Bad, trank Wasser direkt aus dem Hahn und schlurfte zurück zum Sofa. Ich muss zum Hotel fahren, dachte sie noch. Dann fiel sie in einen traumlosen, langen Schlaf.

25

Toni räkelte sich. Sie spürte das Licht hinter den geschlossenen Lidern, eine seidige Decke auf der Haut und dachte, dass sie seit Langem nicht mehr so gut geschlafen hatte. Sie fühlte sich zufrieden und ausgeruht. Das Sofa von Zsazsa war besser als ihr Bett in Berlin und Toni überlegte, Clara zu fragen, ob sie es mitnehmen könne als einen Teil der Bezahlung. Von ihrer Arbeit wusste sie, dass ständig Lkws zwischen den größeren Städten Deutschlands hin und her fuhren, die noch Laderaum frei hatten und für einen überschaubaren Obolus eine Zuladung akzeptierten.

Erneut streckte sie sich, gähnte genussvoll und öffnete die Augen.

Mit einem Satz sprang sie aus Zsazsas Bett. Wie zur Hölle war sie hier hineingekommen? Sie sah auf die leicht verknitterte Mulde, die sie in dem seidigen Laken hinterlassen hatte. Das Bettzeug hatte nicht muffig gerochen, im Gegenteil, es war wie frisch bezogen gewesen. Hatte sie das in der Nacht gemacht? Vor ein paar Monaten hatte *sie* hier noch gelegen.

Toni schüttelte sich, sie hatte das Gefühl, etwas abstreifen zu müssen, als wäre sie in eine falsche Haut geraten. Wie um dem

Zustand zu entfliehen, ging sie hinüber ins Wohnzimmer. Sie sah auf ihr Handy: Es war bereits Mittag! Wie konnte es sein, dass sie so lange geschlafen hatte? Ihr Blick wanderte über das Bücherchaos am Boden. *Deutsche Einigungskriege, der Zweite Weltkrieg, der Vietnamkrieg, der Erste Weltkrieg, der Dreißigjährige Krieg, Siebenjähriger Krieg, die Kriege Napoleons* … Ein seltsames Interessengebiet für eine Dreißigjährige, die gerne gemalt hatte und geritten war.

Aus einem Buch lugte etwas hervor. Ein Lesezeichen? Es war ein Foto. Toni nahm das Buch zur Hand, ähnlich groß und schwer wie die Packung Milch, die sie gestern gekauft hatte, und öffnete es an der Stelle, die das Foto markierte. Die Seiten waren erneut voller deutscher Geschichte, trauriger deutscher Geschichte … *viele kriegswichtige Unternehmen unterhielten in der Zeit der 1940er-Jahre Zwangsarbeiterlager, wie die Adlerwerke, die Deutsche Reichsbahn und auch der Römer, das Frankfurter Rathaus, selbst … In der Stadt am Main entstand auch der Mythos von Hitler als Erfinder der Autobahn* …. Toni klappte das Buch zu. Dieser Text passte zu dem, was sie am Abend zuvor gelesen hatte, und war definitiv zu schwer für die Morgenstunden.

Das Foto zeigte Clara und Jürgen vor schätzungsweise fünfundzwanzig Jahren, sie mit einer toupierten, noch dunkelbraunen Mähne, er mit einem Mittelscheitel und geföhntem Haar. Hinter den beiden standen zwei ältere Paare, vielleicht die jeweiligen Eltern, vor einem Bergmassiv. Und ganz vorne, im Gras, saßen zwei Mädchen. Toni erkannte sofort die junge Zsazsa, die lachte, dass einem das Herz aufging. Damals war sie noch blond gewesen. Und daneben saß zweifelsohne Evelyn, mit bayerisch anmutenden Strümpfen bis zum Knie und dem Gesichtsausdruck eines ewig zu kurz gekommenen Erwachsenen. Etwas an dem Bild ließ Toni unruhig werden. Sie warf es auf den Schreibtisch, als sei es ein lebendiges Wesen, das sie gebissen hatte.

Ein Piepton ihres Handys ließ sie zusammenfahren. Sie starrte auf die Zeilen der Nachricht.

Clara hat mir deine Nummer gegeben. Falls du in den nächsten Tagen einen Fremdenführer brauchst. Oder jemanden zum Schleppen. Melde dich. Für Entertainment aller Art … Michael

»Scheiße«, murmelte Toni und legte das Handy aufs Sofa. Dann saß sie davor und sah es an, als ob es ihr die Frage beantworten könnte, ob sie ihm schreiben sollte. Sie ging in die Küche, machte Kaffee und dachte an Holger. Sie wollte ihn nicht verletzen.

Wollte sie Michael sehen? Ja. Kam sie sich schäbig vor? Ja. Würde sie es bereuen, ihn nicht getroffen zu haben? Ja. Konnte sie sich einreden, dass ein Treffen noch kein Fremdgehen war? Jein.

Toni las Michaels Nachricht ein weiteres Mal und gab sich einen Ruck. Sie tippte: *Danke! Nicht, dass man sich in Frankfurt verlaufen könnte, aber wenn ich schon mal aus der Hauptstadt wegkomme, kann ich mir keine Chance auf Entertainment entgehen lassen.*

Sie setzte einen Smiley hinter die Worte. Smileys hatten die Kommunikationsprobleme zwischen Menschen mit Sicherheit noch verschärft. Es war so viel einfacher und so viel unverbindlicher dadurch geworden, alles und nichts zu sagen und jede Menge Interpretationsspielraum zu gewähren.

Seine Antwort kam prompt. *Richtige Entscheidung. Ich bin gut in Entertainment. Hole dich in einer Stunde ab.*

»So fucking what!«, sagte Toni laut und deutlich in die stille Wohnung. *»So – fucking – what!«*

Sie fand im Bad eine unbenutzte Zahnbürste und duschte. Mit nassen Haaren und in eines der dicken Badetücher eingewickelt, taperte sie zu Zsazsas Kleiderschrank.

Was sie brauchte, war nur ein T-Shirt und frische Socken. Den Rest konnte sie mit ihrem Outfit von gestern bestreiten.

Die Schranktür schnurrte auf leisen Schienen auf und Toni fand sich augenblicklich in Zsazsas Geruch eingehüllt. Wieder strichen ihre Finger über die Stoffe und jedes einzelne Kleidungsstück schien ihr zuzuraunen: *Zieh mich an! Schmieg dich in mich! Lieb dich in mich hinein!*

Sie entschied sich für ein einfaches fliederfarbenes T-Shirt, in dessen Stoff auf Brusthöhe ein Designername eingestickt war, eine Marke, die Toni sich nur auf dem Flohmarkt leisten konnte. Ihre Haare trocknete sie mit Zsazsas Rundbürstenföhn, ein derart leistungsstarkes Gerät, dass es wahrscheinlich auch vollgelaufene Keller trocknen konnte. Ob es an dem Föhn lag oder an dem Shampoo, Toni hatte das Gefühl, das erste Mal im Leben eine ernst zu nehmende Frisur zu haben. Sie verstaute den Föhn wieder in der Kommode. Ein Täschchen mit Schminkutensilien fiel ihr ins Auge. Und während der Kaffee in der Küche durchlief, verwandelte sie sich von Toni in Antonia. Was ein bisschen Schminke ausmacht, dachte sie. Etwas getönte Tagescreme, ein bisschen Rouge, Eyeliner und wasserfeste Wimperntusche. Gut, mit dem Eyeliner hatte sie ein kleines Gefecht ausgetragen, aber jetzt sahen ihre Augen gesund und strahlend aus und nichts deutete darauf hin, dass zweimal am Tag ein Wecker für ihre Immunsuppressiva ging.

Hinter dem Badspiegel fand sie eine kleine Sammlung Parfüm und sie schnupperte an den verschiedenen Flakons. Sie wusste sofort, welches sie nehmen würde. Es war der Duft, in den sie sich, wie sie sich nun eingestand, längst verliebt hatte. Der Duft aus dem Schrank. Sie benutzte nur zwei kleine Tröpfchen.

In einer Schale mit Ohrringen blitzte ein goldener Ring. Der Stein darin war dezent. Aber die Gravur auf der Innenseite des Schmuckstücks sagte ihr, dass dies kein Girlie-Glitzer aus einem Billigstore war. Es war echtes Gold. Zsazsas Verlobungsring? Wie sie sich wohl gefühlt hatte, als ihr Zukünftiger ihr den Ring angesteckt hatte? Glücklich?

Langsam schob sie sich den Ring auf den Finger. Wie hübsch er war. Hatte Zsazsa ihn auch gemocht? Oder hatte sie gedacht, dass ab nun alles bergab gehen müsse und sie sehenden Auges in eine Tragödie shakespeareschen Ausmaßes stolperte? So wie Toni sich fühlte, wenn Holger ihr mit dem Thema kam? Ob Zsazsa Kinder hatte haben wollen?

Toni wollte den Ring wieder abziehen und dann wurde sie sich bewusst, was sie schon bei dem T-Shirt geahnt hatte. Zsazsa war schlanker gewesen als sie. Der Ring steckte an ihrem Bauarbeiterhändefinger fest und ließ sich nicht mehr bewegen.

»Fuck«, kreischte sie.

Es klingelte. Toni bat Michael über die Gegensprechanlage hoch. »Kannst du mir helfen, ein paar Müllsäcke runterzutragen?«

Toni hatte tatsächlich drei der großen schwarzen Plastiksäcke mit Restmüll gefüllt. Alte Lebensmittel aus den Küchenschränken, Blätter und Dreck vom ungenutzten Balkon, Kerzenreste aus den Ständern, alte Zeitschriften, Unmengen an Küchenrolle, mit der sie das Bücherregal gewischt, und Unmengen an leeren Marmeladen- und sonstigen Gläsern, die sie im Vorratsraum der Küche gefunden hatte.

Toni warf in aller Eile die Bettdecke über das Bett, sodass es zumindest für manche Menschen als gemacht durchgehen würde. Dennoch fürchtete sie, dass Michael spätestens in dem dunstigen Bad merken könnte, dass sie in der Wohnung geschlafen hatte. Also erwartete sie ihn vor der zugezogenen Tür im zweiten Stock.

Oh no, you again!

Sie hatte beschlossen, dass sie den Fußabstreifer mit nach Berlin nehmen würde.

Michael grinste die Treppe hoch und oben küsste er sie auf

die Wange. Er nahm zwei der Plastiksäcke und überließ Toni den leichtesten. »Unter Entertainment habe ich mir ehrlich gesagt etwas anderes vorgestellt.«

Sie grinste zurück. »Ich nicht. Und jetzt maul nicht rum.«

»Jawohl, Sir! Hast du Hunger?«

»Und wie.«

Im ersten Stock angelangt, drehte er sich um.

»Gut. Ich mag Frauen, die gerne essen.«

Er trabte weiter die Treppe hinunter und Toni zwang sich, ihm nicht auf den Hintern zu starren. Sie tat es schließlich doch. »Würde es dir was ausmachen, wenn wir kurz zu meinem Hotel fahren? Ich bräuchte meine Augentropfen.«

»Kein Problem!«

Durch die geöffneten Fenster des Kombis, den Michael fuhr, wehte ihnen der warme Sommer um die Ohren. Sie sprachen nicht. Toni genoss das Gefühl, das der Luftzug auf ihrer Haut hinterließ, die laute Musik. Sie ließ sich ganz in den wonnigen Seelenzustand fallen, Antonia zu sein, lebendig zu sein, die andere zu sein.

An ihrem Hotel drehte Michael die Musik leiser. Er beugte sich über das Steuer und sah an der Fassade hoch. »In der Bude wohnst du?«

Toni verdrehte vielsagend die Augen. »Warte nur, bis du es von innen siehst …«

Er sah sie wieder auf seine direkte Art an. »Ist das ein Angebot?«

Toni ermahnte sich, den Flirt auf der Stelle abzubrechen, und sah weg. »Das ist sexuelle Belästigung am Arbeitsplatz.«

»Nur wenn sie von dir ausgeht.«

Sie sah ihn zweifelnd an. Er formte eine Pistole aus Daumen und Zeigefinger, deutete auf sie und erklärte: »Du bist die Chefin.«

Nun musste sie doch grinsen. »Dann hätten wir diesen Punkt ja schon mal geklärt.«

Im Hotelzimmer fühlte es sich für Toni an, als wäre sie tagelang nicht hier gewesen. Wie sie da so stand, auf dem abgetretenen Teppich, und den Wochenendkoffer betrachtete, den sie bei einer Auflösung mitgenommen hatte, war ihr, als wäre es eine andere Frau gewesen, die hier eingezogen war. Und um nicht an sie erinnert zu werden, suchte sie schnell nach den Augentropfen und verließ mit dem Fläschchen das Hotel.

»Wie viel Zeit hast du noch?«, fragte Michael, als sie zurück in den Wagen schlüpfte.

»Wenn ich Klauen ausfahre und die Zähne fletsche, bin ich beim schlimmen Hunger und in der Unterzuckerung angekommen.«

»Ach, das ist diese Sache mit dem Blutzuckerspiegel«, sagte er in dem Tonfall eines Mannes, der gerade das Penicillin entdeckt hatte und damit Millionen von Menschen vor einem schweren Schicksal bewahren würde. »Endlich erklärt mir jemand die Frauen! Warum steht das in keinem beschissenen Beziehungsratgeber? Damit könnte man Menschenleben retten!«

Toni lachte und betrachtete ihn von der Seite, als er sich in den Verkehr einfädelte. Ob sie Michael nach Zsazsa fragen konnte? Sie sah ihn heute zum dritten Mal. Ob das nicht schrecklich unhöflich wirken würde?

Michael erzählte, während sie mit halbem Ohr zuhörte und über die Fragen in ihrem Kopf nachgrübelte, dass er Architektur studiert habe und seit mehreren Jahren für Jürgen arbeite. »Ich bin quasi Hausmeister für alles.«

»Wie das?«

»Ich kümmere mich um alle Wohnungen der Mertens. Also wenn sie renoviert oder die Fenster abgeschliffen werden müssen und so Kram.«

»Alle?« Toni dachte an ihre windschiefen einhundert Quadratmeter auf zwei Stockwerken, die sie sich selbst nie hätte leisten können und wo sie nur wegen einer Erbschaft wohnte. »Wie viele haben die denn?«

»Einige.«

Sie fragte sich, ob er sich auch um Zsazsas Wohnung kümmern würde, wenn Toni sie leer geräumt hatte.

»Ich mag Jürgen, er ist gechillt. Ich habe keine Achtzigstundenwoche wie andere Architekten und verdiene das Gleiche.«

Toni nickte anerkennend, weil sie dachte, dass er das erwarten würde.

»Damit meinte ich«, er zuckte mit den Achseln, »genauso wenig.«

Sie lachte. »Und? Macht dir das alles Spaß?«

Er sah sie wieder auf seine eindringliche Art an, einige Sekunden lang. »Sehr.«

Er flirtete schon wieder mit ihr. Toni dachte an Holger. Hatte er jemals so mit ihr geflirtet? Schon als sie sich kennengelernt hatten, war er irgendwie fertig in seinem Leben gewesen. Es gab keine Überraschungen. Das Einzige, was er noch geändert haben wollte, war das Klingelschild, auf dem ihre beiden Namen stehen mussten, sein Beziehungsstatus auf Facebook und sein Autoschlüssel, der zukünftig einen Familien-Van aufsperren sollte.

»Wie lange kennst du Clara und Jürgen eigentlich schon?«, fragte Toni.

Michael ließ seine ausgestreckten Finger abschätzend wackeln. »Fünf Jahre?«

Toni nahm jetzt all ihren Mut zusammen. »Wie war Zsazsa? Hatte sie Ähnlichkeit mit Evelyn?«

»Kein bisschen. Evelyn ist, na ja, du hast sie erlebt, nicht ganz einfach. Klug, erfolgreich, ja. Aber wenig Herz. Zsazsa war nur Herz. Vielleicht auch ein bisschen Opfer ihrer selbst.

Man wusste nie so recht, woran man bei ihr war. Immer war alles voller Gefühle. Aber alle haben sie geliebt. Ich kenne eigentlich niemanden, der nicht begeistert von ihr war.«

Toni konnte nicht aufhören weiterzufragen. »Nur Evelyn nicht?«

»Ach, eigentlich mochten die beiden sich schon. Aber ich glaube, Schwestern haben da eine eigene Agenda. Immerhin haben sie zusammengehalten, wenn es hart auf hart kam.« Er zuckte mit den Achseln, als würde das alles erklären.

»Was meinst du damit?«

»Sie konnten sich streiten, da wolltest du nicht in der Nähe sein. Evelyn hat Zsazsa sogar mal vorgeworfen, sie würde das Erbe verprassen. Ein Witz, als ob ein einziger Mensch das schaffen würde. Aber an Zsazsas dreißigstem Geburtstag war es anders. Da warteten fünfzig Gäste auf sie und sie selbst war nicht in der Lage, ihren eigenen Geburtstag zu feiern. Sie hatte die absolute Krise, weinte, dass sie nun dreißig sei und rein gar nichts geschafft habe. Niemand konnte sie auffangen, auch Clara nicht. Evelyn hat es geschafft. Und immerhin, kurz vor Mitternacht haben alle doch noch mit einem völlig verheulten Geburtstagskind angestoßen. Sie hatte nichts gegessen, war nach fünfzigmal Anstoßen ziemlich schnell sturzbetrunken und hat Evelyn mitten auf das neue Kleid gekotzt. Alle haben gelacht, aber am lautesten hat Evelyn gelacht. Traut man ihr nicht zu, oder? Aber so kann sie auch sein.«

Toni betrachtete Michael wieder von der Seite und versuchte sich die beiden vorzustellen. Ein komisches Bild. Und es versetzte ihr einen Stich, dass Evelyn etwas hatte, das er anscheinend immer noch schätzte. Es kam ihr kindisch vor, aber sie konnte es nicht leugnen.

Michael lenkte den Wagen durch eine Kirschbaumallee, vorbei an Kleingärten. »Sie ist echt nicht übel, wirklich. Ein Orga-Talent, dafür habe ich sie immer bewundert, und absolut loyal. Aber halt wahnsinnig diszipliniert, zu sehr, finde ich. Sie kann nie richtig lockerlassen.«

Sie mussten schon einiges an Höhenmetern zurückgelegt haben, denn als sie ausstiegen, bot sich ihnen ein herrlicher Blick über die Mainmetropole und den Taunus. Michael holte eine Decke und einen Picknickkorb aus dem Kofferraum.

Er war nicht der Einzige, der auf den Gedanken gekommen war, in den Grünanlagen des Lohrbergs den Nachmittag zu verbringen. Halb Frankfurt schien sich aus der Stadt hierher geflüchtet zu haben. Sie gingen ein Stück und sahen auf das Panorama hinunter. Die Stadt breitete sich vor ihnen aus wie eine alte Tänzerin in einem fächerartigen Kleid. Man wusste nicht, ob sie schön war, aber sie verfehlte ihre Wirkung nicht. Man bekam Lust auf Walzer.

Sie suchten sich ein freies Fleckchen auf der Wiese und aßen. Eine Weile sprachen sie nicht und sahen hinunter auf die Stadt, dann fragte er unvermittelt:

»Wie ist das, eine Wohnung auszuräumen?«

»Gut. Es ist eine sinnstiftende Aufgabe. Jetzt bei Clara zum Beispiel. Man sieht ja, wie schwer es ihr fällt loszulassen. Vielen geht es so. Aber weiß Gott nicht alle können es sich leisten, eine Wohnung so lange unvermietet zu lassen. Bei den meisten muss es schnell gehen. Und dann stehen sie da mit diesen ganzen Gefühlen, Trauer, Entsetzen, Wut, und sollen plötzlich entscheiden, was sie behalten und was nicht. Sie sollen sagen, was es wert ist, über das Lebensende des Verstorbenen lebendig zu bleiben. So was ist furchtbar schwierig. Niemand kann da professionell rangehen.«

»Außer dir.«

Toni lachte. »Außer Profis, würde ich sagen. Ich bin emotional nicht verwickelt. Ich habe natürlich einen ganz anderen Blick auf die Dinge. Trotzdem, jedem ist etwas anderes wichtig. Manche Menschen wollen eine kaputte Haarspange behalten, weil sie für einen bestimmten Tag im gemeinsamen Leben steht. Andere wollen nichts außer Fotos. Andere wollen eine bestimmte Tasse behalten, weil sie dann jeden Morgen, wenn sie den Schrank öffnen, an den geliebten Menschen denken. Manche sagen: ›Was soll ich mit zwei Kisten Briefen, die nie wieder jemand liest?‹ Viele haben Angst, dass sie einen Menschen vergessen – oder dass man denken könnte, sie tun es. Sie haben Schuldgefühle, etwas wegzuwerfen, weil sie glauben: ›Je mehr ich entsorge, umso weniger muss mir der Verstorbene wert gewesen sein.‹ Das hat damit aber gar nichts zu tun. Und natürlich ist es sehr schmerzhaft, jedes Stück noch mal durch die eigenen Hände gehen zu lassen. Und Wohnungsauflösungen haben natürlich etwas sehr Endgültiges. Ist erst mal der Wohnraum weg, in dem so viel Leben war, dann ist der Platz des Verstorbenen auf der Erde weg. Ja, ja, ich weiß, blabla, die man geliebt hat, die haben immer einen Platz im Herzen.«

Er hatte ihr aufmerksam zugehört. »Klingt, als wüsstest du das aus eigener Erfahrung. Oder lernt man das auf der Entrümpelungsschule?«

Sie lachte auf, ehrlich amüsiert und auch dankbar, dass er sie aus den Tiefen der Erinnerung holte. Sie hätte damals das Haus ihrer Großmutter verkaufen und sich davon eine kleine Wohnung in Berlin leisten können, zumindest die Anzahlung dafür. Vor zehn Jahren war das noch im Bereich des Möglichen gewesen.

Sie spürte, dass Michael sie weiterhin ansah. »Du erinnerst mich ehrlich gesagt ein bisschen an sie.«

Toni wandte ihm den Kopf zu. »An *sie*?«

»Ja.«

Wieder lachte sie auf. Diesmal lag ein bitterer Unterton darin. »Ich bin kein bisschen wie sie.«

»Doch«, beharrte er. »Irgendwie schon. Du hast sogar den gleichen Ring.«

Wie ein ausgewachsener Sonnenbrand flammte nun die Scham in ihrem Gesicht.

»Es ist ihrer. Er lag auf dem Boden«, log sie, »und ich wollte nicht, dass er verloren geht, deshalb habe ich ihn angesteckt.« Sie schloss die Augen ob dieser Peinlichkeit. »Und jetzt bekomme ich ihn nicht mehr ab.«

Michael sah sie fragend an.

»Es ist ultrapeinlich«, brach es aus ihr heraus. »Ich muss mir den Finger abhacken, bevor ich Clara unter die Augen trete. Hast du ein Beil in deinem Picknickkorb?«

Wieder sagte er nichts. Er nahm ihre Hand, bog drei ihrer Finger zu einer Faust und sie sah erschrocken, wie er ihren Ringfinger taxierte. Er nahm ihn zwischen die Lippen und schob ihn sich ganz in den Mund. Toni stockte der Atem. Sie spürte seine Zunge um den Ring spielen. Es hatte nichts Anzügliches. Aber einen Moment gab es nur sie beide auf dieser Picknickdecke und die Nahaufnahme seines Mundes. Sie hatte eines jener seltsamen Dejà-vus, als habe sie diese Situation schon mal erlebt. Es war ihr, als hätten sie sich schon mal so unverstellt und geradezu *nackt* in die Augen gesehen, als wären sie sich schon mal so nahegekommen.

Dann war der Moment vorbei. Er zog den Finger aus dem Mund und der Ring war verschwunden. Er kam zwischen seinen Lippen zum Vorschein.

»Ein Hausmeister für alles«, stammelte sie, verstört von der Erinnerungstäuschung. Sie nippte an ihrem Wasser, um ihn nicht ansehen zu müssen und damit er ihre Verwirrung nicht bemerkte.

Er hatte den Ring an seiner Hose abgewischt und hielt ihn ihr mit den Fingerspitzen hin. Eine kurze Sekunde dachte sie, er wolle ihn ihr wieder anstecken. Aber dann begriff sie, machte eine hohle Hand und er ließ den Ring hineinfallen. Sie verstaute ihn in ihrem Geldbeutel, um ihn nicht zu verlieren.

Dann saßen sie auf der Decke, beide die Arme um die Knie geschlungen, und sahen sich nicht an. Mit einem Mal war da eine Sprachlosigkeit zwischen ihnen, die Toni fast mit Händen greifen konnte.

»Ich habe einen Freund«, sagte sie, ohne ihn anzusehen.

»Der Glückliche«, erwiderte er.

»Nein, ist er, glaube ich, nicht.«

»Und du?«

Toni seufzte.

Aus dem Augenwinkel sah sie, wie er ihr den Kopf zuwandte. »Also nicht so einfach.«

»Nein …«, sinnierte sie. »Das Problem ist, dass ich nicht sagen kann, warum. Ich kann nicht benennen, was nicht stimmt.«

»Reicht das nicht?«, fragte er. »Ich finde, wenn die Augen nicht mehr leuchten, sobald man an den anderen denkt, wenn man nicht mehr spürt, dass der andere das eigene Leben bereichert – einfach, wenn man nicht mehr begeistert ist –, sollte man sich dann nicht trennen?«

Warum machte Toni dieser Schritt eine solche Angst? Und warum dachte sie, dass dies ein riesengroßer Fehler sein würde?

»Glaubst du eigentlich an irgendwas?«, fragte er unvermittelt.

»Seit einer Stunde bete ich diesen Käse an.« Sie deutete auf die Rinde, die sie zurückgelassen hatte.

Er blieb ganz ernst. »Religion, meine ich.«

Toni schnaubte. »Religion bringt Menschen dazu, andere abzuschlachten, zu kreuzigen, in die Luft zu bomben, fremde Kontinente zu besetzen und sich anderen überlegen zu fühlen. Alles unter dem Deckmantel eines Gottes.«

»Um das zu tun, braucht es keinen Gott. Ich glaube, dazu braucht es nur den Menschen.«

Ebenso wenig wie Toni sich vorstellen konnte, dass er mit

Evelyn zusammen gewesen war, mit dieser Domina *geschlafen* hatte, konnte sie ihn sich in einer Kirche vorstellen. So täuschte einen das Leben und die eigene Einschätzung, was andere Menschen betraf.

»Du bist gläubig?«, fragte sie.

Er überlegte lange, während sein Blick über das Panorama wanderte. »Ich glaube, dass es da was gibt, ja.«

»Wirklich? Und dass die Toten uns von oben aus dem Himmel zugucken?«

Seine Stimme klang jetzt rau. »Du weißt, dass die Seele einundzwanzig Gramm wiegt?«

»Nein.« Irgendetwas an diesem Gespräch nervte sie.

»Leute, die sterben, wiegen im Durchschnitt einundzwanzig Gramm mehr als kurz nach ihrem Tod. Was sind diese Gramm?«

Toni sah auf die Uhr. Der Nachmittag nahm eine Wendung, die ihr nicht gefiel. »Flüssigkeitsverlust?«

»Innerhalb von wenigen Minuten?«

»Michael, ich habe keine Ahnung, worauf willst du eigentlich hinaus?«

»Hast du in einer Wohnung schon mal das Gefühl gehabt, dass da noch die Seele eines Verstorbenen ist?«

»Nein«, erwiderte sie fast ruppig und ein bisschen zu schnell, um die Antwort ernstlich bedacht zu haben. »An so einen Quatsch glaube ich nicht. Das ist wirklich Bullshit.«

Sein Blick ruhte auf ihr.

»Was?«, fuhr sie ihn gereizt an und wusste selbst nicht, warum. Sie war sonst nicht so launisch.

»Es war nie seltsam für dich in Zsazsas Wohnung?«

»Nein«, log sie.

Dann sahen sie wieder auf das Panorama und Toni spürte eine unsichtbare Wand zwischen ihnen. So, wie sie vorhin das Déjà-vu hatte, diesen intimen Moment schon mal mit Michael geteilt zu haben, kam es ihr nun so vor, als hätten sie schon einmal so hilflos nebeneinandergesessen, unfähig, wieder zueinanderzufinden. Auch diese Traurigkeit, die sie gerade empfand, glaubte sie schon mal gefühlt zu haben.

Die Rückfahrt verlief schweigsam. Sie bedauerte ihre Stimmungsschwankung, aber schaffte es nicht, das Gespräch wieder in unverfänglichere Bahnen zu lenken. Sie dachte an die Momente, in denen jemand aus dem Spiegel zurückgeblickt hatte, an die seltsamen Empfindungen in Zsazsas Wohnung. Das für sich war unheimlich genug, dass jemand genau darüber sprechen wollte, war zu viel. Wie hätte sie ihm das erklären sollen?

Am Schweizer Platz sah sie seinem Kombi wehmütig nach. Sie hatte es auf ganzer Linie verkackt.

26

Den Ring, der für Toni nun den verdorbenen Nachmittag symbolisierte, warf sie in die Schale hinter dem Badezimmerspiegel zurück. Sie war enttäuscht. Vielleicht, dachte sie, hatte sie diese Ernüchterung gebraucht, um wieder klar denken zu können. Sie rief Holger an, entschuldigte sich, dass sie abgetaucht sei, und erklärte ihm, eine Wohnung in Frankfurt zu entrümpeln.

»Es ist wie ein Probelauf«, log sie und versuchte, sich selbst davon zu überzeugen, dass es zumindest nicht ganz falsch war. »Für zu Hause, irgendwann muss ich ja auch wieder Geld verdienen.«

»Toni?«, fragte Holger und ihr Name klang ganz fremd. »Du hörst dich ganz anders an. Ist alles okay bei dir?«

Das sei es, log sie erneut und streute ein bisschen Wahrheit in das Gespräch. »Ich habe nur mit Nebenwirkungen zu tun. Deswegen dauert alles etwas länger als gedacht.«

»Soll ich kommen und dir helfen?«

»Nein«, sagte sie zu schnell und biss sich auf die Lippe. »Danke, das ist lieb. Aber ich will das alleine schaffen.«

»Du klingst wirklich ganz komisch.«

»Ich bin einfach nur etwas müde«, erwiderte sie. »Und ich brauche Zeit zum Nachdenken.«

»Sollte ich auch über etwas nachdenken?«, fragte er alarmiert.

»Nein«, beeilte sie sich zu sagen. »Ich wollte dir eigentlich nur sagen, dass ich weiß, es ist manchmal nicht so einfach mit mir.«

Als sie sich verabschiedeten, sagte er ihr, wie sehr er sie vermisse und dass es schön gewesen sei, ihre Stimme zu hören. Sie vermisse ihn auch, sagte sie.

Die Fahrt zur Villa in Kronberg gestaltete sich viel kürzer, als sie gedacht hatte, sie konnte einfach nicht anders, als mit dem Mini-Cabrio zu rasen. Das Tor stand offen und sie fand den Platz in der Garage, auf dem der Cayenne gestanden hatte, leer vor. Entfernt war der Basston eines Rasenmähers zu hören.

Die Tür zur Terrasse stand offen und Toni trat in den verglasten Wohnkubus.

»Clara?«

Es war ganz still. Für einen Moment stand Toni unschlüssig auf dem hellen Parkett und sah sich um. Ihr Blick fiel auf die Bilder, die sie beim ersten Besuch gar nicht wahrgenommen hatte. Es waren nur drei in dem spartanisch, aber elegant eingerichteten Raum und dadurch kamen sie besonders zur Geltung. Toni fand sie scheußlich. Vielleicht waren es Bilder, die Zsazsa in Kinderjahren gemalt hatte. Sie waren groß und von geradezu ärgerlicher Naivität. Diese Bilder hätte sie selbst auch zustande gebracht. Wahrscheinlich hatte eines so viel gekostet wie der Mini.

Was Toni jetzt auch auffiel, war, dass es auch hier keine Fotos gab. Fast war sie erbost. Kein Erinnerungsfoto an die verstorbene Verwandte?

Sie durchquerte den offenen Raum und lauschte an der Kellertür. Nichts. Dann rief sie die Treppe hinauf nach Clara. Keine Antwort. Toni spürte, wie sich ihr Herzschlag beschleunigte. War sie alleine im Haus? Vorsichtig setzte sie einen Fuß auf die Glasstufen. Die Treppe, die bis auf das Geländer und ein paar Halterungen völlig durchsichtig war, gab dem ganzen Eingangsbereich etwas Luftiges. Aber Toni fand es unangenehm, sie hinaufzusteigen und unter sich den harten Marmorboden zu sehen.

Oben angekommen stand sie in einer Bibliothek. Bücherregale ringsum, bis unter die hohe Decke. Zwei Rollleitern lehnten an den Regalen.

Sie rief wieder, diesmal auch nach Jürgen. Keine Antwort. Sie trat in einen Flur, von dem zahlreiche Zimmer abgingen. In jedes spähte sie hinein, gleichsam neugierig und beschämt über sich selbst.

Sie schaute in zwei große Bäder mit frei stehenden Badewannen und Blick über den Garten, eine Sauna neben dem Fitnessraum, ein Schlafzimmer offenbar für Clara und eines für Jürgen mit begehbaren Kleiderschränken. Das Einzige, was es auch hier oben nicht gab, waren Familienfotos oder zumindest eines von Zsazsa.

War der Anblick der verstorbenen Tochter und das Bild der Familie, als sie vereint gewesen war, noch zu schmerzhaft? Wenn eine Beziehung zu Ende ging, war es angeraten, alle Souvenirs des beendeten Wir nicht gleich in die Mülltonne zu werfen, sondern zumindest erst mal in den Keller zu verbannen. Und wenn ein Mensch starb? Es waren immerhin erst vier Monate vergangen seit Zsazsas Tod. *Und dann kam Ihr Brief. Und das hat vieles verändert. Das erste Mal seit drei Monaten hatte ich das Gefühl, dass ich es schaffen könnte.*

Zwei Schlafzimmer und kein Bild der toten Tochter. Fast wie in einem französischen Film, dachte Toni.

Zurück in der Bibliothek lauschte sie. Wieder war nichts zu hören als das entfernte Brummen eines Rasenmähers. Etwas zog sie zu Claras Zimmer. Es fühlte sich nicht an wie Neugierde. Es war wie ein Sog, als wäre Toni in einen Wasserstrudel geraten.

Und dann stand sie plötzlich in dem Zimmer. Es war aufgeräumt und über einem stummen Diener hingen mehrere Kleidungsstücke. Selbst die sahen aufgeräumt aus. Auf dem Nachttisch ein Stapel Bücher, allesamt Hardcover und von der aktuellen Bestsellerliste, obenauf ein abgegriffenes Buch, *Klassischer Schamanismus*, was auch immer das sein mochte, und auf dem Schreibtisch ein angefangener Brief. Toni wollte wirklich nicht so indiskret sein, aber genau zum Schreibtisch trieb es sie, so heftig, als gäbe es ein unsichtbares Band, das sie von der Bibliothek aus bis hierher zog. Toni erkannte sofort die geschwungene Handschrift von Clara.

Sie wollte den Brief natürlich nicht lesen, aber ihr Blick fiel auf die erste Zeile und sie erstarrte.

Meine geliebte Zsazsa,

Wie hätte sie da nicht weiterlesen können?

ich vermisse dich so sehr, das kannst du dir gar nicht vorstellen. Du hast eine Leerstelle hinterlassen, die nichts auffüllen kann. Noch immer kann ich mir nicht verzeihen, dass ich dich nicht beschützen konnte. Mit dieser Schuld muss ich nun leben, jeden Tag und den Rest meines Lebens. Dennoch ist etwas Schönes passiert, seit du gegangen bist. Ich habe Antonia kennengelernt, ich habe dir schon von ihr erzählt. Sie erinnert mich an dich, aber nicht auf eine traurige Weise, sondern auf eine gute. Sie wird dich nie ersetzen können, das verspreche ich dir, aber

Hier hörte der Brief auf. Eine schreckliche Sekunde dachte Toni, dass Zsazsa noch lebte und sich mit ihrer Mutter Briefe schrieb. Aber dann wurde ihr klar, dass dies hier Claras Art der Verarbeitung war.

aber

Dieses letzte Wort, was hatte es einleiten sollen? … *aber ich habe sie gern? … aber ich will sie in meinem Leben behalten? … ich brauche sie, um deine Wohnungseinrichtung und die Erinnerung an dich zu entsorgen?*

Tonis Augen gingen ein weiteres Mal durch die Zeilen, als hätte Clara den Brief an sie geschrieben. Ihr Mitgefühl wandelte sich jetzt zu einer dunklen Traurigkeit, die Toni die Kehle zuschnürte. Sie atmete, aber ihr war, als bekäme sie keine Luft. Sie hörte ein Auto vorfahren. Die Ränder ihres Blickfeldes begannen zu tanzen und plötzlich war alles viel zu grell. Unten schlug eine Autotür. Toni spürte, wie ihr schwummerig wurde. Sie würde umkippen und Clara würde sie hier finden, mit dem Brief, in flagranti beim Schnüffeln, und dann würde der nächste Brief an Zsazsa ein Brief der Enttäuschung sein …

Oktober 2019

27

In einem der mit Geschenkpapier beklebten Schuhkartons finde ich Fotos von mir, der kleinen Toni. Auf den meisten Bildern bin ich alleine, auf einigen mit meiner Oma. Ich streiche mit dem kleinen Finger über ihr Gesicht und sie erscheint mir nun wie ein Mensch aus einem anderen Leben. In einem größeren Karton liegen selbst gemalte Bilder. Es sind typische Kinderwerke, naiv und mit Wasserfarben gepinselt. Sie zeigen fast alle zwei Mädchen. Auf der Rückseite der Blätter erkenne ich die Handschrift meiner Mutter. Sie hat sie mit Datum – sie stammen alle aus den 80er-Jahren – und Titel versehen. *Toni und ihre Luftfreundin.* Es sind viele Blätter und ich wundere mich, dass ich als Kind gerne gemalt habe, das ist mir neu.

In einem weiteren Schuhkarton finde ich Dutzende Postkarten. Ich habe sie geschrieben und aus Urlauben an meine Eltern geschickt. Das rührt mich tief in der Seele. Meine Mutter hat sie alle aufgehoben, nie hätte ich gedacht, dass diese Lebenszeichen Brigitte so wichtig waren.

Ich habe immer gedacht, es würde ähnlich sein wie in den Hunderten Wohnungen zuvor, wenn ich eines Tages die Wohnung meiner Eltern ausräumen müsste. Erst jetzt begreife ich, was Menschen durchmachen, die auf diese Weise versuchen, Abschied von einem nahen Verwandten zu nehmen, die so unvorhersehbar von Erinnerungen und Emotionen übermannt werden.

In einem weiteren Karton finde ich meine alten Zeugnisse. Alle sind da, von der ersten Klasse bis zum Abitur. Ich selbst habe nie Wert auf diesen Wisch gelegt. Brigitte offenbar schon. Ich erinnere mich, wie sehr ich die Schule gehasst habe und wie froh ich war, als es endlich vorbei war. Der Leistungsdruck war schrecklich für mich und der Kontakt zu den anderen Schülern seltsam. Ich verstand damals einfach nicht, wie diese Art von Cliquendasein funktionierte, welche Regeln es gab und wie man es anstellte, beliebt zu sein. Ich blieb immer eine Außenseiterin.

Über der Kiste, auf der *Briefe* steht, befindet sich die *Großmutter*-Kiste. Sie ist schwer und als ich sie die Leiter hinunterbalanciere, fürchte ich, dass sie mir aus den Händen rutscht. Mein Handgelenk schmerzt und mein Gehirn schmeißt mir ein Polaroid aus der Wilmersdorfer Wohnung zu, auf dem ich eine Plastikkiste mit Reinigungsmitteln halte und dann loslasse.

Ich bleibe kurz stehen und setze die Kiste auf einer Sprosse ab. Ich muss verschnaufen, mich beruhigen, diese Erinnerung vorbeiziehen lassen.

Ich bin mir sicher, dass ich in dieser Kiste keine Patientenverfügung finden werde. Aber es wundert mich, dass Brigitte eine Kiste von Oma bei sich stehen hat. Die beiden mochten sich nicht. Angeblich ist das ja nichts Ungewöhnliches bei Schwiegermüttern und -töchtern.

Lange dachte ich, dass Oma Brigitte wegen mir nicht leiden konnte, weil sie mich bei sich in Spandau behalten wollte, ich aber zurück zu meinen Eltern ziehen musste. Denn irgendwie war ich ja das Kind von Oma, nach so langer Zeit. Es musste ihr vorgekommen sein, als würde man ihr die Tochter wegnehmen.

Als ich die Kiste öffne, kommt ein Fotoalbum zum Vorschein. Es ist potthässlich, dunkelbraun und hat einen goldenen Rand. Es riecht moderig. Als ich es öffne, begreife ich, dass das keine Kiste meiner einen, lieben Oma ist, der Mutter meines Vaters. Hier hat Brigitte Erinnerungen an ihre eigene Familie aufgehoben, von der ich nie jemanden kennengelernt habe. Sie waren alle tot, bevor ich zu meinen Eltern zog.

Die Fotos in dem Album sind schwarz-weiß und zeigen aufrechte Erwachsene mit durchgedrücktem Rücken und gerade sitzende Kinder. Ihre Gesichter sind hager, keiner lächelt. Ich lege das Album beiseite und blicke stöhnend auf Hunderte Briefumschläge. Meine Mutter scheint wirklich alles aufgehoben zu haben, was ihr jemals in die Hände gefallen ist. Die Briefe sind alle an *Brigitte Petzold* adressiert. Um die zwanzig Stück sind jeweils mit einem Gummiband zusammengehalten und auf ihnen klebt ein Post-it mit einer Jahreszahl. Ich räume die Stapel aus dem Karton, um zu sehen, ob noch etwas darunter liegt. Ein Gummiband ist so alt, dass es schon bei der ersten Berührung zerfällt. Die Briefe fallen durcheinander. Auf dem Post-it steht in der verblassenden Handschrift meiner Mutter: *1985.* Ich drehe einen der Umschläge um. Der Absender lautet: *Wilma Heringsdorff, West-2380 Schleswig.*

Ich ziehe den Brief aus dem Umschlag. Brigitte würde mich töten, wenn sie sähe, dass ich diese Grenze überschreite, etwas lese, das an sie adressiert war. Das Blatt ist eng beschrieben, als hätte die Absenderin Papier sparen müssen.

Liebe Tochter,
dein Brief macht mir Sorgen. Gleich möchte ich sagen: Ich musste auch viel Geduld mit deinem Vater haben. Wir haben auch schwere Zeiten durchgemacht, besonders während und nach der Flucht aus Schlesien. Das Leben stellt uns immer wieder vor Aufgaben und es ist unsere Pflicht, nicht an ihnen zu zerbrechen, sondern sie mit Gleichmut und Demut zu

meistern. Dein Vater hat nach dem Krieg auch seine Arbeit verloren. Sein Richteramt bedeutete alles für ihn. Danach war er ein anderer Mensch. Du erinnerst dich nicht an die frühen Jahre, als der Typhus umging. In den Krankenhausbaracken starben die Kinder wie die Fliegen. Ich kenne es, ein Kind nicht bei sich zu haben. Als wir deinen Bruder am Ende beerdigen mussten, hatten wir keine Möglichkeit, uns von unseren Befindlichkeiten leiten zu lassen. Denn galt unsere ganze Sorge doch ganz dir. Du warst ein krankes Mädchen, aber stark. Ich schreibe dir das, damit du dich innerlich fasst und dich daran erinnerst, dass es kein Mensch leicht hat. Dein Peter wird sich nicht scheiden lassen. Gib ihm Zeit. Er wird bleiben, denn das ist seine Pflicht, um der kleinen Toni willen. Wie es schon in der Schrift heißt: »Ertragt einer den anderen in Liebe«. Ihr habt euch das Eheversprechen gegeben, also trage deine Verantwortung mit Haltung und warte auf ihn.
Dies für heute, deinem Vater geht es nicht gut. Der Stumpf plagt ihn und die neue Prothese scheuert. Er kann schlecht gehen.
Das Wetter ist kalt, aber schön.
Deine Mutter

Ich starre auf die Zeilen und merke, dass ich kaum geatmet habe, seit ich die Stelle gelesen habe: *Dein Peter wird sich nicht scheiden lassen. Gib ihm Zeit. Er wird bleiben, denn das ist seine Pflicht, um der kleinen Toni willen.*

Mein Vater wollte sich von Brigitte trennen? Ich gucke auf das Datum des Briefs. Damals war ich fünf Jahre alt. Warum schrieb Großmutter Brigitte, dass ihr Vater *auch* seine Arbeit verloren habe?

Die Sonne, die durch die Baumkronen vor den Fenstern fällt, zeichnet tanzende Muster an die Wand. *Totenstill*, so hört es sich jetzt in Brigittes Arbeitszimmer an. Ich greife nach dem

Stapel Briefe, auf dem das Post-it mit der Jahresangabe *1986* klebt.

Liebe Tochter,
es war schön, dich ein paar Tage bei uns zu haben. Dass dein Vater dich nicht mehr erkannt hat, grämt mich. Du sahst nicht gut aus und du isst nicht genug. Achte auf dich, besonders jetzt, da du eine neue Arbeit bekommen hast. Es sind gute Nachrichten, dass dein Peter zurückgekommen ist und dass auch er eine gute Schule gefunden hat. Ich kam nicht gut zurecht mit deinem Mann, das weißt du. Aber du musst diese Ehe retten, für Toni. Dennoch: eine neue Wohnung mit einem extra Kinderzimmer, könnt ihr euch das leisten? Lebt nicht über eure Verhältnisse und bleibt bescheiden!
Danke für das Bild, das du mir von der kleinen Toni mitgebracht hast. Sie malt viel über den Rand. Ein Kind aus unserem Haus hat auch einen Luftfreund und ich meine, es ist etwas zurückgeblieben. Ist Toni auf der Schule in Spandau in den richtigen Händen? Vielleicht muss man ihre Entwicklung etwas fördern. Ich bezweifele ja, dass deine Schwiegermutter geeignet ist, um so ein auffälliges Wesen in die richtigen Bahnen zu lenken …

Hier stockt mir wieder der Atem. Die altbekannte Wut rollt in roten Wellen heran. Ich lasse den Brief fallen und stampfe in die Küche, reiße das Fenster auf und zünde mir eine Zigarette an, während draußen der Wind Blätter tanzen lässt. Ob irgendein anderer Mensch auf diesem Planeten es fertigbringt, erst mit knapp vierzig Jahren anzufangen zu rauchen, ist fraglich. Eigentlich sollte man bis dahin erwachsen genug sein, um es besser zu wissen. Ich ziehe den Rauch tief ein. Er kratzt im Hals. Und irgendwie beruhigt er mich.

Warum hatte mein Vater Brigitte verlassen? Und warum

meinte meine Großmutter, ich könne zurückgeblieben gewesen sein? Wieso erdreistete sie sich, zu behaupten, meine Oma in Spandau sei mir keine gute Mutter gewesen?

Was ich gelesen habe, verunsichert mich und an Verunsicherung hatte ich im letzten halben Jahr genug für den Rest meines Lebens. Ich denke an Clara und mir kommen die Tränen. Auch das rangiert wahrscheinlich in der gleichen Kategorie, wie mit knapp vierzig das Rauchen anzufangen: mehr als seltsam. Vielleicht sogar eine Persönlichkeitsstörung, die bisher unentdeckt geblieben ist und die eines Tages nach mir benannt wird.

Irgendwie bin ich erleichtert, dass ich diese Großmutter aus Schlesien nicht kennenlernen musste. Aber warum sollte ich auch, ich kannte ja nicht mal meine Mutter. Ich dachte immer, mein Vater sei total abhängig von ihr, finanziell und emotional, überhaupt, in der ganzen Lebensgestaltung. Warum entsteht gerade vor meinem inneren Auge ein ganz anderes Bild? Ich versuche mir meinen Vater vorzustellen, wie er Brigitte verlässt. Es funktioniert nicht. Ich starre zur Küchentür und überlege, ob ich weitere Briefe meiner Großmutter lesen soll und: ob ich überhaupt noch mehr erfahren will, denn was ich bisher gelesen habe, gefällt mir nicht sonderlich.

Mein Blick klebt nun auf dem Tisch mit den zwei Stühlen und der Obstschale, um die kleine Fliegen schwirren. Ich versuche mich an ein Frühstück zu erinnern, das ich hier mal mit meinen Eltern eingenommen habe. Wieder kommt die Wut in roten Wellen herangebraust, weil partout kein Bild vor meinem geistigen Auge entstehen will. Und wie ich den Tisch und die beiden Stühle so anstarre, kommen sie mir vor wie das höhnische Abbild der Tatsache, dass ich nie in diese Wohnung gepasst habe, nie einen Platz darin bekam.

Warum?

Juni 2019

28

Toni wachte auf und wusste sofort, dass sie nicht zu Hause war. Es roch nicht nach zu Hause. Sie war auch nicht in ihrem schäbigen Hotelzimmer. Desorientiert blickte sie sich um. Das war auch nicht Zsazsas Schlafzimmer. Sie sah einen stummen Diener mit einer Seidenbluse, der sie in stummer Verachtung anstarrte.

Das Zimmer war lichtdurchflutet, aber es war nicht das sich ankündigende Abendlicht, in dem sie den Brief von Clara an Zsazsa gelesen hatte.

Sie wurde gewahr, dass jemand in der Tür stand. Clara trat mit einer Porzellantasse und einem großen Glas Wasser ins Zimmer.

»Wie Zsazsa, eine kleine Schlafmütze.«

Toni begriff, dass sie in der Villa übernachtet haben musste. Der Platz neben ihr war benutzt, hier hatte noch jemand geschlafen. Ein weißes, langes Haar auf dem bordeauxroten Kopfkissenbezug verriet ihr, wer es gewesen sein musste. Zu verschämt, um etwas zu sagen, nahm sie den Kaffee entgegen.

»Ich hoffe, du hast gut geschlafen«, sagte Clara und stellte das Wasserglas auf den leeren Nachttisch an Tonis Seite. »Soweit ich das beurteilen kann, wie ein Baby. Werd in Ruhe wach und dann komm runter. Frühstück steht schon auf der

Terrasse. Handtücher liegen im Bad. Nimm alles, was du brauchst.«

Hatte Toni wirklich in Claras Bett geschlafen? Wie hatte das passieren können? Mit dem ersten Schluck Kaffee kamen kleine Erinnerungsfetzen an den gestrigen Abend. Hatte sie wirklich Arm in Arm mit Clara hier gelegen, als wären sie zwei unschuldige Kinder, die sich trösteten, während die Erwachsenen außer Haus waren? Waren sie nun beim Du? Und – Toni schloss die Augen bei diesem Bild, wie man es tut, wenn einem das Ausmaß einer Peinlichkeit bewusst wird – hatten sie wirklich zusammen gekifft? Hatte Clara ihr tatsächlich gesagt, sie sei wie eine Adoptivtochter?

Irgendwie, erinnerte sich Toni, war sie am Vortag zurück ins Erdgeschoss gelangt, ohne umzukippen. Ihr war schwindelig gewesen. Wovon noch mal? Der Brief, es war der Brief gewesen …

Sie nahm einen Schluck Kaffee. Jürgen war nicht da gewesen und die Haushälterin hatte einen Einkaufskorb mit frischen Kräutern und Fisch auf dem Kochblock abgestellt. Stimmt.

Und dann war alles wieder da: die Flasche Wein in einem Kühler, der gedeckte Tisch auf der Terrasse, der Fisch, den Toni fast alleine verspeiste, und dann ein verschmitztes Lächeln auf Claras Gesicht.

»Ich habe noch einen Joint hier. Haben Sie Lust?«

Toni sah sich selbst, wie sie sich still ermahnte, dass sie schon Wein getrunken hatte und dass sie auf ihren Körper und ihre Augen aufpassen musste. Sie wollte Nein sagen, aber tat es nicht, sondern sagte lediglich, dass ein Joint sowieso keine Wirkung bei ihr zeigen würde wie die drei Male zuvor in ihrem Leben auch nicht.

»Dann war es kein gutes Zeug«, hatte Clara gesagt und sie auf die Sofalandschaft bugsiert. »Die Malerfreunde von Zsazsa sind sehr verlässlich, was das angeht.«

Sie hatte den Joint geholt und sie hatten Musik gehört, Wein getrunken und geraucht. Bei Toni war erst mal nichts passiert, aber Clara, die war redselig geworden. Wie lange hatte sie erzählt? Minuten? Stunden? Toni erinnerte sich nun wieder an das, was sie alles gehört hatte.

Clara und Jürgen hatten vor den Kindern regelmäßig gekifft. Sie hatten zusammen mit unzähligen anderen Studenten gegen das amerikanische Militär und den Vietnamkrieg protestiert, sie waren Teil der aufrührerischen Vergangenheit Frankfurts gewesen und hatten sich nicht im Traum vorstellen können, mal so zu wohnen wie jetzt. Sie hatten Rudi Dutschke, den damaligen Vorsitzenden des Sozialistischen Deutschen Studentenbundes, wie einen Guru erwartet, als der nach Frankfurt gekommen war, um auf dem Römerberg vor dem Rathaus zu sprechen, und sie hatten sich an den Belagerungen des Polizeipräsidiums beteiligt, weil Dutschke schon am Flughafen festgenommen worden war. Claras linke Überzeugung, das Establishment zu bekämpfen, hatte deutliche Risse bekommen, als die späteren RAF-Terroristen Baader und Ensslin Feuer in zwei Kaufhäusern legten. Sie war dann noch mit Jürgen nach Berlin gefahren, in die zweite Hochburg der Studentenbewegung. Sie hatten unbedingt Dutschke sehen wollen und der war dort von einem verwirrten Rechtsradikalen angeschossen und schwer verletzt worden. An den Hausbesetzungen in Frankfurt beteiligten sich Clara und Jürgen noch mit euphorischem Glauben an das Gute, doch als es zu blutigen Auseinandersetzungen mit der Polizei kam und im Westend bürgerkriegsähnliche Zustände ausbrachen, zerstritten sie sich. Clara wollte so nicht leben. Sie wollte eine Familie, Kinder. Jürgen wollte die gerechte Sache.

Nach einiger Zeit waren Clara und Jürgen wieder ein Paar und als sie sich Jahre später dem Trauermarsch durch Frankfurt anschlossen, nach der Ermordung von Herrhausen durch die RAF, war die zehnjährige Evelyn an Claras Hand gegangen und Jürgen hatte seine kleine Zsazsa in den Armen und auch damals schon auf Händen getragen.

Toni saß mit der leeren Porzellantasse in Claras Bett und erinnerte sich nun an den Taschenspielertrick, mit dem der Joint sie zwölf Stunden vorher getäuscht hatte. Mit einem Mal waren die naiven Bilder an der Wand lebendig geworden. Die Farben hatten plötzlich intensiv pulsiert und Toni dachte, dass sie noch nie etwas so Schönes gesehen hatte. Was ihr kurz vorher noch wie das hingepinselte Geschmiere eines Dilettanten vorgekommen war, ging ihr nun, ohne jeden Umweg über so etwas, was man gemeinhin als Vernunft bezeichnete, ans Herz. Diese Bilder waren *Liebe.* Und wie sie da mit Clara auf dem Sofa lag und ihr zuhörte, war auch das *Liebe.* Ihre Zunge war wie ein nasser, toter Waschlappen, aber das machte nichts. Sie lag da, staunend wie ein Kind, lauschend wie ein Mädchen, das sich zum ersten Mal eine Meeresmuschel ans Ohr hält. Und dann … Hatte sie wirklich Claras Hand genommen? Hatte sie für kurze Zeit wirklich gedacht, sie sei Zsazsa? Und dann hatten sie wegen irgendetwas gelacht, hatten sich ausgeschüttet vor Lachen und sich den Bauch gehalten. Was sie so amüsiert hatte, wusste Toni nicht mehr.

Nun starrte sie über die Tasse hinweg in den Sommertag hinaus. Sie konnte sich beim besten Willen nicht vorstellen, dass ihre Mutter Brigitte jemals auf einer Demonstration gewesen war. Wenn jemand in ihrer Familie protestiert hatte, dann waren es ihr Vater Peter und sie gewesen, sie hatten immer wieder versucht, gegen das strenge Regime von Brigitte eine französische Revolution anzuzetteln, mit dem Ergebnis, dass sie jedes Mal einen Kopf kürzer gemacht worden waren. Dunkel flammte eine Erinnerung in Toni auf, wie sie alle im Haus ihrer Großmutter am Rande von Spandau vor dem Fernseher saßen und ihr Vater an der Zimmerantenne hantierte. Hatte es damals schon mehr als drei Programme gegeben? Die Ermordung Herrhausens, sie hatten es durch den kleinen Röhrenfernseher erfahren, Brigitte hatte geflucht, *Scheißsozis, Kommunistenschweine*, und Toni war in den Garten geschickt worden.

Sie stellte die Tasse ab, stand auf und ging ins Bad.

Das Frühstück verbrachte Toni alleine mit Clara. Sie sprachen wenig, teilten sich eine Zeitung, und Toni dachte, dass dies vielleicht das übliche Morgenritual von Clara und Zsazsa gewesen war, wenn sie hier übernachtet hatte. Das Ritual nach dem üblichen Mädels-Kiff-Abend, wenn Jürgen ausging. Toni hatte noch nie sonderliches Interesse am Zeitungslesen gehabt, die »Tagesschau« hatte bislang reichen müssen. Aber hier, in dem Schweigen, das keine verkrampfte Wortlosigkeit war, sondern einvernehmliche Stille, gefiel es ihr. Wann immer Clara aufstand, beeilte sich Toni zu sagen, sie müsse nun aber wirklich mal los und die Wohnung würde sich nicht von alleine ausräumen, doch Zsazsas Mutter winkte jedes Mal ab.

»Das hat Zeit, auf einen Tag früher oder später kommt es ja nun auch nicht mehr an.«

Clara ging kurz rein und als Toni die Schritte auf dem Parkett zurückkehren hörte, rief sie, die geschlossenen Augen zur Sonne gerichtet: »Wo hat Zsazsa eigentlich immer gemalt? In ihrer Wohnung habe ich nichts Entsprechendes gesehen.«

Es kam keine Antwort, aber durch die geschlossenen Lider nahm sie wahr, dass es dunkler um sie wurde. Toni blinzelte. Ihre Pupillen brauchten einen Augenblick, um sich einzustellen, und dann sah sie den Hass auf Evelyns Gesicht.

»Was ist los?«, stammelte Toni.

»Meine Mutter ist psychisch labil. Wenn Sie hier noch mal Drogen nehmen, betreten Sie dieses Haus nie wieder.«

»Woher wissen Sie …?«, setzte Toni an und dann war es ihr klar. Die Haushälterin. Es konnte nur sie gewesen sein.

Evelyn deutete mit einem Zeigefinger auf das fliederfarbene T-Shirt, das Toni trug, deutete mitten auf ihr Herz, als würde sie nur noch kurz zielen. »Sie tragen jetzt schon ihre Klamotten? Wer hat Ihnen das erlaubt?«

»Ich räume ihre Wohnung aus«, rechtfertigte sich Toni. »Meine Sachen sind schmutzig geworden und ich hatte keine Zeit mehr, ins Hotel zu fahren. Es ist nur geliehen.«

»Machen Sie das immer so? Dass Sie in der Kleidung der Toten rumlaufen? Oder nur jetzt, weil Sie glauben, meine Mutter ausnutzen zu können?«

Toni wurde sauer und plötzlich konnte sie sich lebhaft vorstellen, wie es für Zsazsa – und für Michael – gewesen sein musste, mit dieser Frau zu streiten. Es war schwer, sich nicht unterlegen zu fühlen. Toni stand auf, aber auch das änderte wenig an dem demütigenden Gefühl, dass sie hier wie eine Betrügerin behandelt wurde.

»Was haben Sie eigentlich?«, schnauzte Toni zurück. »Ich habe einen Auftrag. Von Ihrer Mutter. Was genau passt Ihnen nicht an mir?«

»Dass Sie im Bett meiner Mutter schlafen. Dass Sie Zsazsas Kleidung tragen und in ihren Sachen wühlen. Dass Sie offensichtlich die Trauer meiner Mutter ausnutzen und hier rumsitzen, während Sie sich von ihr bezahlen lassen. Dass Sie einen auf dicke Freundin mit ihr machen. All das passt mir nicht.«

Tonis Wangen glühten. Und da wurde ihr wieder klar, was ihr fehlte. Selbstbewusstsein, um länger als vier dünne Sätze Kontra zu geben, Schlagfertigkeit, um nicht ganz so dumm dazustehen, Charme, mit dem sie Evelyn hätte besänftigen können – Dinge, die *sie* sicherlich gehabt und beherrscht hatte.

»Ich will gar nichts von Clara«, versuchte es Toni nun beschwichtigend. »Ich helfe ihr wirklich nur bei der Wohnung. Und ich werde nur die Stunden abrechnen, die ich arbeite.«

Die Verachtung in Evelyns Augen sprach für sich, die Worte, die folgten, hätte sie sich sparen können. Aber Evelyn ließ keine Gelegenheit aus, um Toni zu zeigen, welcher Kaste sie angehörte. »Sie lügen sehr schlecht. Also lassen Sie es einfach. Ich habe Sie im Auge. Benehmen Sie sich einmal daneben oder tun meiner Mutter irgendein Leid an, werden Sie das bereuen. Sie haben auch eine Mutter, nehme ich an. Was Sie meiner antun, denken Sie immer daran, das kann ganz schnell auch Ihrer passieren.«

Evelyn ging und Toni starrte ihr hinterher. Kurz färbte sich ihr Blickfeld rot, aber das war sicher nur ein Streich ihrer Augen, weil sie so lange gegen die Sonne gesehen hatte. Der Zauber dieses Morgens war jedenfalls verflogen.

Clara hatte sich umgezogen, als sie zurückkam. »Wollen wir?«

»Wohin?«

Clara legte den Kopf schief. »Na, deine Sachen aus dem Hotel holen. Du hast gesagt, du schläfst lieber in Zsazsas Wohnung.«

In Toni stieg eine blasse Ahnung auf, nicht farbig genug, um eine Erinnerung zu sein. Hatte der Joint sie aller Hemmungen beraubt? Hatte sie das zu Clara gesagt?

»Ist das wirklich okay für dich?«

Clara hakte sich bei Toni unter und zog sie ins Haus. »Aber natürlich. Ist doch viel schöner als das unerfreuliche Hotelzimmer und wie du gesagt hast: auch viel einfacher für dich. Leg dir auch noch einen Pullover für unterwegs raus. Da kann es kühl werden, wegen der Bäume.«

»Wo?«

Clara sah sie erstaunt an. »Auf dem Friedhof. Du hast gestern gesagt, du möchtest an Zsazsas Grab.«

Toni wurde eiskalt.

29

Der Hauptfriedhof war von einer hohen Mauer umgeben. Toni kam es vor, als würden sie und Clara von dem Tor in eine andere Welt geschluckt. Gewitterwolken brauten sich über dem gewaltigen Baumbestand zusammen, aber noch war es heiß und schwül. Ein Wetter zum Umkippen, dachte Toni.

Rechter Hand erblickte sie eine offene Gruftenhalle mit Blick auf zahlreiche Steinplatten. Diese Zeugnisse von längst vergangenem Leben zu sehen, fasste Toni unangenehm an. Der Kiesweg knirschte, sie redeten nicht.

Was hatte sie sich nur dabei gedacht, Clara im Rausch um diesen Besuch zu bitten? Ganz offensichtlich nichts, der Joint musste ihr ein Loch in ihren Verstand gestanzt haben. Ihr war, als griffen die Grabsteine nach ihr, als würde jeder Name ihr zuflüstern: *Warum wir?* Und, was noch schlimmer war: *Warum wir und nicht du?*

Eines Tages würde auch sie tot sein und verwandelte dieses Wissen nicht das ganze Leben in ein sinnloses Unterfangen? Wofür das ganze Abmühen, das Ringen in einer Beziehung, die Sorgen, die Ängste im Allgemeinen und die vor dem erneuten Erblinden und der drohenden Dunkelheit im Speziellen, wenn alles, was am Schluss blieb, ein Grabstein mit einem Namen war und eine Wohnung, die jemand ausräumen musste? Ein Friedhof sollte ein Ort des Friedens sein, der Besinnung und der Würde. Aber, dachte Toni, er bedeutete auch die Anerkennung des Unabänderlichen. Toni fühlte die Tränen aufsteigen und dachte an ihre Großmutter. Sie empfand jetzt allerdings eine andere Trauer als die auf der Beerdigung damals, diese hier war tiefer, war unbedingter.

Und dann standen sie vor dem bläulich grauen Stein. Er war schmal und hoch. Die Gravur bestand aus fünf Worten, keine Daten, kein Engel, kein Motiv. Nur: *Life is my art. Zsazsa.*

Clara stand still, den Blick auf das kleine Blumenbeet um den Stein gerichtet.

Toni hatte auf der Fahrt zum Friedhof darüber nachgedacht, dass dies vielleicht ihr schlimmster Moment der ganzen Reise werden würde, dass sie heulen und schluchzen würde. Sie hatte sogar ein bisschen befürchtet, dass sie *sie* spüren würde. Aber nichts geschah. Sie horchte in sich hinein. Das traurige Meer in ihr, von dem sie noch vor einer Minute gedacht hatte, dass es sie fluten würde, hatte sich völlig beruhigt. Toni fühlte nichts, nur eine große Ruhe. Ein Gedanke, pfeilschnell, schoss ihr durch den Kopf. *Sie ist gar nicht hier. Sie ist nicht gestorben.*

Toni war so überrascht, dass sie in Claras Andacht hineinsprach. »Warum ist das Grab so klein?«

Die Grabsteine rechts und links ragten kaum einen Meter weiter aus dem Gras.

»Es ist ein Urnengrab.« Clara klang gefasst. Sie blickte nicht auf.

Dass Zsazsa verbrannt worden war, überraschte Toni. Sie hatte bislang noch nicht über diese Möglichkeit nachgedacht und irgendetwas daran machte sie wütend. Ob das Zsazsas Wille gewesen war? Viele Menschen, das wusste Toni, fanden die Vorstellung grausam, eines Tages im Dunkeln zu liegen und die Bekanntschaft mit einer Sippschaft von Würmern zu machen. Aber verbrennen? Kurz loderte vor Tonis geistigem Auge das Feuerbild der Vernissage auf.

»Ich sitze hier oft und spreche mit ihr«, sagte Clara unvermittelt. »Ich habe hier auch schon mal einen Joint mit ihr geraucht. Der Friedhofswärter hätte mich fast mit seiner Harke erschlagen.« Sie ging nun in die Knie und zupfte trockene Blätter von den Blumen. »Manchmal lese ich ihr Briefe vor, die ich schreibe. Ab und zu lasse ich ein Glas von ihrem liebsten Rotwein zu ihr hinunterlaufen.«

Er kommt nicht an, dachte Toni, sie ist nicht hier. Hier sind nur der Schattenwurf der Bäume über den Gräbern und tanzende Sonnenflecken, aber keine Zsazsa.

Der Gedanke kam ihr ganz real vor und sie fragte sich, ob das von dem Joint herrührte. Sie hatte mal gehört, dass dafür anfällige Menschen von Cannabis eine Psychose bekommen konnten oder sich bei ihnen ein Realitätsverlust einstellte.

Clara stand wieder auf. »Sie ist noch nicht weg, ich spüre das ganz genau. Zsazsa ist noch hier.« Nun war alle Farbe aus ihrem Gesicht gewichen. Sie sah Toni mit großen, dunklen Augen an.

»Willst du alleine sein?«, fragte Toni.

Claras Stimme war nun belegt. »Nein, bitte bleib bei mir.«

Bitte bleib bei mir. Hatte sie damit Toni gemeint oder Zsazsa? Sie dachte an Michaels Worte am Lohrberg. *Glaubst du eigentlich an irgendwas? Leute, die sterben, wiegen im Durchschnitt einundzwanzig Gramm mehr als kurz nach ihrem Tod. Was sind diese Gramm? Hast du in einer Wohnung schon mal das Gefühl gehabt, dass da noch die Seele eines Verstorbenen ist? War es nie seltsam für dich in Zsazsas Wohnung?*

Ja, sie hatte etwas in der Wohnung gespürt. Es war anders gewesen als in jeder anderen Wohnung zuvor. Und hier, an ihrem Grab, spürte sie nichts. Nichts außer dieser seltsamen Liebe für Clara, das Bedürfnis, sie zu trösten, und die grässliche Schwüle, die immer drückender wurde.

Nachdem sie zusammen die Blumen um den Stein gewässert hatten, denn wer wusste schon, ob es wirklich regnen würde, verließen sie untergehakt den Friedhof. Kaum waren sie durch das Tor, schien eine Last von Toni abzufallen, die ihr auf den Brustkorb gedrückt und ihr das Atmen schwer gemacht hatte.

»Komm«, sagte Clara, nun wieder mit fester Stimme. »Ich zeige dir was. Es ist wunderschön.«

Toni ging neben ihr, vorbei an einem weißen klassizistischen Portal, das rechts und links von Säulen gesäumt wurde, die einen Querbalken mit einem hebräischen Schriftzug trugen. Das

Portal war mit meterhohen Eisengittern verschlossen, durch die man einen gepflasterten Innenhof sah. Unter dem achtsamen Auge einer Überwachungskamera traten sie durch eine Pforte in den Innenhof.

Es bedurfte nur eines Blickes und Toni wusste, dass sie sich auf einem alten jüdischen Friedhof befanden. Sie wusste zwar nichts über den Brauch, aber sie erkannte die kleinen Steine und Kiesel auf den Grabmalen, die Besucher hinterlassen hatten. Sofort kehrte die Enge in ihrer Brust zurück.

Nicht noch ein Friedhof, dachte Toni, ich kann nicht mehr. Aber sie folgte Clara, um ihr einen Gefallen zu tun, und hoffte, dass sie die Sache schnell hinter sich brachten.

Sie gingen eine Hauptallee entlang, die beidseitig von eng stehenden, übermannshohen Steinobelisken gesäumt war. Unter dem Moos, das sich wie ein Leichentuch ausbreitete, entdeckte Toni die Handwerkskunst früherer Steinmetze. Den Inschriften nach lagen hier Mitglieder der Familie Rothschild begraben.

Clara musste Tonis Blicke bemerkt haben. »Die Rothschilds kennst du sicher. Sie hatten mal die größte Bank der Welt, Immobilien, Weingüter, eine ausufernde Kunstsammlung. Maximilian Goldschmidt-Rothschild hat den Frankfurter Museen zu Lebzeiten schon viele Kunstwerke geschenkt. Ich finde ja, dieser ganze Friedhof ist wie ein Museum. Wunderschön, nicht wahr?«

Sie schritten weiter an den Grabmalen entlang. Kalte Hände griffen nach Toni. *Warum ich?* Sie wollte sagen, sie müsse gehen, sie bekomme keine Luft mehr, ihr würde schwummerig.

Doch Clara kam ihr zuvor. »Ich habe eine Bitte an dich. Sie machen ein Fest für mich. Jürgen und Evelyn. Es wird eine Überraschungsparty. Also, zumindest denken sie das. Ich habe übermorgen Geburtstag. Ich schaffe das nicht, all diese Leute. Ich schaffe es nicht alleine. Ich möchte, dass du auch kommst.

Bitte, sag nicht Nein. Ich muss den ganzen Tag unterwegs sein, damit ich von den Vorbereitungen nichts mitbekomme. Ich fahre mit einer Freundin in die Weinberge. Und abends muss ich dann überrascht tun. Bitte komm abends mit.«

Hunderte, Tausende von Moos überwachsene Gräber riefen nun nach Toni und unter dem kathedralenhohen Gewölbe der Bäume hallte es wider und wider. *Warum ich und nicht du?* Toni wollte sagen, sie müsse die Stimmen zum Schweigen bringen, aber es kam nur ein »Ich habe gar nichts zum Anziehen« über ihre lahme Zunge.

»Du kannst dir aus Zsazsas Kleiderschrank nehmen, was du möchtest. Du wirst bestimmt einiges finden, an dem noch die Preisschilder hängen. Zsazsa hatte einen kleinen Kauffimmel.«

Ich mache alles, damit ich hier wegkomme, dachte Toni und sagte Ja.

Efeu umrankte schief stehende Grabsteine, kleine wie große, und dazwischen flatterten gelb-schwarze Plastikbänder und rote Schilder warnten vor Einsturzgefahr. Und überall die kleinen Steinhäufchen und Kiesel auf den Totenplatten. Lange Papierstreifen, die aussahen wie ein Kassenbon aus dem Supermarkt, flatterten in einer Bö, nur von einem kleinen Stein auf den Gräbern beschwert; sie waren mit winzigen hebräischen Schriftzeichen vollgeschrieben. Toni verstand nichts, verstand nichts außer den unheimlichen Stimmen, die die stärker werdenden Böen zu ihr trugen. Blätter wirbelten nun zwischen den eng aneinandergedrängten Grabmalen auf.

»Ich muss gehen.« Toni blickte sich nach dem weißen Portal um, aber die Alleen der Grabsteine waren zum Labyrinth geworden. Die hebräischen Zeichen verschwammen vor Tonis Augen. »Ich habe kaum noch Tabletten und muss meinen Arzt in Berlin anrufen.«

Clara schien nichts von Tonis Schwindelattacke zu merken. Aber darin war Toni immer gut gewesen. Selbst wenn sie krank war, hatte nie jemand etwas bemerkt. Sie war immer ein starkes Mädchen gewesen, all die Jahre, nur nicht mehr am Schluss, im Krankenhaus, als die Dunkelheit sie fast gefressen hatte.

»Das ist kein Problem«, hörte sie Clara von weit weg. »Wir kennen so viele Ärzte, sie können sofort ein Rezept ausstellen. Wir können sie gleich anrufen.«

In der Ferne donnerte es. Unheil rollte heran.

Toni nahm Clara bei der Hand. »Lass uns gehen.«

Doch Clara blieb stehen und hielt sie zurück. Der Wind zerrte an ihren Haaren, sie sah nun wild aus, fast wirr. »Glaubst du, dass man Schuld tilgen kann?«

»Clara, wir müssen von hier weg, unter den Bäumen weg!« Und von den Stimmen weg, schrie sie still in sich hinein.

»Sag es mir, glaubst du es?«

Erste Regentropfen klatschten auf sie hinunter wie kleine, kalte Ohrfeigen.

Was meinte sie? Fragte sie wegen Zsazsa? Bezog sie sich auf den unvollendeten Brief? Oder redete sie von den jüdischen Gräbern? Wie sollte sie diese Frage beantworten können?

»Er kommt darauf an«, rief Toni gegen den Wind. »Ich glaube: Ja. Aber …« Sie blickte zurück zu den unzähligen Grabsteinen. Sie sahen aus, als zögen sie die Schultern hoch und die Köpfe ein vor einer Gewalt, die sie gleich überrollen würde. »Aber nicht, wenn man jemanden getötet hat! Und jetzt los!«

Toni zog Clara mit sich und rannte. Sie war unsicher, ob sie nicht in die falsche Richtung unterwegs waren und dadurch immer tiefer in das Meer der Toten tauchten. Clara hielt Schritt und dabei lachte sie, es klang fast hysterisch.

30

Toni sah Clara nach, wie sie durch den nachlassenden Regen in den Seiteneingang der Bahnhofshalle schlüpfte. Die Scheibenwischer des Minis quietschten monoton. Der Besuch auf den Friedhöfen kam Toni nun ganz weit weg vor. Eine Schicht Wirklichkeit hatte sich über die Mittagsstunden gelegt. Toni hatte sich geschworen, nie wieder einen Joint anzufassen, und sie wusste, dass sie auch nie wieder einen Friedhof betreten würde. Beides hatte sie Clara zuliebe getan, gegen jede Vernunft und Erfahrung.

Hinter ihr hupte es und sie fuhr los. In der Nähe der Konstablerwache fand sie einen Parkplatz. Vereinzelt grollte der Himmel noch.

Vor der Kleinmarkthalle in der Hasengasse traf sie Michael. Er war die Realität, die sie nun brauchte. Er begrüßte sie mit Küsschen links und rechts auf die Wange und zog sie in das Gebäude. Sie tranken einen Kaffee zwischen den Gemüseständen und nahmen Smoothies von einem Händler exotischer Obstsorten mit. Dann schlenderten sie zum Main und lachten über die Tausende von Liebesschlössern, die Paare mit dem Schwur ewiger Zuneigung an der Eisernen Brücke befestigt und deren Schlüssel sie dann in den Main geworfen hatten.

»Die wurden vor ein paar Jahren schon mal alle abgemacht«, erklärte Michael. »Die Brücke hätte der Last der Eheschwüre nicht mehr standgehalten – wie die meisten Ehen wohl auch nicht. In Paris ist schon mal eine Brücke wegen der ganzen Schlösser eingekracht.«

Toni fragte Michael nach Claras Geburtstag und was er ihr schenken würde.

»O Gott, hat sie dir von der Überraschungsparty erzählt?«, fragte er. »Ich habe Evelyn gesagt, dass Clara mir nie glauben wird. Ich treffe sie morgen Abend in der Stadt und lade sie angeblich in die Oper ein. Aber ich fahre natürlich mit ihr nach Kronberg. In Wirklichkeit schenke ich ihr einen Ausflug zum Kloster.«

»Komm mir jetzt nicht wieder mit Religion.«

»Kloster Eberbach. Da wurde *Der Name der Rose* gedreht, kennst du den Film noch?«

»Klar, sexy Sean Connery mit Mönchsrobe und wie es damals üblich war: keine Unterhose darunter. Und wo ist das Kloster? Italien?«

»Rheingau, Schätzchen. Eine Stunde von hier. Clara liebt es. Außerdem kann man dort wunderbar durch die Weinberge wandern, gut essen. Was schenkst du ihr?«

»Das Problem ist, dass ich erst seit einer Stunde von dem Geburtstag weiß. Irgendein Tipp?«

Es dürfte nur nicht viel kosten, dachte Toni.

Auf dem Schaumainkai spazierten sie an den Museen vorbei. Und dann, vor dem Städel, erfasste Toni wieder der unheimliche Sog, den sie schon an Claras Schreibtisch gespürt hatte. Sie blieb stehen und sah die Treppe zu dem Kunsttempel hinauf.

»Ich will sehen, was da drin ist«, sagte sie und fand ihre eigene Stimme dünn und tonlos.

»Klar«, sagte Michael wenig begeistert.

Er besorgte zwei Karten, während draußen die Wolken ihre Regendusche wieder aufdrehten.

Toni spürte ihr Herz schlagen, als sie mit Michael zwei streng aussehende Damen in dunklem Kostüm passierten. Es zog sie wie an einem unsichtbaren Seil die dunkle Marmortreppe empor. Im Obergeschoss, vor dem Trakt der Moderne, wurden sie nochmals von zwei Museumswärtern gemustert. Wahrscheinlich bewirkte schon der disziplinierende Blick des dunkel gekleideten Personals, dass, kaum hatten sie den ersten Raum betreten, diese Unterwasserstille einsetzte, die Museen eigen ist.

Ein Gemälde von Tischbein zeigte Goethe, in weißem Reisemantel und mit einem dunklen Hut in der Größe eines Sombreros, den er sich kess schräg aufgesetzt hatte, sodass die italienische Sonne sein Gesicht beschien.

Toni kannte das Bild, wie es wohl jeder kannte. Es war *der* Goethe, halb sitzend, halb liegend auf einem roten Steinbrocken, umgeben von antiker Kunst.

»Wusste gar nicht, dass unser Denkerfürst so attraktiv war«, flüsterte sie und beugte sich Michael zu. Sie roch eine eigentümliche Mischung aus Parfüm, Zigarettenrauch und etwas anderem, ganz Vertrautem, an ihm. »Oder Herr Tischbein hat ein bisschen Photoshop betrieben.«

Michael konnte es gerade noch vermeiden, loszuprusten, und legte ihr eine Hand zwischen die Schulterblätter.

Im nächsten Raum fiel Tonis Blick auf ein Ölgemälde von Max Liebermann. Sie wusste sofort, dass dies Zsazsas Lieblingsbild gewesen war. Wieso, konnte sie nicht sagen, es fühlte sich einfach so an.

Das Bild maß ungefähr eineinhalb mal zwei Meter. Es zeigte einen schlanken, fast weißen Frauenkörper und einen muskulösen Mann.

»Auch ganz attraktiv«, flüsterte Michael. Sein Blick war auf das Gemälde gerichtet und ein feines Lächeln umspielte seine Lippen. Toni wusste einen Moment nicht, wo sie hinstarren sollte: auf die nackten Körper oder auf seine Lippen. Also trat sie unter den scharfen Augen eines Museumswärters dicht vor das Gemälde.

Simson und Delila, las sie auf dem grauen Schild an der Wand. *Delila triumphiert. Mit siegreicher Geste streckt sie Simsons Locken als Trophäe ihren Verbündeten entgegen. In ihrem Schoß zusammengesunken liegt der Mann, dem sie mit dem Haar seine unbezwingbare Kraft genommen hat. Liebermann inszeniert die alttestamentliche Geschichte als modernen Geschlechterkampf: Theatralisch gebärden sich die nackten Körper vor der schlichten Kulisse aus weißen Laken und grauer Wand. Delila ist die Femme fatale, die ihren Geliebten entmachtet. Solche starken Frauenfiguren faszinierten das Publikum um die Jahrhundertwende.*

Es war, als hätte dieses Bild etwas zwischen Toni und Michael freigesetzt, eine Energie, die sich nicht aus Worten oder Berührungen speiste. Von Raum zu Raum verstärkte sie sich. Sie sprachen kaum, sie sahen sich nur selten an. Aber plötzlich gingen da nicht mehr Toni und ein fast zehn Jahre jüngerer Mann, der bisher ein bisschen mit ihr geflirtet hatte, Seite an Seite, nein, mit einem Mal waren da zwei Menschen, die miteinander ins Bett gehen wollten. Und wie das manchmal so ist, war dieses Verlangen besonders stark in den Räumen, die dem Augenschein nach ganz frei von Erotik waren, sah man mal von der einen oder anderen entblößten Brust auf einem Gemälde ab. Wie es auch in einer Unterwasserstille ein Grundrauschen gibt, war dieses Verlangen nun das Grundgeräusch, das sie beide und nur sie beide hörten, da war sich Toni ganz sicher.

Sie dachte an Holger und daran, was er ihr im letzten Telefonat gesagt hatte: dass sie sich verändert anhörte. Er hatte recht, sie veränderte sich. Aber, dachte sie, nicht in dem Maße, wie alle Menschen sich ständig wandelten, wuchsen, sich entwickelten. Hier in Frankfurt wirkte etwas auf sie ein, drang etwas an die Oberfläche, was sie selbst nicht kannte.

Vor einem anderen Liebermann, *Freistunde im Amsterdamer Waisenhaus*, streifte seine Hand die ihre und ein Schauder durchfuhr sie. Vor einem Matisse, *Keramik und Blumen*, stand er so dicht hinter ihr, dass sie seinen Atem im Nacken und seine Wärme am ganzen Rücken spürte. Vor dem *Selbstbildnis* von Max Beckmann berührte sie ihn am Oberarm, vor dem *Stillleben mit Saxofonen* nahm er ihre Hand und flüsterte ihr zu, was er auf dem grauen Schild neben dem Beckmann-Gemälde las:

»Hörst du den Lärm meiner Bilder?«

Der Künstler hatte dies seiner Frau in einem Brief geschrieben und Toni meinte, dass er nur eines damit gemeint haben konnte, diese Energie, die *Simson und Delila* in ihr freigesetzt hatte.

»Klar und deutlich«, sagte Toni. Und dann trat sie einen Schritt zurück, ganz dicht an seine Körpervorderseite. Es war, als würde er sie umarmen, so sehr spürte sie seine Nähe.

Draußen im Regen küssten sie sich. Nass und gierig, er hielt ihr Gesicht in seinen Händen und sie zog ihn am Hosenbund zu sich heran. Sie fühlte noch immer den Lärm der Bilder.

Als sie in seiner Wohnung wie zwei erschöpfte Tiere nebeneinanderlagen und die Kühle des verregneten Abends durch die offene Balkontür zog, fragte sie, ob er Wein im Kühlschrank habe.

Er stand auf und sie sah seinem nackten Hintern hinterher.

Er kam mit zwei Gläsern und seinen Zigaretten zurück.

Ihre Klamotten lagen als nasser Haufen im Flur. Toni schlang sich ein Laken um den Körper und trat zu Michael auf den Balkon. Der Wein schmeckte köstlich, die Zigarette widerlich. Aber das Nikotin machte sie auf eine angenehme Weise benebelt. Michael lehnte an der Brüstung, nackt, die Beine voreinander gekreuzt.

Noch nie, dachte Toni, hatte sie mit Holger eine annähernd ähnlich ungezwungene Situation erlebt. Jetzt dachte sie an ihn und das gefürchtete schlechte Gewissen kämpfte sich durch den Nikotinschleier in ihr Gemüt. Sie war noch nie fremdgegangen.

Michael stieß Rauchringe in den Nachthimmel. »Gewissensbisse?«, fragte er.

Sie senkte den Blick. »Ja.«

»Du darfst trotzdem über Nacht bleiben«, lächelte er und zog sie am Bettlaken zu sich. Erneut nahm er ihr Gesicht in beide Hände. »Und ich möchte dich wiedersehen. Hörst du?«

In dieser Nacht träumte sie wieder von dem Mädchen. Es brannte. Lichterloh. Sie streckte die Hand nach Toni aus. Aber Toni war wieder wie unter Wasser, versuchte zu laufen und kam nicht vorwärts. Und als sie endlich bei dem Mädchen war, stürzte es in einen Abgrund.

31

Toni schrak vom Schrei des Mädchens auf. Sie brauchte eine Zeit, bis sie begriff, dass sie das Geschrei der Marktleute hörte, das durch die offene Balkontür zu ihr drang. Michael hatte ihr auf einem Zettel hinterlassen, dass er schon zu einer Wohnung gefahren sei und sie sich alles nehmen solle, was sie brauche. Sie könne gut auf dem Markt am Friedberger Platz frühstücken, der freitags vor seiner Haustür stattfand.

Bevor sie ging, starrte sie auf die zerwühlten Laken. Die Zigaretten des Vorabends meldeten sich in ihrem Kopf und der Wein im Magen. Das schlechte Gewissen wegen Holger traf sie nun mit voller Wucht.

In Zsazsas Wohnung befiel sie wieder dieses lähmende Gefühl, das es ihr unmöglich machte, auch nur irgendetwas zu räumen.

Sie zwang sich, zum Osthafen zu fahren und neue Umzugskartons zu kaufen, außerdem, das schien ihr noch wichtiger, wollte sie ein Geschenk für Clara besorgen. Toni nahm den Autoschlüssel von Zsazsas Küchentisch und hielt mitten in der Bewegung inne. Jemand machte sich an der Haustür zu schaffen. Sofort rannte ihr Herz, und es wollte weit weg, und das sehr schnell. Toni hörte einen Schlüssel im Schloss. Sie erstarrte und überflog im Kopf die Inventarliste nach etwas, das sie zur Selbstverteidigung verwenden konnte. Von irgendwoher klang eine Stimme in ihrem Kopf. *Wir sind stärker als sie, wir sind stärker als sie.*

Dann Schritte auf dem Parkett. Kleine, energische Schritte von hohen Schuhen.

»Hier sieht es ja noch aus …« Evelyn vollendete den Satz nicht, als sie in der Küchentür stehen blieb.

Es ist nur Zsazsas Schwester, dachte Toni, doch ihr Herzschlag beruhigte sich mitnichten. Hatte sie von ihrer Nacht mit Michael Wind bekommen? So, wie sie sich gerade überlegt hatte, ob sie etwas als Waffe gegen einen Eindringling verwenden konnte, schoss ihr nun der Gedanke durch den Kopf, dass Evelyn auch etwas als Waffe gegen sie einsetzen könnte.

Evelyns Blick fiel auf Tonis Koffer. »Mein Gott, wo hat meine Schwester den denn her? Von einem Rentner-Outlet in Rumänien?«

Toni verzichtete auf eine Richtigstellung und atmete tief durch. Die Terrorwarnstufe wechselte von Rot auf Orange. »Sie haben einen Schlüssel?«, fragte sie dümmlich.

»Natürlich. Ich wollte mal nach dem Rechten sehen. Und mich noch mal umgucken, bevor die Sachen wegkommen.«

Clara musste mit ihr gesprochen haben, denn Evelyns Ton war deutlich weniger feindselig als noch am Tag zuvor.

»Sie können sich gerne die Listen ansehen, ich habe alles aufgeschrieben.«

»Sie haben Listen gemacht?«

»Ja, mache ich immer. Damit ich mit den Angehörigen die weiteren Schritte klären kann.«

»Darf ich sie sehen?«

Darf. Ein Wunder, dass Zsazsas Schwester dieses Wort in ihrem Sprachschatz führte. Toni gab ihr die Blätter.

»Ich würde natürlich nichts einfach wegwerfen, schon gar keine Unterlagen.«

Evelyn überflog die Listen und sah nicht auf. »Das Wichtigste haben wir sowieso schon nach ihrem Tod geholt.«

Plötzlich wurde ihr Gesicht ganz weich. »Der lila Hut ist noch da?«

Toni brauchte einen Moment, bis das Bild des lächerlich kleinen Puppenhuts in ihrer Erinnerung Gestalt annahm.

Evelyn legte die flache Hand auf die linke Seite ihres Brustkorbs und atmete geräuschvoll aus, eine spontane Geste der Rührung. Toni dachte, dass die Frau also doch eine weiche Stelle hatte. Und das war sie: Zsazsa. *Sie hat ihn noch.* Nicht: *Sie hatte ihn noch.* Auch in Evelyn war die tote Schwester noch lebendig. Dass der Hut noch nicht im Hausmüll lag, dorthin hätte ihn Toni sicherlich entsorgt, lag an ihrer akuten Aufschieberitis, nicht, weil sie geahnt hatte, Evelyn damit ein Gefühl entlocken zu können. Sie bot an, den seltsam kindlichen Puppenschmuck herauszusuchen, er lag in einer Schublade mit Briefumschlägen.

Als Evelyn ihn in der Hand hielt, streichelte sie ihn wie ein junges Kätzchen und ihre Augen wurden feucht. »Ich habe ihn ihr geschenkt, als wir Kinder waren. Als wir uns in einem Urlaub versprochen haben, nicht so blöd wie Erwachsene zu werden und – falls wir jemals alt werden sollten …«, sie schluckte, »… dass wir dann zwei verrückte Alte mit lila Hut sein und schon zum Frühstück Karamell essen würden.« Sie lachte ein kurzes Lachen und darin lag so viel Traurigkeit, dass es Toni die Kehle zuschnürte.

Auch Evelyn musste Zsazsa geliebt haben. Und vielleicht merkte sie gerade, wie weit sie sich von dem Kindheitstraum entfernt hatte, eine verrückte Alte mit lila Hut zu werden, und dass sie stattdessen eine verbissene Enddreißigerin geworden war, die – wie Michael sagte – nie richtig locker sein konnte.

Evelyn fasste sich wieder, der Ausbruch schien ihr peinlich zu sein. »Wie lange werden Sie brauchen? Wir müssen streichen lassen, bevor wir vermieten können.«

»Haben Sie es eilig?«, versuchte sich Toni um eine Antwort zu drücken.

»Ja.« Es klang grausam bestimmt. Zsazsas Schwester stakste mit lauten Schritten über das Parkett und warf in jedes der Zimmer einen Blick. »Dieser Ort muss verschwinden. Damit meine Mutter endlich loslässt. Je schneller Sie hier fertig sind, umso besser.«

Und als sie in der Haustür stand, die lilafarbene Puppenhaube in der Hand, war Evelyn wieder die Alte, die Toni schon kannte. »Sie wollen ja sicher auch schnellstmöglich zurück nach Berlin. Zu Ihrem Freund«, sagte sie abschätzig.

Dieser Satz unterlief jede von Tonis Selbstverteidigungslinien und traf sie wie ein Faustschlag in den Solarplexus. Und so stand Toni im Flur, manövrierunfähig und kurzzeitig nicht in der Lage zu atmen.

»Meine Mutter sagt, Sie verstehen sich gut mit Michael?«

Toni spürte, wie sie rot wurde. »Er hat mir nur geholfen, ein paar Säcke zu entsorgen«, log sie.

»War er hier in der Wohnung?«

»Nein«, beeilte sich Toni zu sagen. »Ich lasse niemanden hier rein.«

Evelyn nickte gedankenverloren und einen Moment sah sie ganz erschöpft aus. »Gut«, sagte sie in den Flur hinein, aber es wirkte, als hätte sie Toni ganz vergessen.

Auf dem Weg zum Osthafen sah Toni die beiden blau schimmernden Gletschertürme der EZB vor einem sauber geregneten Himmel. Es war kühler als am Vortag.

Weil Toni ihre eigene Jacke inzwischen hasste und Clara ihr erlaubt hatte, sich etwas von Zsazsas Sachen zu nehmen, hatte Toni sich eine Art Parka aus dem Schrank ausgesucht. Er war dunkelgrün und steckte noch in der Plastikhülle der Reinigung. Auf dem Oberarm saß wie ein Tattoo ein rotes Fadenkreuz und auf der Brusttasche kündete ein Aufnäher *The future is female* in derselben Farbe. Es war nicht diese Art von Bundeswehrparka, die kurzzeitig in ihrer Jugend modern gewesen war. Dieser hier war modisch, ohne wie Saisonware auszusehen. Und für das Schleppen von Kartons mit Sicherheit unempfindlich genug.

Plötzlich wollte Toni den Mini nahe der kameraüberwachten Zäune des Bankgebäudes parken. Sie spürte wieder diesen Sog, den sie schon aus Claras Haus und aus dem Städel-Museum kannte.

Sie ging unter der Eisenbahnbrücke mit den beiden Klangkugeln durch zur Galerie. Die Vernissage schien ihr eine Ewigkeit her.

Sie betrat die Räume. Nach einem Blick war klar, dass Zsazsas Bilder nicht mehr hingen. Toni war seltsam enttäuscht, obwohl sie die Wirkung der Werke auf sich selbst gehasst hatte.

Toni erkannte die Besitzerin der Ausstellungsräume wieder, Clara hatte sie ihr vorgestellt.

»Sind die Stücke von Marla Groeben schon alle an die neuen Besitzer verschickt worden?«

Die Frau sah sie fragend an.

»Ich bin Antonia Petzold. Ich war auf der Ausstellung und ich dachte, ich könnte die Bilder noch mal sehen.«

»Nein, sie hingen nur zwei Tage.«

»Das ist aber ungewöhnlich, oder? Alle verkauft?«

Die Frau scannte sie misstrauisch. »Keines der Bilder stand zum Verkauf.«

Toni zog die Augenbrauen hoch und musste dabei ziemlich dämlich ausgesehen haben. »Wieso das?«

»Jetzt erinnere ich mich. Sie waren mit Clara hier. Dann sollten Sie es doch eigentlich wissen. Clara hat darauf bestanden. Sie wollte alle Bilder behalten.«

»Und wo sind sie hin?«

»Wir haben sie hinten im Lager. Stimmt etwas nicht?«

»Ich habe mich nur gefragt, bei der Größe der Werke: Wo hatte Zsazsa ihr Atelier? Ich würde selbst gerne wieder malen«, log Toni schamlos.

»Sie war mit ein paar anderen Künstlern zusammen im Osthafen. Vielleicht haben Sie sie gesehen. Die jüngeren Leute.«

»Kennen Sie die Adresse?«

32

Toni fuhr den Mini über den Kai des Gewerbegebiets. Jenseits des blaugrünen Mainarmes am Osthafen ragten Sandberge, Fabriken und Kräne auf. Die daneben gestapelten und auf ihren Abtransport wartenden Container wirkten winzig wie Zigarettenschachteln.

Die Fenster des Wagens hielt sie geschlossen, denn es stank nach Müllhalde und jedes vorbeifahrende Auto wirbelte einen Staubsturm auf, jeder Lkw einen Hurrikan. Zsazsas roter Wagen musste inzwischen schmutzig braun gepudert sein.

Toni passierte KfZ-Höfe (unheimlich und heruntergekommen und wer hier ein Ersatzteil bestellte, machte sich bestimmt diverser Verbrechen schuldig), ein Werkzeuggeschäft, riesige Verkaufshallen für gebrauchte Möbel (ein Post-it kam an die Innenseite ihrer Stirn, denn wo es einen Verkauf gab, musste es auch einen Ankauf geben), einen Baustoffhandel und einen Betonvertrieb, der noch mehr Staub produzierte, einen Schuppen für Fahrradreparaturen und den Gewerbehof, bei dem sie die Kartons hatte holen wollen.

Der seltsame Sog wurde stärker, je tiefer sie in den Organismus des Osthafens drang, und als das Navi ihr die Ankunft am Zielort mitteilte, zerrte er sie geradezu in Richtung des Ateliers. Es befand sich in einem flachen Industriegebäude mit einer Laderampe. Hier musste mal ein nicht sehr gewinnbringender Handel mit etwas betrieben worden sein, das man in Lkws verlud. In den Lagerhallen hatten sich diverse kleine Werkstätten eingenistet und ein paar verrückte junge Leute mit einem Faible für Farben und Joints.

Die Tür war nur angelehnt und von drinnen drangen Musik und Stimmen auf den Hof. Toni klopfte, und als sich nichts tat, trat sie ein. Sie erkannte die Gäste von der Vernissage sofort wieder. Die Frau mit Pferdeschwanz und seitlich abrasierten Haaren, der Typ mit der Baseballkappe und dann noch einer, dem die Locken nach oben wuchsen wie Unkraut, das man lange nicht gejätet hatte. Die Jungs saßen auf aufgepolsterten Bierkästen, die Frau in einem farbbekleckstem Campingstuhl. Alle drei verstummten und starrten zu Toni hinüber.

»Hallo«, sagte Toni und hob eine Hand, wie um zu zeigen, dass sie unbewaffnet war. Ein Marihuana-Geruch lag in der Luft.

Die Frau löste sich als Erste aus der Schockstarre und stand auf. »Sorry, voll verwechselt. Dachte, du wärst jemand anders.«

Toni ahnte, wen sie gemeint hatte, und dann wurde ihr auch klar, warum: der Parka. *The future is female.*

In der Tür stehend stellte Toni sich vor. »Ich bin mit Clara befreundet. Ich habe euch neulich auf der Vernissage gesehen.« Und wie um ihre friedvollen Absichten zu unterstreichen, fügte sie hinzu: »Ich habe mit ihr schon was von euch geraucht.«

Nun standen auch die Männer auf. *Clara* und *geraucht* schienen die Zauberworte gewesen zu sein. Man bot ihr Bier und einen Zug an. Toni lehnte beides ab. Die Frau mit der schrecklichen Frisur hieß Julia, sagte aber, Zsazsa habe sie immer Julitschka genannt und deshalb nenne sie inzwischen jeder so. Der Kerl mit der Baseballkappe hieß Hagen, der mit den Locken Lukas. Die drei waren ungefähr Zsazsas Jahrgang und Toni kam sich augenblicklich alt vor. Die drei Künstler hatten etwas so Unbeschwertes, dass Toni neidisch wurde. Nicht, dass sie selbst den Wunsch hatte, sich regelmäßig mithilfe von Gras in einen Scheißegal-Zustand zu bringen (sie mochte ihre Gehirnzellen und war nicht bereit, ihren mindestens durchschnittlichen IQ kampflos aufzugeben), aber die Freunde von Zsazsa standen für etwas, das Toni ganz fremd war.

Die Vernissage, die wenig heimelige Gegend des Osthafens und Clara waren als Gesprächsthema schnell aufgebraucht. Nun sahen die Künstler Toni an.

»Ich kümmere mich um Zsazsas Nachlass. In der Wohnung habe ich kaum Malutensilien gefunden, deshalb wollte ich fragen, ob es hier noch etwas gibt.« Das war zumindest die halbe Wahrheit. Eine stimmige Idee, auch wenn sie Toni gerade erst zugeflattert war. Aber was auch immer sie hierhergezogen hatte, alte Pinsel waren es nicht gewesen.

»Klar.« Julia sah schlagartig bekümmert aus. »Es sind auch noch ein paar von ihren kleineren Bildern hier. Willst du sie mitnehmen?«

»Erst mal nur sichten.«

Auch die Jungs wirkten jetzt bedrückt. Hagen nahm sich die Baseballkappe ab und strich sich ein paarmal über den Millimeterschnitt, vielleicht das männliche Gefühlsäquivalent zu Julitschkas Versuch, sich die Tränen wegzublinzeln.

»Tut mir leid«, sagte Toni. »Ich wollte nicht den Nachmittag crashen.«

Lukas schnaufte durch die Nase aus, es war ein trauriges Geräusch. »Crashen, ja …«

»Was?«, fragte Toni irritiert.

»Das hat sie auch immer gesagt«, blinzelte Julia.

Toni suchte in ihrem Gesicht irgendetwas, das darauf hindeutete, es wäre ein übler Scherz. Schon als Toni das Wort ausgesprochen hatte, war sie verwundert über sich selbst gewesen. Sie hatte es – da war sie sich sicher – noch nie vorher benutzt. Wieso auch? Es gab genug entsprechende deutsche Wörter, die besser zu ihr passten und die man eher mit ihr in Verbindung brachte, zumindest wenn es nach Holger und Brigitte ging: kaputtmachen (die Beziehung), zerstören (die Liebe), töten (die gemeinsame Zukunft), ruinieren (ihre eigene Zukunft, nachdem sie im zweiten Semester ihr BWL-Studium abgebrochen hatte), unterminieren (nachdem sie angefangen hatte, ihren Vater alleine ohne Brigitte zu treffen).

Toni gab sich Mühe, die Stimmung zu retten. »Ihr mochtet sie sehr, oder?« Was für eine altbackene Frage. Aber sie wirkte.

»Ja.« Julia lächelte, kaum mit dem Mund, hauptsächlich mit den Augen. »Sie war unser verrücktes Huhn. Komm, ich zeig dir die Sachen.«

Die Lagerhalle hatte eine Küchenzeile in der Ecke, ein mit Resopalplatten gezimmertes Räumchen mit WC, und da es kaum Wände gab, standen die Leinwände dicht an dicht gegen die Mauern gelehnt.

»Wir haben immer alles zusammengeschmissen. Keiner von uns hat ein Fach oder so. Jeder benutzt alles und wenn was fehlt – *katsching*!« Julia machte eine Armbewegung, als würde sie eine alte Registrierkasse öffnen. »Alle die Moneten zücken.« Julia deutete auf eine Reihe angefangener Bilder. »Das waren ihre. Sie hat in letzter Zeit … also, in der Zeit *davor* nicht mehr viel gemalt.«

»Warum?«

Julia zuckte mit den Achseln. »Sie war viel in Berlin. Wir hatten schon fast damit gerechnet, dass sie uns hier kündigt.«

»Was hat sie dort gemacht?«

Wieder ein Achselzucken. »Was man in Berlin so treibt. Tanzen? Drogen? Kultur? Galerien?«

»Wollte sie aus Frankfurt weg?«

»Irgendwie war sie schon weg. Nicht mehr richtig ... *da.*«

»Ging es ihr nicht gut?«, fragte Toni plötzlich. Es war ihr rausgerutscht, ohne dass sie darüber nachgedacht hatte.

»Irgendwas war. Aber sie hat nicht darüber gesprochen. Ich glaube, sie hatte jemanden kennengelernt.«

»Aber sie war doch verlobt«, wunderte sich Toni dümmlich.

»Ach das.« Julia winkte ab. »Das war schon länger vorbei. Sie haben noch vor Weihnachten die Verlobung aufgelöst.«

»Oh.« Auch das klang dümmlich.

»Man musste sie zu nehmen wissen.«

»Was heißt das?«

»Na, sie war unstet, unzuverlässig. Deshalb haben wir uns anfangs nicht so gewundert, dass sie sich kaum noch gemeldet hat. Sie hatte den Kopf immer voll mit tausend Dingen.«

»Kanntest du ihren Verlobten?«

Julia seufzte. »Netter Typ. War wohl nicht ganz einfach für ihn, sie war eigentlich kein Mädchen für ein bürgerliches Leben.«

Toni sah Julia stirnrunzelnd an.

Julia schien das zu amüsieren. »Sie war sehr begeisterungsfähig, konnte regelrecht besessen sein, wenn sie etwas wollte. Von ihm war sie auch mal begeistert gewesen. Aber wenn sie was Neues entdeckte ... Na ja, Künstlerin halt. Ständig dabei, das ganze Leben in sich aufzusaugen, und dann war sie manchmal überfordert von allem und hat sich zurückgezogen. *Nine-to-five* ging bei ihr gar nicht. Da gerät so eine Beziehung schon mal unter die Räder. Ich glaube, er war zu nett für sie.«

Toni erinnerte sich, dass Clara eine Krise erwähnt hatte, aber nicht ein Ende. »Er ist also nicht Künstler?«

»Alles andere als das. Er arbeitet bei ihrem Vater in der Firma.«

Toni wusste es schon, bevor sie die Frage stellte. Und plötzlich ergab alles einen Sinn. Ihre Stimme war nun heiser. »Wie heißt er?«

»Michael«, sagte Julia und dann rief sie in das Loft: »Jungs, helft mal die Bilder zum Auto zu tragen!«

Toni torkelte mehr zum Ausgang, als dass sie ging. Für einen Moment fühlte sie sich, als säße sie in einer Drohne, die die kleine Prozession von oben beobachtete, wie sie zu viert über die Laderampe zu dem Mini gingen und die Bilder auf die Rückbank packten. Sie sah sich selbst von weit oben, beobachtete, wie sie den Autoschlüssel aus der grünen Jacke, *The future is female*, fischte und einstieg. Aber das war völlig unmöglich, nicht wahr? Man konnte sich selbst nicht von oben betrachten, wenn man mit den Füßen die Erde berührte. Wer war das, der sie da sah, *durch* den sie sich da sah?

Mit zittrigen Beinen trat sie die Kupplung und ließ den Motor an. Dann fiel ihre Perspektive wieder zurück in ihren Körper und sie sah wieder das, was man hinlänglich als normales Sichtfeld bezeichnete. Ihr eigener Blick ging nun durch die staubige Windschutzscheibe. Das Letzte, was sie hörte, war, dass Julia ihr hinterherrief: »Du hast sogar das gleiche Auto! Du bist wie sie, weißt du das?«

Toni spürte ihr Blut pulsieren. Sie war ein Stück gefahren und hatte am Straßenrand geparkt. Dann war sie wie blind eine Treppe hochgelaufen und nun stand sie auf einem Wehr, hoch über dem Main, der unter ihr gluckste, als würde er sie auslachen: *Hast du es nicht die ganze Zeit gewusst? Du wusstest es, nicht wahr?* Sie hielt sich mit beiden Händen am Geländer fest und atmete mit weit geöffnetem Mund.

Toni – nein, es war Antonia gewesen – hatte nicht nur die Cornea von Zsazsa übernommen, sondern auch den abgelegten Liebhaber. Bei dem Gedanken wurde ihr übel. Noch nie hatte sie sich derart ungestüm zu einem Mann hingezogen gefühlt.

Warum musste es ausgerechnet er sein? Sie hatte sich geschworen, Clara nicht zu enttäuschen, und sie hatte ausgerechnet mit dem Verlobten ihrer verstorbenen Tochter gevögelt.

»Scheeeiii-ßeeee!«, brüllte sie über den Main und umklammerte das Geländer so fest, dass ihre Knöchel weiß wurden. Vor Scham schloss sie die Augen, ließ sie den Kopf zwischen die ausgestreckten Arme sinken und wahrscheinlich sah sie aus wie eine Joggerin, die Dehnübungen für die hintere Oberschenkelmuskulatur machte. Als sie die Augen öffnete, starrte sie in einen Abgrund aus schäumendem Wasser hinab. Der Fußgängersteg bestand hier nur noch aus einem Stahlgitter, wie es über den Lichtschächten für Kellerräume üblich war.

Und dann ... Plötzlich zitterten ihr die Beine. Der Blick in den Abgrund ließ sie in Schweiß ausbrechen. Da war wieder ein Sog, aber nun ging er nach unten, etwas wollte sie in das reißende Wasser ziehen. Höhenangst, dachte sie, es ist nur Höhenangst. Aber das konnte nicht sein, oder? Ihr war doch noch nie schwummerig über einem Abgrund geworden! Das Glucksen tief unter ihr wurde zu einem tosenden Rauschen in ihren Ohren. *Hast du es nicht die ganze Zeit gewusst? Du wusstest es, nicht wahr? Du bist eigentlich kein Mädchen für ein bürgerliches Leben.*

»Halt die Fresse«, keuchte sie und kniff die Augen zusammen. Und dann kam aus irgendeiner fernen Erinnerung ein Satz herangeflogen, der ihr seltsam vertraut war. »Wir sind stärker als sie.«

Toni hangelte sich an dem Geländer entlang, versuchte nicht nach unten zu sehen. Ihren Blick hielt sie auf die EZB gerichtet, die von hier aus klein und dunkelblau hinter den sandfarbenen Fabrikgebäuden des Osthafens herübergrüßte. »Dort steht unser Auto. Wir sind stärker als sie.«

Als der Gittersteg zu Ende war und sie wieder festen Boden unter den Füßen hatte, sank sie gegen ein leer stehendes und mit Graffiti verschmiertes Wehrhäuschen. Ihr war kotzübel. Von unten gluckste es noch hämisch, aber nicht mehr so laut. Toni ließ den Kopf hängen und las den roten Schriftzug über Kopf: *The future is female.*

Sie lachte und es klang ein bisschen wahnsinnig. »Herzlichen Glückwunsch, wenn so die Zukunft aussieht. *Toni for president!*«

Sie lehnte den Kopf an die Mauer des Wehrhäuschens und stöhnte ein lang gedehntes »Fuuuuck!«. Auch dieses Wort, dachte sie, war ziemlich neu in ihrem Sprachschatz. Ob die Medikamente daran schuld waren? Wieder lachte sie wie verrückt bei der Vorstellung, dass der Beipackzettel einen Hinweis enthielt, die Einnahme von Immunsuppressiva könne zum Gebrauch von anglisierter Gossensprache führen. Oder waren das Nachwirkungen des Kiffens? Vielleicht wurde sie auch einfach verrückt. Und mal ehrlich, wer würde das nicht werden angesichts dieses Schlamassels.

Und morgen war Claras Geburtstag und sie würde natürlich merken, was zwischen Michael und ihr passiert war, und es würde die beschissenste Krönung aller Partys werden.

Oktober 2019

33

Ich sitze im Arbeitszimmer von Brigitte auf dem Boden und wühle in den Briefen meiner Großmutter nach dem Stapel, der ein Post-it mit der Aufschrift *1991* trägt. Diese Umschläge tragen die Adresse der Schöneberger Wohnung, jene aus den Jahren vor 1988 eine Adresse in Wilmersdorf. Meine Eltern haben also wirklich noch einige Zeit mit der räumlichen Vergrößerung gewartet, weil meine Schleswig-Oma ihnen geraten hat, *bescheiden* zu bleiben und *nicht über ihre Verhältnisse* zu leben.

1991. Es ist das Jahr, in dem ich in diese Wohnung hier gezogen bin.

Die Briefumschläge werfe ich beiseite und scanne den Inhalt nach Schlagwörtern: *Toni, Dein Peter, Deine Schwiegermutter.* Was über das Wetter, Schleswig und ihren inzwischen verstorbenen Mann in den Zeilen steht, interessiert mich im Moment nicht.

Ich lese den Brief, den sie Ende Oktober geschrieben hat.

Liebe Tochter,
der erste Geburtstag also, den Toni bei euch in der neuen Wohnung verbringen durfte. Wie ich es dir gesagt habe, Peters Mutter ist nicht damit durchgekommen, das Kind zu behalten.

Dass das Mädchen euch allerdings nicht den gebührenden Respekt und Dankbarkeit zollt, weist erneut darauf hin, dass es bei dieser Frau sehr verzogen wurde. Mit Geduld und einer führenden Hand wird sie sich bei euch einleben. Du schreibst, sie könnte etwas »spüren«. Das ist Humbug. Es ist zu lange her. Denke du nicht mehr daran, sonst holst du es wieder in euer Zuhause. Du wirst beobachtet, das weißt du, und ich sage dir, auch wenn es dir nicht gefällt: Peters Mutter wird euch das Mädchen bei der ersten Gelegenheit wieder wegnehmen.

Ich starre auf die Zeilen und merke, dass eine Panikattacke heranrollt. Inzwischen kenne ich die Vorboten. Der Kopf wird heiß und fühlt sich zugleich kalt an, Pünktchen tanzen vor meinen Augen, irgendjemand hat mir einen Sack Zement auf die Brust gesetzt und eine unsichtbare Hand legt sich mir um den Hals und drückt zu. Ich stehe auf und gehe durch das Zimmer, konzentriere mich darauf, langsam zu atmen. Das Gefühl, das dieser Brief in mir auslöst, ist mir auf eine unheilvolle Weise vertraut.

Ich greife nach den Zigaretten und auch wenn mir schlecht ist, zünde ich mir eine an. Brigitte würde mich töten, sähe sie mich in ihrer heiligen Halle qualmen. Das Nikotin breitet sich in meinem Körper aus und ich merke, wie es mich runterfährt. Als die Hitze im Kopf und die Pünktchen verschwinden, hat sich vor der Glut der Zigarette ein krummer Aschewurm gebildet. Auf dem Schreibtisch suche ich nach so etwas wie einem Aschenbecher und finde eine Tonschale, in der Büroklammern liegen. Irgendetwas an dem unbeholfenen Charakter dieser Töpferkunst sagt mir, dass es ein Geschenk von mir war, das ich im Kunstunterricht in der Schule für sie gebastelt habe.

Ich drücke die Zigarette nach der Hälfte aus und lasse mich wieder auf den Boden nieder. Vor mir liegt der Brief.

Die Suche nach einer Patientenverfügung wird geradezu

eine Suche nach meiner Vergangenheit. Ich erinnere mich an die Worte von Uwe Katzer, er sagte sie mir, kurz nachdem die Sache auf Claras Geburtstag passiert war: *Entdecken Sie die Provenienz von sich selbst, um zu verstehen, woher Sie kommen, damit Sie sich selbst vollumfänglich annehmen können.*

Als ich fünf Jahre alt war, wollte mein Vater meine Mutter verlassen und hat das wohl auch getan. Ob er eine Affäre hatte? Mit einer anderen Frau leben wollte? Oder ob er einfach genug hatte von Brigittes herrischer Art? Als ich zwölf war, kam ich zu meinen Eltern. Warum da und nicht früher oder später? Wieso hat mein Vater zugelassen, dass ich bei seiner Mutter lebte? Wie es für ihn gewesen sein mochte, dass sich seine Ehefrau und seine eigene Mutter um mich stritten? Und wie war das überhaupt möglich gewesen?

Vielleicht haben Eltern ein Recht auf ihre eigene Vergangenheit und ihre eigenen Geheimnisse. Wenn Brigitte all diese Briefe verbrannt hätte, müsste ich sie nicht lesen. Denn wie soll ich jetzt noch damit aufhören können?

Mir dämmert langsam, dass ich weniger Sorge davor habe, etwas über mich selbst in den Zeilen zu lesen, sondern dass ich darin etwas über meinen Vater erfahren könnte, das mein Bild auf ihn entscheidend verändert. Was, wenn er damals meine Mutter verlassen hat und ich deshalb bei meiner Oma aufgewachsen bin? Weil sowohl Brigitte als auch Peter sich nicht mehr um mich kümmern konnten? Würde ich ihm das verzeihen?

Nicht dass ich mit Steinen werfen dürfte. Ich selbst habe mich im Sommer auch nicht mit Ruhm bekleckert, was meine Grundsätze zu Treue angeht, und ich habe Holger wehgetan. Hätte ich überhaupt ein Recht, über die Beziehung meiner Eltern oder mögliche außereheliche Abenteuer zu urteilen?

Juni 2019

34

Es tut mir so leid«, murmelte Toni, als sie in die leere Wohnung zurückkam. »Es tut mir so leid, Zsazsa. Ich wusste es nicht. Ich wusste nicht, wer er ist.«

Schuldgefühle schwappten wie ein Eimer kaltes Wasser über Toni. Sie hatte ausgerechnet mit dem Verlobten ihrer toten Spenderin eine Affäre angefangen.

Doch, du wusstest es, nicht wahr? Das Wispern kam von draußen durch die gekippten Fenster und es hörte sich genauso an wie an dem Wehr, aber natürlich war es da nur das Wasserrauschen gewesen und hier nur das Rascheln der Bäume.

Als Toni sich im Bad die Hände wusch, sah sie im Spiegel das Gesicht eines traurigen Mädchens im Alter von neununddreißig Jahren.

Eine Nachricht vibrierte in ihrer Hosentasche.

Kommst du nachher zu mir? 18 Uhr Friedberger Platz? Hörst du den Lärm meiner Bilder?

»Sei erwachsen«, ermahnte sich Toni laut. »Du willst Clara nicht verlieren, also musst du dich entscheiden.«

Okay. Wir müssen reden, schrieb sie zurück. Und sie würde reden. Klartext.

Auf dem Friedberger Platz standen Hunderte von Leuten mit Bierflaschen und Weingläsern in der Hand. Ein Kiosk machte das Geschäft seines Lebens.

»Was ist denn hier los?«, fragte Toni verwundert.

»Hier ist jeden Freitag Party«, erwiderte Michael, zog sie an sich und wollte sie küssen. Aber sie drehte den Kopf weg.

»Wo ist das Problem?« Michael sah sie an.

»Warum hast du mir nicht gesagt, dass du Zsazsas Verlobter bist?«

Er zog die Augenbrauen hoch, machte ein ernstes Gesicht und atmete geräuschvoll aus. »War. Ich *war* es.«

»Ich habe mich mit Clara angefreundet. Weißt du nicht, in welche Situation du mich bringst?«

Um sie herum brandete der Geräuschpegel auf und nahm wieder ab, ein immer neuer Strom von Menschen ergoss sich auf den Platz, der jetzt schon überfüllt war.

Michael beugte sich dichter zu ihrem Ohr. »Ich hatte nicht den Eindruck, dass ich dich zu irgendetwas überreden musste.«

Toni trat einen Schritt zurück, denn trotz allem war dieses Kribbeln wieder da, das Verlangen. »Wenn ich es gewusst hätte, wäre es nicht passiert.«

»*Es*, Antonia? *Passiert?* Und du kennst Clara wie lange? Zwei Wochen? Wie kommst du darauf, dass du schon ihre beste Freundin bist?«

»Ich will nicht streiten. Die Situation ist scheiße. Du hättest es mir sagen sollen.«

Er verzog das Gesicht. »Und du warst ehrlich? Hättest du mir nicht auch was sagen sollen?«

»Dass ich einen Freund habe?«

»Das meine ich nicht. Erspar mir die Sätze, die kein Mensch hören will.«

Toni legte den Kopf schief. Was meinte er?

»Antonia, Clara hat mir alles erzählt. Die Transplantation. Du hast eine Gewebespende von Zsazsa bekommen.«

Toni starrte Michael an und fühlte sich wie im Meer, wenn sie den sandigen Boden unter den Füßen verloren hatte. Er wusste Bescheid?

»Ich verstehe, dass du damit nicht hausieren gehst.« Er nahm ihre Hand. »Sie mag dich. Sehr. Clara ist wie verändert seit deinem Brief, ich habe sie seit Monaten nicht mehr so … froh gesehen.«

Tonis Kehle fühlte sich trocken an. »Gib mir eine Zigarette.«

Er zündete eine an und reichte sie ihr. »Wollen wir nicht erst mal was zu trinken holen?«

Toni ignorierte die Frage und fürchtete sich vor der Antwort, die sie von ihm einforderte. »Magst du mich deswegen? Magst du mich überhaupt?«

»Ja, ich finde dich toll. Aber nicht deswegen. Es fühlt sich an, als würde ich dich schon ewig kennen. Mit dir ist es so … leicht. Unbefangen. Ich habe nach Monaten wieder so was wie ein inneres Gleichgewicht.«

Toni lachte innerlich auf, für ein richtiges Lachen war das alles zu absurd. Bislang hatte man ihr eher vorgeworfen, dass sie Leute aus dem Gleichgewicht brachte.

»Antonia, du hast nicht ihr Herz bekommen. Es war ja nicht mal eine Lebendspende, nicht mal eine Organspende. Du hast zwei Quadratzentimeter Hornhaut bekommen.«

Toni schüttelte den Kopf. »Wirklich jetzt? So einfach ist das für dich? Was würde deine Verlobte dazu sagen?«

Michael zog sie an der Hand durch die Leute. Die Schlange am Kiosk war so lang, dass man nicht mehr sah, wo sie aufhörte, weil die Menschen so dicht gedrängt standen.

»Wollen wir zu mir hoch gehen?«

»Mit ein bisschen Sex ist es wohl kaum getan.«

»Ich will dich kennenlernen. Außerdem«, setzte er nach, »waren wir nicht mehr zusammen.«

»Was ist mit euch passiert?«

Er bog den Kopf zurück und sein Blick verlor sich in den Baumkronen. Toni starrte auf seine Kehle, sie lag so offen wie die eines Tieres, das sich ergibt und seine verwundbarste Stelle zeigt.

»Es war schon länger vor ihrem Tod.« Er sah sie jetzt an. »Wir hatten schon mal eine Krise, uns getrennt. Das übliche Lied: Versöhnung und ein Dreivierteljahr später waren wir wieder an demselben Punkt. So ist es manchmal. Man will es richtig machen, aber es geht nicht. Weil beide sich zu sehr verbiegen müssten. Es ging mir endlich wieder gut nach der endgültigen Trennung. Und dann ... natürlich war es schlimm, was mit ihr passiert ist, und ich war geschockt und traurig.«

Zwischen seinen Brauen hatte sich eine senkrechte Linie gebildet und nun sah er sehr viel älter aus, nicht mehr wie der junge, draufgängerische Hausmeister für alles.

Der Platz hinter ihnen tobte inzwischen, jemand hatte Musik angemacht. Toni betrachtete Michael, wie er da verloren stand, gefangen in einem Kapitel früherer Zeiten, und sie räusperte sich. »Was war das für ein Unfall, bei dem sie gestorben ist?«

Er hob die Brauen und schloss zugleich die Augen. Dann atmete er geräuschvoll aus. »Das muss Clara dir erzählen.«

»Ich bin mit dir ein bisschen intimer geworden als mit ihr. Ich finde, du solltest es mir sagen.«

»Ich erzähle es dir. Irgendwann. Aber ich muss Clara fragen, ob es für sie in Ordnung geht. Das verstehst du doch?«

Toni fühlte Wut in sich aufsteigen, sie schäumte wie das Wasser unter dem Wehr. »Nein! Tue ich nicht! Was ist schlimmer als ihr Tod, dass es niemand aussprechen will?«

Michael sah müde aus. »Du wirst es verstehen. Wirklich. Aber ich werde es dir nicht sagen, solange Clara es nicht will.«

Das machte sie noch wütender. »Und was hat sie für einen Grund, es nicht zu sagen?«

»Das weißt du. Sie war verreist, als es passiert ist, und hat es erst zwei Wochen später erfahren. Sie war lange in einer Klinik und hatte Depressionen. Sie schützt sich. Und das ist ihr gutes Recht. Zwinge mich nicht, ihr gegenüber illoyal zu sein. Bitte.«

Das wollte Toni sicher nicht, aber die Wut war so *rot.* »Gut! Andere Frage! Was würde *sie* dazu sagen? Zu uns?«

Er nickte langsam. »Sie ist fremdgegangen. Deshalb hatten wir die Krise.«

Und es hatte ihm das Herz gebrochen, das stand so fest wie irgendwas. Er musste es nicht sagen, seine Augen erzählten genug. Er log nicht, es hatte ihn völlig aus dem Gleichgewicht geworfen.

Oben kochte er Spaghetti, er trank ein Bier, sie bekam Wein. Beide taten so, als hätten sie nicht letzte Nacht zweimal miteinander geschlafen – zumindest tat Toni so, als würde sie nicht ständig daran denken, und wie es bei ihm aussah, ließ er nicht erkennen.

Toni legte die Füße auf einen der Küchenstühle und sah ihm beim Zwiebelschälen zu, dabei, wie er in Sprechpausen die Bierflasche an die Lippen setzte und wie er sich immer wieder nach ihr umdrehte, nur um sie anzuschauen.

»Ihr Frauen seid komisch. Zwei Monate nach der Trennung kam sie wieder, ein Häufchen Elend, weinte, dass es ihr leidtäte. Und sagte, wenn ich wolle, könne ich auch mit einer anderen Frau schlafen, damit das Gleichgewicht wiederhergestellt sei.«

»Echt jetzt?«

»Ich wollte es zuerst wirklich tun. Aus lauter Wut. Eher Wut darüber, dass sie es vorgeschlagen hat. Wenn man jemanden liebt, schickt man ihn nicht auf die Jagd – oder? Aber dann … ich konnte es nicht. Ich wollte eben nur sie.«

»Und es ist wieder passiert?«

Er machte sich nun am Knoblauch zu schaffen. Der Geruch gebratener Zwiebeln zog durch die Küche. »Erst mal war alles wieder toll. Ich dachte: Das ist es jetzt für immer.«

»Hast du ihr den Antrag gemacht?«

»Tatsächlich war sie es. Ich gebe zu, auch meine Weste ist nicht ganz weiß. Es gab eine Mieterin bei uns – also bei Jürgen –, ich hatte ihr eine Wohnung gezeigt. Sie war Polin, brutal hübsch, sah Zsazsa sogar ein kleines bisschen ähnlich. Tanja. Und sie war *hot.* Ein ordentliches Gericht würde mich wegen gedanklichen Betrugs verurteilen, ich dachte wirklich darüber nach, ob sie mein Freischuss sein könnte, obwohl die Krise mit Zsazsa schon eine Weile her war. Irgendwas hat Zsazsa gerochen und sie hat mich gedrängt, mit ihr wegzufahren. Kurzurlaub in Warschau. Und da sagte sie, einfach so: ›Lass uns heiraten! Das wird lustig!‹ Genau mit diesen Worten. Das war's.«

Toni nippte an dem Weißwein. »Wieso Warschau? Gibt es nicht romantischere Städte?«

»Sie hat die Stadt geliebt.«

»Als sie gestorben ist, hast du sie da noch gemocht?«

Er drehte sich zu ihr um und sah sie unverwandt an. »Willst du wissen, ob ich sie noch liebe?«

Toni zuckte mit den Achseln. »Wahrscheinlich. Autsch. Erwischt.«

»Ich trage ihr nichts nach. Wirklich. Ich bin gut mit ihr. Zum Glück. Können wir jetzt von etwas anderem reden?«

»Eine letzte Frage: Hast du keine Angst, dass das mit uns rauskommt? Und dass Clara total sauer ist?«

»Nein, kein bisschen.«

»Warum?«

»Ich weiß es einfach.« Michael musterte Toni. »Warum bist du hier? Und nicht bei ihm?«

Toni dachte an Holger und zuckte mit den Schultern. Was sollte sie sagen? Dass sie ihn nicht mehr begehrte? Ihn irgendwie liebte, aber nicht in ihn verliebt war? Es einfach nicht funktionierte? Es beschwerlich war?

Sie betrachtete Michael und plötzlich war der Sog wieder da, diese Sehnsucht, sich in ihn hineinzulieben, ihm nahe zu sein, mit ihm alles zu vergessen, was in den letzten Monaten passiert war – in ihrem und in Zsazsas Leben.

»Bleibst du heute Nacht hier?«, fragte er. Wahrscheinlich hatte er ihren Blick richtig gelesen.

Toni schüttelte den Kopf und sah weg, bevor die Sehnsucht ihren Verstand außer Kraft setzte.

»Warum?« Er klang enttäuscht. »Wegen ihm?«

Toni seufzte. »Wahrscheinlich auch. Ich muss die Sachen erst mal sortieren. Und …«, sie blickte ihn nun direkt an, »ich möchte mich nicht fragen, wem du in die Augen siehst, wenn wir miteinander schlafen. Mir – oder *ihr*.«

»Antonia, es ist nur ein bisschen Hornhaut.«

»Trotzdem. Die Leute starren mich oft an, du hast das anfangs auch gemacht. Sie schauen mir nicht *in* die Augen, sie sehen sie *an*. Ich bin aber nicht sie. Vielleicht wäre ich es manchmal gerne, aber ich bin es nicht.«

Er kam auf sie zu und kniete sich vor sie hin, nahm ihre Hand und nickte. »Okay. Ich verstehe das. Wir essen und ich hole dich dann morgen zusammen mit Clara zur Party ab.«

Als Toni später ging, umarmten sie sich lange.

In Zsazsas Wohnung stand sie vor dem Bett und wusste, dass sie darin nicht mehr schlafen konnte, zumindest nicht in dieser Nacht. Das Wissen, dass Michael alles gewusst hatte und er mit ihrer Spenderin verlobt gewesen war, änderte vieles. Toni spürte einen seltsamen Ekel. Aber wovor? Vor ihm? Vor sich selbst? Sie hatte sich so gewünscht, mehr wie *sie* sein zu können, und nun, da sie fürchtete, dass Michael sie genau deswegen haben wollte, schämte sie sich vor sich selbst.

Sie saß lange auf dem Sofa im Wohnzimmer und starrte auf die Bücherkartons und auf das Foto der Familie Mertens, das sie gefunden hatte. Mehrfach nahm sie ihr Handy in die Hand, um sich bei Holger zu melden, aber dann wusste sie nicht, was sie ihm hätte schreiben sollen.

Weil sie nicht schlafen konnte, schleppte sie die Bilder, die sie aus dem Atelier mitgenommen hatte, in die Wohnung. Nun standen sie an das leere Bücherregal gelehnt und wirkten wie noch nicht fertig entwickelte Polaroids aus dem Leben *der anderen.* Die Bilder kamen ihr vertraut vor, besonders das mit den Pferden. Die nahm sie mit in einen unruhigen Schlaf.

35

Beim Aufwachen am nächsten Tag hatte Toni sich nicht an irgendwelche Träume erinnern können, aber als sie sich auf dem Sofa aufrichtete, war die Idee für Claras Geschenk so präsent, als hätte Toni sie schon lange gehabt.

Das Geschenk war naheliegend und ungewöhnlich zugleich. Sie musste sich beeilen, besonders wenn sie berücksichtigte, dass sie sich bei solchen Dingen nicht sonderlich geschickt anstellte. Als es fertig war, zögerte sie den Moment hinaus, es einzupacken. Es war so schön. Ein bisschen unheimlich? Ja, aber genial.

Als Toni nachmittags die Schranktüren im Schlafzimmer öffnete, glitten sie mit einem leisen Raunen auf und der Duft nach Zsazsa hüllte sie wieder ein. Toni hatte die Schranktüren nur ganz selten geöffnet, um nicht zu sehen, wie viel Arbeit hinter ihnen steckte, hatte sie sich eingeredet. Aber als sie den inzwischen so vertrauten Geruch wahrnahm, dachte sie nur das eine Wort: *konservieren.* Sie wollte nicht, dass ihr der Duft verloren ging.

Andächtig strich sie über die Stoffe, die Blusen und Kleider. Sie würde ein Kleid finden müssen, das nicht eng anlag, denn Zsazsa war schlanker gewesen. Und sie suchte eines, an dem noch das Preisschild hing. Sie wollte Evelyn nicht in einem teuren Fummel begegnen, den ihre Schwester kurz vor dem Tod getragen hatte.

Toni hielt sich drei Kleider (mit Preisschildern, dass ihr schwindelig wurde) vor den Körper und betrachtete sich im Spiegel. Eines winkte ihr regelrecht zu, der weiße Chiffonstoff, leicht ins Beige gehend, schmiegte sich ihr schon auf dem vorgehaltenen Bügel an den Körper. Das Gewebe war fast durchsichtig und fühlte sich sandig und zugleich fein an, darunter schimmerte eine Art Negligé aus Seide, unschuldig weiß und mit verführerischem Dekolleté.

Toni schlüpfte hinein, es saß wie eine zweite Haut. Sie hatte befürchtet, dass es zu eng sein könnte, aber sie hatte, wie ihr jetzt bewusst wurde, abgenommen.

Toni sah auf ihre nackten Füße. Daran hatte sie noch gar nicht gedacht. Denn die beiden Problemzonen ihres Körpers taugten nicht für Sandälchen, ausgenommen im Fasching, wenn sie sich als Gladiator verkleiden wollte. Sie trat in den Flur und öffnete die Schuhschränke. Die High Heels brauchte Toni erst gar nicht anzuprobieren, sie hätte sich noch hier vor der Haustür einen, wenn nicht beide Knöchel gebrochen. Sie fand flache Schuhe mit leichten Keilabsätzen aus rauem Canvas, mit weißen Lederriemchen und offener Fußspitze. Toni betrachtete sich im Spiegel. Sie hatte nicht geahnt, wie gut ihre Unterschenkel aussehen konnten.

Im Bad schminkte sie sich inzwischen etwas geübter. Als sie sich im Spiegel neben der Garderobe betrachtete, passierte es wieder. *Sie* sah zurück. Zuerst war Toni aufgefallen, wie fein ihre Iris gemalt war, wie tief ihre geschminkten Augen lagen. Je länger sie in sich hineinblickte, umso mehr schien sich ihr Gesicht zu verändern und doch sah sie immer nur sich selbst. Und dann war es plötzlich, als starre sie *die andere* an, was betörend und etwas beängstigend zugleich war. Diesmal zuckte Toni vor der Erscheinung zurück. Und dann dachte sie, dass sie sich selbst im Spiegel kaum wiedererkannte, wie sie da stand, in dem teuren Kleid, das nicht ihr gehörte, den Schuhen, die von ihrer verstorbenen Spenderin kamen, der Schminke, mit der auch die Tote sich vor den *mysteriösen Umständen* zurechtgemacht hatte.

Toni stieß deutlich hörbar die Luft aus und dann war der Ekel wieder da, vor sich selbst und vor dem unheimlichen Gefühl, sich die Haut einer anderen angezogen zu haben. Am liebsten wäre sie in die eigenen Sachen geschlüpft, um das Gefühl loszuwerden, doch es klingelte. Michael erwartete sie vor der Tür.

36

Auf der Fahrt nach Kronberg unterhielten sich Clara und Michael angeregt. Toni saß still auf der Rückbank und hoffte, dass sie für die Party nicht overdressed war.

Die Straßen um die Villa waren gesäumt von einem Fuhrpark eleganter Autos.

»Wie viele Gäste haben sie denn eingeladen?«, stöhnte Clara.

Michael stellte seinen Wagen vor dem Eingangstor ab und Clara straffte sich. »Na, dann tun wir alle mal schrecklich überrascht.«

Sie umrundeten das Haus über den Kiesweg und als sich der Garten vor ihnen auftat, begann eine Band auf der Terrasse, das obligatorische »Happy Birthday« zu spielen. Toni schätzte die schick gekleideten Gäste auf über hundert. Als sie anfingen zu singen, war es anfangs etwas schwerfällig und unrhythmisch, aber Toni achtete kaum darauf. Sie dachte, dass Evelyn und Jürgen ganze Arbeit geleistet hatten, um Clara eine Freude zu machen. Überall im Garten steckten Fackeln, die noch nicht brannten, aber über einer Feuerschale züngelte es. Lampions hingen in den Bäumen, über weiß eingedeckten Stehtischen mit Blumenbouquets und einer langer Tafel. Toni meinte, in dem festlich geschmückten Garten Gesichter von Wahlplakaten wiederzuerkennen.

Evelyn trat aus der Menge und umarmte ihre Mutter. Evelyn sah gut aus, aber als sie Toni erspähte, setzte sie wieder ihr miesepetriges Gesicht auf. Toni hörte sie bis zu den Rhododendren, wo sie stand.

»Was macht sie hier?«

»Nicht heute«, bat Clara und tätschelte ihrer Tochter die Wange.

Es versetzte Toni einen Stich und sie hoffte, dass der Abend nicht zu einem Spießrutenlauf werden würde.

Jürgen stellte sein Glas auf einem der Stehtische ab. Er trug ein weißes Hemd über seinen hellen Leinenhosen und strahlte jugendlichen Charme aus. Er küsste Clara und unter Glückwunschrufen applaudierten alle. Er und Clara wirkten gut miteinander, wie ein eingespieltes Paar, das sich noch mochte. Nicht gerade üblich nach vierzig Jahren Ehe, dachte Toni.

Clara wurde von der Menge verschlungen und Michael begrüßte andere Gäste, die er zu kennen schien. Um nicht dazustehen wie jemand, der nicht dazugehörte, suchte Toni mit ihrem Paket den Geschenktisch.

Der Esstisch im Wohnkubus war dazu umfunktioniert worden. Da sich dort die Präsente bereits stapelten, platzierte Toni ihres auf einem der Stühle und lehnte es gegen das Rückenteil. In der offenen Küche türmten sich die Vorspeisen, aber sie hatte keinen Appetit.

Auf der Terrasse, der Band gegenüber, befand sich das Mutterschiff des Alkohols, von dem fleißige Satelliten mit weißen Hemden, Fliege und Tabletts ausschwärmten. Toni griff sich zwei Champagner und hielt nach Michael Ausschau.

»Darf ich Ihnen ein Glas abnehmen?«, raunte eine Männerstimme.

Sie gehörte einem langweilig aussehenden Typen mit lichter werdendem Haar und Ehering am Finger. Er war ihr schon am Geschenktisch aufgefallen, wie er alleine mit seinem randvollen Teller Meeresfrüchte dastand und seinen Blick über die Leute gleiten ließ, auf der Suche nach einem bekannten Gesicht. Toni lächelte bemüht und fürchtete eine zähe Konversation mit jemandem, mit dem sie sich nichts zu sagen hatte. War es nicht oft so bei dieser Art von Feiern, ein bisschen wie auf dem Schulhof? Irgendwann fanden sich die Außenseiter zusammen, mit denen sonst keiner sprach, und halfen sich gegenseitig, nicht so verloren auszusehen.

»Es ist für meinen ...« Toni hielt inne. Für wen? Für ihren Freund? Das konnte man zu diesem Zeitpunkt mit Sicherheit nicht sagen, denn ihr Freund weilte in Berlin. Für ihre Affäre? Ihr Verhältnis? Liebschaft? Romanze? Beziehungskiste? Techtelmechtel? »Für meine Begleitung.«

Der Mann musterte sie mit dem eigentümlichen Blick, der ihr schon bei Clara und Michael aufgefallen war. Er sah ihr nicht in die Augen, er sah ihre Augen *an.*

»Olaf«, stellte er sich vor.

»Antonia«, erwiderte sie angestrengt und blickte sich wieder nach Michael um. Er stand mit Xaver an einem der Stehtische und Toni nutzte die Gelegenheit, um dem drögen Olaf zu entkommen. Sein Blick irritierte sie auf eine unangenehme Weise, es fühlte sich an, als wäre er ihr mit den wenigen Worten schon zu nahegekommen.

Michael winkte Toni heran und stellte sie vor. »Ihr habt euch bestimmt schon auf der Vernissage gesehen. Xaver, der Bänker in der Familie.«

Der groß gewachsene Mittvierziger hob beide Handflächen wie zum Zeichen, dass er mit so einer verruchten Branche nichts zu tun hatte. »Ich bin kein Bänker, weißt du doch.«

»Sollte auch keine Beleidigung sein«, grinste Michael.

Toni musterte Xaver. »Was macht man denn bei der Europäischen Zentralbank, wenn man kein Bänker ist?«

»Wir sind dreitausend Mitarbeiter dort. Das sind nicht nur Bankchefs.«

Michael schlug vor, Xaver demnächst einen gemeinsamen Besuch abzustatten.

Der deutete mit einer zur Pistole geformten Hand auf Toni. »Wenn du clean genug für die Sicherheitskontrollen bist.«

Michael stellte sein Glas ab und berührte dabei scheinbar unabsichtlich ihre Hand. »Xaver ist Kunstexperte bei der EZB. Sie haben eine ordentliche Sammlung mit fünfhundert Exponaten. An der Pforte zum Gelände geht es zu wie am Flughafen.«

»Verstehe ich das richtig?«, fragte sie. »Die Finanzstabilität im Euroraum manifestiert sich als Kunst?«

»Nicht die ganzen Milliarden«, warf Michael ein. »Ein bisschen was haben die auch noch flüssig.«

»Ich mache gerne eine Führung für dich«, sagte Xaver. »Die musst du allerdings beantragen. Und der Ausblick bei uns ist ganz großes Kino.«

Toni bemerkte Evelyn an einem der Stehtische, wie sie zu ihnen hinübersah. Und als Xaver ein paar Schritte weiterging, um jemanden zu begrüßen, klebten Evelyns Blicke an ihm. Sie sah jetzt traurig aus und zugleich bemüht, es sich nicht anmerken zu lassen.

»Ist sie verliebt in den Kunstexperten?«, fragte Toni Michael.

»Sie waren lange zusammen«, entgegnete er. »Sie hat ihn verlassen, nachdem das mit Zsazsa passiert ist, sagte, sie bräuchte jetzt Zeit für sich selbst.«

»Und wie geht es ihm damit?«

»Er leidet wie ein Hund. Und hofft darauf, dass sie zu ihm zurückkommt, wenn es ihr besser geht. Evelyn ist nicht gut darin, verletzlich zu sein. Ich glaube, sie kann es nicht ertragen, dass er sie schwach erlebt.« Michael nahm Toni bei der Hand. »Komm, lass uns was zu essen holen.«

Clara stand an dem Esstisch mit den Geschenken. Sie griff eben zu dem Präsent in dem blassblauen, mit silberglänzenden Ornamenten verzierten Papier, auf dem ein Umschlag klebte. *Für Clara von Antonia.* Toni spürte ihren Puls. Clara sah Toni und lächelte. Neugierig riss sie das Papier herunter. Das Paket war fast einen Meter hoch, an die sechzig Zentimeter breit und nur drei Zentimeter tief.

Es war ein Bild. Toni sah Clara an, wie sie dastand. Mit weit von sich gestreckten Händen hielt sie den Holzrahmen und starrte auf die Leinwand. Man konnte unmöglich sagen, was sie empfand. Sie starrte nur. Dann, langsam, drehte sie das Bild zu Toni und Michael.

Das Bild war gut, sogar sehr gut. Natürlich, denn Zsazsa hatte es gemalt. Toni hatte nur eine leichte Veränderung vorgenommen, die das Ganze zu etwas Besonderem machte, zu etwas Neuem. Zsazsa hatte fast nur Blautöne verwendet. Ein bisschen Gelb modellierte die abstrakten Tiere und dunkles, sattes Lila gab ihnen Tiefe. Es waren drei Pferde im Stil der Expressionisten, ohne Zweifel inspiriert von Franz Marc und *Der Blaue Reiter.* Das Gemälde war noch nicht fertig, es lief an den Seiten weiß aus, man sah die Grundierung, die auf der Leinwand aufgetragen war, und darauf das skizzenartige vierte Pferd. Sie standen wie auf einem Karussell im Kreis und wirkten doch ganz lebendig, selbst das, was nur angedeutet war. In der Mitte war nur Leinwand mit Grundierung gewesen, vielleicht hatte

Zsazsa noch nicht gewusst, wie sie sie füllen sollte. Und dorthin hatte Toni das Foto der jungen Familie Mertens geklebt mit der fröhlichen, kleinen, noch blonden Zsazsa, der verbittert dreinblickenden kleinen Evelyn, mit Clara und Jürgen, sie mit einer auftoupierten, noch dunkelbraunen Mähne, er mit einem Mittelscheitel und geföhntem Haar, und dann die vier Großeltern. Das blasse Foto intensivierte die Farben der Pferde und die Tiere wiederum schienen die Familie zu rahmen.

Clara sah zu Toni hinüber, dann kam sie langsam auf sie zu. »Antonia«, flüsterte sie. »Es ist wundervoll.«

»Aber ich habe es nicht gemalt, das weißt du.«

»Ja. Aber du hast es mir gebracht.«

Toni fühlte einen merkwürdig schüchternen Stolz, als Clara sie umarmte. Und dann sah Toni Evelyn und Jürgen. Die beiden standen in der offenen Terrassentür, starr, bleich, erschrocken. Sie fixierten Toni. Evelyn verzog hasserfüllt das Gesicht und drängte ihren Vater hinaus in den Garten an die Bar, wo sie eindringlich diskutierten. Clara zeigte das Bild einigen Freunden und Toni fragte sich, was sie getan hatte, dass dieses Geschenk so eine Reaktion bei Evelyn und Jürgen ausgelöst hatte.

Michael fasste sie bei der Hand.

»Komm, lass uns verschwinden.«

»Jetzt schon?«

Er beugte sich dicht an ihr Ohr. »Nicht lange …«

»Spinnst du? Hier?«

Er grinste und zog sie zum Eingangsbereich. Sie huschten die Treppe hoch und traten in das erstbeste Zimmer nach der Bibliothek. Es war keines mit Panoramafenster in Richtung Garten, es lag zur Straße. Michael presste Toni gegen die Wand und küsste sie, als müsste er für die nächsten Wochen satt davon werden. Seine Hände waren überall auf dem Chiffonkleid. Sie zog ihm das Hemd aus der Hose und flüsterte, während sie ihn weiter küsste: »Das geht doch nicht.«

Aber ihr Arm hatte sich schon selbstständig gemacht und griff ihm in die Hose. Er bugsierte sie zum Schreibtisch an der gegenüberliegenden Wand, dabei schob er ihr Kleid nach oben. Als sie auf der Platte saß, nahm er ihr Gesicht in beide Hände und sah sie im spärlichen Licht der hereinschimmernden Straßenlaternen an.

»Was ist?«, flüsterte sie.

Er sah ihr ins rechte Auge, dann ins linke und wechselte wieder ins rechte. Er betrachtete ihr Gesicht, ihren Mund, küsste sie auf die Stirn. »Ich will nur diesen Moment nie vergessen«, sagte er. Dann küsste er ihren Hals, ihre Schultern und ließ sich von ihr das Hemd aufknöpfen. Dann sah er sie wieder an.

Gleich sagt er es, dachte sie, gleich sagt er, dass er dich liebt. Und ich werde es auch sagen.

Seine Hose rutschte auf den Boden und ihr Slip baumelte bereits an einem Fuß, er setzte eben zum Reden an, da wurde die Tür aufgerissen und das Deckenlicht flammte auf.

37

Michael fuhr herum und Toni schob sich erschrocken das Kleid zwischen die Beine.

Evelyn stand im Türrahmen und starrte sie hasserfüllt an.

Einen Moment sagte niemand etwas. Evelyn kam auf Toni zu, packte sie am Oberarm und zerrte sie hinaus.

»Hey, Sie tun mir weh. Geht's noch?« Aber Toni konnte sich nicht aus dem Griff befreien. Sie rechnete damit, dass Evelyn sie die Treppe hinunter und zur Haustür schleifen würde, aber sie zog sie in ein anderes Zimmer. In Claras Schlafzimmer.

Michael kam ihnen nach und schloss im Gehen die Hose. »Komm, es war ein Spaß.«

Evelyn, ihre Wangenknochen traten nun hart aus dem Gesicht hervor, ließ Toni auch nicht los, als sie vor Claras Bett stehen blieb. Mit der freien Hand hielt sie ihr ein Buch vor die Nase. »Hast du das nicht gelesen, als du bei meiner Mutter im Bett geschlafen hast?« Sie keifte so sehr, dass kleine Spucketröpfchen flogen. »Hier. Hier steht es schwarz auf weiß. Schamanen glauben daran, dass bei einer Organtransplantation die Seele des Verstorbenen in den Körper des Empfängers wandert und dort weiterlebt. Begreifst du es endlich? Meine Mutter glaubt, dass Zsazsa in dir weiterlebt. Sie hat kein Interesse an dir. Du bist die Hülle, in der sie ihre verstorbene Tochter vermutet!«

Toni starrte auf das Buch. *Klassischer Schamanismus.* Sie musste sich an der Wand festhalten, damit ihre Beine nicht nachgaben. Von draußen lärmte das Lachen der Gäste herein und der Geruch nach Feuer und Fleisch zog durch den Raum. Toni sah Hilfe suchend zu Michael und sie erhaschte den Moment, in dem er Evelyn ansah und den Blick sofort wieder abwandte. Dieser Moment erzählte die ganze Geschichte. Michael wusste es. Und nicht nur das. Er glaubte es ebenso. Nur dass Evelyn das nicht wusste und er zu feige war, dazu zu stehen.

Sie schaltete noch einen Gang höher. »Und er fickt nicht dich, er fickt seine Verlobte in dir. Wie blöd bist du eigentlich, dass du glaubst, du kommst hierher mit deinem traurigen Leben als Entrümplerin und bist ein Teil der Familie? Ich habe es dir gesagt: Meine Mutter ist instabil, depressiv, krank. Und wenn du ihr wehtust, gnade Gott deiner Familie. Verschwinde endlich und halte dich von uns fern.«

Toni brachte nur ein heiseres Krächzen heraus. »Lass mich los …« Ihr wurde schwindelig.

Evelyn spie ihr förmlich ins Gesicht: »Was glaubst du eigentlich, wer du bist? Trägst Zsazsas Kleider, nimmst dir ihren Verlobten, nimmst dir ihre Mutter. Ja, du spielst Mama perfekt die Zsazsa vor. Du wirst von Tag zu Tag besser, versuchst ihr immer ähnlicher zu werden.«

»Ich spiele gar nichts!« Gleich würde Toni in Tränen ausbrechen. Sie sah noch einmal Hilfe suchend zu Michael, doch der blickte nur betreten zu Boden.

»Sag was!«, bat sie ihn. »Du denkst, sie lebt in mir weiter? Bist du irre? Es geht doch nur um sie?«

Er schwieg.

Tonis Gesichtsfeld verpixelte sich. Ich darf nicht umkippen, dachte sie. Und sie dachte an die ungeheuerlichen Worte von Evelyn: *… bei einer Organtransplantation die Seele des Verstorbenen in den Körper des Empfängers wandert und dort weiterlebt.* Hatte Toni vielleicht deshalb nichts an Zsazsas Grab gespürt, aber sehr wohl etwas in der Wohnung? Konnte das sein? Nein, natürlich nicht, das war esoterischer Humbug oder völlig irre.

Wieder blickte sie zu Michael, der aussah wie ein gescholtener Schuljunge. Ihr wurde kotzübel. Er dachte wirklich, er würde mit einer toten Seele schlafen, wenn er in ihr war?

Auf dem Gang waren Schritte zu hören. Clara und Jürgen traten ins Zimmer. Claras Gesicht leuchtete und war erhitzt von der Party. »Na, was gibt es?« Als sie einen kurzen Blick auf die drei geworfen hatte, verblasste ihr Lächeln. »Was ist hier los?«

Evelyn deutete nun mit ausgestrecktem Arm auf Toni, als hielte sie ihr ein Schwert vor die Brust. »Damit es auch mal alle wissen und nicht nur der kleine, elitäre Kreis: Ich habe die Immunsuppressiva und Augentropfen bei ihr gefunden. Mama, du hast uns fest versprochen, dass du sie nicht suchen wirst. Ich konnte es wirklich nicht glauben. Papa, darf ich vorstellen: Antonia Petzold, sie hat die Cornea von Zsazsa bekommen und nun glaubt sie, dass sie das berechtigt, Teil unserer Familie zu sein und Zsazsas Verlobten zu vögeln. Aber, Mama, Zsazsa ist tot. Das hier ist eine Fremde. Akzeptiere es endlich. Zsazsa ist vor fünf Monaten am Zoo in den Tod gestürzt. Sie ist weg. Tot. Verbrannt. Unter der Erde. Sie wird nie wiederkommen.«

Es war scheußlich und grausam. Ein Wortschwall, der unerbittlich wie Gewehrschüsse durch den Raum peitschte.

»Nein!«, schrie Clara und hielt sich die Ohren zu. »Hör auf! Hör auf!«

Toni wollte sofort zu ihr, doch Evelyn hatte ihren Oberarm fest umkrallt. Sie riss sie zurück, blanker Hass lag nun auf ihrem Gesicht.

»Verschwinde, du Betrügerin. Verschwinde sofort. Und komm nie wieder. Eine Schande, dass ausgerechnet du wegen ihr wieder sehen kannst. Wärst du doch blind geblieben.«

Toni merkte, wie eine langsame, schleichende Lähmung sie packte. Irgendein Gift floss von ihren Ohren durch den Körper und betäubte jeden Impuls, sich zur Wehr zu setzen. Ein Blick zu Jürgen zeigte ihr, dass er nicht gedachte, Evelyn zu widersprechen. Er sah Toni nur ausdruckslos an.

Clara brach in Tränen aus und Jürgen nahm sie unbewegt in den Arm. Dabei sah er weiter Toni an und er wirkte nun alt und besiegt. Er hatte die Verkleidung des ewig jungen und charmanten Familienvaters abgelegt und nun sah man das, was er wirklich war.

»Du gehst jetzt besser«, sagte er, und an Michael gewandt: »Und du auch.«

Toni stand wie neben sich. Sie hatte keine Kontrolle mehr über ihre Füße. Plötzlich war sie wieder die Drohne über sich, die das ganze Kriegsgebiet mit seinen Verletzten und den Bombenkratern von oben sah. Sie spürte förmlich, wie sie aus ihrem Körper schwebte und ganz oben an der Decke hing. Verwunderlich, dachte sie noch – und dann saß sie mit einem Mal in Michaels Auto, ihre Unterhose auf dem Schoß, und starrte auf das Armaturenbrett.

»Evelyn kriegt sich wieder ein«, hörte sie Michael von ganz weit weg. »Die hat 'nen Hau.«

Sie sah wie durch eine Nebelwand, dass er seine Hand auf

ihr Knie legte, und beobachtete sich selbst, wie sie die Hand wegschlug. Sie saß nun in einem kleinen Käfig in ihrem Kopf und irgendjemand anders hatte das Kommando übernommen. Der Lärm in ihren Ohren mochte das Blut sein, das pulsierte, oder es war Antonias Leben, das gerade implodierte und bis auf die Grundmauern einstürzte.

38

Toni saß auf Zsazsas Balkon. Sie hatte im Vorratsraum hinter der Küche eine Flasche mit irgendeinem teuer aussehenden Schnaps gefunden und eine alte Packung Zigaretten. Michael hatte sie angefleht, mit ihm zu reden. Aber sie war schweigend ausgestiegen und in die Wohnung hochgestiegen. Dann war sie vor den Spiegel im Bad getreten und hatte sich in die Augen gestarrt. Nichts war passiert.

»Gut, Zsazsa, du hast gewonnen«, hatte sie schließlich gesagt. »Ich konnte es nicht mit dir aufnehmen. Ich habe es von Anfang an gewusst. Ich wollte es nicht wahrhaben. Ich dachte wirklich, man könnte mich meinen, mich mögen. Ich war eine Gummipuppe für sie. Ich habe mich schon oft im Leben am Boden gefühlt, minderwertig, trampelig. Aber noch nie habe ich mich so wertlos gefühlt. So beschmutzt. Und ich weiß nicht, womit ich das verdient habe. Du hast gewonnen. Ich räume das Feld.«

Dann war Toni auf dem Rand der Badewanne zusammengesunken und hatte geweint. Es war ein langes, kindliches und untröstliches Weinen gewesen. Als sie zu erschöpft war, um weitere Tränen zu produzieren, hatte sie nach Alkohol gesucht.

Nun blickte sie wie blind in die Nacht, nahm große Schlucke von dem Schnaps und rauchte eine Zigarette nach der anderen, bis ihr so schlecht war, dass sie sich in die Toilette übergab.

Danach weinte sie erneut und fühlte sich wie der einsamste Mensch auf der Welt. Und dann kam die Reue. Wie hatte sie Holger so schlecht behandeln, sich nicht bei ihrem Vater melden können? Wie war sie mit den Menschen umgegangen, die zwar nicht schillernd waren, aber sie liebten?

Sie verachtete sich selbst dafür. An Holger schrieb sie: *Es tut mir sehr leid. Bist du noch da?*

Die Antwort kam sofort. *Natürlich, Liebste. Das weißt du doch.*

Sie hielt das Handy und die Nachricht umklammert wie das dürre Gerippe eines ausgebluteten Lebens, zündete sich eine weitere Zigarette an und sehnte sich nach ihrem Leben zurück, das sie vor dem Unfall gehabt hatte.

Oktober 2019

39

Das Arbeitszimmer meiner Mutter ist verraucht und Übelkeit schwappt meine Kehle hoch. Ich gehe hinüber in mein ehemaliges Kinderzimmer. Es ist noch so eingerichtet wie damals. In den letzten zwanzig Jahren hat sich nur der Inhalt der Schränke verändert, und die Poster an der Wand. Während ich damals ein großformatiges Plakat von Pink Floyd hatte, bunt und mit dem Titel der Platte *Wish You Were Here*, zieren den Raum nun DIN-A3-Ankündigungen von Volkshochschulausstellungen mit Motiven der Malkurse. Ich denke an die Gemälde in der Villa der Mertens. Dass Kunst ein Anlageobjekt sein kann, habe ich viel zu spät begriffen. Was mein Geschenk an Clara auslösen würde, auch. Aber schon damals, auf Claras Geburtstagsparty, wurde die Idee der Seelenwanderung in meine eigene verwundete Seele gepflanzt. Wie mein Therapeut, Uwe Katzer, sagt, gibt es Phasen im Leben, in denen wir so instabil sind, dass wir uns an alles klammern, was uns das nicht Erklärliche erklärt. Heute weiß ich, dass alle meine Symptome nichts Mystisches hatten, wie ich mir damals einbildete. Alles verlief nach Lehrbuch. Dennoch ist ein Restzweifel in mir geblieben, die Frage, ob es nicht doch Phänomene in dieser Welt gibt, die wir mit unserem Gehirn nicht begreifen können, einfach weil wir sonst darüber verrückt würden.

Mein Handy zeigt an, dass mein Akku gleich leer ist. Natürlich habe ich kein Ladegerät dabei. Ich durchwühle die Schränke in meinem alten Kinderzimmer und finde darin nur haufenweise Aufgehobenes meiner Eltern. Die Kleidung, die durch Plastikfolie mufft, angelaufene Batterien, sich auflösende Verlängerungskabel, Kochbücher, die in meiner Jugend modern waren, ein großes Glas voller Kerzenstummel – aber kein Ladegerät. Und keine Patientenverfügung.

Ich will meine Anwältin anrufen, vielleicht kann sie mir helfen herauszufinden, warum es damals so einen Krieg um mich gab. *Meine Anwältin*, das klingt bedeutsam, ist es aber nicht. Sie ist die einzige Juristin, die ich kenne, und sie hat mich wahrscheinlich vor der Verhaftung gerettet. Natürlich habe ich ihr nicht erzählt, dass ich hier bin, dass ich *in den Tatort eingebrochen bin*. Ich will ihr keine Schwierigkeiten machen. Ich kann sie ja nicht mal bezahlen und dann lässt sie mich auch noch bei sich wohnen, damit ich nicht unter einer Spreebrücke mein Zelt aufschlagen muss. Nach Hause kann ich nicht mehr. Es gibt kein Zuhause mehr. Es ist zu einer Grabstätte meines Lebens geworden, die nach Ruß und kalter Asche riecht.

Ich öffne das Fenster, denn die Luft in meinem alten Zimmer ist verbraucht und staubig. Ich sehe auf mein altes Kinderbett. Wie lange ist es her, dass ich hier übernachtet habe? Eine Woche? Oder schon zwei? Die Zeit verschmilzt in meinem Kopf zu einem trüben Teich rätselhafter Ereignisse und nur ab und zu blitzt der Goldfisch einer Erinnerung heraus. Ich denke an die Tage, als ich hier gelegen habe, niedergeschmettert und mundtot gemacht durch die Anzeigen der Mertens. Ab und zu habe ich meine Eltern gehört, wie sie mit jemandem telefoniert haben, die Stimmen gedämpft, als wollten sie nicht, dass ich etwas höre. Ich habe mich gefragt, mit wem sie wohl sprachen, denn Brigitte kannte eigentlich nur ihre Leute aus den Kursen und mein Vater die aus der Kneipe. Ich erinnere mich nicht, dass sie jemals Besuch hatten, nicht in den achteinhalb Jahren, die ich hier gewohnt habe, noch in der letzten Zeit, in der sie mich aufgenommen haben.

Langsam wird es dunkel und wenn ich kein Licht *am Tatort* machen will, muss ich mich sputen. Ich schließe das Fenster, stiefele zurück ins Wohnzimmer und sehe mich nach dem Festnetzapparat um. Ob ich von hier aus telefonieren kann? Oder wird die Polizei es merken? Das schnurlose Gerät steht in der Basisstation. Ich habe es mal von einer Entrümpelung mitgenommen und meinen Eltern geschenkt. Ihr altes war grün und zum Hörer ging eine Spiralschnur.

Ich nehme das Telefon und betrachte es. Wer es wohl zuletzt in der Hand hatte? Sie oder er? Wer durfte als Letztes ihre Stimme hören? Ich öffne die Anrufliste, einfach, um es zu sehen, um jemanden beneiden zu können, um mir vorzustellen, wie es war, als alles noch normal war. Ich blicke auf die letzte Nummer, die sie gewählt haben. Es ist eine mit Vorwahl. *069.* Mir gefriert das Blut in den Adern. Frankfurt am Main. Der Anruf ist vor einer Woche getätigt worden, zwei Tage bevor ich nach Warschau geflogen bin. Einem übergroßen Impuls folgend drücke ich auf die grüne Wahltaste. Die Verbindung baut sich auf. Ich lausche dem Tuten. Nach vier Klingeltönen springt ein Anrufbeantworter an.

»Hier ist der Anschluss von Evelyn Mertens. Im Moment bin ich nicht zu erreichen. Nachrichten nach dem Ton.«

Ich drücke auf die rote Taste, um den Anruf zu beenden, und werfe das Telefon auf den Esstisch, als hätte es mich gebissen. Das Gehäuse für die Batterien springt auf. Verwundet liegt das Gerät da.

Eine unsichtbare Hand greift nach meinem Hals und drückt zu. Ich bekomme keine Luft mehr. Gleich kippe ich um, denke ich, und dann wird mir klar, dass es mein Vater gewesen ist, den ich in den Tagen hier mit gedämpfter Stimme telefonieren gehört habe. Es ist nicht Brigitte gewesen. Es war immer mein Vater. Und nun sitzt er im Gefängnis und es ist, als ramme er mir von dort aus ein Messer in den Rücken.

Juni 2019

40

Der Kater war grausam. Aber er passte zu Tonis Elend. Sie fühlte sich zittrig und die letzte Nacht kam ihr wie ein Albtraum vor, die Party, die hasserfüllten Blicke von Evelyn, Clara, die zusammenbrach, und Michael und Jürgen, die stumm Evelyns Vorstellung zugeguckt und sich weder für Zsazsas Mutter noch für Toni starkgemacht hatten.

Toni schaltete ihr Handy ein. Ihr Vater hatte geschrieben. *Liebes, wo bist du? Kommst du vorbei? Hab dich lieb. Papa.*

Toni war klar, dass sie so schnell wie möglich Frankfurt verlassen musste. Es graute ihr davor, nach dem katastrophalen Abend ihre Eltern in Berlin zu sehen – und Holger. Aber hier würde sie alles an die letzten zwei Wochen erinnern und an das Glück, an dem sie hatte schnuppern dürfen. Und wenn sie nicht selbst ging, würde Evelyn dafür sorgen, dass sie gegangen wurde.

Das Packen ging quälend langsam voran. Sie stopfte alles ungefaltet in den Koffer, darunter war auch das lilafarbene T-Shirt, das Kleid, das sie am Abend zuvor getragen hatte, die schönen Schuhe und die Jacke. *The future is female.* Sie dachte, sie habe ein Anrecht auf etwas, das sie an die Stärke und das Selbstbewusstsein erinnerte, die sie hier empfunden hatte. Wer weiß, in einigen Wochen, wenn das Gefühl der Demütigung unter einer Schicht Zeit verblasste, könnte sie die Sachen in Berlin als eine Art Bezahlung für ihre wenige Entrümplungsarbeit akzeptieren.

Eine Nachricht ging ein. Toni hatte die unrealistische Hoffnung, dass es Clara war oder Michael, der ihr sagte, er habe alles geklärt und Toni habe da was missverstanden. Aber es war nur noch mal ihr Vater.

Holger war gestern zum Abendessen da. Er sagt, an der Schule brauchen sie neue Seiteneinsteiger für den Deutschunterricht für Geflüchtete. Vielleicht wäre das was für dich und besser für deine Gesundheit. Und werd nicht sauer, er meint es gut.

Eine tolle Familie, dachte sie, in der der Freund (der betrogene Freund) mehr Kontakt zu den Eltern hatte als sie selbst. Und natürlich wurde sie sauer. Aber nur kurz, denn sie hatte keine Energie mehr für anstrengende Gefühle.

Sie war fair genug, den Kühlschrank auszuräumen und den Müll in den Hof zu bringen. Das Bettzeug hatte sie gewaschen und in den Trockner gestopft. Sie betrachtete den Fußabstreifer. *Oh no, you again!* Dieses Stück würde sie an Evelyn erinnern und deshalb strich sie es von der Andenkenliste. Neben den paar Kleidungsstücken wollte sie aber doch noch irgendeinen kleinen Einrichtungsgegenstand mitnehmen. Sie rechtfertigte es vor sich selbst, dass sie das bei jedem Auftrag tat, auch wenn sie nur lächerlich wenig in dieser Wohnung geschafft hatte. Langsam schritt sie durch die Zimmer und bemühte sich, nicht daran zu denken, dass es sich wie ein Abschied anfühlte. Ein Abschied auch von Zsazsa. Wahrscheinlich wäre es besser gewesen, einfach zu gehen, alles zu vergessen, dankbar für ihr Augenlicht zu sein und irgendwie mit ihrem Leben weiterzumachen. Aber der Drang, etwas mitzunehmen, was sie mit Zsazsa verband, war zu einem regelrechten Zwang geworden.

In einer Schreibtischschublade fiel ihr das Handy auf. Da

lag es, neu und groß, ohne einen Kratzer. Natürlich würde der Akku alle sein und das Gerät war sicherlich mit einer PIN und einer Touch-ID gesichert. Dennoch schaltete sie es ein. Das Display erwachte zum Leben. Sie drückte den Home-Button und erschrak, als sie ins Menü kam. Langsam ließ sich Toni auf dem Schreibtischstuhl nieder. Sie legte das Handy auf die Schreibtischplatte und tippte sich mit spitzen Fingern durch das Menü, als würde das Ding zubeißen. Sie öffnete die Applikation des Kalenders und scrollte zurück in den Februar, den Monat, in dem Zsazsa gestorben war.

Am 2. stand dort der Eintrag: *Dr. Gallenberger, Charlottenstraße 80.* War Zsazsa krank gewesen? Toni suchte in ihrem eigenen Handy nach dem Arzt, aber es gab in Frankfurt weder einen Mediziner mit diesem Namen noch diese Straße. Den Besuch eines Berliner Museums hatte sich Zsazsa ebenfalls als Termin eingetragen. Viel mehr gab es nicht außer Geburtstagen und Reisedaten. Diese stimmten mit den Flugtickets im Handy-Wallet überein und auch mit den Zugtickets in der Bahn-App. Zsazsa war erstaunlich oft nach Erfurt gefahren. Sie war in Berlin gewesen, in Warschau, aber seit Monaten nicht im sonstigen Ausland.

Der Mail- und Nachrichtenverlauf auf den diversen Social-Media-Kanälen gab nicht viel her. Zsazsa war keine große Schreiberin gewesen. Toni öffnete die Fotogalerie. Susanne Mertens hatte viel Kunst geknipst. Die letzten Bilder zeigten immer das gleiche Motiv, eine Nixe mit über dem Haupt geschwungenem Schwert und einem Schild in der anderen Hand, mal als große Bronzestatue in einer Stadt, mal als Neon-Installation, mal als Gemälde.

Toni legte das Telefon zurück in die Schublade. Hier befand sich nichts, was sie mit nach Berlin nehmen wollte. Als sie vor ihrem alten Koffer stand, der aus allen Nähten platzte, entschied sie sich für einen von Zsazsas Reisetrolleys. Das Baggage-Tag einer Fluglinie hing noch um den Griff, zu eng geklebt, als dass es sich sofort abreißen ließ.

Im Hof entsorgte sie ihren Koffer in einer großen Mülltonne, den Autoschlüssel warf sie auf den Küchentisch, mehr gab es nicht zu tun. Den Schlüssel zur Wohnung würde sie Clara von Berlin aus schicken, mit der leisen Hoffnung, dass diese es zum Anlass nehmen würde, die Dinge richtigzustellen. *Die Hoffnung stirbt zuletzt.*

Bevor sie in den Zug stieg, fühlte sich ihr Magen stabil genug für einen Kaffee und eine Zigarette an.

Die Fahrt war eine Qual. Tonis Übelkeit war dabei das kleinste Problem. Sie empfand die Kilometer, die am Fenster vorbeirauschten und zu Stunden wurden, wie ein schmerzhaftes Herausschälen aus einem Kokon. Und so fühlte sie sich ganz schutzlos, als der Zug in der Tiefebene des Berliner Hauptbahnhofs einlief.

Holger wartete an den zum Europaplatz gelegenen Parkbuchten. Sie fiel ihm in die Arme, aber nicht vor Freude, sondern damit er ihr Gesicht nicht sah, nicht den Betrug in ihren Augen. Und auch nicht den Selbstbetrug.

Auf der Fahrt hatte sie überlegen wollen, ob sie ihm die unglückselige Affäre beichten sollte. Unfähig, einen klaren Gedanken zu fassen, war sie zu dem Schluss gelangt, dass es nichts brachte, außer ihn damit zu verletzen. Sie würde Frankfurt endgültig den Rücken kehren und Michael auch. Waren Geständnisse letztendlich nicht einfach nur egoistisch? Eine billige Transaktion, bei der man sich das erleichterte Gewissen mit dem Schmerz des anderen erkaufte?

Als sie sich aus der Umarmung löste und ihren – *Zsazsas* – Koffer griff, musterte Holger sie im Licht der Nacht. »Mein Gott, Toni, was ist denn mit dir passiert? Du siehst ja ganz fertig aus. Ich glaube, du hast zu früh angefangen zu arbeiten.«

Sie pflichtete ihm artig bei. Fang nicht an zu heulen, befahl sie sich, nicht wenn du den ganzen Kladderadatsch an Erklärungen vermeiden willst – und die erste Nacht als Single.

»Ich bin schrecklich müde«, erklärte sie und ließ den Kopf gegen die Kopfstütze seines Wagens sinken.

Er trug den Koffer zu ihrem Haus – ganz der alte Holger – und als sie eintrat, fühlte sie sich schrecklich fremd. Dieses Zuhause wirkte nun wie ein Flickenteppich auf sie, zusammengesetzt aus den Identitäten und Möbeln unzähliger Toter.

Sie packte nur das Nötigste aus. In dem Knäuel zusammengeballter Kleidung blitzten das lilafarbene T-Shirt und der Aufnäher der dunkelgrünen Jacke hervor. Sie nahm die Stücke in die Hand. Sie rochen nach *ihr*, obwohl Toni sie getragen hatte. Sie steckte die Sachen zusammen mit dem Chiffonkleid in eine Plastiktüte und packte sie wieder in den Koffer.

Sie schliefen miteinander. Toni klammerte sich an Holger und das Ganze war mehr Verzweiflung als Leidenschaft. Was sie drei Wochen zuvor noch okay gefunden hatte, kam ihr nun hohl vor.

Holger ließ sich in die Kissen sinken und atmete heftig aus. »Wow. Das war Wahnsinn. Du scheinst mich wirklich vermisst zu haben.«

Toni hatte sich selten so fehl am Platz gefühlt und sie ging ins Bad, damit er ihre Tränen nicht sah. In der Nacht jagte ein Albtraum den nächsten. Eigentlich war es eine Wiederholungsschleife des immer gleichen Traums. Das Mädchen im Feuer, Toni wie gelähmt und dann der Abgrund und der Schrei des fallenden Kindes.

Um drei Uhr stand sie auf, verschwitzt und gerädert. Sie setzte sich unten auf die Couch und stöpselte den Laptop ans Stromnetz. Sie rief die Internetsuchmaschine auf. Sie hatte keine Ahnung, welche Begriffe sie eingeben musste, aber nach ein paar Versuchen fand sie Dutzende Berichte und Artikel über die Veränderungen, die Organempfänger nach der Transplantation an sich feststellten.

Ihr stockte der Atem.

41

Toni klickte den ersten Artikel an.

Neues Organ – neuer Charakter

Organempfänger haben ein hohes Infektions- und Krebsrisiko durch die zwingende Einnahme der Immunsuppressiva. Die körperlichen Veränderungen werden oft vorbildlich in den Nachsorgesprechstunden der Ärzte behandelt, ebenfalls haben Mediziner ein gutes Auge auf mögliche psychische Nebenwirkungen wie Depressionen oder Psychosen. Aber wie sieht es mit dem Phänomen aus, dass ein großer Teil der Organempfänger unerklärliche Wesensveränderungen an sich feststellt, die bis hin zu Charakterwandlung reichen können?

In einer amerikanischen Studie wurden Patienten befragt, bei denen mit der Transplantation auffällige seelische Veränderungen einhergegangen waren. Teilweise klagten die Organempfänger, sich »wie ein fremder Mensch im eigenen Körper« oder »sich selbst unheimlich« zu fühlen. Überzeugte Alkoholabstinenzler hatten plötzlich eine Vorliebe für Bier, bei manchen änderte sich der Musikgeschmack ins Gegenteil. Manche Patienten berichteten, sich »wie zwei zu fühlen«. Nahe Angehörige dieser Organempfänger gaben an, dass sich Persönlichkeit, Charakter, Gewohnheiten und Vorlieben der Menschen stark verändert hätten. Streckenweise ging es so weit, dass die Patienten nicht mehr wiederzuerkennen gewesen seien.

Die Daten dieser Patienten wurden mit der Persönlichkeit des jeweiligen Organspenders verglichen. Das Ergebnis war frappierend. Tatsächlich handelte es sich bei vielen der neu und plötzlich aufgetretenen Veränderungen um Vorlieben und charakteristische Gewohnheiten der Spender. Eine wirkliche Erklärung gibt es aus medizinischer Sicht dafür nicht. Obwohl die Zahl dieser Fälle sehr hoch und dokumentiert ist, weigern sich Medizin und Wissenschaft, sie offiziell zur Kenntnis zu nehmen. Dadurch ist das Phänomen noch weitgehend unbekannt und trifft viele Organempfänger nach der Operation überraschend.

Toni war mit einem Mal kalt, aber sie wollte nicht hochlaufen und sich eine Decke holen. Sie klickte einen Bericht an, der von einem siebenundvierzigjährigen Mann handelte. Nach einer Herztransplantation wurde er zu einem Liebhaber klassischer Musik. Der weiße Arbeiter befreundete sich plötzlich mit Schwarzen und wurde bei seinen schwarzen Arbeitskollegen sehr beliebt. Seine Frau berichtete, dass er seine neuen Freunde ständig nach Hause einlade und sie selbst mit seiner neuen klassischen Musik in den Wahnsinn treibe. Wie sich später herausstellte, hatte der Mann das Herz eines 17-jährigen schwarzen Jungen erhalten, der erschossen worden war. Er hatte klassische Musik geliebt und war sehr musikalisch gewesen.

Und dann gab es da eine Frau, die nach der Transplantation völlig rastlos war, einen Gang hatte wie ein »jugendlicher Footballspieler« und eine vorher nicht gekannte und starke Libido. Sie träumte von dem Spender, wusste seinen Namen und auch, wie er ausgesehen hatte. Der Empfängerin gelang es, die Angehörigen des verstorbenen Spenders zu finden, die berichteten, alle von ihr geschilderten Phänomene hätten auf den jungen Mann zugetroffen.

Als Toni das erste Morgenlicht durch die Fenster brechen sah, hatte sie unzählige solcher Artikel gelesen, hatte Interviews mit Ärzten und Organempfängern gesichtet. Und sie stellte fest, dass sie in den ganzen Stunden vor dem Computer Frankfurt vergessen hatte. Sie war so gefesselt gewesen, dass weder Clara oder Michael noch ein anderer Mosaikstein des ganzen Schlamassels in ihr Bewusstsein gedrungen war. Sie klickte sich weiter und fand einen kritischen Artikel zu dem Thema.

Eine Studie sollte belegen, dass besonders Patienten mit einem neuen Herz Eigenarten ihres Spenders annehmen, da das Organ über Zellen mit sogenanntem Zellgedächtnis verfüge. Die amerikanische Studie wird von vielen Ärzten nicht anerkannt, da sie keinen international gültigen Standards entspreche und zwar viele, aber nur Extremfälle berücksichtige. Die Studie liefere keinen naturwissenschaftlichen Beweis, dass ein neues Organ tatsächlich zu einem neuen Charakter führt.

Alle Transplantationspatienten gehen durch große Veränderungen. Wer kurz davor war zu sterben, kann mit einem neuen Herz wieder leben, mit einer neuen Lunge wieder atmen. Es fühlt sich für die Organempfänger immer so an, als bekämen sie ein zweites Leben geschenkt. Dadurch erleben diese Menschen viele Dinge intensiver und dankbarer. Abgelöst wird die Zeit dieses Glücksgefühls meist durch Einschränkungen, die jeder Patient nach der Transplantation erlebt. Dazu gehören Abstoßungsreaktionen und die Nebenwirkungen der Medikamente, die nachweislich auch auf die Psyche Einfluss nehmen können. Die Angst und das Wissen darum, dass ein neues Organ nicht so lange arbeitstüchtig ist wie ein gesundes, dem Körper eigenes, tun ihr Übriges. Ebenso können Medikamente eine Veränderung des Geschmackssinns hervorrufen, sodass der Gedanke, eine völlig neue Vorliebe zu entwickeln, naheliegt. Das hat nichts mit Seelenwanderung zu tun, es ist eine simple Nebenwirkung.

Toni suchte nach einem Artikel, in dem Schamanismus erklärt wurde. Ein Schamane sei bei bestimmten Naturvölkern ein Mensch mit magischen Fähigkeiten und in der Lage, mit Geistern in Verbindung zu treten. Weiter hieß es, Schamanen hätten in vielen traditionellen Weltanschauungen Einfluss auf die Mächte des Jenseits. Ihre Fähigkeiten setzten sie zum Wohl der Gemeinschaft ein, um auch in Zeiten der Krise die »kosmische Harmonie« herzustellen, was ausdrücklich auch die zwischen dem Diesseits und dem Jenseits einbeziehe.

Toni kam vom Hölzchen aufs Stöckchen. Sie erfuhr, dass schon die alten Ägypter an Seelenwanderung geglaubt hatten. Ihrer Ansicht nach wurde die Seele nach dem Tod wie in eine Cloud hochgeladen und dann per Download in einen anderen Körper heruntergeladen. Pharaonen galten als Mensch gewordene Götter und Götter waren unsterblich. Der Körper war nur das Werkzeug ihrer wandernden Seele.

Selbst die Christen hatten mal an Wiedergeburt geglaubt, las Toni, bis die Kirche die Kontrollinstanzen Himmel und Hölle erfunden hatte, um braves Benehmen zu forcieren und die Gläubigen zu angepassten Untertanen zu machen. Noch immer glaubten eineinhalb Milliarden Menschen auf diesem Planeten an die Wiedergeburt der Seele.

Es folgten Unmengen weiterer Beispiele. Toni wollte den Laptop eben zuklappen, als sie las, dass zwei Drittel aller Deutschen schon mal übersinnliche Phänomene erlebt hätten, wie zum Beispiel Wahrträume, nach denen das Geträumte dann tatsächlich in der Realität eintrat. Besonders Mütter im Zweiten Weltkrieg berichteten über das paranormale Erlebnis, den Moment gespürt zu haben, wenn ihre Söhne an der Front starben, ohne es wissen zu können.

Dann ging es um Tiere und ihren sechsten Sinn, der nicht wissenschaftlich erklärbar sei. Toni las über eine Studie, in der das Gefühl, von hinten angestarrt zu werden, untersucht wurde. Probanden saßen in einem Raum mit Kameras. Sie waren über Elektroden an Messgeräte angeschlossen. In einem anderen Raum saßen weitere Probanden, die sich aussuchen konnten, wie oft und wann sie die erste Gruppe über Monitore anstarrten. Durchweg hatten sich die Körperreaktionen bei den einzelnen Teilnehmern der ersten Gruppe immer dann verändert, wenn sie beobachtet wurden, obwohl sie das keinesfalls wissen konnten.

Einen letzten Artikel überflog sie noch, bevor sie hinauf ins Bett wankte. Es ging um sogenannte Out-of-body-Erfahrungen. Toni las den Artikel angespannt, denn er beschrieb ein Phänomen, das sie erst kürzlich erlebt hatte: Es ging darum, den eigenen Körper zu verlassen. Der amerikanische Geheimdienst hatte während des Kalten Krieges mit »Fernwahrnehmung« experimentiert, bei dem sogenannte Remote Viewer genau darauf trainiert wurden, den Zustand des Körperverlassens bewusst zu erzeugen. Diese Agenten sollten dann im Geiste zu den sowjetischen Militäranlagen reisen und diese Mitarbeiter konnten die Anlagen besser und sachdienlicher beschreiben als die eingeschleusten vor Ort.

Toni war wie elektrisiert und zugleich übermüdet. Sie schleppte sich ins Bett und driftete in einen Dämmerzustand, in dem Schamanen, Tiere, der Zweite Weltkrieg und das Mädchen, wieder das Mädchen, in ein Traumgewebe gesponnen wurden.

42

Toni schreckte aus dem Schlaf hoch mit dem sicheren Gefühl, dass gleich etwas sehr Schlimmes passieren würde. Und um sie herum war alles schwarz. Sie stieß einen Schrei aus, aber es kam nur ein Krächzen aus ihrem Hals. Sie spürte, wie ihr jemand die Kehle zudrückte. Sie bekam keine Luft mehr.

Dann spürte sie, dass jemand sie anstieß. »Was ist los?«

Es war Holger. Er schaltete die Lampe auf dem Nachttisch ein. Toni nahm ihn wie durch einen Schleier wahr. Ansonsten blieb das Gefühl, dass etwas *Schlimmes* passieren würde. Sie atmete heftig ein und aus. Immer noch fühlte es sich an, als würde sie ersticken. Holger war nun über ihr und schüttelte sie.

»Irgendwas stimmt nicht«, keuchte sie und weinte. »Ich krieg keine Luft! O Gott, ich sterbe …«

Holger packte sie an den Schultern und sah ihr eindringlich in die Augen. »Du hast eine Panikattacke. Du musst ruhiger atmen.«

Nach einer gefühlt endlosen Zeit hatte sich ihre Atmung endlich normalisiert und sie schlief wieder ein.

Am nächsten Tag warteten sie zwei Stunden in der Cornea-Sprechstunde. Toni saß mit einer fast schmerzhaften, übersteigerten Empfindsamkeit da, sprach nicht und achtete nur auf ihren Herzschlag, ängstlich jede Extrasystole wahrnehmend. Holger wollte über die Zeit in Frankfurt sprechen, sie nicht. Er wollte ihre Hand halten, sie nicht die seine. Er sprach mit anderen Patienten, von denen schon mehrere ihre fünfte oder auch achte Cornea implantiert bekommen hatten, sie wollte nichts davon hören.

Als sie endlich an die Reihe kamen, waren die Fragen des Arztes so, wie Toni es vermutet hatte. Ob sie regelmäßig ihre Medikamente nehme? (Bis auf einige wenige Ausnahmen ja.) Ob sie viel Stress gehabt habe? (Ein bisschen, log sie, dann: »Doch, ja. Hatte ich.«) Eine Untersuchung ihrer Augen brachte nichts Dramatisches zutage.

»Was genau meinen Sie damit«, fragte der Arzt, »dass es Ihnen so schlecht geht?«

Toni erzählte stockend von ihrer Panikattacke, von den schrecklichen Albträumen, auch von den Situationen, in denen sie sich selbst von oben beobachtet hatte. Sie berichtete von der Angst, dass sie wieder blind sei, wenn sie nachts aufwachte. Beim Reden darüber hörte sich das alles so unbedeutend an.

Sie schaffte es einfach nicht, das ganze Ausmaß ihrer Pein zu beschreiben.

Der Arzt musterte sie nachdenklich. »Wir können andere Immunsuppressiva nehmen, wenn Sie diese nicht vertragen. Aber ich würde Ihnen empfehlen, erst mal mit einem Psychologen zu sprechen. Diese Symptome sind nicht typisch als Nebenwirkung. Die Cornea ist nicht auffällig. Gerötet, aber das kann vom Weinen kommen.«

Toni dachte an den Alkohol, den sie getrunken hatte, und an den Joint. Aber sie traute sich nicht zu fragen, ob das der Grund für ihren Zustand sein könnte.

Uwe Katzer wartete am nächsten Tag an der Tür auf sie. Als sie ihn sah, dachte sie, dass das nie funktionieren würde. Er war in ihrem Alter und sah weichlich aus, dementsprechend war er wohl die Steigerung von Holger in puncto Helfersyndrom.

Der Gesprächsraum des Therapeuten war in hellem Gelb gehalten und wirkte angenehm. Sie setzten sich einander gegenüber, er auf einen Bürostuhl, sie auf einen Sessel, und Katzer nahm ein Klemmbrett und einen Stift zur Hand.

»Ich gebe Ihnen später einen Fragebogen mit nach Hause, wenn Sie sich nach der Stunde entscheiden sollten, bei mir zu bleiben. Ihr Lebensgefährte sagte am Telefon, es sei dringend. Wollen Sie mir erzählen, worum es geht?«

Toni skizzierte in ein paar Sätzen den Unfall in der Wohnung, die Operation und die erschreckenden Phänomene, unter denen sie seit Neuestem litt. Sie erzählte auch von der seltsamen Prokrastination, die sie in Frankfurt befallen hatte und die sie nicht von sich kannte. Er hörte aufmerksam zu und machte sich Notizen. Als sie, wie sie fand, genug gesagt hatte, sah er sie ernst an.

»Das klingt nach Derealisation. Haben Sie das schon früher gehabt?«

Sie schüttelte den Kopf.

»Was hat diese Phänomene ausgelöst? Was ist direkt davor passiert?«

Toni wollte nicht daran denken, aber zwang sich, in die Erinnerung zurückzugehen. »Wenn ich über meinem Körper schwebe, habe ich vorher etwas Schlimmes erfahren.«

»Und dann schlüpfen Sie in eine andere Realität, wie Sie es ausdrücken.«

Sie nickte.

»Eine Dissoziation. Das kann eine Reaktion auf ein Trauma sein.«

»Ich hatte ein paar belastende Wochen«, wiegelte sie ab.

»Wissen Sie denn, was ein Trauma ist?«

Toni reagierte gereizter, als sie hatte klingen wollen. »Sie werden es mir sicher erklären.«

»Es kommt aus dem Griechischen und bedeutet ›Wunde‹. In der Psychologie verstehen wir darunter eine seelische Verletzung. Traumatisierende Ereignisse können Naturkatastrophen sein, Kriege, Geiselnahmen, Vergewaltigungen oder Unfälle mit drohenden ernsthaften Verletzungen. Auch Terroranschläge und gewalttätige Angriffe. Für gewöhnlich lösen diese Ereignisse bei Betroffenen extremen Stress aus, Hilflosigkeit, Angst, Rückzug, Depressionen, das Gefühl, ausgeliefert zu sein, und Verhaltensänderungen. Und oft das Gefühl, nicht zu verstehen, was da gerade passiert. Sagen Ihnen die drei F etwas?«

»Fuck, fuck, fuck?«, fragte Toni humorlos.

Er lächelte. *»Flight, fight und freeze.* Das sind unsere drei Reaktionen auf traumatische Erlebnisse. Wir flüchten, wir gehen in den Gegenangriff oder wir frieren ein. Letzteres ist vergleichbar mit einem Reh, das dem heranrasenden Auto in die Scheinwerfer starrt und nicht wegrennt. Ist ein Mensch in einer Situation so belastet, dass er sie nicht ertragen kann, dass er nicht flüchten oder angreifen kann, friert er manchmal im übertragenen Sinne ein.«

Toni nickte zweifelnd. »Und das hat was mit mir zu tun?«

»Jetzt kommen wir zu Ihren Phänomenen. Manchmal ist der Stress aufgrund einer traumatischen Belastung so stark, dass sich ein Teil des Bewusstseins abspaltet, während man ›einfriert‹. Flucht ist nicht möglich, Angriff ist nicht möglich. Und selbst das Einfrieren ist zu schlimm. Dann haben Betroffene das Gefühl, aus ihrem Körper herauszutreten. Wenn Sie beschreiben, dass Sie sich selbst von oben betrachten, meinen Sie eine Dissoziation. Keine Sorge, Sie werden nicht verrückt, das erleben sehr viele Menschen und es ist ein normales Verhalten auf eine unnormale Situation. Eigentlich ist es ein kluger Schachzug unserer Seele, um uns zu schützen. Das Problem dabei ist, dass unser Bewusstsein das Erlebte nur fragmentiert abspeichert. Gefühle, Bilder und andere Wahrnehmungen, die alle zu der gleichen Situation gehören, werden dann nicht wie ›eine Datei‹ im biografischen Gedächtnis abgelegt. Und dann tauchen einzelne Fragmente durch einen kleinen Auslöser wie aus dem Nichts auf und das macht Angst und fühlt sich wie eine reale Bedrohung an. Das ist es aber nicht, es sind nur falsch abgespeicherte Puzzlestücke. Sie haben vielleicht ein Trauma erlebt, das fragmentiert abgespeichert wurde und nun stückchenweise hervorbricht.«

»Aber ich habe das nicht in der Wilmersdorfer Wohnung erlebt, sondern jetzt, Wochen später.«

»Nicht ungewöhnlich«, sagte Katzer, nun ohne sich Notizen zu machen oder den Blickkontakt zu unterbrechen. »Manchmal tritt ein aktuelles Ereignis auch eine Erinnerung an ein altes, verschüttetes Trauma los. Es kommt oft erst Jahre, Jahrzehnte nach dem Erlebten hoch, wenn die Seele glaubt, stabil genug zu sein. Erinnerungen an das Trauma können dann zu solchen Dissoziationen führen. Dann reicht ein Geruch oder ein Bild, und die abgespaltenen Gefühle tauchen auf. In einer Heftigkeit, die einen glauben lässt, sie wären im Hier und Jetzt begründet. Deshalb fühlt sich eine Panikattacke so schlimm an. Sie ist aber lediglich aus einem Kellerregal der Vergangenheit gefallen und hat Staub aufgewirbelt.«

Toni wurde unruhig. Sie entfernten sich gerade immer mehr vom eigentlichen Punkt. »Kann das alles nicht an den Immunsuppressiva liegen?«

»Ich helfe Ihnen, das abzuklären, wenn Sie sich dazu entscheiden. Fällt Ihnen irgendein Erlebnis zu dem ein, was ich Ihnen gerade erzählt habe?«

Toni zuckte mit den Achseln. »Die Sache mit meinen Augen.«

»Das ist traumatisch, keine Frage. Erzählen Sie mir etwas über Ihr Leben. Wie sind Sie groß geworden?«

Toni beschränkte sich auf eine Zusammenfassung, erzählte von ihrer Großmutter, von dem Haus am Rande Spandaus, von ihren Eltern – sie Lehrerin in der Erwachsenenbildung, er am Gymnasium –, die beide so viel gearbeitet hatten, dass sie Toni erst zu sich genommen hatten, als sie zwölf geworden war.

»Welches Verhältnis haben Sie heute zu Ihren Eltern?«

»Ist okay.«

»Arbeiten sie noch?«

»Mein Vater an seiner Leberzirrhose, meine Mutter …«

Toni verstummte. Sie kam sich plötzlich indiskret vor, als würde sie gegen ein ungeschriebenes Gesetz verstoßen, wenn sie über ihre Mutter sprach. Sie dachte an Clara und ob sie von ihr erzählen durfte. Laut Gesetz hätten sie keinen Kontakt miteinander haben dürfen. Und Toni wollte Clara trotz allem keine Schwierigkeiten machen. »Sie arbeitet nicht mehr«, schloss sie.

»Wann hat Ihr Vater angefangen zu trinken?«

»Ich weiß nicht, ob er je nicht getrunken hat.«

»Waren Sie deshalb bei Ihrer Großmutter? Weil Ihr Vater Alkoholiker war?«

»Er hat nie rumgewütet, falls Sie das meinen. Ich habe ihn nie aggressiv erlebt.«

»Haben Sie sich mal Gedanken darüber gemacht, wie sehr es einen Menschen in seiner Entwicklung beeinträchtigt, wenn ein Elternteil suchtkrank ist?«

»Nein. Er hat mich immer geliebt. Er hat mich nie geschlagen oder auf einem Rastplatz vergessen und ich habe ihn auch nie in einer Kotzlache vorgefunden. So war er nicht.«

»Wir erben viel mehr von unseren nahen Bezugspersonen, als uns bewusst ist. Suchtkrankheit ist nicht wie eine Grippe, die weggeht und alles ist wie zuvor. Schwere Suchtkrankheiten wie Alkoholismus zwingen alle Menschen um den Kranken herum, ebenfalls krank zu werden. Die Verhaltensweisen, die sich in so einer Familie wie ein Krebsgeschwür ausbreiten …«

Es wurde rot in ihr. »Können wir mal davon aufhören? Ich bin nicht wegen den paar Bier und den Kurzen von meinem Vater hier. Ich will keine beschissenen Halluzinationen haben und Albträume von brennenden Mädchen. Ich will mein verdammtes Leben zurück!« Sie schluckte hart. »Entschuldigung. Ich bin sonst nicht so cholerisch.«

Er sah sie lange prüfend an. »Hat Ihre Mutter Sie vor Ihrem Vater beschützt?«

»Da gab es nichts zu beschützen.«

Nun kam Toni in den Sinn, was Clara der verstorbenen Zsazsa geschrieben hatte. *Noch immer kann ich mir nicht verzeihen, dass ich dich nicht beschützen konnte. Mit dieser Schuld muss ich nun leben, jeden Tag und den Rest meines Lebens.*

Sie legte den Kopf schief und fixierte Uwe Katzer. »Wie meinen Sie das: beschützen?«

Er antwortete mit einer Gegenfrage. »Gibt es einen Ort, an dem Sie sich rundherum geborgen und sicher fühlen?«

Toni atmete geräuschvoll aus und überlegte. In den Armen von Clara hatte sie sich sicher gefühlt. Manchmal, in ihrem

Garten, wenn sie ganz auf ihre Beete konzentriert und in ihrem Kopf kein Platz mehr für Gedanken war, dann war das wohl auch ein Gefühl der Sicherheit. Sie sah den Therapeuten ratlos an.

»Kinder brauchen Sicherheit, um sich gesund entwickeln zu können, und dieses Urvertrauen gibt ihnen später auch ein Grundgefühl der Sicherheit. Sind Kinder ständig einer Bedrohung ausgesetzt, verändern sich die neuronalen Verschaltungen im Gehirn. Sie entwickeln sich nicht so wie andere Menschen.«

Toni beteuerte erneut, dass ihr Vater nie auf den Gedanken gekommen wäre, die Hand gegen sie zu erheben.

»Wann sind Ihre Eltern geboren?«

»Meine Mutter 43, mein Vater 45.«

Er sah sie freundlich an. »Ich würde an dieser Stelle gerne morgen weitermachen. Ein Patient hat seine Stunde abgesagt, Sie könnten am Nachmittag wiederkommen. Dann können Sie auch den Fragebogen mitbringen.«

43

Toni sah ihren Vater wie immer an der offenen Wohnungstür stehen, als sie die Treppe hinaufkam. Er schloss sie in die Arme. Er fragte nicht, warum sie so gerädert aussah, und Toni war ihm dankbar dafür. Dennoch, das Gefühl, ihren Vater wiederzusehen, war seltsam dumpf. Die altbekannte Freude blieb aus. Sie nahm seinen moderigen Geruch nach nächtlich ausgedünstetem Alkohol wahr und es ekelte sie. Ihre Mutter ging ihr auf die Nerven, kaum dass Toni zur Tür reinkam und ihre Stimme aus der Küche hörte.

»Lässt du dich auch mal wieder blicken?«

Toni ärgerte sich, aber erwiderte nichts. Dann saßen sie am Tisch, aßen Kuchen von angestoßenem Geschirr und Toni starrte in die Vitrine, wo das gute Geschirr für die besonderen Anlässe stand. Ihr Besuch war kein besonderer Anlass.

Toni fragte sich, ob sie eines Tages auch so enden und im Alter immer noch von dem Geschirr essen würde, das sie bei einer Auflösung abgestaubt hatte. Und würde das gute Geschirr ihrer Eltern, das sie dann wahrscheinlich geerbt hätte, in einer ihrer Vitrinen stehen? Würde sie mit einem alten Holger dasitzen? Oder alleine?

»Na, erzähl schon«, forderte Brigitte sie auf. »Was hast du gemacht?«

Der Vater sah Toni besorgt an, fast schon ängstlich. Toni dachte, die Frankfurter Version ihrer selbst – Antonia – würde sich einfach das schöne Geschirr aus dem Schrank nehmen, würde nicht stumm hier sitzen, sondern von all dem Schönen schwärmen, das sie hatte erleben dürfen. Und Zsazsa – sie hätte sicherlich kein Blatt vor den Mund genommen und hätte vielleicht sogar einen Joint rausgezogen. *Na, Mama, ziehen wir einen durch? Los, Papa, hol 'ne Flasche Rotwein. Aber nicht den Zwei-Euro-Saft vom Discounter. Einen guten vom Weinladen. Die zehn, fünfzehn Euro bin ich euch doch wohl wert. Lasst uns feiern, einfach weil draußen die Sonne scheint. Und dann fragt mich, wie es mir geht. Wie es mir wirklich geht! Und dann nehmt mich in den Arm und tröstet mich, ich muss nämlich weinen.*

»Nun halt mal nicht Maulaffen feil.« Brigitte klang gereizt. »Du siehst fürchterlich aus. Was hast du gemacht?«

Toni dachte einen schrecklichen Moment lang: *Ich habe meine echte Mutter kennengelernt. Die, die ich gerne gehabt hätte.* Dann sah sie ihre Eltern an und bekam heftiges Mitleid. Beschämt über ihre eigenen Gedanken sagte sie: »Ich habe eine Wohnung ausgeräumt. Und hatte eine gute Zeit. Macht euch keine Sorgen, ich habe nur schlecht geschlafen. Ich habe viel Kunst gesehen. Das war toll. Vielleicht fange ich sogar selbst an zu malen.«

Brigitte war nicht begeistert. »Wann willst du das noch machen? Arbeitest du jetzt wieder? Krankengeld wirst du ja wohl nicht mehr kriegen.«

Und dann, mit einem Mal, fiel all das Schöne in sich zusammen. Sogar der Gedanke zu malen kam Toni nun lächerlich vor. Und plötzlich kam es aus ihr heraus. Ihr Mund redete. Sie hörte sich selbst reden, schalt sich innerlich, die Klappe zu halten, aber es redete einfach aus ihr heraus. »Ich habe die Mutter meiner Spenderin kennengelernt. Und den Vater. Die Schwester. Den Verlobten.«

»Toni …« In der Stimme ihres Vaters lag etwas Bittendes.

Brigitte sah erst sie, dann ihn an. »Du wusstest es?«

Peter nahm die Hände in einer Geste der Überforderung in die Höhe.

»Und Holger weiß es auch?«, fragte Brigitte.

»Nein.«

»Warum?« Brigittes Gesicht wirkte ausdruckslos und wie eine Totenmaske.

Toni schob den Kuchenteller weg. »Weil man es einfach wissen will!«

Ihr Vater schaltete sich ein. »Schreit euch nicht an. Toni, wir sehen, dass es dir nicht gut geht. Wir machen uns Sorgen.«

»Davon merke ich nichts!« Tonis Stimme bebte nun. Sie wusste nicht, wann sie das letzte Mal mit ihren Eltern gestritten hatte. Es war Jahre her, wenn nicht Jahrzehnte. Aber nun pulsierte es rot in ihr. »Und diese Leute waren *nett*! Sie hätten nie ein Kind zu Verwandten gegeben, damit die es großziehen wie ein Kuckucksei!« Es war einfach aus ihr herausgeplatzt, nun brannten die Tränen in ihren Augen.

Peter stand auf. »Schluss, Toni. Du hörst auf der Stelle auf!«

Sie sah zu ihm hoch. Diesen Ton hatte sie noch nie von ihm gehört.

»Es war doch so«, sagte sie trotzig. »Wir haben nie darüber

geredet. Als wäre es nie passiert. Ist es verboten, es auszusprechen?«

Der Blick, der sie von Brigitte traf, ließ ihr kurz das Blut stocken.

»Was haben diese Leute dir eingeredet?« Es war der Tonfall, mit dem sie früher sicher eine ganze Klasse von erwachsenen Schülern zum Strammstehen gebracht hatte.

Peter lenkte nicht ein. »Wir sind immer noch deine Eltern. So redest du nicht mit uns. Wir hatten es ziemlich schwer damals und bei deiner Großmutter ging es dir gut.« Und dann noch mal, jedes einzelne Wort betonend: »So redest du nicht mit uns.«

Eine halbe Stunde später schob sich Toni auf einen Barhocker, bestellte sich einen Drink und schnorrte sich eine Zigarette. Sie war natürlich nicht in die Kneipe ihres Vaters gegangen, sie war in die erstbeste und etwas schicker aussehende Bar gestolpert, an der sie vorbeigelaufen war. In die Wut hatte sich eine dicke Portion Trotz gemischt.

Toni sog den Rauch ein und gönnte sich ein bisschen Selbstmitleid, gereicht in stylishen Designergläsern und mit einer Scheibe Orange garniert. Das Problem mit Selbstmitleid und süffig-süßen Mixgetränken war allerdings, dass das erste Glas zum zweiten einlud und danach einen Verwandten dazu holte. Dieser hatte neuen Gesprächsstoff für Tonis innere Monologe im Gepäck und mit jedem Schluck sah sie die Zukunft düsterer – die der Welt im Allgemeinen und die der ihren im ganz Speziellen.

Eine Nachricht ging ein und Toni war sich sicher, dass sie von ihrem Vater war. Sie lag richtig. Er schrieb, dass er sie liebe und dass sie auf sich aufpassen solle. Toni spürte ein bitteres Lächeln auf ihren Lippen. Klar, dachte sie, auf mich selbst aufpassen kann ich, hab ich gelernt, ihr habt das früher ja nicht gemacht.

Der Vorwurf ihrer Eltern, dass sie sich verändert hatte,

stimmte. Aber war es nicht gut, dass sie aufgewacht war und gesehen hatte, dass sie auch anders leben konnte? Dass Lebensfreude und Leichtigkeit in ihr schlummerten? Schlecht war lediglich, dass sie Albträume und Halluzinationen bekam, Out-of-Body-Erfahrungen und Dissoziationen hatte, wie Uwe Katzer das genannt hatte. Er hatte ihr noch den Tipp gegeben, Eiswürfel anzufassen oder zu lutschen und an Lavendel zu riechen, das half angeblich alles, »in den eigenen Körper zurückzukommen«.

Toni bestellte sich also Eiswürfel – in einem dritten Drink – und überlegte, ob der Therapeut vielleicht recht hatte. Gab es etwas Verschüttetes in ihrer eigenen Vergangenheit, das sich gerade Bahn brach? Warum bekam sie gerade so einen Hass auf ihre eigenen Eltern, Gefühle, die sie so nicht kannte? Toni war angetrunken und durch den Nebel der Zigaretten und des Rausches waberten die letzten Worte ihrer Mutter auf sie zu. *Was ist nur in dich gefahren?*

Und dann dachte Toni an den Termin, den sie auf Zsazsas Handy entdeckt hatte. *Dr. Gallenberger.* War Susanne Mertens nicht zu dem Zeitpunkt in Berlin gewesen?

In ihren wirren Träumen erschien ihr Zsazsa und das Mädchen fing Feuer an dem Bild aus der Galerie. Es rief nicht um Hilfe, es rief Toni immer wieder zu: *Was ist nur in dich gefahren?*

Als Toni erwachte, schoss Sonnenlicht mit Pfeilen in ihre Augen. Das Gefühl des Katers kam ihr inzwischen vertraut vor. Immerhin lag sie in ihrem Bett und nicht auf einer Bank in der Bar. Als es erneut klingelte, wurde sie sich bewusst, wovon sie aufgewacht war. Stöhnend schlich sie die Treppe hinunter und fragte sich, ob sie allen Ernstes nachts mit ihrem Auto nach Hause gefahren war. Das würde einen neuen Tiefpunkt in ihrem Leben bedeuten. Betrunken am Steuer. Innerlich ohrfeigte sie sich, das war fahrlässig und dämlich von ihr gewesen.

Draußen stand Holger. Er sah freundlich aus.

»Guten Morgen, Toni.«

Sie ließ ihn rein und wusste, wie sie seinen fragenden Gesichtsausdruck zu deuten hatte. »Oje, meine Eltern haben dich angerufen.«

»Ich wollte nur sehen, wie es dir geht.«

Sie breitete die Arme aus, um ihm das ganze Ausmaß des Elends zu zeigen. Dann schlurfte sie in die Küche. Sie stöhnte erneut, als ihr bewusst wurde, dass sie am Vortag keine Milch gekauft hatte. »Scheiße.«

Holger lächelte und holte einen Liter Milch aus seinem Rucksack. »Ich kenn dich doch.«

Sie quälte sich ein ehrliches Lächeln aufs Gesicht.

»Setz dich.« Er legte auch Brötchen auf den Tisch und machte sich dann daran, Kaffee zu kochen.

»Danke«, sagte sie und nippte an dem Wasser, das er ihr hinstellte. Nach zwei Schlucken sprang sie auf, lief zur Toilette und erbrach sich. Holger war sofort bei ihr. Als ihr Würgen aufhörte, sah er sie liebevoll an.

»Morgens Kotzerei?«, fragte er und sie sah die Hoffnung in seinen Augen.

»O nein«, winkte sie ab. »Keine Glückwünsche erforderlich.«

»Kann es nicht sein? Von den Immunsuppressiva hast du doch ab und zu Durchfall? Vielleicht hat die Pille deshalb nicht gewirkt?«

»Ich hab gesoffen«, übertrieb sie, um das Thema zu beenden. Zugleich erschrak sie. Nein, das konnte nicht sein. Es durfte einfach nicht sein.

Holger goss kochendes Wasser in einen Glasbehälter mit Kaffeepulver und setzte den Drücker darauf. »Du hast es also doch gemacht, du hast die Frau getroffen. Was wollte sie von dir?«

»Nichts.«

»Ich möchte nicht auf etwas beharren, was offensichtlich ist, aber es scheint dir nicht besonders gutgetan zu haben.«

»Ich glaube«, verbog sie die Wahrheit, ohne gänzlich zu lügen, »der Unfall und die Erblindung haben mich ganz schön durchgerüttelt. Und nun denke ich: Ich werde bald vierzig, was will ich eigentlich noch vom Leben? Ist da nicht mehr? Warum fange ich nicht an zu malen? Wer bin ich eigentlich?«

Holger betrachtete sie. Es traf ihn, keine Frage. Aber sie hatte keine Kraft für Worte, die das beinhalteten, was er hören wollte. Langsam drückte er den Kaffee runter. Er schenkte ihr ein, goss Milch dazu und dann ging er vor ihr auf die Knie. Einen schrecklichen Augenblick lang dachte Toni, er würde ihr einen Heiratsantrag machen. Er nahm ihre Hand.

»Bitte versprich mir – und versprich es dir selbst –, dass du das alles loslässt. Egal, was da war. Es soll dir gut gehen, du hast es verdient. Du willst doch nicht wie die Frau gestern in der Cornea-Sprechstunde achtmal durch diese Gewebetransplantation. Fang an zu malen, nimm dir ein Jahr frei – ich unterstütze dich. Aber versprich mir, dass du gesund wirst. Dafür musst du was tun.«

Er fixierte sie. Sie nickte.

»Sag es«, beharrte er.

Wieder nickte sie. Er hatte recht. Es blieb ihr keine andere Wahl, als in dieses, in *ihr* Leben zurückzukehren und es zu etwas Gutem zu machen. Sie spürte die Tränen am unteren Sichtfeldrand und dann lief eine über. Holger nahm sie in den Arm und hielt sie einfach nur fest. Das machte sie noch trauriger.

»Ich verspreche es«, flüsterte sie.

Sie meinte es ernst. Aber vor der Therapiestunde würde sie noch nach Kreuzberg fahren. Das musste sie noch tun.

44

Nachdem Holger gegangen war, nahm Toni ihre Medikamente und duschte. Sie zwang sich, den Koffer auszuräumen. Andächtig nahm sie die Plastiktüte in die Hand und tauchte ihren Kopf hinein. Der Geruch nach Zsazsa hing immer noch in den Kleidungsstücken. Kurz entschlossen streifte sie sich das lilafarbene T-Shirt über.

Eine Stunde später bog sie von der Rudi-Dutschke-Straße in die Charlottenstraße und parkte ihr Auto vor einem lang gestreckten eingeschossigen Gebäude mit Flachdach. Dieser Teil Kreuzbergs lag zwischen dem Jüdischen Museum und dem Checkpoint Charlie, einem ehemaligen Grenzübergang der Berliner Mauer, der den US-amerikanischen Sektor Westberlin von der sowjetischen Besatzungszone und dem Ostberliner Bezirk Mitte trennte. Inzwischen ragten hier viele schicke hohe Stadthäuser mit modernen Wohnungen aus ehemals zerbombten Kraterflächen auf. Toni klingelte an einem ebensolchen.

Eine Frauenstimme meldete sich durch die Gegensprechanlage. »Ja?«

»Hallo, hier ist To… Antonia Petzold. Ich möchte zu Dr. Gallenberger.«

»Worum geht es?«

Toni zögerte. »Ich bin eine Freundin von Zsazsa Mertens.«

Einige Sekunden passierte nichts. Dann erklang ein Summton und Toni drückte die Tür auf. Sie stieg durch das kühle Treppenhaus nach oben. Im dritten Stock wartete eine Frau im Türrahmen, wohl um die fünfzig, wie Toni schätzte. Sie hatte kurze blonde Haare und einen schwungvollen Pony. Sie war größer als Toni, ungeschminkt und sah schrecklich gesund aus. Einen Moment starrte sie Toni wie entrückt an. Dann fing sie sich, schwieg aber.

Toni begriff. »Sie sind Dr. Gallenberger?«

»Dr. Claudia Gallenberger. Dachten Sie, weil ich einen Doktortitel habe, bin ich automatisch ein Mann? Worum geht es? Was ist mit Zsazsa?«

Toni stolperte durch ihr Gehirn, auf der Suche nach einer Formulierung. »Sie wissen, dass sie gestorben ist?«

Ein Schatten ging über das Gesicht der Frau. »Ja.«

»Ich«, stammelte Toni. »Ich möchte gerne wissen, was mit ihr passiert ist. Und ihre Familie ist etwas … schweigsam in der Hinsicht. Zsazsa hat Sie Anfang des Jahres aufgesucht. War sie krank?«

»Sie glauben, ich war ihre Ärztin?«

»Nicht?«

Dr. Gallenberger trat etwas zur Seite und lud Toni auf diese Weise ein, einzutreten.

Toni ging an ihr vorbei. Die Wohnung war geschmackvoll eingerichtet, dezent und mit großformatigen Schwarz-Weiß-Fotografien an den Wänden. Toni blieb unschlüssig am Esstisch stehen, der von sechs Stühlen flankiert war.

Frau Gallenberger musterte sie kritisch. »Ich bin Rechtsanwältin.«

»Oh«, sagte Toni verdattert. »Brauchte Zsazsa juristischen Beistand?«

»Ich arbeite in einer Kanzlei, die Fälle von Rückerstattungen übernimmt.« Als Toni fragend die Brauen hob, seufzte die Anwältin. »Wir waren spezialisiert auf Rückerstattungen von Grundstücken aus der DDR-Zeit.«

Toni öffnete den Mund, aber war zu irritiert, um etwas zu sagen. Also schloss sie ihn wieder wie ein dümmlicher Karpfen.

Der Ton der Juristin wurde nun schärfer. »Mal ehrlich. Wie gut kannten Sie Zsazsa?«

Toni wurde rot. »Eigentlich kannte ich sie nicht. Ich kenne ihre Mutter.«

»Das ist komisch. Als Sie die Treppe hochkamen, dachte ich kurz, Sie wären *sie*. Schickt Clara Mertens Sie her?«

Toni spürte, wie das Blut in ihren Schläfen pochte. »Nein! Ich bin nur für mich hier. Ich habe keinen Kontakt mehr zu der Familie. Ich … ich brauche das irgendwie noch, um abzuschließen. Ich weiß, das hört sich komisch an.«

»Waren Sie verliebt in sie?«

»Äh«, sagte Toni. »Sie meinen in Clara?«

»Natürlich nicht. In Zsazsa. Alle waren verliebt in sie.«

Und nun, als Toni den traurigen Zug um die Augen der Anwältin bemerkte, fügten sich die Puzzleteile zusammen. »Sie? Sie waren es?«

Die Frau lachte bitter auf. »›Es‹. Ja. Ich war die Affäre. Und dachte, es wäre mehr gewesen.«

»Das tut mir leid«, stammelte Toni und setzte sich. Sie dachte an Michael. Ob er es gewusst hatte? »Wie lange waren Sie zusammen?«

»Ein paar Monate. Es war ein On-off-Ding. Wir waren schon getrennt, als sie starb. Ein Unfall. Mehr weiß ich nicht.«

Wieder nur dieser Brocken, den ihr alle hinwarfen. »Dann war Zsazsa gar nicht wegen einer juristischen Sache bei Ihnen?«

»Ich wüsste nicht, warum ich das einer völlig Fremden erzählen sollte.«

»Ich löse die Wohnung von Susanne Mertens auf. Das ist mein Beruf. Ich habe Ihren Kontakt und die Termine mit Ihnen im Kalender gefunden und wollte mich vergewissern, ob nicht Rechnungen offen sind oder Sachen in Zsazsas Wohnung Ihnen gehören.« Es war zumindest die halbe Wahrheit, dachte Toni.

Claudia Gallenberger musterte sie und deutete auf das lilafarbene T-Shirt, das sich über Tonis Brust spannte. »Ich habe ihr mal genau so eins geschenkt. Ist es das?«

Toni spürte, wie sie rot wurde.

Die Anwältin sah sie lange an, mit dem Shirt schien sie wieder in die Vergangenheit zu reisen. »Wir haben uns beim Tanzen kennengelernt. Wir sind uns schnell nähergekommen. Sie war sehr interessiert an meiner Arbeit und wir haben stunden-, nächtelang darüber gesprochen. Besonders ein Fall hatte sie fasziniert.«

Toni bat, mehr erfahren zu dürfen.

Dr. Gallenberger seufzte. »Die Kanzlei, in der ich arbeite, hat den größten vermögensrechtlichen Fall in Ostdeutschland betreut. Es ging um an die tausend Grundstücke. Sie gehörten einst einem jüdischen Unternehmer, er musste 33 fliehen. Die Nazis haben all sein Hab und Gut eingezogen. Nach dem Zweiten Weltkrieg hatten die Alliierten für die West-Bundesländer verfügt, dass die Rückerstattung gesetzlich geregelt werden sollte. Die Verfolgten des NS-Regimes sollten ihre enteigneten Sachen und Grundstücke zurückbekommen. Im sowjetisch besetzten Teil Deutschlands galt das aber nicht. Da ging das alles erst nach der Wiedervereinigung los. Schwierig ist, dass nach geltendem Recht Rückabwicklungen ausgeschlossen sind, wenn Leute zu DDR-Zeiten Grundstücke redlich erworben haben. Das Ganze ging bis zum Europäischen Gerichtshof, damit wenigstens die Bundesregierung Entschädigungen zahlt.«

Toni schwirrte der Kopf. »Hatte Familie Mertens irgendwas mit dem Fall zu tun?«

»Nein. Zumindest nicht dass ich wüsste. Was Zsazsa interessiert hat, war die Rechtslage in Bezug auf Enteignungen durch die Nazis. Wir vertreten ab und zu auch andere Sachwerte.«

»Zum Beispiel?«

»Kunstwerke.«

Toni musste Claudia Gallenberger wie vom Donner gerührt angestarrt haben, denn sie fügte erklärend hinzu: »Bei NS-verfolgungsbedingt entzogenen Kunstwerken tritt juristisch kein Eigentumsverlust ein. Eine Berufung auf Verjährungsfristen vonseiten neuer Besitzer ist in diesem Fall eine unzulässige Rechtsausübung. Ein diffiziles Feld.«

Toni sah die Anwältin fasziniert an, worauf diese in ein bitteres Lachen ausbrach. »Sie sind wirklich wie sie.«

»Wie Zsazsa? Nein, ich bin wirklich kein bisschen wie sie.«

»Doch. Dieses Forsche, fast Besessene. Sie haben das gleiche Feuer in den Augen. Und wie Sie mich ansehen …«

Toni wandte beschämt den Blick ab. Ihr Mund war nun schrecklich trocken. »Dürfte ich einen Schluck Wasser trinken?«

Die Anwältin nickte und verschwand im hinteren Teil der Wohnung. Tonis Gedanken rasten immer noch, hatten aber jetzt die Richtung gewechselt. War das Interesse, *das Forsche, fast Besessene* von Zsazsa, rein ihrer Liebe zur Kunst geschuldet? Oder war mehr dahinter gewesen?

Toni stürzte ein Glas Wasser hinunter, als die Anwältin zurückkam, und beeilte sich mit der nächsten Frage, bevor sie hinauskomplimentiert werden würde.

»Wie läuft das mit Rückerstattungen von Kunstwerken? Also mit denen aus der Nazizeit? Woher wissen Sie, wem ein Bild gehörte?«

Die Anwältin runzelte die Stirn. »So etwas weiß ich nicht. Ich bin für den juristischen Kram zuständig. Für die Herkunftsbestimmung sind Provenienzforscher und -forscherinnen zuständig. Es ist ein recht junger Beruf. 1998 haben sich vierundvierzig Staaten verpflichtet, Kunstwerke, die während der Zeit des Nationalsozialismus beschlagnahmt wurden, in ihren Beständen ausfindig zu machen. Und dann die rechtmäßigen Besitzer aufzuspüren.«

»In welchen Beständen?« Tonis Wissbegierde war jetzt regelrecht physisch spürbar. »Museen?«

»Auch. Zwischen 33 und 45 haben die Nazis insbesondere jüdischen Sammlern in Deutschland Gemälde abgepresst und weggenommen. Zehntausende Gemälde. Und natürlich noch unzählige im Ausland. In der Nachkriegszeit wurde das meiste der Kunst, die im Ausland geraubt wurde, zurückgeführt. Aber in Deutschland war das nur ein Prozent dessen, was die Nazis hierzulande beschlagnahmt hatten. Es gibt noch Tausende von Werken, die in Museen hängen oder in privaten Sammlungen sind, obwohl sie Erben jüdischer Familien gehören.«

Einem plötzlichen Impuls folgend fragte Toni, ob Zsazsa über ihre Familie gesprochen habe.

»Ja, ziemlich viel sogar.«

»Hat sie vermutet, dass ihre Familie einen Anspruch an Kunst aus der Nazizeit hat? Oder im Besitz von Gemälden ist, die jemand anderem gehören?«

Die Anwältin schien ihre Zugbrücke einzuholen. Die Weichheit wich aus ihrem Gesicht. »Ich weiß es nicht.« Sie klang jetzt verschlossen. »Ich habe ihr gesagt, sie solle sich an die Lost-Art-Datenbank wenden, da stehen über eine halbe Million Kunstobjekte zur Suche ausgeschrieben. Hauptsächlich aus der NS-Zeit, aber auch aus der Irakkriegsära und aus anderen Epochen. Und ich habe ihr Kontakte zum Städel Museum in Frankfurt gemacht. Zu Kunsthistorikern in den Archiven dort. Zu deren Provenienzforschern. Kurz darauf hat sie Schluss gemacht. Wollte mich nicht mehr sehen.«

»Warum?«

»*Warum* war bei Zsazsa die falsche Frage. Zumindest konnte sie sie nie beantworten. Sie müssen jetzt gehen.«

Toni erhob sich. »Habe ich etwas Falsches gesagt?«

»Wie gesagt, Sie erinnern mich zu sehr an sie.«

Oktober 2019

45

Das Telefon meiner Eltern liegt immer noch auf dem Esstisch. Mir ist schlecht. Warum hat mein Vater mit Evelyn telefoniert? Ohne es mir zu sagen? Sie wird sich kaum um meine Gesundheit gesorgt haben, hatte mir aber immerhin angedroht, meiner Mutter etwas anzutun, sollte ich mich nicht von den Mertens fernhalten – meiner Mutter, die nun mit eingeschlagenem Schädel im Krankenhaus liegt.

Mit den letzten drei Prozent Akku meines Handys rufe ich Claudia an. Sie geht sofort dran.

»Gibt es etwas Neues?«, fragt sie und damit meint sie natürlich Brigitte.

»Nein, aber du hast mich gestern gefragt, ob es irgendetwas in meiner Familie gibt, einen Streitpunkt, etwas, das den Verdacht gegen meinen Vater begründen könnte.«

»Ja. Ist dir was eingefallen?«

Ich sehe die Anwältin vor mir, wie sie ihren blonden Pony zurückwirft und mit ihrer drahtigen Figur durch die Flure der Kanzlei läuft. Im Hintergrund höre ich Gemurmel.

»Nicht direkt«, erwidere ich. »Aber ich weiß, es gab einen Streit zwischen meiner Oma und meiner Mutter darüber, wo ich leben sollte. Ich weiß nicht, welche Rolle mein Vater dabei spielt. Meinst du, man kann noch was dazu rauskriegen?«

Claudia zögert und in ihrem Schweigen liegt etwas Unheilvolles. Sie bemüht sich schließlich, sachlich zu klingen, aber ich glaube einen angespannten Unterton in ihrer Stimme zu hören.

»Müssten wir beim Jugend- oder Bezirksamt nachfragen. Wenn du in Spandau zur Schule gegangen bist und deine Eltern in Schöneberg wohnten, wird das eine Begründung erfordert haben.«

»Anfangs waren sie in Wilmersdorf. Sie sind erst später in die jetzige Wohnung gezogen. Und, hast du etwas erreichen können? Wann darf ich meinen Vater besuchen?«

Wieder schweigt Claudia einen Moment. »Solange er unter Tatverdacht steht und schweigt, ist es schwierig.«

Das habe ich befürchtet und es macht mich schrecklich traurig. Mein Vater kann es nicht gewesen sein. Vor hundert Jahren wollte er Brigitte verlassen, aber er war nie gewalttätig, nie laut, nie ausfallend. Ich starre auf das Telefon, mit dem er Evelyn Mertens angerufen hat. Der Verrat schmerzt mehr als alles, was Zsazsas Schwester getan hat.

»Bist du noch dran?«, fragt Claudia.

»Ja.« Tränen liegen jetzt in meiner Stimme.

»Ich habe immerhin seinen Anwalt erreicht.«

Ich bin verdattert. Mein Vater hat einen Anwalt? Hat man ihm einen gestellt?

»Antonia, ich erzähle es dir später ausführlich, ich habe jetzt noch ein paar Telefonate. Wir sehen uns nachher zu Hause. Vielleicht weiß ich dann schon mehr in puncto Besuch.«

Antonia. Der Name klingt wie aus einem anderen Leben und so, wie sie ihn sagt, ernst und besorgt, fürchte ich, dass sie mir etwas mitteilen muss, was sie lieber persönlich loswird.

»Wo bist du?«, fragt sie noch.

»Ein bisschen draußen«, lüge ich. Dass ich ihr die Wahrheit verschweige, beschämt mich. Ausgerechnet sie sollte ich nicht hintergehen. Gibt es verschiedene Arten von Lügen? Die, um sich nur selbst zu schützen, und solche, die andere schützen sollen? Oder fällt alles unter die gleiche Kategorie: schlechter Charakter?

Wir beenden unser Telefonat, bevor mein Akku auf null geht, und ich gehe zurück ins Arbeitszimmer meiner Mutter. Die Briefe liegen über den ganzen Teppichboden verteilt, es sieht aus wie ein Schlachtfeld. Ich habe keine Energie mehr, das Chaos aufzuräumen. Es dämmert und da ich kein Licht machen möchte, werde ich kaum noch Hilfreiches finden können. Außerdem brennen meine Augen und wahrscheinlich sind sie inzwischen feuerrot. Claudias Worte stecken wie ein Angelhaken in meinem Gehirn. Was hat sie herausgefunden, dass sie es mir nicht am Telefon sagen kann?

Ich lasse alles so liegen, wie es ist, und nehme meine Jacke und die Umhängetasche. An der Haustür lausche ich. Das Polizeisiegel werde ich so wieder ankleben, dass mein Einbruch möglichst spät auffällt. Ich lege meine Hand auf die Klinke und drücke sie herunter. Und dann höre ich Stimmen von mindestens zwei Leuten und Schritte, die die Treppe hinaufkommen. Die Schritte verstummen direkt vor der Tür meiner Eltern, dann klirrt ein Schlüsselbund. Ganz langsam lasse ich die Türklinke wieder los. Meine Hand auf dem Griff ist schwitzig. Vielleicht sind das da draußen nur Nachbarn und wenn sie in ihrer Wohnung verschwunden sind, kann auch ich verschwinden.

Dann schrillt mein Handy in einem lauten Sirenenton. Es ist mein Wecker, der mich daran erinnern soll, die Immunsuppressiva zu nehmen. Hätte ich doch auch die letzten zwei Prozent meines Akkus verbraucht.

Die Stimmen draußen im Flur verstummen augenblicklich. Ich fummele das Handy aus der Tasche und schalte den Wecker aus. Nun ist es totenstill. Ich starre auf die Haustür und weiß, draußen stehen mindestens zwei Leute, die ebenfalls auf die Haustür starren und auf das Polizeisiegel, das ich gebrochen habe.

Juni 2019

46

Nach dem Treffen mit Dr. Claudia Gallenberger eilte Toni wie elektrisiert zu ihrem Auto. Dass ihr in den letzten beiden Wochen regelmäßig gesagt worden war, sie ähnele Zsazsa, hatte sich anfangs wie ein falsches Kompliment angehört, es hatte Toni irritiert, dann gehörig genervt. Nun löste es etwas ganz anderes bei ihr aus. Es machte sie wach, übersteigert empfindlich für ihr Herzklopfen. Zu Schulzeiten hatte sie weder sonderliches Talent in Kunst noch besonderes Interesse daran bewiesen. Nun, und da hatte die Anwältin recht, war sie wie besessen. Sie wollte, sie musste wissen, ob Zsazsa sich mit einem Familiengeheimnis beschäftigt hatte. Die Seele des Menschen war ein seltsames, fleischloses Organ und es war merkwürdig, wozu sie Menschen trieb. Toni hatte Schamanismus noch vor Kurzem als esoterischen Schwachsinn abgetan. Aber was, wenn *irgendetwas* daran wahr war? Dass Zsazsa vor ihrem Tod einem Familiengeheimnis auf der Spur gewesen war und: tatsächlich noch *da war*? Was, wenn Toni sie deshalb in ihrer Wohnung, aber nicht am Grab gespürt hatte? Was, wenn sie deshalb manchmal den Eindruck hatte, jemand schaue aus dem Spiegel zurück? Jemand, der nicht sie selbst war, obwohl sie nur sich selbst sah?

Toni glaubte nicht, was Clara und Michael glaubten: dass Zsazsa in ihr weiterlebte. Aber vielleicht hatte Toni mit der neuen Cornea eine Aufgabe bekommen, und zwar die, herauszufinden, was Zsazsa herausgefunden hatte.

Am Checkpoint Charlie geriet Toni in einen Stau. Der jetzt so belebte Geschichtsrummelplatz, Symbol für die Trennung kommunistischer und freier Welt, durfte während des Kalten Krieges nur von alliierten Militär- und Botschaftsangehörigen, Ausländern und Mitarbeitern der Ständigen Vertretung der Bundesrepublik Deutschland bei der DDR sowie von DDR-Funktionären benutzt werden. Jetzt drängelten sich Touristen vor dem alten Grenzübergang, einer Wachbaracke mit meterhoch aufgeschichteten Sandsäcken und amerikanischen Flaggen.

Da der Stau laut Navi bis zum Landwehrkanal reichte, nahm Toni den Umweg über die Friedrichstraße, bog links in die Allee Unter den Linden ein und fuhr ein Stück weit Richtung Brandenburger Tor. Von dort vorbei am Holocaust-Mahnmal mit den 2711 quaderförmigen Stelen. Auf der Straße des 17. Juni, einer breiten, sechsspurigen Ost-West-Achse durch den Tiergarten, rief sie Michael an. Ein Adrenalinstoß schoss ihr durch den Körper, als sie seine Stimme hörte. Aber es war nur die Mailbox. Enttäuscht und zugleich ein bisschen erleichtert legte sie auf.

Eine halbe Stunde später saß sie wieder in dem Sessel vor der gelben Wand. Uwe Katzer blickte sie freundlich an. »Wie geht es Ihnen heute?«

Toni gab sich einen Ruck. »Was halten Sie von der Theorie, dass bei einer Organtransplantation ein Teil der Seele des Verstorbenen in den Empfänger übergeht?«

Der Therapeut sah sie lange ernst an und legte sein Schreibzeug beiseite. Diese Frage war anscheinend so verrückt, dass er sie sich nicht notieren musste. Zweifelsohne würde er sich auch später noch an sie erinnern.

»Glauben Sie das wirklich?«, fragte er.

»Nun, erst mal habe ich Sie gefragt«, erwiderte sie ungeduldig.

»Um mich geht es hier aber nicht.«

»Aber Sie sind der Psychoexperte.«

Er sah sie wieder lange an. »Es ist völlig in Ordnung, wenn sich Patienten vorübergehend die Meinung eines Therapeuten ausleihen und dadurch neue Orientierung finden. Letztlich – und mir ist wirklich wichtig, dass wir das gleich zu Anfang klären – geht es um Sie und darum, was für Sie gut ist.«

Er forschte in ihrem Gesicht und Toni legte den Kopf schief. »Dann meinen Sie also, dass diese Theorie schlecht für mich ist?«

»Ich kann den Gedanken verstehen«, sagte er ruhig und es lag kein Spott darin, nichts, was darauf hindeutete, dass er mit einer durchgeknallten Verrückten sprach. »Wenn Sie sich solche Gedanken machen, dann rege ich an, dass Sie ein Ritual finden, in dem Sie dem Verstorbenen danken und sich bewusst machen, dass Sie keinerlei Schuld an seinem Tod tragen.«

An *ihrem* Tod, dachte Toni, aber sagte nichts. Sie wusste, dass sie keine Schuld daran trug, nur glaubte sie, eine Verantwortung zu tragen, die weit darüber hinausging, auf diese Cornea aufzupassen.

Der Therapeut sprach weiter. »So ein Schuldgedanke kann sehr unbewusst sein und dennoch heftige Gefühle auslösen.«

»Die Schamanen glauben den Scheiß«, warf sie ein und schlug sich gleich die Hand vor den Mund. »Entschuldigung.«

Er lächelte. »Es mag Sie erstaunen, aber ich habe dieses Wort schon mal gehört. Also: Sich mit dieser Art der Seelenwanderung auseinanderzusetzen, nun, das können Menschen machen, die seelisch stabil sind.«

Toni schnitt eine Grimasse. »Und das bin ich nicht?«

Er lächelte sie milde an. »Fühlen Sie sich stabil?«

Sie seufzte. »Okay, Sie haben in dem Frage-Gegenfrage-Spiel gewonnen. Ich bin … ein bisschen durcheinander.«

»Und Sie haben schreckliche Albträume, dissoziative Zustände und Bewusstseinsveränderungen. Gestern wirkten Sie nahezu depressiv.«

»Aber heute geht es mir viel besser.«

»Sie wirken – aus meiner Sicht – allerdings nicht ›besser‹, wie Sie es nennen, sondern ganz unruhig. Was meinen Sie mit ›besser‹?«

»Ich habe wieder Elan.«

»Und das, was Ihnen Elan verschafft, tut Ihnen das gut? Bringt es Ihnen Frieden?«

»Noch nicht«, gab sie zu. »Aber ich hoffe sehr, das wird es.«

Er beugte sich zu ihr vor, die Beine übereinandergeschlagen, die Finger ineinander verschränkt und die Ellenbogen auf seinem Knie. »Frau Petzold, Sie haben im Moment nur eine einzige Aufgabe: sich zu erholen. Dazu gehört genügend Schlaf, gutes Essen und Dinge zu tun, die Sie stabilisieren. Das kann Lesen sein, Fahrrad fahren, mit Menschen zusammen sein, bei denen Sie sich wohlfühlen. Alles, was Ihnen Stress bereitet, ist verboten.«

Toni spürte, wie Wut in ihr aufstieg. »Ich bin nicht krank. Ich mache nur seit drei Monaten nichts Anständiges.«

»Wer sagt Ihnen, dass Sie in dieser Phase Ihres Lebens etwas leisten müssen?«

Sie sah ihn verständnislos an. »Äh. Ich kann mich natürlich auch für Hartz IV anmelden, bringt mir aber nichts, weil ich ein windschiefes Haus habe, von dem ich nicht weiß, wann es zusammenbricht, und demnach bin ich zu arm zum Leben und zu reich für Stütze. Außerdem hänge ich seit Wochen nur rum. Das macht mich wahnsinnig.«

»Dann ist es unsere Aufgabe, herauszufinden, warum Sie

diese Unruhe empfinden, wenn Sie zur Ruhe genötigt sind. Was ist es, was da rauskommen will?«

Toni war sich sicher zu wissen, wo ihr Zustand herrührte. Sie wollte erfahren, was Zsazsa entdeckt hatte; herausfinden, wovor Clara sie nicht hatte beschützen können – und warum Zsazsa gestorben war.

»Worüber denken Sie nach?«, riss Katzer sie aus ihren Gedanken.

»Sie haben gestern gesagt, dass Kinder von Suchtkranken irgendwie … ich weiß nicht, gestört sind?«

»In ihrer Entwicklung beeinträchtigt.« Er lehnte sich nun wieder in den Sessel zurück. »Wir erben von unseren Eltern nicht nur die Gene. Natürlich, in vielen Dingen macht das Würfelspiel des Erbguts am Anfang etwas aus uns, das wir nicht beeinflussen können. Aber unsere Umgebung prägt uns für den Rest unseres Lebens, ganz besonders in den ersten zehn Lebensjahren. Ein Alkoholiker – und damit meine ich nicht nur Männer – hat eine Krankheit. Und damit das Familiensystem um ihn herum funktioniert, werden alle mit krank. Eine Partnerin, die seine Sucht leugnet, die versucht, den Konsum zu überwachen und zu kontrollieren, Kinder, die auf rohen Eiern gehen und mit ständig ausgefahrenen Antennen die Stimmung der Eltern erfühlen wollen. So etwas prägt. Es bleibt wie ein Stempel im Gehirn. Das Kind empfindet das als Normalität und dementsprechend bilden sich die Synapsen im Gehirn aus. Deswegen geraten diese Menschen im späteren Leben auch oft in dysfunktionale Beziehungen. Es fühlt sich so normal an. In Suchtfamilien wird nicht die Wahrheit gesagt. Dysfunktionale Familien – und dazu bedarf es keiner Sucht – haben so viel unter den Teppich gekehrt, dass der schon unter der Decke hängt. Kinder spüren das alles, weil sie auf ihre Bezugspersonen angewiesen sind, und sie ordnen sich in diese unnormale Normalität ein, weil sie schlicht und ergreifend sonst sterben.«

Ein Schauer lief über Tonis Rücken.

»Etwas an meinen Worten scheint Sie sehr zu berühren.«

Toni nickte. »Mir wird gerade nur etwas schwindelig. Vielleicht habe ich zu wenig getrunken.«

»Ich hole Ihnen ein Glas Wasser. Nehmen Sie sich alle Zeit. Sie geben das Tempo vor.«

Durch Tonis Kopf hämmerte der eine Satz aus Claras Brief. *Noch immer kann ich mir nicht verzeihen, dass ich dich nicht beschützen konnte.*

Uwe Katzer war schnell zurück und reichte ihr das Glas. Sie nippte daran und hielt es dann mit beiden Händen fest. »Wie meinen Sie das mit den dysfunktionalen Beziehungen?«

Er setzte sich und sah sie freundlich an. »Das, was Sie in der Kindheit gelernt haben, leben Sie später weiter, ob Sie wollen oder nicht. Eltern machen immer Fehler, das liegt in der Natur der Dinge. Aber Fehler haben unterschiedliche Gewichtungen für die Kinder. Fühlten Sie sich geliebt? Willkommen?«

Toni verzog das Gesicht. »Bei meiner Oma – meistens. Bei meinem Vater – immer. Ich war wohl ein nicht so einfaches Kind. Ausgeprägte Trotzphase. So nennen Sie das wohl.«

Katzer lächelte nicht. »Fälschlicherweise wird heutzutage immer noch die Phase der Ich-Entwicklung als ›Trotzphase‹ bezeichnet. Es ist ein elementar wichtiger Lebensabschnitt, der rein gar nichts mit Trotz zu tun hat. Dieser Ausdruck stammt aus der Schwarzen Pädagogik, aus einer über hundert Jahre zurückliegenden Zeit. In vielen Gesellschaften – ganz besonders in der Zeit des Dritten Reichs – wurde dieser Gedanke quasi verstaatlicht. Ein Kind hatte zu funktionieren und eigenes Denken und eigener Wille wurden als nicht regimekonform angesehen. Wird ein Kind zu viel kontrolliert und ihm der eigene Wille früh aberkannt, gerät es später in einen Kontroll-Unterwerfungs-Konflikt. Entweder kontrolliert es später massiv andere Menschen und jegliche Nähe und Distanz, weil es fürchtet, das eigene Ich zu verlieren, oder es ordnet sich immer unter, um keine Verlustangst zu spüren, und wird depressiv, weil es sich als Erwachsener immer noch nicht frei entfalten kann.«

Katzer machte eine Pause und sagte dann: »Sie erwähnen gar nicht Ihre Mutter.«

»Ich habe sie ja eigentlich auch erst mit zwölf richtig kennengelernt.« Toni nippte an dem Wasserglas. »Was hat das nun mit dem Bier von meinem Vater zu tun?«

»Suchtkranke Menschen können das gesunde Konzept nicht leben und nicht an ihre Kinder weitergeben. Dadurch erben die Kinder«, er deutete mit den Fingern zwei Anführungszeichen in der Luft an, »diese Verhaltensweisen. Und leben das weiter. Durchbricht nicht jemand aus dem dysfunktionalen Familiensystem diese Erbfolge, dauert es acht Generationen, bis sich diese Verhaltensweisen ausgewachsen haben.«

»Weil dieser Stempel im Gehirn ist?«

»Sozusagen. Oft ist es allerdings ein Faustabdruck.«

»Angenommen«, fragte Toni und spürte ihr Herz gegen die Rippen schlagen, »in einer Familie gab es vor langer Zeit ein Verbrechen, das vertuscht wurde. Niemand hat darüber gesprochen. Das vererbt sich auch?«

»Vielleicht wechseln wir von der Theorie zu Ihrem konkreten Leben?«, fragte Katzer.

»Ich will erst diese Sache verstehen«, log sie.

Der Therapeut atmete geräuschvoll ein und wieder aus. »Na gut. Es kommt darauf an, was es war und wie lange es zurückliegt.«

Toni konnte kaum noch an sich halten. »Sagen wir mal, jemand hat zur Nazizeit Schlimmes getan.«

»War jemand von Ihren Großeltern NS-Funktionär?«

Toni schüttelte den Kopf. »Nein.«

»Das ist eine sehr komplexe Frage.« Er sah auf die Uhr. »Ich möchte Ihnen noch eine Hausaufgabe mit auf den Weg geben, bevor uns die Zeit wegläuft. Ich möchte, dass Sie sich überlegen, wie Ihr Verhältnis zu Ihrer Mutter, Großmutter und zu Ihrem Vater war – unter Einbeziehung dessen, was wir heute besprochen haben.«

Etwas in Toni legte einen Schalter um und wie in Zeitlupe sah sie eine Weiche in ihrem Gehirn wandern und in einer anderen Richtung einrasten. Ihre Antwort schien ihr zugleich abstrus und ebenso richtig zu sein. »Mit meiner Mutter habe ich tolle Abende. Wir trinken Wein, hören Musik, rauchen ab und zu einen Joint. Dann schlafe ich in ihrem Bett. Immer wenn mein Vater nicht da ist. Manchmal ist sie dabei, wenn ich mit Freunden zusammen bin.«

Kein freundliches Lächeln ermunterte sie zum Weitersprechen. »Darüber sollten wir unbedingt das nächste Mal weiterreden«, sagte der Therapeut.

Trotz wallte in Toni auf. »Stört Sie das? Kriege ich jetzt Ärger wegen dem Joint?«

»Diese Frage und die Tatsache, dass Sie im Bett Ihrer Mutter schlafen, wenn Ihr Vater nicht da ist, zeigt mir, dass etwas in den Verantwortlichkeiten und Rollen Ihrer Familie gehörig durcheinandergeraten ist. Und das ist nicht gesund. Bitte machen Sie die Hausaufgabe. Wir sehen uns nächste Woche um die gleiche Zeit? Und bitte: Schlafen Sie in der Zeit in Ihrem eigenen Bett. In dieser Therapie brauchen wir die erwachsene Toni Petzold und nicht das Kind, das zum Ehemannersatz gemacht wird.«

»Wird so etwas vererbt?«, wollte Toni noch wissen. »Ein altes, schlimmes Familiengeheimnis?«

Katzer stand auf, wahrscheinlich um die Zeitüberschreitung deutlich zu machen. »Natürlich. Was wir erlebt haben, ist nie weg. Das Verdrängte bricht sich immer wieder Bahn. Auch in den nachfolgenden Generationen. Was wir vergessen, wiederholt sich. So lange, bis wir nicht mehr weglaufen und unseren tiefsten Ängsten ins Angesicht geschaut haben.«

47

Vor der Tür der Praxis rief Toni Michael an. Nun ging er nach dem ersten Läuten dran. Nach einem langen Schweigen, in dem Toni nur seinen und ihren Atem hörte, sagte er:

»Ich weiß nicht, was ich sagen soll. Wie geht es dir? Ich vermisse dich.«

Toni freute das, das konnte sie nicht leugnen. Aber sie gab sich sachlich. »Wie geht es Clara?«

»Schlecht«, kam es durch die Freisprecheinrichtung. »Sehr schlecht, soweit ich das beurteilen kann.«

»Können wir reden?«, fragte Toni fest entschlossen. »Über die Mertens?«

Wieder hörte sie nur sein Atmen.

»Und«, ergänzte sie bestimmt, »wir müssen das zwischen uns klären.«

»Okay«, sagte er lang gedehnt.

»Nicht am Telefon. Können wir uns treffen?«

»Kommst du nach Frankfurt?« Er klang nun vorsichtig. »Du kannst bei mir wohnen.«

Toni dachte daran, dass sie noch den Schlüssel zu Zsazsas Wohnung hatte, doch wahrscheinlich keine Befugnis mehr, dort zu übernachten. »Michael, ich will wirklich nur reden.«

Sie wusste bei aller Entschlossenheit nicht, wovor sie mehr Angst hatte. Vor ihrer eigenen Courage? Oder davor, dass sie sich in Bezug auf die Mertens in etwas verrannte? Oder dass sie sich von Michael zu einem Versuch einer wie auch immer gearteten Beziehung überreden ließ, die ihrer beider Meinung nach vor allem »erwachsen« sein sollte; und dann würden sie im Bett liegen und Toni würde daran denken, in welche Augen er noch vor wenigen Monaten gesehen hatte, während sein schweißnasses Gesicht über ihr vor und zurück stieß.

»Wann kannst du in Frankfurt sein? Heute Abend?«

»Ich glaube, es ist absolut unmöglich, für heute ein noch bezahlbares Zugticket zu bekommen. Ich fliege wahrscheinlich günstiger nach New York.«

»Mach es wie Zsazsa«, sagte er und schien sich dann bewusst zu werden, was er gesagt hatte. »Oh, entschuldige. Nichts Dramatisches. Sie hatte eine BahnCard und wenn sie nach Berlin fuhr oder zurückkam, hat sie immer nur eine Karte bis Leipzig oder Erfurt gelöst.«

»Und ist dann weitergefahren?«

»Klar. Was will man denn in Erfurt?«

»Warum hat sie das gemacht?«

»Weil die Bahn so teuer ist.«

Das war so absurd, dass Toni lachte. Sie dachte an die Villa in Kronberg. Wenn sich jemand ein Ticket mit der Bahn leisten konnte, dann jemand aus dem Mertens-Clan. Wahrscheinlich konnten sie den ganzen Verein kaufen. Und dann dachte sie an die ganzen Bahntickets, die sie auf Zsazsas Handy gesehen hatte und die nach Erfurt gegangen waren. Stattdessen war sie immer in Berlin gewesen? Bei Claudia?

Toni fühlte sich merkwürdig erschüttert bei dem Gedanken, dass Zsazsa nicht nur Michael betrogen hatte, sondern auch die Bahn. Das war vielleicht lächerlich. Aber wem gegenüber war sie noch unehrlich gewesen? Welche Geheimnisse hatte sie noch gehabt? Wen hatte sie noch betrogen?

48

Michael holte Toni in Frankfurt nicht vom Bahnhof ab. Ein Meeting, wie er sagte. Erst kurz vor Mitternacht bog sie vom Friedberger Platz in den Hinterhof des Wohnhauses. Er kam herunter und half ihr mit dem Koffer. Mehr als eine ungelenke Umarmung bekamen sie nicht hin. Er ging vor ihr die Treppe hoch, vierter Stock ohne Fahrstuhl, und sie wechselten kaum ein Wort. Die Wohnungstür fiel hinter ihnen zu, er setzte ihr Gepäck ab und drehte sich zu ihr um. Nun würden sie also reden. Über alles. Über das ganze Schlamassel.

In zwei Schritten war er bei ihr, griff mit seiner Hand ihren Hinterkopf, zog sie heftig zu sich und drückte sie gleichzeitig an die Wand. Mit einem Mal war alles in ihr flüssig, die Kniegelenke, ihre Wirbelsäule, ihr Rückgrat und ihr Widerstand. Sie schmeckte seine letzte Zigarette und einen letzten Hauch Kaffee auf seinen Lippen und seiner Zunge. Seine Hände, eben noch an ihrer Wange, an ihrem Hals, zerrten die Jacke von ihren Schultern, waren auf ihren Hüften und als er sie wieder an die Wand drückte, spürte sie seine Erregung durch die Hose. Und dann ließ sie sich fallen. In seine Arme, auf sein Sofa, in die Brandung der Begierde.

Später stand er draußen und rauchte. Sie ordnete auf dem Sofa Bluse und BH – beides war noch am Körper, aber weit entfernt davon, am richtigen Platz zu sein – und betrachtete seine Silhouette gegen die Lichter der Skyline, die gerade noch über der Brüstung des Balkons zu sehen waren.

Er drehte sich in ihre Richtung um und nickte ihr aufmunternd zu. Seine nackten Beine stakten leicht o-förmig aus den Boxershorts, ein Kapuzenpulli verhüllte den Oberkörper. Sie schwang ihre Beine vom Sofa und ging so wie sie war zur Balkontür. Er hielt ihr seine Zigarette hin, sie zog einmal und stieß den Rauch dann in die Nacht.

Er beobachtete sie und grinste. »Das haben wir ja sehr gut hinbekommen mit Reden.«

»Ich muss dich jetzt ein paar Sachen fragen.«

»Wollen wir damit nicht bis zum Frühstück warten?« Er gähnte.

»Zwei Sachen wenigstens. Sonst denke ich die ganze Nacht darüber nach.« Toni sah Michael an, dass er Angst vor ihren Fragen hatte. »Ist Zsazsa in ihrer Wohnung gestorben?«

Er wirkte überrascht. »Du hast also doch was gespürt? Beim Umräumen?«

»Ja.«

Er atmete geräuschvoll aus. »Es ist nicht in der Wohnung passiert.«

Toni war erleichtert. Nachträglich hätte es sie gegruselt, dort geschlafen zu haben. »Was ist dein Geheimnis mit Evelyn?«

»Wovon redest du?«

»Ihr verschweigt Clara doch etwas.«

Er seufzte und auf sein Gesicht legte sich nun ein Schatten. »Dass sie schwanger war.«

Toni wollte etwas sagen, aber die Worte blieben ihr im Hals stecken.

Michael seufzte noch mal, diesmal tiefer und unglücklich. »Zsazsa war schwanger. Ich war der Vater.«

»Wusstest du es, bevor sie gestorben ist?«

Er nickte. »Bei der Obduktion haben sie es auch festgestellt. Elfte Woche. Evelyn, Jürgen und ich haben uns darauf geeinigt, es Clara nicht zu sagen. Es war schon so schwer für sie.« Er schluckte hart und ergänzte: »Für uns alle.«

Später im Bett lag Michael mit dem Rücken zu ihr auf der Seite. Das Schummerlicht der Frankfurter Nacht und ein Baum vor dem Haus zeichneten dunkle Schatten auf seine Haut. Sie hörte seine regelmäßigen Atemzüge, lag wach und fragte sich, ob Zsazsas Schwangerschaft der Trennungsgrund von Claudia gewesen war. Und ihr wurde bewusst, wie schmerzlich Zsazsas Tod trotz allem für Michael gewesen sein musste. Sie hatte sein Kind in sich getragen.

Am nächsten Morgen frühstückten sie zusammen. Er wirkte in sich gekehrt und verhalten. Toni registrierte das sehr wohl.

»Weißt du, woher der Reichtum der Mertens kommt?«, fragte sie dennoch. »Warum sie sich so viele Immobilien leisten können?«

»Was weiß ich«, erwiderte er knapp.

»Hat Zsazsa jemals mit dir über Gemälde gesprochen?«

Nun fixierte er sie. »Du hast mir vorgeworfen, ich würde nur Zsazsa in dir wollen. Bist du jetzt nur hier, weil du über sie reden willst? Du weißt, bestimmte Dinge sage ich dir nur, wenn Clara einverstanden ist. Daran hat sich nichts geändert. Versuche mich nicht zu manipulieren. Von so was habe ich die Schnauze voll.«

Mit dieser heftigen Reaktion hatte sie nicht gerechnet und versuchte sich zu erklären: »Wenn ich mehr über sie weiß, dann kann ich das alles besser trennen. Die Liebe zur Kunst in der Familie. Ich kannte das nicht. Jetzt ist es da. Ich habe mir Gedanken über dieses Schamanismus-Ding gemacht. Es ist völlig irrational. Und: Wir können nicht so tun, als stünde es nicht wie ein Elefant hier im Raum. Clara glaubt daran, du glaubst daran.«

Michael klang nun fast vorsichtig. »Du auch?«

Sie zuckte mit den Achseln. »Bin ich etwa diejenige, die die Welt erklären kann? Nein. Weiß ich, warum manche Schamanen Spontanheilungen zuwege bringen? Keinen blassen Schimmer. Kann ich mir vorstellen, dass das Universum unendlich ist, dass wir nur ein Staubkorn in einer unendlich großen Staubwolke sind und dass es da draußen noch unzählige

Planeten wie die Erde gibt, auf denen vielleicht auch gerade zwei Leute frühstücken? Ich kann es mir nicht vorstellen, aber es gibt Leute, die klüger sind als ich und den ganzen Scheiß studiert haben, und die sagen, dass es wahrscheinlich so ist. Insofern: Ich weiß nicht, ob du und Clara eine Vollmeise habt oder ob ich eine habe. Aber wir wissen beide, dass uns diese Sache hier betrifft.«

Er beugte sich vor und nahm ihre Hände, sah sie von unten an und nun war er wieder ganz so, wie sie ihn kennengelernt hatte. »Was schlägst du vor?«

Sie löste eine Hand und fuhr mit dem Zeigefinger seine Brauen entlang. »Wir sind ehrlich miteinander. Absolut ehrlich. Und dann sehen wir, ob es uns gut damit geht.«

»Gut. Abgemacht. Hast du in Berlin mit deinem Freund geschlafen?«

»Okay, verstehe, du verlierst keine Zeit.« Sie räusperte sich, sah kurz in den Brotkorb, als würde sie da die Antwort finden, und blickte ihn dann unverwandt an. »Ja. Einmal.« Und als er sichtlich getroffen davon nach den Zigaretten griff, fasste sie ihn am Kinn und zwang ihn sanft, ihr wieder in die Augen zu schauen. »Es war anders. Anders als mit dir. Ich habe dabei an dich gedacht und hätte danach heulen können. Ist das fair? Nein. Verhalte ich mich wie ein Arsch? Ja. Besonders Holger gegenüber. Aber ich dachte nicht, dass ich dich wiedersehe.«

»Willst du Schluss mit ihm machen?«

»Der Kopf sagt Ja, aber mir wird schwindelig dabei. Nenn es feige, nenn es charakterlich unterste Schublade. Oder die Staubschicht unter der untersten Schublade. Manchmal … kennst du das? Wir wissen, dass etwas nicht geht, aber wir wollen es noch nicht wissen.«

Michael nickte wissend.

»Dieser Unfall hat mein Leben zerschossen. Nichts ist mehr, wie es war. Ich verändere mich und manchmal traue ich mir selbst nicht mehr ganz über den Weg. Das macht mir Angst.« Toni formte aus den Resten ihres Brötchens eine kleine Kugel. »Ich habe mir nie sehr viel aus Kunst gemacht. Und jetzt, da … ich weiß nicht, es fühlt sich an, als müsste ich alles wissen. Das macht mir auch Angst, weil *sie* so war.« Sie ließ die Brotkugel auf den Teller fallen. »Hat Zsazsa mit dir über Gemälde gesprochen?«

»Sie hat sich besonders für Expressionisten interessiert.«

»Ich meine, Bilder, die im Familienbesitz sind.«

»Du meinst das furchtbare Zeug, das sie in der Villa hängen haben?«

»Nein. Andere Bilder. Alte. *Richtig* wertvolle.«

»Ich habe keine Ahnung von Kunst, ich war wohl nicht der richtige Gesprächspartner dafür. Mit Xaver hat sie ab und zu gequatscht. Letzten Herbst hing sie ständig im Städel Museum rum, hat sich sogar eine Jahreskarte geholt.«

49

Auf dem Weg zur U-Bahn rief Toni in der Villa in Kronberg an. Doch sie erreichte nur Evelyn, die ihr kurz und bündig sagte, Clara sei krank und könne keinen Besuch empfangen, schon gar nicht Tonis.

»Gut«, zwang sich Toni zu einem freundlichen Tonfall. »Sagen Sie ihr gute Besserung. Ich melde mich dann morgen wieder.«

Eine halbe Stunde später marschierte Toni durch den Osthafen und steuerte auf Zsazsas Atelier zu. Die Jungs waren nicht zu sehen, aber Julia saß auf der Laderampe und trank etwas aus einem leuchtend gelben Becher. Sie winkte Toni schon von Weitem.

»Hey, cool! Hätte nicht gedacht, dass du noch mal herkommst. Auch ’n Käffchen?«

Toni nahm dankend an und kletterte auf die Rampe. Sie folgte Julia in die alte Lagerhalle und fragte sie, ob Zsazsa jemals etwas von alten Gemälden erzählt habe.

»Ich habe dir doch gesagt«, grinste Julia und schenkte Kaffee in eine leuchtend orange Tasse, »du bist wie sie. *Jemals* ist hier aber nicht das treffende Wort. *Unentwegt* beschreibt es wohl besser. Milch?«

Toni nickte. Der Hunger war wieder da, der nicht aus dem Magen kam, sondern aus einer anderen Region, einer anderen Sphäre. »Danke«, sie nahm den Kaffee entgegen. »Womit genau hat sie sich befasst? Um welche Bilder ging es?«

Die Künstlerin band sich die Haare über der rasierten Seite zu einem Pferdeschwanz zusammen. Sie machte ein seltsames Geräusch, als sie durch die Nase lachte. »Und warum interessiert sich eine Frau, die eine Wohnung auflöst, so für meine ehemalige Ateliergenossin?«

»Ich habe in der Wohnung einen Haufen Bücher über Kunst gefunden. Wenn ich weiß, wie wichtig ihr das war«, log Toni und wunderte sich, wie leicht es ihr über die Lippen ging, »kann ich diese Sachen besser einschätzen und gemäß ihrem Willen und würdevoll mit dem Nachlass umgehen. Wenn jemand stirbt, geht es auch darum, dass die Angehörigen das Gefühl haben, man geht respektvoll und angemessen mit den Dingen um.«

Julia lud Toni mit einer Kopfbewegung auf einen Campingstuhl ein, während sie erzählte. »Mit der zeitgenössischen Kunst – Installationen und so – konnte sie nicht so viel anfangen. Damit habe ich sie aufgezogen und sie hat es mir übel genommen. Nach außen tat sie immer ganz stark und unberührbar, aber ich glaube, tief drinnen war sie sehr verletzlich.«

»Sie hatte eine Jahreskarte für das Städel, oder?«

»Natürlich, naheliegend.«

»Gab es in dem Museum auch Bilder, die von den Nazis beschlagnahmt worden sind?«

»Klar. Alle Expressionisten. Über 70 Gemälde, glaube ich. Und Hunderte Zeichnungen und Grafiken. Die Kunstwerke wurden im Ausland versteigert. Die Nazis wollten so an Devisen kommen. Was nicht an den Mann gebracht werden konnte, wurde verbrannt. Das erste Bild zum Beispiel, das von van Gogh je in einem Museum ausgestellt wurde, war das ›Bildnis des Dr. Gachet‹. Hier im Städel.«

»Das wurde damals auch beschlagnahmt?«

»Es galt als ›Entartete Kunst‹. Aber scheiß Hermann Göring hat sich einige Bilder selbst einkassiert, der Wichser. Hat gesagt, er als Obernazi müsse noch mal alles prüfen und – *zack!* – behält er die van Goghs und ein paar andere Gemälde für seine Privatsammlung. ›Alles für das deutsche Volk‹ hat er da sehr persönlich ausgelegt.«

»Was ist mit den Bildern passiert?«

»Den van Gogh hat Göring verkauft. Das Bild ist in Japan gelandet. War lange Zeit das teuerste Gemälde der Welt. Um die einhundert Millionen Dollar. Der verrückte Japaner hat verfügt, dass er mit dem Bild beerdigt wird. So irre kann Kunst Leute machen. Niemand sonst sollte es sehen, wenn er es nicht mehr sehen konnte. Vielleicht wegen Grabräubern wollte er dann aber doch mit seinem van Gogh verbrannt werden. Aber irgendein anderer verrückter Kunstfreak hat es ihm doch noch abkaufen können. Wo das Bild heute ist – niemand weiß es. Es ist völlig ungeklärt.«

»Was ist heute das teuerste Gemälde der Welt?«

»Nagel mich nicht darauf fest, aber ich glaube, mit vierhundertfünfzig Millionen Dollar ein da Vinci. Zumindest ein Bild, das ihm zugeschrieben wird. ›Salvator mundi‹. Hat ein verrückter Araber gekauft, soweit ich weiß. Ein Cézanne ging vor knapp zehn Jahren für angeblich zweihundertsiebzig Millionen über den Tisch. Ein Picasso vor ein paar Jahren für einhundertachtzig. Modigliani, Klimt, Munch, Monet, Matisse, Renoir, Rubens. Alle zwischen siebzig und einhundert Millionen pro Gemälde, glaube ich.«

»Verrückt«, entfuhr es Toni und sie kam sich vor wie ein Kind in einem Monopoly-Spiel. Ein einziges Gemälde aus dieser Liste und man hatte sich zu günstigeren Zeiten halb Frankfurt kaufen können. Und wahrscheinlich auch jetzt noch eine halbe Straße. Und natürlich dachte sie an die Immobilien der Mertens. Und fragte sich, ob Zsazsa sich ähnliche Fragen gestellt hatte.

50

Toni lief am Main entlang. Sie wollte zu Zsazsas Wohnung und dachte, dass sie sich auf dem Weg dorthin überlegen konnte, ob sie den Schlüssel, den sie noch hatte, wirklich einsetzen würde. Nachdem sie die EZB hinter sich gelassen hatte, bog sie rechter Hand auf einen mit großen Platten gepflasterten Fußgängerweg ein, weg vom Fluss, um sich irgendwo einen Coffee to go zu kaufen.

Etwas auf einer der Platten sprang ihr ins Auge, am Rande ihres Bewusstseins flackerte ein Wiedererkennen auf. Es war kein Déjà-vu, es war eine schmerzvolle Kombination von Worten, die etwas in ihr widerhallen ließ. Toni blieb stehen, noch etwas verwirrt, und las dann die Worte, eines nach dem anderen: *es tut einem weh, diese Schönheit.*

Nun wurde sie gewahr, dass auf der Platte des Fußwegs ein ganzes Zitat eingemeißelt war.

Da die Leute nicht Trambahn fahren durften, mussten
sie mit ihrem Gepäck zu Fuß an die Großmarkthalle.
Spießrutenlaufen dazu! Und draußen blüht der Mai:
Kastanien, Flieder, Glyzinien, Apfelbäume –
es tut einem weh, diese Schönheit.

Tilly Cahn, 1942

Wie paralysiert schritt Toni den Weg ab, vom Entsetzen gepackt, aber unfähig, damit aufzuhören. Platte um Platte, Zitat um Zitat zog unter ihren Füßen vorbei.

Meine lieben Kinder! Ich bin in größter Aufregung, da
ich schon die Mitteilung bekam, dass ich übermorgen
Frankfurt verlassen muss. Leider ging mein Wunsch, Euch
wiederzusehen, nicht mehr in Erfüllung. Auf jeden Fall will
ich von Euch Abschied nehmen und wünsche Euch alles Gute,
was eine Mutter ihren Kindern wünschen kann. Ich bin so
nervös, dass ich auch nicht mehr weiterschreiben kann.

Bertha Oppenheimer, 1942

Noch weitere folgten. An einer breiten Glaspforte standen ebenfalls Zitate und dahinter führte eine Viehrampe unter die Erde. Toni starrte auf die Tafel, die danebenhing.

Erinnerungsstätte an die Frankfurter
Großmarkthalle

Von 1941 bis 1945 benutzte die Geheime Staatspolizei die Großmarkthalle als Sammelplatz für Juden aus Frankfurt und dem Umland … beschreibt den Weg, über den die jüdischen Frauen, Männer und Kinder aus der Stadt zunächst zur Großmarkthalle und dann zu den Gleisen getrieben wurden …

Toni starrte die Viehrampe hinunter. Mit Gummibeinen ging sie zu dem Gleisfeld, das sie auf ihren bisherigen Spaziergängen kaum bemerkt hatte.

Meine Mutter hatte für uns das Notwendigste gepackt. Sie wollte freiwillig mit, aber sie durfte nicht. Als sich die Schiebetür geschlossen hatte, wurde sie noch einmal geöffnet. Ein Mann rief: »Hebt die beiden Mädchen hoch, ihre Mutter will sie noch einmal sehen!«

Edith Erbrich, geb. Bär, 2003

Toni starrte auf den Satz und dann hallten die Worte von Uwe Katzer in ihrem Kopf nach. *Was wir erlebt haben, ist nie weg. Das Verdrängte bricht sich immer wieder Bahn. Auch in den nachfolgenden Generationen. Was wir vergessen, wiederholt sich. So lange, bis wir nicht mehr weglaufen und unseren tiefsten Ängsten ins Angesicht geschaut haben.*

51

Toni nahm zwei Stufen auf einmal, als sie zu Zsazsas Wohnung hinaufeilte. Eine innere Uhr hatte zu ticken begonnen und die sagte laut und deutlich, dass Toni schon zu viel Zeit vertrödelt hatte. Natürlich konnte es sein, dass Zsazsa sich aus reinem Freizeitvergnügen so in ihre Recherchen vertieft hatte, aber das glaubte Toni nicht. Zsazsa hatte jeglichen Zugang zu jeglichem Hobby gehabt. Bei ihrem Aussehen hätte sie jeden Tag mit einem andern Schönling ausgehen können, bei ihrer finanziellen Absicherung wäre es kein Problem gewesen, um die ganze Welt zu jetten und in Wellnesshotels Cocktails und bioenergetische Gurkendrinks zu schlürfen. Aber ihr Leben, zumindest das der letzten Monate vor ihrem Tod, war anscheinend von diesem einen Thema beherrscht worden.

Toni schickte ein Dankesgebet gen Himmel, dass sie den Schlüssel noch nicht zurückgegeben hatte. Der Fußabtreter begrüßte sie. *Oh no, you again!*

Die Wohnung sah genauso aus wie an dem Tag, als Toni sie verlassen hatte. Der Autoschlüssel lag noch auf dem Küchentisch und die geschichtlichen Werke über die Nazizeit stapelten sich in einem unordentlichen Haufen neben dem zerrissenen Karton und den gepackten Bücherkisten. Toni ging schnurstracks zum Schreibtisch und durchwühlte die Schublade, in der sie die Jahreskarte von *Susanne Mertens* zu wissen glaubte. Und da war sie. Kurz ging sie auf die Toilette, kippte ein Zahnputzglas Wasser hinunter und sah in den Spiegel. Ihre Wangen waren gerötet, einige Strähnen hatten sich aus dem zurückgebundenen Zopf gelöst und flatterten ihr wirr um den Kopf. Der Glanz in ihren Augen wirkte fiebrig.

Den Weg zum Städel Museum hatte sie in weniger als zehn Minuten zurückgelegt. Sie eilte die Stufen des Kunsttempels empor, an den Säulen vorbei, die den Eingang rahmten, und erwischte einen Schalter mit kurzer Warteschlange. Sie wedelte kurz mit Zsazsas Jahreskarte und gab vor, einen Termin im Archiv zu haben.

Die Dame an der Kasse deutete in einen Seitenflügel. Toni trat auf den braungräulichen Marmorplatten durch die Glasflügel in einen Raum, der einem belebten Buchladen glich. Meterhohe dunkle Holzregale beherbergten Kunstkataloge, Schwarten mit Fachwissen und Bildbände. Der Museumsshop. In der Mitte des Raumes häufte sich auf mehreren langen Verkaufstischen Kunstnippes in jeder Form. Über ihnen fluteten Lampen in der Form überdimensionaler Weihnachtskugeln gleißendes Licht auf die Auslage. Rechter Hand lud ein langer Tresen zu Kuchen und belegten Broten ein, eifrige Hände ließen gewaltige Espressomaschinen dampfen und Kaffee ausspucken, und an den zur Straße gelegenen, hohen Fenstern standen Sitzmöbel zum Verweilen.

Ob Maler je davon geträumt hatten, dass ihre Gemälde eines Tages auf Tassen, Stifte und Schals gedruckt und dass Blechschatullen mit Pfefferminzpastillen ihre Motive tragen würden? Dass ihr Werk noch lange nach ihrem Tod das Öl im Getriebe einer Geldmaschinerie war?

Am Ende des Shops erspähte Toni eine Glastür. In dem Raum dahinter musste es deutlich mehr Tageslicht geben, denn die Tür strahlte weiß und gleißend wie der Zugang zu einem Ufo in einem der Es-gibt-sie-doch-Filme.

Toni atmete einmal durch, machte den Rücken gerade und schritt mit dem Gesichtsausdruck einer Frau, die genau weiß, was sie tut, auf die Schleuse zu. An der Tür warf sie einen Blick über die Schulter. Niemand achtete auf sie. Und dann war sie ins Archiv geschlüpft.

Der Lesesaal des Archivs ächzte vor alten Büchern. Die Fensterfront zum Garten des Städels war durch eine Sicherheitstür zur Festung geworden, die man nur mit entsprechender Personalkarte passieren konnte. Tische zogen sich durch den Saal und unter den Leselampen saßen vereinzelt Menschen mit konzentrierten Mienen. Von dem Saal führten weitere Türen tiefer in das Gehirn des Museums.

Ein streng wirkender Mann mit schütterem Haar und Strickpullunder schritt zielstrebig auf Toni zu.

»Frau Dr. Claudia Gallenberger aus Berlin hat mir einen Termin hier vermittelt«, log Toni. »Ich unterstütze sie bei Recherchen.«

Der Mann schüttelte Toni die Hand. »Für heute habe ich keinen Termin eingetragen. Dr. Wolf. Ich bin Kunsthistoriker und Archivar. Worum geht es?«

»Beutekunst. Die Bilder, die von den Nazis beschlagnahmt wurden«, erwiderte sie.

Die Miene von Dr. Wolf hellte sich auf. »Ah, natürlich. Ich erinnere mich. Vor ein paar Monaten war schon mal eine junge Mitarbeiterin von Dr. Gallenberger hier. Wollen Sie die Recherche fortsetzen?«

»Ja. Ich würde mir gerne zunächst einen Überblick darüber verschaffen, was meine Kollegin damals gesichtet hat, und mich dann weiter vorarbeiten. Damit keine Lücke entsteht.«

Dem Archivar gelang ein Lächeln. »Allein in Deutschland sind um die zwanzigtausend Kunstwerke beschlagnahmt worden, die nicht der Ideologie der Nationalsozialisten entsprachen.«

Toni fühlte eine Welle der Ernüchterung durch ihren Körper laufen. »So viele? Vielleicht fangen wir mit der Sammlung von …«, Toni dachte daran, was Julia in Zsaszas Atelier erzählt hatte, »… Göring an. Was ist damit nach dem Krieg passiert?«

Falls Toni sich als Dilettantin geoutet hatte, ließ er es sich nicht anmerken. Vielleicht freute es ihn aber auch einfach, sein Wissen an jemanden weiterzugeben, der für diese Thematik brannte. Denn das tat Toni.

Der Archivar forderte sie auf, ihm zu folgen, und während er ein paar großformatige und dicke Bücher aus den Regalen holte, erzählte er von der Zeit, als die Alliierten Deutschland befreit hatten.

»Am Ende des Zweiten Weltkriegs hat Hermann Göring versucht, seine ganze Kunstsammlung gegen seine Freiheit einzutauschen. Er ließ einen Zug mit den Millionenwerten an Kunst beladen, die er in seinem Privatbesitz hatte. Treue SS-Soldaten bewachten die Waggons.« Er legte die Bücher auf einen der Lesetische und lud Toni zum Sitzen ein.

»Für Hitler war das Ausland ein Selbstbedienungsladen, was Kunst anging. Göring war sein Chefeinkäufer und er hatte, wo immer deutsche Soldaten Gemälde und Skulpturen entdeckten, die erste Wahl. Hitler wollte in seiner Geburtsstadt Linz das Führer-Museum bauen lassen, es sollte das größte der Welt werden. Und dort wollte er alle Kunstschätze versammeln – zumindest die, von denen er glaubte, sie würden seine Ideologie stärken. Aber Göring hat nicht nur für den Führer geraubt, sondern auch eine Menge für sich selbst abgezweigt. Dann, 45, schickte er den Zug mit seinen Millionenwerten – sein Faustpfand – los. Aber bevor die amerikanischen Soldaten ihn aufspüren konnten, machte der Zug halt im äußersten Bayern, kurz vor der Grenze zu Österreich. Einheimische haben die Waggons geplündert. Niemand weiß, wie viel von den Kunstschätzen weggekommen ist und wo sie heute sind. Ein Großteil der in Deutschland geraubten Kunst ist übrigens heute noch verschollen. Die Kunst, die im Ausland beschlagnahmt wurde, konnte zu einem viel größeren Teil zurückerstattet werden. Das geschah vor allem mithilfe der sogenannten *Monuments Men*. Das waren amerikanische Kunstexperten und Kuratoren im Militärdienst, sogenannte Kunstschutzoffiziere. Von 43 bis 46 sind sie zusammen mit den Soldaten in Deutschland unterwegs gewesen, um die Kulturgüter zu retten. Und sie haben viel gefunden. Kurz vor seinem Untergang hatte Hitler selbst noch den Befehl gegeben, alle Kunst in Deutschland zu vernichten. Kein Gemälde, keine Statue, nichts sollte den Alliierten in die Hände fallen, egal ob geraubt oder nicht. Hitler hatte die erbeutete Kunst – und hiermit meine ich einen großen Teil der europäischen Kunstschätze – in ein Bergwerk bringen lassen. In eine Saline, siebenhundert Meter unter der Erde.«

»Und die haben die *Monuments Men* gerettet?«

»Tatsächlich nicht. Es waren Bergarbeiter. Raue Männer mit dreckigen Händen und Staublungen. Sie haben sich zusammengetan und ihr Leben aufs Spiel gesetzt. Die Milliardenwerte an Kunst waren durch lauter Bomben gesichert worden.

Der Auftrag, sie hochgehen zu lassen, war schon da. In dem Fall wäre die Saline eingestürzt und alles unter Tonnen von Stein und Geröll für immer begraben gewesen.«

»Wie haben die so viele Bilder da rausbekommen?«

»Gar nicht. Sie haben die Bomben rausgeschafft. Wären die Männer nicht gewesen, wäre Europa jetzt – was die Kunst angeht – eine recht traurige Angelegenheit.«

»Gibt es denn«, fragte Toni, »eine Liste der Bilder, die immer noch verschwunden sind?«

Dr. Wolf wiegte den Kopf. »Teilweise. Kunsthändler wurden von den Nazis beauftragt, Tausende Exponate im Ausland zu versteigern. Es gab vor allem zwei Händler, die später auch durch die Presse gingen, die kennen Sie sicher. Hildebrand Gurlitt und Adolf Weinmüller. 2012 wurden über eintausendfünfhundert Kunstwerke in der Münchner Wohnung von Gurlitts Sohn gefunden, ein Teil auch in seiner Wohnung in Salzburg. Viele der Gemälde galten seit 45 als verschollen. Bei fast fünfhundert der Werke gab es den Verdacht, dass sie aus der NS-Beutekunst stammten, es konnte aber nur in wenigen Fällen nachgewiesen werden. Anfang 2016 waren erst bei elf der fünfhundert zu prüfenden Werke die Provenienz geklärt und nur bei fünf waren Eigentumsverhältnisse ermittelt. Niemandem außer uns Kunsthistorikern und Provenienzforschern war bewusst, wie viel Zeit so eine wissenschaftliche Arbeit in Anspruch nimmt.«

»Was war mit diesem anderen Kerl, Weinmüller?«

»Er hatte ein Auktionshaus in München. Erst in den Zweitausenderjahren hat man Versteigerungskataloge mit Notizen aus den Jahren 1936 bis 45 gefunden. Vierundvierzig Kataloge von Auktionen in München und Wien mit über dreiunddreißigtausend Kunstobjekten. Weinmüller war sozusagen ein Hehler der Nazis. Anhand der Aufzeichnungen konnte man viele Provenienzen nachvollziehen. Es gab neben Ankaufs- und

Verkaufssummen auch eine Spalte, die festhielt, wer die Kunstwerke angeliefert hat. Seitenweise stand da: Gestapo.«

Toni war schlecht und sie fragte sich, warum Zsazsa sich so tief in diese Abscheulichkeiten vergraben hatte und wie die Familie Mertens hier involviert war.

52

Toni schlüpfte durch die Glastür in den belebten Museumsshop, in dem der Geruch nach Kaffee und Plunderteilchen hing. Am Tresen besorgte sie sich Wasser und belegte Brote. Den Trubel rundherum nahm sie nur sporadisch wahr, immer dann, wenn die Frage kurz verblasste, ob und was Familie Mertens mit diesem groß angelegten Kunstraub zu tun hatte. Was wusste Clara?

Dr. Wolf war noch ganz bei der Sache gewesen, als sie gemerkt hatte, wie dringend sie eine Pause brauchte. »Hauptsächlich wurden die Kunstgegenstände von den Juden enteignet, die verhaftet und deportiert wurden. Auch von jüdischen Kunsthändlern. Wollten Juden Deutschland verlassen, mussten sie Reichsfluchtsteuer zahlen. Die war schon 1931 eingeführt worden, um das Kapital im Land zu halten. Und nach Himmlers Ausreiseverbot für Juden 41 wurde bei Deportationen ja sowieso alles beschlagnahmt.«

Toni setzte sich nicht zum Essen, sie schlang die Brote im Stehen herunter und spülte mit Wasser nach. Dann kramte sie ihr Handy hervor und rief Clara an. Die war wieder nicht zu erreichen. Wieder ging Evelyn in der Villa in Kronberg ans Telefon. Clara war angeblich beim Arzt.

»Aber«, sagte Zsazsas Schwester, »kommen Sie doch morgen zum Abendessen. Zusammen mit Michael.«

Toni war so verdutzt, dass sie kein Wort herausbrachte.

»Sind Sie noch dran?«

»Ja«, beeilte sich Toni zu sagen. »Gerne. Was sollen wir mitbringen?«

»Nichts. Wir kümmern uns um alles. Dann 19 Uhr?«

»Gut. Grüßen Sie Clara von mir.«

»Bis morgen«, verabschiedete sich Evelyn und legte sofort auf.

Toni starrte ihr Handy an, fast als müsse sie sich vergewissern, dass das Gespräch tatsächlich stattgefunden hatte. Vielleicht war Clara mit Evelyn ins Gericht gegangen und nun gab diese klein bei? Toni lächelte zaghaft. Am nächsten Tag Clara wiederzusehen, machte sie glücklich. Aber sie war auch unsicher geworden. Sie hatte so viele Fragen an Clara, wie sollte sie die stellen?

Sie schrieb Michael eine Nachricht und ging dann zurück ins Archiv. Dr. Wolf nickte ihr aus der Ferne zu. Sie setzte sich vor die Bücher und begann in einem zu blättern. Die Abbildungen zeigten vergilbte Inventarseiten, auf denen mit einer alten Schreibmaschine Listen von Kunstobjekten aller Art getippt und mit handschriftlichen Notizen versehen worden waren. Die Aufzählungen wollten kein Ende nehmen. In einem anderen Buch entdeckte Toni Schwarz-Weiß-Fotos von Gemälden, die einmal im Städel Museum gehangen hatten.

Vincent van Gogh, Bildnis des Dr. Gachet stand über dem ersten. Es zeigte den sitzenden Arzt, auf dem Haar eine Art Baskenmütze, den rechten Ellenbogen auf einem Tisch abgestützt und den Kopf melancholisch in die Hand gelegt. Auf dem Tisch eine Vase und zwei Bücher. Die Abbildung verriet nichts über die Farbgebung, aber die für van Gogh typischen Pinselstriche waren gut zu erkennen.

Neben dem Foto stand: *Öl a. Lwd., 66 × 57 cm (entstanden 1890).* Eine Reihe von Besitzern wurde aufgezählt. Dann: *Das Bild wurde auf Veranlassung Hermann Görings zu seiner persönlichen Verfügung am 1. Dezember 1937 beschlagnahmt.*

Toni erinnerte sich an die rund hundert Millionen Dollar, die das Bild schon vor vielen Jahren gekostet hatte, und blätterte weiter. *Max Pechstein, Mädchen mit Fächer, Öl a. Lwd., 75 × 99 cm (entstanden 1912); 1915 als Geschenk an die Städtische Galerie erworben; beschlagnahmt 1937; laut Kommissionsliste am 18. April 1939 in Kommission bei dem Kunsthändler Karl Buchholz, Berlin; Verbleib unbekannt.*

Das Bild zeigte zwei nackte Frauen im Profil und Halbprofil, am Boden sitzend, die eine mit einem Fächer, den Toni ohne den Titel als Tischtennisschläger gedeutet hätte.

Hermann Lisman, Liebespaar im Garten; beschlagnahmt 1937; im März 1939 als »unverwertbar« verbrannt.

Ein Foto gab es hier nicht mehr.

So ging es seitenweise.

Max Beckmann, Das Nizza in Frankfurt am Main, Öl a. Lwd., 100,5 × 65,5 cm; das Bild wurde in den Ausstellungen »Entartete Kunst« 1937 ff gezeigt.

Toni blätterte und stolperte über einen Picasso. Es war ein schönes und im Vergleich zu seinen bekanntesten Werken ein fast schon naturalistisches Gemälde.

Pablo Picasso, Frauenkopf, Öl a. Lwd., 55,4 × 45,9 cm; 1924 als Geschenk für die Städtische Galerie erworben, beschlagnahmt 25. August 1937; Auktion Fischer, 30. Juni 1937; derzeitiger Standort unbekannt.

Es folgten Marc Chagall, Edmond Cross, Erich Heckel, Louis Vivin, Georges Braque, Willi Baumeister, unzählige andere und wieder und wieder Max Beckmann.

Die Zeilen und Buchstaben begannen vor ihren Augen zu tanzen.

Toni verließ das Städel Museum erst mit der Glocke, die die nahende Schließstunde ankündigte. Um den Kopf freizubekommen und nicht gleich in den Trubel des Feierabendverkehrs zu stürzen, umrundete sie das monumentale Gebäude durch den Garten. Die Wiese war wie von einer Armee leuchtender Ufos besetzt, runde Milchglaswölbungen mit zwei bis drei Metern Durchmesser, die Licht in das Untergeschoss des Museums mit der Kunst ab 1945 ließen.

Toni legte sich auf die Wiese und spürte den Boden unter sich. Sie sah in den Himmel und konnte nicht umhin zu denken, dass die Menschen völlig verrückt waren. Wahrscheinlich standen sie erst am Anfang der Evolution und die Krönung der Schöpfung müsste sich noch mal schwer was einfallen lassen, sollte diese Rasse auf zwei Beinen die nächsten zweihundert Jahre überleben.

Toni rief bei dem Kartonagenhändler im Osthafen an und orderte fünfzig Umzugskartons. Gegen einen Aufpreis waren die Jungs bereit, sie sofort zu liefern.

Als Toni die Kartons in Zsazsas Wohnung in Empfang genommen und gezahlt hatte, schaffte sie das, wozu sie vorher nicht in der Lage gewesen war. Sie räumte ein. Allerdings nicht wahllos. Sie achtete auf jede Schublade, auf jede Ritze, auf jede Möglichkeit, wo Zsazsa Aufzeichnungen versteckt haben konnte. Die Kleidungsstücke füllten zwanzig Kartons, der Schreibtischinhalt zwei. Die Küche packte sie nicht ein, zum einen fehlte ihr Polstermaterial, zum anderen glaubte sie nicht, zwischen Tellern etwas zu finden. Sie durchforstete noch mal den Inhalt der Bücherkiste, die ihr kaputtgegangen war, doch auch dort fand sie weder handschriftliche Notizen noch weitere Fotos. Noch stärker als drei Wochen zuvor wunderte sie sich, wie unpersönlich letztlich diese Wohnung war. Als wäre jemand mit Adleraugen durch die Räume gegangen und hätte alles entfernt, was Anstoß erregen könnte. Aber eines wusste sie aus all den Jahren ihrer Arbeit: Jeder Mensch hatte Geheimnisse und die Angehörigen wussten oft nicht, wo diese versteckt waren. Wo hatte Zsazsa ihre versteckt?

53

Toni schlief lang, aber als sie erwachte, wusste sie sofort, dass sie Clara am Abend wiedersehen würde. Die seltsame Mischung aus Vorfreude und Skepsis saß ihr im Nacken. Den Tag verbrachte sie damit, weiterhin Zsazsas Leben in Kisten zu packen. Um Viertel nach sechs holte Michael sie ab.

Auf dem Weg nach Kronberg besorgten sie einen Blumenstrauß und die ganze Fahrt über dachte Toni an das letzte Mal, als sie mit Michael zur Villa gefahren war. Der Abend war in einer Katastrophe geendet.

Bis sie in Kronberg waren, hatte Toni drei Zigaretten geraucht. Sie sprang aus Michaels Kombi und klingelte. Die Haushälterin öffnete und wartete mit ausdruckslosem Gesicht, bis die beiden drinnen waren, und deutete dann zum Wohnzimmer.

Jürgen und Evelyn saßen bei einem Aperitif auf der Sofalandschaft. Der Esstisch war für sieben Leute gedeckt.

»Hallo, guten Abend!«, rief Toni und sie freute sich sogar, Jürgen zu sehen.

Evelyn nickte ihnen freundlich entgegen. »Auch was vorneweg? Prosecco? Sherry?«

Michael winkte ab.

Toni spähte in den Garten. »Wo ist Clara?«

»Wir werden heute noch ein paar mehr.« Evelyn deutete auf den Esstisch. »Sie müssten gleich hier sein.«

Clara schien es also wieder gut zu gehen, wenn sie Gäste – vielleicht von der S-Bahn – abholte.

Es klingelte und die Haushälterin, mit irgendeiner Vorspeise zugange, wischte sich die Hände an der Schürze ab und verließ die Küche. Stimmen und Schuhe auf dem Parkett waren zu hören.

»Und, wie geht es so?«, fragte Toni an Jürgen gewandt.

Er sah seltsam nachdenklich aus und schlug die Augen nieder.

»Hallo«, hörte Toni hinter sich. Sie drehte sich um – und traute ihren Augen nicht. Vor dem Esstisch standen Holger, Brigitte und Peter.

Evelyn trat neben die drei und sah Toni unverwandt an. »Na, dann wären wir ja vollzählig und lernen uns endlich mal alle kennen. Antonia hat ja schon so viel von Ihnen erzählt.«

Toni war augenblicklich von einer Lähmung überfallen, die es ihr unmöglich machte, sich zu rühren. Sie sah, dass Michael zwischen ihr und ihren Eltern hin und her sah. Sie sah, dass Brigitte Toni mit leichter Verachtung betrachtete und sich dann mit dem gleichen Ausdruck im Raum umsah. Peter blickte sich auch um, doch in seinem Gesicht spiegelte sich etwas Ehrfürchtiges. Und sie sah, wie Holger auf sie zukam. Er gab ihr einen Kuss. Toni lächelte bemüht.

»Hallo, Schatz«, raunte Holger ihr zu. »Du hattest mir versprochen, dass es vorbei ist!«

Michael musste das gehört haben, denn Toni sah aus dem Augenwinkel, wie er sich in ihre Richtung drehte. Die beiden Männer musterten sich und auch wenn sie sich höflich einander vorstellten, bemerkte Toni, dass keiner von ihnen ein Lächeln zustande brachte.

»Wo ist Clara?«, fragte Toni nun besorgt.

Evelyn antwortete nicht und bot stattdessen Aperitifs an. Peter nahm dankend an und stürzte den Sherry beschämend schnell hinunter. Das entging Evelyns aufmerksamen Blicken nicht – wie ihr an diesem Abend nichts entgehen würde, was sie gegen Toni verwenden konnte.

Toni wandte sich zu Jürgen um, ihre immer gleichlautende Frage klang nun verzweifelt. »Wo ist sie?«

»Ja«, stimmte Brigitte mit ein, »wo ist die Herrin des Hauses?«

Evelyn reichte Brigitte einen Sherry. »Meine Mutter ist in einer Klinik.«

Toni war entsetzt. »Was? Wieso?«

Evelyn sah sie spöttisch an. »Sie ist in einer psychosomatischen Akutklinik. Sie ist an ihrem Geburtstag zusammengebrochen. Du erinnerst dich sicher, Antonia. Als du mit Michael oben in dem Gästezimmer warst.«

Holgers Augen verengten sich zu Schlitzen und zoomten zu Michael. Evelyn lächelte Toni nun an und es war klar, dass sie bereit war, alles zu zerstören, wirklich alles.

»Warum hast du nichts gesagt?«, fragte Toni und es kam heiser und fast geflüstert heraus.

»Wieso sollte ich. Es ist doch *meine* Mutter.«

Brigitte sah aufmerksam zwischen den beiden hin und her.

»Setzen Sie sich«, forderte Evelyn Tonis Eltern auf. »Ich freue mich sehr auf diesen Abend.«

Für Toni kam das einer Kriegserklärung gleich.

Die Haushälterin brachte die Vorspeise und Brigitte schnupperte an ihrem Teller. »Was ist das?«

»Es ist köstlich«, sagte Evelyn honigsüß. »Hummer. Sie werden lebendig gekocht.«

Toni spürte die Blicke von Michael und Holger auf sich und sah, wie enttäuscht ihr Vater war, als die Haushälterin ihm das Weinglas nur mit einer vornehm kleinen Menge füllte. Er hatte es sofort geleert und Evelyn forderte die Haushälterin dazu auf, noch bevor diese die Runde mit der Flasche um den Tisch beendet hatte, doch gleich eine zweite zu öffnen. »Herr Petzold hat schrecklichen Durst.«

Jürgen stocherte in seiner Vorspeise herum. Auch ihm war sichtlich unwohl zumute. Toni sah reihum in die Gesichter. Alle bis auf Evelyn fühlten sich grässlich.

Jürgen brach das peinliche Schweigen. »Und, was machen Sie so?«

Peter hielt sein Glas zum Nachschenken bereit. »Wir sind schon im Ruhestand. Wir waren beide Lehrer.«

Evelyn mimte Anerkennung, die lediglich Spott war. »Oh, wie angenehm. Den können Sie hoffentlich genießen. Heutzutage hört man ja oft, dass es Rentnern nicht gut geht.« Ein Blick zu Toni. »Und interessieren Sie sich für Kunst?«

Brigitte erzählte von Volkshochschulkursen und deren Ausstellungen, die sie besucht hatte, und dieses Mal bemerkte sie den spöttischen Zug auf Evelyns Gesicht. Toni sah die typischen Anzeichen bei ihrer Mutter, die eine Konfrontation ankündigten. Brigitte setzte sich sehr gerade hin, ihre Augen verengten sich und in ihren Mundwinkeln zeigten sich tiefe Furchen.

Tonis Gaumen fühlte sich schrecklich trocken an und sie nippte an ihrem Wein.

Evelyn sah Brigitte weiter unverwandt an. »Volkshochschule, soso. Daher kommt also das Faible Ihrer Tochter für Kunst. Ich dachte zuerst, sie interessiert sich nur dafür, weil meine verstorbene Schwester Kunst so liebte. Antonia hat meiner Mutter ein Bild zum Geburtstag geschenkt, das meine geliebte kleine Zsazsa gemalt hat. Ich fand das etwas morbide, aber na ja, Geschmäcker sind unterschiedlich. Manche Leute glauben ja, dass bei einer Organtransplantation eine Seelenwanderung stattfindet und ein Teil des Verstorbenen auf den Empfänger übergeht. Antonia, wie siehst du das eigentlich?«

Und so, wie sie fragte, war klar, dass Evelyn ihr unterstellte, sie glaube daran. Alle am Tisch starrten Toni an. Ihr Mund war immer noch schrecklich trocken und so nahm sie einen weiteren Schluck aus ihrem Weinglas.

Evelyn legte den Kopf schief. »Antonia, mach mal langsam. Du darfst doch gar keinen Alkohol trinken. Achtest du denn gar nicht auf deine neuen Cornea?«

»Ein bisschen ist okay«, sagte Toni und stellte das Glas ab.

Brigitte saß immer noch steif und aufrecht da. »Frau Mertens, es muss schwer für Sie sein, dass Sie Ihre Schwester verloren haben.«

Evelyn nickte und nun sah sie schrecklich traurig aus. Toni war sich sicher, dass dies Teil der dramatischen Show war, die sie hier am Tisch lieferte. Keiner am Tisch traute sich mehr, etwas zu sagen. Evelyn wischte sich eine nicht vorhandene Träne aus dem Augenwinkel.

»Ja«, seufzte sie. »Es ist sehr schwer. Besonders, weil sich meine Schwester umgebracht hat.«

Toni starrte sie an. Michael entfuhr ein zischendes Geräusch und als Toni sich ihm zuwandte, sah sie, dass er nicht widersprechen würde. Ihr Blick huschte zu Jürgen. Er schwenkte seinen Wein im Glas und sah plötzlich sehr alt aus. Holger, Brigitte und Peter warfen sich alarmierte Blicke zu.

»Deswegen ist meine Mutter in der Klinik«, sagte Evelyn. »Antonia hat in der Zeit hier in Zsazsas Wohnung gewohnt, in ihrem Bett geschlafen. Und das hat bei meiner Mutter wohl alles wieder hochgeholt, weil es mit einem Mal so war, als wäre die Tochter, die sich das Leben genommen hat, wieder da. Wir hoffen, dass sie in ein, zwei Monaten aus der Klinik entlassen werden kann und dass sie dann nichts mehr an Zsazsa erinnert.«

Brigitte und Peter fixierten nun Toni. Sie konnte die stille Maßregelung kaum ertragen und als sie sich zu Holger drehte, schloss der nur kurz die Augen und schüttelte fassungslos den Kopf.

»Das wollen wir natürlich nicht, dass es Ihrer Mutter so schlecht geht«, sagte Brigitte und damit wandte sie sich ganz offensichtlich an Toni. »Wir werden morgen nach Berlin fahren und nichts soll Ihre Mutter mehr an das schreckliche Ereignis erinnern.«

Damit hatten Evelyn und Brigitte ein Kontaktverbot in den

Raum gestellt, dem niemand widersprach. Auch nicht Toni. Denn wie hätte sie nun noch etwas dagegen sagen sollen?

»Das ist wohl das Beste«, nickte Evelyn. »Es ist ja noch nicht lange her. Und es war so furchtbar. Stellen Sie sich vor, Zsazsa ist von ganz weit oben aus einem Fenster gesprungen. Sie hat sich in den Tod gestürzt.«

Toni war zum Heulen zumute. Sie war sich sicher, Evelyn würde so lange mit der Tortur weitermachen, bis sie ging. Sie sah zu ihren Eltern. Brigitte und Peter waren jetzt aschfahl.

»Ich glaube, wir gehen besser«, sagte ihr Vater.

Brigitte nickte und stand auf. »Ja. Es tut uns leid, dass wir so überstürzt aufbrechen. Ich fühle mich nicht wohl.«

Evelyn erhob sich ebenfalls. »Ich gehe davon aus, dass wir uns nicht mehr sehen werden. Alles Gute für Sie und Ihre Tochter. Schade, dass Sie nicht bis zum Hauptgang geblieben sind.«

Brigitte fasste Toni am Oberarm und zog sie hoch. Toni spürte, wie sich ihr die Finger ihrer Mutter in die Muskeln bohrten. Sie sah zu Jürgen, der den Kopf gesenkt hielt und seine Lippen mit der Zunge befeuchtete. Sie sah zu Michael, dessen Mund ein schmaler Strich war.

Evelyn streckte ihr mit süffisantem Lächeln eine Hand entgegen. »Den Schlüssel. Von Zsazsas Wohnung.«

Wie in Trance erwiderte Toni, dass sie erst ihre Sachen herausholen müsse.

»Dann bring mir den Schlüssel morgen vorbei. Nicht dass du es vergisst. Du hast doch keine Kopie machen lassen, oder?«, fragte Zsazsas Schwester mit honigsüßer Stimme.

»Spinnst du?«

»Und den Autoschlüssel vom Mini, den gibst du mir auch.«

»Der liegt in der Wohnung.«

Michael kam nicht mit raus. Jürgen verabschiedete sich nicht. Das Letzte, was Toni sah, war der triumphierende Blick von Evelyn, bevor sie die Haustür schloss.

54

Toni folgte Holger, Brigitte und Peter zu einem Mietwagen. Die drei sprachen nicht mit ihr. Das Essen – das halbe – hatte einen Abgrund zwischen ihnen entstehen lassen, der so groß war, dass ein ganzes Leben ihn nicht füllen konnte. Der Abend, auf den sich Toni so ängstlich gefreut hatte und der noch nicht mal in Dämmerung versank, wirkte nun düster und legte sich wie ein Trauerschleier über ihre Welt. Dieser Kater war der schlimmste, den Toni je erlebt hatte, und es war kaum ein Tropfen Alkohol im Spiel gewesen.

»In welchem Hotel wohnt ihr?«, fragte sie mit einer erschreckend dünnen Stimme.

»Kein Hotel.« Brigitte klang so kalt, so schrecklich kalt. »Evelyn Mertens hat uns eine Wohnung gestellt. Und du wirst dort auch schlafen.«

»Aber meine Sachen«, warf Toni matt ein.

»Keine Diskussion«, sagte Brigitte, ohne sie anzusehen. Sie öffnete die Tür zur Rückbank und wies in den Wagen.

Holger stieg hinters Steuer, Peter nahm neben Toni Platz. Er wirkte bleich und seine Wangen waren wie totes Fleisch, das vom Schädel hing. Als Brigitte vorne eingestiegen war, fuhr Holger los.

Toni konnte die Tränen nicht mehr zurückhalten. Sie liefen über das gepuderte Gesicht, durch Zsazsas Schminke. »Ich wusste nicht, dass es so schlimm wird und dass Clara nicht da ist.«

»Und für dieses reiche Pack lässt du uns alle fallen«, zischte Brigitte verächtlich von vorne.

»Das stimmt doch nicht.« Nun schluchzte Toni auf wie ein Kind. Sie sah in den Rückspiegel, sah Holgers Augen, die schmal und ausdruckslos waren und stur geradeaus blickten. »Es tut mir wirklich leid.«

»Lass gut sein jetzt«, fuhr ihr Vater sie an und das war fast das Schlimmste an diesem Abend. »Wie konntest du das diesen Leuten antun. Hast du gar keinen Anstand mehr?« Er würdigte sie keines Blickes, sah nur zu Brigitte nach vorne.

Dann war es still. Toni sah sich jetzt mit den Augen ihrer Familie und es war ihr klar, wie das alles auf ihre Eltern und Holger wirken musste. Aber sie hatte sich den Mertens doch nicht aufgedrängt! Clara hatte den ersten Schritt gemacht, sie gebeten, die Wohnung aufzulösen, Zsazsas Auto zu fahren. Und Michael war derjenige gewesen, der die Affäre forciert hatte. Dass er Toni nicht gesagt hatte, wie Zsazsa gestorben war, leuchtete ihr nun ein. Denn hätte sie es gewusst, da war sie sich sicher, wäre das zwischen ihnen nie passiert. Und auch auf Clara hätte sie sich nicht eingelassen.

Das Schweigen im Auto wurde mit jedem Kilometer mehr zu einem unerträglichen Schmerz. Holger parkte nach einer Fahrt, die sich wie Stunden anfühlte, vor einer hohen Backsteinmauer. Als sie ausstiegen, waren grausame Schreie zu hören, wieder und immer wieder. Es mussten große Vögel in den Volieren des Frankfurter Zoos sein, die die Trauermusik des Abends spielten.

Der Fahrstuhl brachte sie in den fünften Stock. Sie betraten eine schick eingerichtete Wohnung, nicht groß, zwei Zimmer, aber mit einer grandiosen Dachterrasse. Sie bot das perfekte Postermotiv. Die Sonne ging unter und der Trauerschleier des Julihimmels blutete über der Stadt rot aus. Die Skyline – schöner hatte Toni sie noch nie gesehen – blinkte in ihrem Abendkleid aus Lichtern. Linker Hand lag der Zoo. Im nahen Affengehege war schon Schlafenszeit. Aber die Vögel, diese grausam schreienden Vögel, sie gaben keine Ruhe. Toni stand an der Brüstung, fand in ihrer Handtasche Zigaretten und war enttäuscht, dass sie nicht ansatzweise die erwünschte Wirkung zeigten. Ihr wurde lediglich schlecht davon, eine betäubenden Effekt hatten sie nicht.

Die anderen waren drinnen, der Fernseher lief. Sie wollten anscheinend nicht mal mehr mit Toni auf der gleichen Terrasse stehen. Die verzweifelte Trauer kam ihr bekannt vor, aber sie wusste nicht, wieso. Wie ein Hundewelpe fühlte sie sich, ausgesetzt an einem Rastplatz, dreckig, verlassen, mit niederschmetterndem Nichtverstehen darauf wartend, dass ein Mensch zurückkam und sie abholte. Aber es kam niemand. Keine Clara, kein Michael. Nicht mal Peter. Es kam niemand.

Sie holte ihr Handy aus der Tasche und legte es auf die Brüstung. Das Display lachte ihr höhnisch entgegen. Niemand hatte ihr geschrieben, niemand angerufen.

Die Vögel schrien wieder. Toni sah hinüber zur großen Voliere des Zoos. Dann wanderte ihr Blick zur Mauer und auf die Straße. Und plötzlich … sie beugte sich über die Brüstung. Zwei Stockwerke tiefer gab es einen Balkon. Aber wenn man weit genug sprang und ihn verfehlte …

Plötzlich ist alles ganz grell. Der Himmel wird dunkel, aber ihre Linsen scheinen nicht richtig zu funktionieren. Ihre Umgebung ist ein überbelichtetes Foto. Und dann greift die Angst nach ihr, ballt eine knochige Hand in ihrem Brustkorb um ihr Herz und sie bekommt kaum noch Luft. Sie klammert sich mit den Händen an die Brüstung, aber die Hände schwitzen, sie sind ganz rutschig und sie weiß, sie wird abstürzen. Ihre Knie sind weich, sie will auf allen vieren in die Wohnung kriechen, aber sie kann nicht. Ihre Hände halten die Brüstung, aber es ist, als würden sie ins Leere greifen. Die Angst wird zur Panik und dann ist da plötzlich dieser Sog nach unten. Irgendetwas zieht sie über die Brüstung. Und das hat etwas Wunderschönes. Wenn sie nur weit genug springt und den Balkon verfehlt, dann ist endlich alles vorbei. Sie wird es kaum merken. Ein bisschen Wind im Gesicht, die Haare, die flattern, und dann wird alles gut. Endlich wird alles gut. Es kann ganz einfach sein, sagt eine Stimme in ihr, es ist nicht schlimm. Der Sog nach unten wird stärker und zugleich ganz warm, er fühlt sich an wie eine Umarmung. Dann schwebt Toni plötzlich über ihrem Kopf und sieht von oben, wie sich ihr Körper an die Brüstung schmiegt, wie ein Bein darüber wandert. Nein!, schreit sie von oben herunter, aber der Sog dirigiert jetzt ihren Körper: *Es tut nicht weh, es ist ganz einfach und dann ist endlich alles vorbei.* Die Vögel schreien, sie rufen ihr zu: *Du kannst es, flieg!*

Und dann ist da eine andere Melodie und ein leichtes Vibrieren, sie spürt es an ihrem Arm, aber wie aus einem fernen Leben, denn sie schwebt noch immer über ihrem Kopf. Sie sieht von dort oben das Display ihres Handys: Michael. Sie könnte drangehen, aber ihr Körper gehorcht ihr nicht. Er steht jetzt vollständig unter der Befehlsgewalt *der anderen.* Die Stimme flüstert ihr zu: *Er will dich nicht wirklich, er hat dich belogen, aber es kann alles gut sein. Komm zu mir …*

Irgendwie schafft sie es, ihr Arm erkämpft sich das Handy und sie drückt auf Annehmen. Und dann sagt ihr Körper mit einer seltsam fremden Stimme:

»Sie ist von der Dachterrasse am Zoo gesprungen.«

Es klingt weit entfernt aus dem Handy. »Ja.«

Der Sog reicht Toni eine Hand und flüstert ihr zu. Aber sie ist noch nicht ganz bereit, sie hört sich selbst aus der Ferne sprechen. »Hier hat sie sich umgebracht.«

Ein Teil von Toni, der oben schwebt, ist erschrocken und ganz nüchtern. Vielleicht ist das der Beweis für den Schamanismus? Ist die dunkle Seite von Zsazsa in sie gewandert? Und warum hat sie sich umgebracht? Sie war doch schwanger.

Michael klingt wieder an ihrem Ohr. »Du bist auf der Dachterrasse am Zoo?«

»Ich sehe genau das, was sie als Letztes gesehen hat. Es ist wunderschön.«

»Geh sofort rein! Hörst du mich, Antonia! Geh! Sofort! Rein!«, ruft Michael durch das Telefon, aber er ist ganz weit weg.

»Es hat wahrscheinlich gar nicht wehgetan …«, flüstert Toni und nun brüllt Michael: »Tu uns das nicht an! Tu ihr das nicht an!«

»Sie hat mich nicht beschützt …«

»Clara liebt dich!«

Und plötzlich – es war der Name – fiel Toni zurück in ihren Körper. Sie klammerte sich an die Brüstung, atmete hektisch und glitt auf den Boden der Dachterrasse. Ihr Herz raste. Zsazsa hatte sich umgebracht. Hier. Und etwas Dunkles in Toni war so stark geworden, dass es sie an der gleichen Stelle hinüberziehen wollte.

Sie kauerte auf dem Boden und keuchte. Was passierte mit ihr? Wie war sie in diesen Albtraum geraten?

Oktober 2019

55

Ich stehe im Wohnungsflur meiner Eltern, starre die Tür an und keuche leise. Draußen ist es immer noch still und es ist, als könnte ich die Blicke der Leute da draußen durch das dicke Holz spüren. Wenn es Nachbarn sind, werden sie die Polizei rufen, keine Frage. Wenn ich festgenommen werde, dann kann ich vielleicht keine der Fragen mehr klären, die mir auf der Seele brennen: Was hätte meine Mutter gewollt? Wie konnte es sein, dass es vor dreißig Jahren so einen Streit um mich gab? Stecken die Mertens hinter dem Mord an meiner Mutter?

In einer Knastzelle werde ich nichts weiter tun können als das, was ich gerade tue: eine Tür anstarren. Also bleibt mir nur ein Weg – der nach vorne.

Ich atme durch, dann drücke ich wieder die Klinke. Welchen Gesichtsausdruck soll ich aufsetzen? Einen unbeschwerten? Wirkt das glaubhaft, nachdem meine Mutter getötet wurde? Einen verzweifelten? Das wäre wohl für Nachbarn der angemessene Eindruck, aber was, wenn es Polizisten sind, die draußen stehen, mit gezückten Waffen und Handschellen? Ich öffne die Tür, versuche, zugleich traurig und gefasst auszusehen. Meine roten Augen werden den Leuten erzählen, dass ich mir die Seele aus dem Leib geweint habe. Wer würde schon vermuten, dass sie vielleicht nur ein Indiz dafür sind, dass meine neue Cornea abgestoßen wird und ich erneut erblinde.

Im gelblichen Dämmerlicht der Treppenhausbeleuchtung stehen zwei Personen, die ich schon ein paarmal gesehen habe. Wir haben uns gegrüßt, ohne uns wirklich wahrzunehmen. Die Nachbarn meiner Eltern haben mich nie interessiert, meine Eltern haben sich schließlich auch nie für sie interessiert.

»Sie sind es«, sagt die Frau erleichtert. Sie ist vielleicht zehn Jahre älter als ich und sie hat einen Dackel auf dem Arm. Er ist alt und sein Fell ist grau. Das Tier knurrt mich an und die Frau legt ihm eine Hand über die lange Schnauze.

Der Mann neben ihr sieht zu mir, dann auf das gebrochene Siegel, dann wieder zu mir. Die Skepsis ist ihm ins Gesicht geschrieben.

»Guten Abend«, sage ich mit belegter Stimme. »Tut mir leid, wenn ich Sie erschreckt habe. Das Krankenhaus braucht Unterlagen von meiner Mutter.« Ich halte wie zum Beweis, dass ich mich rechtens in der Wohnung aufgehalten habe, den Hausschlüssel in die Höhe, auch wenn das gar nichts beweist. Sein skeptischer Blick weicht nicht, also setze ich nach.

»Sie haben mich hergeschickt, um nach einer Patientenverfügung zu sehen.« Das stimmt immerhin, denke ich. »Es eilt, denn …« Meine Stimme wird brüchig. »Sie ist tot. Und auch wenn sie über siebzig ist, sie war gesund und sie könnte noch Organspenderin werden. Ich muss entscheiden, ob das geschehen soll, aber ob wir sie so …« Ich schlucke, starre auf den alten Dackel und einen Moment will ich *einschläfern* sagen, aber im letzten Moment verschlucke ich das Wort.

Die Frau sieht mitfühlend aus und ich glaube, sie drückt den Hund fester an sich. Der Mann schaut wieder auf das Siegel.

»Es ist abgeklärt«, beruhige ich ihn und ich weiß nicht, ob er meiner Lüge glaubt. »Sagen Sie, ist Ihnen etwas aufgefallen in der letzten Zeit? Ich verstehe nicht, wie das hier passieren konnte.«

Der Mann zieht die Augenbrauen zusammen. »Wir haben der Polizei alles gesagt.«

Man hat sie also befragt. Ich sehe vor meinem geistigen Auge Polizisten, die einen anstarren und insistieren, man solle endlich die Wahrheit sagen. Die altbekannte Hitze einer aufkommenden Panikattacke flutet meinen Bauch.

»Was haben Sie ihnen gesagt?«, frage ich und versuche ruhig zu atmen, um das Adrenalin in meinem Körper wieder herunterzufahren.

Die Nachbarn sehen sich an, betreten und unsicher. Ich verstehe es, schließlich sprechen sie gerade mit der Tochter eines mutmaßlichen Mörders. Ich scheine der einzige Mensch auf der Welt zu sein, der ganz sicher weiß, dass er es nicht gewesen sein kann.

Der Mann klimpert mit seinem Schlüsselbund, wohl das Zeichen an seine Frau, den Rückzug anzutreten.

»Bitte«, flehe ich. »Um meiner Mutter willen. Was ist passiert?«

Die Frau seufzt. »Sie haben tagelang gestritten. Wir haben es durch die Wände gehört. Jetzt müssen wir rein, Herold braucht seine Medikamente.«

Ich brauche einen Moment, bis ich begreife, dass sie den Hund meint und nicht ihren Mann.

Die beiden verschwinden in ihrer Wohnung, schnell und etwas verängstigt, als könnte ich ihnen nachkommen, als könnte ich mit der genetischen Abstammung von meinem Vater das Morden geerbt haben und auch zur Täterin werden.

Als ich alleine bin, muss ich mich am Treppengeländer festhalten. Meine Eltern haben tagelang gestritten? Warum? Sie haben nie gestritten, nur über lächerliche Beträge diverser Rechnungen. Sie haben sich nicht mal wegen seines Alkoholkonsums in die Haare bekommen. Mein Vater hat Evelyn Mertens angerufen. Ob es darum gegangen ist? Das erste Mal beschleicht mich der Gedanke, ob er es vielleicht doch gewesen ist, ob er meiner Mutter den Schädel eingeschlagen hat. Aber das ist unmöglich, völlig unmöglich.

Juli 2019

56

Toni hatte in der Dachgeschosswohnung am Frankfurter Zoo einen Zettel auf dem Tisch hinterlassen und dann leise die Tür hinter sich zugezogen. Michael stand mit seinem Auto vor dem Haus, er musste durch die Stadt gerast sein wie ein Irrer. Seine Scheinwerfer blendeten sie in der nun vollständigen Dunkelheit und sie stieg ein.

Er fasste ihre Hand. Panik stand in sein Gesicht geschrieben. »Ist alles okay bei dir?«

Nein, dachte sie, alles andere als das, und sagte: »Bring mich nur weg hier.«

Sie war noch zittrig, ihr Kopf war zugleich heiß und kalt, eine seltsame Empfindungsstörung. Er sah sie auf der Fahrt immer wieder besorgt an, aber sie sprachen kaum. Als er den Wagen am Main abgestellt hatte, gingen sie hinunter zur Promenade.

»Warum hast du es mir verflucht noch mal nicht gesagt?«, fragte Toni. Dass Zsazsa in den Tod gesprungen war, fühlte sich an, als hätte eine gute Freundin Selbstmord begangen. Ihr kam es nun so vor, als wäre es in dem Moment auf der Dachterrasse, der nur kurz gedauert haben konnte, ihr aber wie eine Ewigkeit erschienen war, ein realer Mensch gewesen, der sie zu überreden versucht hatte zu springen – und den sie im Stich gelassen hatte.

»Hab ich dir doch gesagt«, sagte Michael. »Ich wollte dich schützen. Es ist doch sicher nicht schön, das zu wissen. Und ich wollte Clara vor deinen Fragen schützen.«

»Aber das geht nicht. Wenn sie von da oben abgestürzt ist, dann hätte ich unmöglich ihre Cornea bekommen können.«

»Der Balkon. Er hat gereicht, sie muss schlimm aufgekommen sein. Die Obduktion hat einen Genickbruch ergeben.«

»Ist es denn sicher, dass es ein Selbstmord war?«

Michael nickte und Toni sah im Schein einer Laterne dunkle Schatten unter seinen Augen. »Sie hat einen Abschiedsbrief hinterlassen. Ihre Tasche lag da, ihr Handy, ihr Geldbeutel, alles. Ich konnte es erst nicht glauben.«

»Was stand denn in dem Brief? Ich meine, sie war schwanger, sie hatte Höhenangst, das passt doch alles nicht zusammen.«

»Wer weiß, was in ihr vorging an dem Tag«, sagte er unglücklich.

Toni hatte noch nie im Leben eine solch entsetzliche Furcht gehabt wie auf der Dachterrasse. Vor ihrer Operation war ihr Höhenangst ganz unbekannt gewesen. Aber Zsazsa hatte diese Höhenangst gekannt. Es war verrückt, völlig verrückt. Konnte das wirklich sein?

»Antonia, muss ich mir Sorgen um dich machen?«

»Ich weiß nicht, was da oben vor sich gegangen ist. Ich checke es null.«

Auf der Mainbrücke über ihnen donnerten Autos entlang. Sie gingen eine Weile schweigend, bis Toni stehen blieb.

»Bin ich deswegen hier, weil ihr beide, du und Clara, Schuldgefühle habt? Weil ihr vorher nichts gemerkt habt?«

Er reagierte gereizt. »Warum glaubst du immer, dass wir nicht dich meinen? Glaubst du, es ist einfach für uns?«

»Nein, das glaube ich nicht. Aber mich zu lieben macht es für euch vielleicht einfacher? Was war los mit Zsazsa? Warum hat sie sich umgebracht?«

Er sah zur Seite und kniff kurz die Lippen zusammen. Dann atmete er durch. »Zsazsa war nicht die, für die alle sie gehalten haben. Sie war jemand ganz anderes. Ich … Ich bin fast kaputtgegangen an der Beziehung. An ihr.«

»Weil sie fremdgegangen ist?«

Und dann brach es in einem Schwall aus ihm heraus. »Weil sie ein Teufel sein konnte. Weil sie plötzlich Schluss machen wollte. Weil sie aus dem Nichts Streit angefangen hat. Weil sie gewütet und mich beleidigt hat, weil sie nach jeder Trennung kam und zuckersüß war und geschworen hat, dass sie sich bessert! Und wenn ich nicht mehr wollte, gab es ein Riesendrama. Es gab immer Drama und die Abstände dazwischen wurden immer kürzer. Sie konnte sich dreimal am Tag trennen und sich wieder versöhnen. Manchmal wirkte sie wie abhängig von mir, dann fühlte es sich wieder so an, als ob sie nie wirklich Ja zu mir gesagt hat. Aber wann immer ich sie darauf festnageln wollte, hat sie mir beteuert, dass sie es ernst meint.«

Toni starrte ihn an. Mit düsterer Miene sah er auf den Fluss.

»Dann war sie tagelang nicht zu erreichen. Und ich Vollidiot habe ihr immer geglaubt, wenn sie wieder ankam. Ich konnte einfach nicht mehr. Ich war fertig! Mein ganzer Tag drehte sich nur noch um sie, darum, wann sie das nächste Mal aus dem Nichts heraus ausrastet. Dann war ihr nichts mehr gut genug, sie hat so lange an mir rumgemeckert und auf mir rumgehackt, bis ich am Boden war. Es war, als würde sie das brauchen.«

Toni wusste nicht, ob sie ihm glauben sollte. »Clara hat mir nichts davon erzählt.«

»Weil sie es nicht sehen will. Sonst kommen die Depressionen wieder. Natürlich war Zsazsa auch zu Hause schwierig.«

»Clara hatte schon öfter Depressionen?«

»Ja, immer wieder.«

»Warum arbeitest du dann noch für Jürgen? Wenn alles so schlimm war?«

Michael zuckte mit den Schultern. »Es hat mir immer Spaß gemacht. Und Jürgen hat immer verstanden, wenn ich fertig war. Ich musste ihm nichts vorspielen.«

»Du hast mit ihm darüber geredet?« Er antwortete nicht, was Toni als Zustimmung aufnahm. »Auch über die Schwangerschaft?«

»Ich war gegen das Baby. Ich wollte die Beziehung nicht noch mal aufnehmen. Ich wollte nicht durch ein Kind an so eine kranke Frau gebunden sein.«

Für Toni fühlte es sich wie eine Ohrfeige an. »Weiß Clara das?«

Er schüttelte den Kopf. »Ich hatte ein schreckliches Schuldgefühl, als ich von Zsazsas Tod erfahren habe, weil ich dachte, ich wäre schuld. Ich dachte sogar eine Zeit lang, das wäre ihre Rache an mir.«

»Du spinnst ja«, entfuhr es Toni. Ihr kam es fast vor, als hätte er ihr diesen Vorwurf gemacht.

»Du kanntest sie nicht«, sagte er mit einem bitteren Lachen.

»Du hättest dich auch von ihrer Familie trennen sollen.«

»Nach ihrem Tod konnte ich das nicht mehr.« Er nahm ihre Hand. »Dennoch. Ich will endlich eine normale Freundin. Eine, die weiß, wer sie ist, und nicht jeden Tag eine andere sein muss. Ich habe die Schnauze voll von dem ganzen Psychokram. Ich will eine Partnerin, bei der nicht ständig alles auf der Kippe steht und die sich selbst auch leiden kann.«

Toni lächelte, nur dass ihr gar nicht danach war. Die Beschreibung, die er eben gegeben hatte, schloss sie vollumfänglich von seiner Liste möglicher Kandidatinnen aus, auch wenn er das noch nicht sah.

»Kommst du mit zu mir?«, fragte er.

Später, in seiner Wohnung, liebten sie sich fieberhaft, küssten sich, als wäre es das erste Mal, und Toni küsste ihn, als wäre es das letzte Mal. Als er schlief, kleidete sie sich leise an, weinte stille Tränen, packte ihre Sachen und strich ihm dann über die Haare.

»Mach's gut«, flüsterte sie. »Leb wohl.«

Sie war Zsazsa zu ähnlich geworden und sie wusste, wenn sie jetzt nicht ging, würde sie eines Tages schrecklich leiden. Und das Erlebnis auf der Dachterrasse durfte sich nie mehr wiederholen.

57

Völlig übernächtigt sammelte Toni ihre restlichen Sachen zusammen. Wieder ging sie ein letztes Mal durch die Räume, durch Zsazsas Wohnung, durch Tonis vorübergehende Wohnung; ihre *gemeinsame* Wohnung.

Diesmal fühlte es sich tatsächlich nach dem unwiderruflich letzten Mal an. Sie sah die Kisten und hatte das Gefühl, dass sie die Sachen nicht weggeben durfte. Evelyn würde sie rigoros entsorgen, damit nichts mehr blieb, was Clara an Zsazsa erinnern könnte. Schon bald würde diese Wohnung ganz leer sein.

Vier Stunden später drückte sie an einem Wohnhaus im Westend die Klingel. Toni fühlte sich elend, aber das würde sie Evelyn nicht zeigen. Sie würde das hier mit Haltung durchstehen.

Als der Fahrstuhl sie im vierten Obergeschoss ausspuckte, hörte sie Jürgen durch eine Wohnungstür.

»Sorg dafür, dass sie nie wieder einen Fuß in diese Stadt setzt!«

Er hatte sich also auch vollends von ihr abgewendet. Sei's drum. Sollte er sie doch auch wie eine Aussätzige behandeln. Sollte er doch sein wahres Gesicht zeigen.

Die Tür wurde aufgerissen, eben als Toni klingeln wollte.

Jürgen trat hastig heraus, blieb kurz im Türrahmen stehen und sah Toni an. Sie zwang sich zu einem Lächeln, das völlig fehl am Platz war. Er erwiderte es nicht.

»Warum habt ihr es mir nicht einfach gesagt?«, zwang Toni sich mit erhobenem Kopf zu fragen. »Dann wäre alles anders gekommen. Warum habt ihr es mir verheimlicht?«

Jürgen schien hin- und hergerissen. Er sah verstimmt aus, sehr sogar, aber zugleich lag etwas Verletztes in seinem Blick. Er hob an, etwas zu sagen, doch ließ es dann. Er ging wortlos.

Evelyn begrüßte sie nicht, hielt nur die Hand auf.

Toni ignorierte die Geste. »Mein Auftrag ist beendet. Wie kann ich Clara erreichen?«

»Warum? Willst du Geld?«

»Ich möchte mich verabschieden.«

»Hast du hiermit.«

Der eine Teil in Toni wollte weg hier, weit weg. Aber der Teil, der Clara liebte und sich Sorgen um sie machte, wollte nicht gehen, ohne einen Hinweis darauf zu bekommen, wo sie war. Es musste eine Menge psychosomatischer Kliniken in Deutschland geben und selbst wenn Toni sie durchtelefonierte – wie lange würde es dauern? Stunden? Tage? –, würden die Leute dort sicherlich nicht verraten dürfen, welche Patienten sie behandelten.

»Dann hätte ich gerne etwas Schriftliches von Ihnen«, bemühte Toni sich um einen professionellen Ton, »dass der Auftrag beendet ist.«

Evelyn bewegte sich nicht. »Sie haben ja nicht mal einen schriftlichen Auftrag. Dann braucht es auch keine Auflösung.«

»Nun machen Sie es doch nicht so kompliziert. Das ist eine rechtliche Sache. Es kann handschriftlich sein. Dauert nur drei Minuten.«

Zsazsas Schwester starrte auf die Schlüssel in Tonis Hand und schließlich lenkte sie ein. Sie machte eine Geste, dass Toni eintreten sollte. Evelyns lichtdurchflutete Wohnung sah aus wie das Titelmotiv eines Einrichtungskataloges: schlichte und sicherlich teure Designermöbel, alles akkurat aufgeräumt.

Toni trat zu Evelyn an einen Schreibtisch an der hinteren Fensterfront des Wohnbereichs, die beiden Schlüssel behielt sie in der Hand. Auf dem Laptopbildschirm sah sie ein Mailprogramm. Evelyn klickte es weg und im Browser erschien die Maske einer Fluglinie mit der Buchungsbestätigung für ein Ticket nach Warschau. Hinter dem Fenster mit der Buchungsbestätigung war ein Kontozugang geöffnet.

Toni sah, wie Evelyn ein leeres Dokument aufrief, und hörte ihre lackierten Fingernägel über die Tastatur tanzen. Dann erwachte irgendwo im hinteren Teil der Wohnung ein Drucker. Toni legte ihre Tasche auf einem Stuhl ab und heuchelte Interesse an einem der Bilder an der Wand. Als Evelyn das Zimmer verließ, um die ausgedruckten Blätter zu holen, schoss Toni zum Laptop. Sie rief das Mailprogramm wieder auf und scrollte den Eingang durch. Kein Hinweis auf eine Nachricht von Clara. Sie klickte auf das Fenster mit den Kontoauszügen. Dauerauftrag Miete: 2500 €. Absurd. Kreditkartenabrechnung: 6370 €. Noch absurder. Überweisung Tanja Slomka: 3000 €. Abbuchung Hotel Chopin: 350 €. Autoleasing: 800 €. Cateringservice: 3500 €. Olaf Wegener: 6190,20 €. Arzt, Tankstelle, Biomarkt, Friseur … Die Frau hatte Monatsausgaben im Gegenwert eines Mittelklassewagens. Es war aber etwas anderes, was dazu führte, dass irgendetwas in Tonis Unterbewusstsein aus dem Nebel des Vergessens aufsteigen wollte. Da war etwas, das wichtig war, doch es war wie nach einem Traum: Je mehr sie versuchte danach zu greifen, umso mehr entglitt es ihr. Einer Eingebung folgend schoss sie ein Foto von dem Bildschirm. Dann ließ sie das Handy wieder in ihrer Tasche verschwinden.

Weil der Drucker verstummte, klickte Toni die Fenster auf dem Bildschirm wieder weg und wandte sich dem erstbesten

Kunstgegenstand in der Wohnung zu, einer Holzarbeit. Sie zeigte eine roh geschnitzte Frauenskulptur. Als Evelyn zurück war, drehte sie sich um. »Ah, Sie haben zwei Ausdrucke gemacht, sehr gut. Lassen Sie es mich lesen, dann bin ich weg.«

Toni überflog die Sätze, die besagten, den Auftrag habe es nie in schriftlicher Form gegeben, Toni versichere, keine Zweitschlüssel angefertigt zu haben und auf jedwede Kostenerstattung und jegliches Honorar zu verzichten.

»Sie sehen schrecklich aus«, sagte Evelyn.

»Oh, danke«, erwiderte Toni. »Reizend bis zur letzten Minute.«

»Ich meine es ernst«, sagte Evelyn. »Nicht dass Sie mir gleich umkippen. Oder mir hier alles vollkotzen. Vielleicht gehen Sie mal eben ins Bad und legen sich einen kalten Waschlappen in den Nacken. Und trinken ein Glas Wasser. Unterschreiben Sie danach. Kommen Sie, ich zeige es Ihnen.«

Evelyn fasste Toni sanft am Arm und führte sie in ein Badezimmer. Toni schloss die Tür und setzte sich an den Badewannenrand. Sie spürte ihre letzten Energiereserven schwinden. Die Hände unter einen eiskalten Wasserstrahl ins Waschbecken gestreckt, blickte sie in den Spiegel. Sie sah tatsächlich schrecklich aus.

Evelyn wartete mit Füller und dem Schreiben. Als auch das mit Anstand über die Bühne gebracht war, öffnete Evelyn die Wohnungstür.

Toni versuchte es ein letztes Mal. »Ich denke, es wäre sinnlos, Sie darum zu bitten, Clara eine Nachricht von mir zukommen zu lassen?« Ihre aufgesetzte Gelassenheit hätte nicht mal ein Haustier getäuscht.

Evelyn trat ganz nah an sie heran. Der kleine Anfall von Fürsorge war vorüber. Giftgrün sprühte Hass aus ihren Augen. »Provozieren Sie mich nicht.«

Toni bekam Angst. Sie quetschte einen letzten Satz heraus,

um mit Würde gehen zu können. »Sie gehen über Leichen, ja?«

»Endlich haben Sie mich verstanden.« Evelyn stieß Toni auf den Flur und schmetterte dann die Tür zu.

Als die innere Notwendigkeit, Haltung und Fassung zu bewahren, nicht mehr vonnöten war und sich die Aufzugtüren hinter Toni schlossen, lehnte sie die Stirn gegen die kühle Aluminiumwand. Evelyn meinte es ernst. Dieser Hass. Sie würde es tun. Sie würde über Leichen gehen. Was aber noch viel schlimmer war: Mit einem Mal stand Toni die Nacht wieder vor Augen. Die Dachterrasse, der Sog und dann ihr feiger Abschied von Michael.

Sie hatte noch eine Stunde Zeit, bis sie zum Zug musste, und diese konnte sie unmöglich irgendwo sitzend verbringen, weil sie sonst auf der Stelle eingeschlafen wäre. Sie hatte also noch sechzig Minuten, um sich von Frankfurt zu verabschieden.

Vor dem Hauptfriedhof setzte augenblicklich wieder das beklemmende Gefühl ein, das sie auch beim Besuch mit Clara hier ergriffen hatte. Dennoch zwang sie sich, durch die Pforte zu gehen. Sie hörte den Kies unter ihren Füßen knirschen. Sie ging langsam, weil ihr die Energie für Eile fehlte. Fast kam sie sich vor, als würde sie zu einer Beerdigung gehen.

Vor Zsazsas Grabstein sank sie ins Gras. *Life is my art* stand auf dem Stein und Toni dachte, dass sie selbst diese Kunst nicht beherrschte, die Kunst, ein gutes Leben zu führen.

»Mach es gut«, sagte sie leise. »Ich werde dich jetzt vergessen. Und ich bin dir dankbar für das neue Augenlicht. Ich wünsche deiner Mutter alles, alles Liebe.«

Und dann kamen die Tränen. Nicht um Zsazsa, Toni spürte nichts von der toten Spenderin an diesem Grabstein. Sie weinte um Clara und eine fast panische Angst bemächtigte sich ihrer, dass ihr etwas zugestoßen sei, etwas Schlimmes. Das Weinen um Clara ging nahtlos über in Weinen über ihr eigenes Leben. Was war nur aus ihr geworden? Womit hatte sie das verdient? Sie hatte Mist gebaut, keine Frage. Aber warum fühlte sie sich, als würde sie gerade in einen schlimmen Abgrund stürzen? Warum hatte Evelyn sie so gedemütigt und Toni hatte nichts mehr entgegenzusetzen? Was sie da fühlte, war das eine Depression? Hatte Zsazsa das auch gespürt, bevor sie gesprungen war? Wollte Toni nicht selbst so enden, blieb ihr nichts anderes übrig, als zu kapitulieren und zu akzeptieren, dass dieses Leben hier in Frankfurt nicht für sie bestimmt war, sondern nur ihr eigenes in Berlin.

Oktober 2019

58

Ich parke mein Auto in der Charlottenstraße in Kreuzberg. Um diese Uhrzeit lärmt der Verkehr noch durch die Dunkelheit. Ich empfinde ihn als anstrengend. In meinem Haus am Rande von Spandau war es immer ganz ruhig, Vögel machten den einzigen Lärm, der mich morgens weckte.

Mein Haus. Mein geliebtes Haus, das sich ganz armselig zwischen den energieeffizienten Familienheimen in meiner Straße ausnahm, und mein Garten, der in den letzten Jahren am schönsten von allen geblüht hat. Nichts riecht dort mehr nach Blumen, alles stinkt nach kalter Asche.

Ich hole den Ersatzschlüssel aus meiner Umhängetasche – den zweiten, den ich bei mir trage und der zu Claudias Wohnung führt. Im Fahrstuhl lehne ich mich an die Wand. Oben im Türrahmen wartet sie auf mich und steht genauso da wie an dem Tag, als ich sie kennenlernte.

Sie bedeutet mir, mich zu setzen, und sagt mir, wie schrecklich ich aussehe. Inzwischen weiß ich, dass sie diesbezüglich nie ein Blatt vor den Mund nimmt.

»Ich muss mit meinem Vater sprechen. Wegen einer Patientenverfügung. Hast du was wegen einem Besuch erreichen können? Und wegen irgendwelchen Akten, die es noch von früher gibt?«

Claudia zögert und scheint sich ihre Worte gut zu überlegen. »Je nach Behörde müssen Akten dreißig bis fünfzig Jahre aufbewahrt werden, auch Vormundschaftsunterlagen. In den Zweitausendern wurde in Berlin das Informationsfreiheitsgesetz eingeführt, ein sogenanntes Jedermannsrecht. Du darfst alle Akten sehen, die dich betreffen. Was andere Personen betrifft, gilt der Datenschutz und das Persönlichkeitsrecht. Ich habe schon Akteneinsicht beantragt.«

»Was wolltest du mir am Telefon nicht sagen?«, wage ich zu fragen, denn dass die Antwort nicht schön wird, ist mir klar.

»Es ist hart, was ich jetzt sage, aber die Argumente liegen klar auf der Hand. Du bist eventuell die einzige Erbberechtigte. Wenn dein Vater es war, das mit deiner Mutter, hat er keinen Erbanspruch mehr. Um zu klären, ob es noch andere Erben gibt, musst du Auskunft bekommen. Damit habe ich argumentiert.«

Ich sehe Claudias Blick, sehe, dass sie etwas sagen wird, das noch schlimmer ist.

»Wann wurde dein Vater Alkoholiker?«, fragt sie.

Jetzt ist die Angst wieder da, etwas über ihn zu erfahren, das mein Bild von ihm zerstört. »Was ist es?«, flüstere ich.

»Ich habe noch nicht viel erfahren. Aber so viel: Deinen Eltern wurde das Sorgerecht entzogen, als du fünf Jahre alt warst.«

Ich spüre, wie alles Blut aus meinem Gesicht weicht, und ich friere augenblicklich. »Das kann nicht sein«, höre ich mich selbst sagen.

»Es tut mir leid. Das Sorgerecht wurde bis zu deinem zwölften Lebensjahr auf deine Großmutter übertragen. Deshalb bist du in Spandau aufgewachsen.«

Ich spüre, dass ich gleich wieder aus meinem Körper falle, so wie es mir manchmal in Frankfurt passiert ist. Mein Kopf ist heiß und kalt zugleich, mein Blickfeld beginnt zu verpixeln.

»Aber warum?«, keuche ich.

Claudia legt mir zur Beruhigung die Hände auf die Schultern. »He, versuch ganz ruhig zu atmen.«

Als ich keine Pixel mehr sehe, fährt sie fort: »Es gab ein Urteil wegen Kindesvernachlässigung und Verletzung der Aufsichtspflicht. Deshalb frage ich, wann dein Vater zum Säufer wurde – oder ob sie deshalb das Sorgerecht für dich verloren haben.«

Ich liege in Claudias Bett und lausche ihren Atemzügen. Sie hat gesagt, ihre Einladung ins Schlafzimmer solle ich nicht als unmoralisches Angebot deuten. Ihr sei es nur lieber, dass ich im gleichen Raum bin, falls ich nachts durchdrehe. Aber natürlich kann ich nicht schlafen. Für mich ergibt das alles keinen Sinn. Mein Vater hat mich immer besucht, meine Mutter war diejenige, die nicht gekommen ist.

Waren meine Eltern so unglücklich miteinander? Mein Vater hat mich mehr geliebt als sie, das weiß ich. Auch ich habe ihn mehr geliebt als sie. Sie hat das immer gespürt und natürlich muss das schlimm für sie gewesen sein.

Was muss meine Mutter für ein schreckliches Leben gehabt haben? Zum Kriegsende geboren, kränklich, der einzige Bruder in einer Krankenhausbaracke gestorben. Der Vater ganz offensichtlich ein vom Krieg zerstörter Mensch, schwierig und launisch, der im Zuge der allgemeinen Entnazifizierung seine Arbeit als Richter verloren hatte. Ob er ein Nazi gewesen war? Hat sie deshalb nie von ihm erzählt? Und dann war da Brigittes Mutter, die sie mit *liebe Tochter* anschrieb und nicht beim Namen nannte, die ihr noch im Erwachsenenalter einbläute, man müsse das Leben hinnehmen und dürfe *sich nicht von seinen Befindlichkeiten regieren lassen.* Dieses Leben hatte Brigitte einen Alkoholiker zum Mann geschenkt, der sie verlassen wollte, und ein Kind, das nicht bei ihr aufwuchs. Denn irgendetwas war passiert, dass nicht nur ihm, sondern auch ihr das Sorgerecht für mich entzogen wurde. Wie schlimm muss es für sie gewesen sein, ihr Kind an ihre Schwiegermutter zu verlieren? Kam sie mich deshalb nie besuchen, weil sie es nicht ertragen hätte?

Ich empfinde so etwas wie Mitgefühl für Brigitte und dann denke ich an die letzte Zeit, als sie sich bemühte, mir eine echte Mutter zu sein, in den schlimmen Wochen nach dem Abendessen in der Villa, bei der Familie, die auch eine Tochter auf entsetzliche Weise verloren hatte.

Juli 2019

59

Toni traf ihre Eltern am Frankfurter Hauptbahnhof. Keiner sprach von dem Abendessen in der Villa oder davon, dass sich Zsazsa, die Spenderin, das Leben genommen hatte. Es wurde auch nicht thematisiert, dass Toni in der Nacht verschwunden war und dass dies der ganz offensichtliche Grund dafür sein musste, warum Holger schon in aller Frühe einen Zug zurück nach Berlin genommen hatte.

Toni wischte sich eine Träne aus dem Augenwinkel. Ihr Vater klopfte ihr auf den Rücken, als sei sie ein Hund, der ausgebüxt und schließlich reumütig zurückgekehrt war. Zwar bemühten sich die beiden, freundlich zu ihr zu sein, aber Toni spürte, dass etwas zwischen ihnen allen war. Es erinnerte sie an die Leere, die sie als Jugendliche gefühlt hatte, wenn sie zu dritt auf dem Sofa saßen und ferngucken und Toni ihre Großmutter vermisste. Es war, als wären sie zu dritt nicht vollständig und als würde Toni diese Lücke nicht ausfüllen können, als wäre sie entweder nicht genug oder eben zu viel.

Die Zugfahrt war eine Qual und es kostete Toni enorme Anstrengung, nicht loszuweinen. Toni sah ihre Eltern im Fenster gespiegelt, ohne etwas zu sehen. Ihre Mutter löste derweil Kreuzworträtsel, ihr Vater trank Bier. Beide taten, als würden sie die rot geränderten Augen ihrer Tochter nicht sehen.

Am Berliner Hauptbahnhof fasste Brigitte sie bei den Schultern. »Du kommst mit zu uns.« Es klang nicht gebieterisch, sondern wirklich nett.

Das brachte Toni zum Weinen.

»Auch das geht vorbei«, sagte Brigitte und in ihrer Stimme klang etwas Wissendes mit. Dann nahm sie Toni kurz in die Arme, weiß Gott, wann dies das letzte Mal geschehen war. Vor hundert Jahren wahrscheinlich, und sie fügte hinzu: »Kind, Familie ist doch das Wichtigste. Wir helfen dir.«

Und nachdem Brigitte Toni losgelassen hatte, raunte ihr Vater ihr zu: »Wenn du es nicht für dich tun kannst, tu es für uns. Bitte. Tu es für mich.«

Noch nie zuvor hatte ihr Vater etwas von ihr gefordert, sodass es ihr schien, als setze er ihr eine Pistole auf die Brust. Sie würde alles für ihn machen, das wusste er. Mit seiner Bitte zwang er sie. Selbst wenn sie es gewollt hätte, es wäre ihr kein Nein über die Lippen gekommen.

Nachts lag Toni im Gästezimmer, ihrem ehemaligen Kinderzimmer, wach. Wenn sie in einen Dämmerzustand hinüberglitt, tauchte das Mädchen auf, beängstigender als je zuvor. Es brannte. Und dann stürzte es in einen Abgrund.

So verging die Zeit, eine quälende Nacht nach der anderen. Stunden wurden zu Tagen, Tage zu Wochen. Über alles hatte sich ein dunkler Nebel gelegt. Sie aß, was Brigitte ihr vorsetzte, und las Bücher, deren Inhalt sie sofort wieder vergaß. Die Wut und Traurigkeit waren in einen Zustand von Taubheit übergegangen. In diesem Sumpf irrte sie durch die Tage, ohne jedes Zeitgefühl, dachte manchmal, es mussten Wochen seit ihrer Rückkehr nach Berlin vergangen sein, und dann fühlte es sich wieder an, als sei sie erst gestern gebrochen und gedemütigt aus Frankfurt abgereist.

Holger meldete sich nicht und Michael hatte nach ein paar Tagen aufgehört anzurufen. Sie war nie an ihr Handy gegangen, ihr hatte jede Kraft dazu gefehlt. Sie schaltete ihr Handy sowieso nur in der Hoffnung an, dass Clara sich melden würde. Aber sie tat es nicht.

Toni fürchtete den Anruf, der die Lieferung ankündigte. Inzwischen bereute sie es, den Transport an ihrem letzten Tag in Frankfurt aufgegeben zu haben. Denn das hieß, sie würde die Wohnung ihrer Eltern verlassen müssen. Nicht, dass sie sich dort wohlfühlte. Ihr ganzer Körper sagte ihr, sie sei am falschen Ort, bei den falschen Menschen, in der falschen Familie. Aber die Schöneberger Wohnung war ein Nest, in dem sie von der Bildfläche hatte verschwinden können. Und den Transport aus Frankfurt anzunehmen hieß auch, dass sie in ihr Haus zurückmusste, und sie fürchtete sich davor, hinzufahren und zu fühlen, dass es kein Zuhause mehr für sie war.

Brigitte war freundlich. Sie gab sich Mühe, eine gute Mutter zu sein. Sie war eine bessere Mutter, als sie es je gewesen war. Ihr Vater hingegen schien Tonis Stimmung nicht ertragen zu können, er war kaum zu Hause. Brigitte brachte sie ohne einen beißenden Kommentar zur Therapie, wo Toni die erste Stunde nach ihrer Rückkehr schweigend dasaß und sich schämte. In der zweiten Stunde brachte sie Bruchstücke des Abends auf der Dachterrasse heraus. Toni musste diverse Fragen über sich ergehen lassen, ob sie suizidal sei, und einen mündlichen Vertrag mit ihm machen, der ein felsenfestes Versprechen von Stunde zu Stunde beinhaltete, dass sie sich nichts antun würde. Der Therapeut gab ihr eine Krisentelefonnummer für den Fall, dass der Todeswunsch sie wieder so anfallen würde.

An einem verregneten Augustnachmittag sah Toni sich alte Fotoalben ihrer Familie an. Es gab nur wenige Bilder von ihr. Ab dem Zeitpunkt, als sie fast fünf Jahre alt gewesen war, gab es gar keine gemeinsamen Fotos mehr, nur noch die, die sie mit ihrer Großmutter zeigten. Eine komische, kleine Familie waren sie gewesen. Toni starrte auf die letzten, leeren Seiten des Albums und dachte, dass nach ihr der Stammbaum der Familie Petzold zu Ende sein würde. Mit den ganzen Medikamenten, die Toni schluckte – Brigitte achtete liebevoll auf die pünktliche Einnahme, selbst das nahm sie ihrer Tochter ab –, würde sie kein Kind bekommen.

Beim Abendessen, das sie nun rituell alleine mit Brigitte verbrachte und bei dem sie ebenso rituell lustlos auf dem Teller herumstocherte, erzählte sie von ihren Albträumen.

Dumpf fragte sie: »Warum hatte ich früher eigentlich keine Freunde?«

Sie hatte auch jetzt keine Freunde. Die, die aus Holgers Kreis in ihr Leben getreten waren, meldeten sich nicht. Kein Wunder, nach dem, was sie in ihrem Wahn getan hatte.

»Hattest du«, lächelte Brigitte, allerdings sie sah besorgt aus. »Du warst nur sehr schüchtern. Du hattest lange eine Luftfreundin. Wir dachten früher, mit dir stimmt was nicht, aber die Ärzte sagten, dass viele Kinder das in dem Alter haben und es vorbeigehen würde.«

»Was passiert nur mit mir? Warum bin ich so komisch?«

Mit ihrer neuen Mütterlichkeit strich Brigitte ihr übers Haar.

»Gib dir selbst Zeit, wir helfen dir. Versöhn dich mit Holger. Vergiss diese Leute dort. Und such dir einen Job, bei dem du nicht immer mit Toten zu tun hast, das kann ja nicht gut sein. Mach einen Schlussstrich und schau nach vorne.«

»Wie waren eigentlich deine Eltern?«, fragte Toni unvermittelt.

Brigitte stand auf und räumte den Tisch ab. Toni hatte das Gefühl, sie tat es, um ihre Tochter nicht ansehen zu müssen, während sie sprach.

»Mein Vater war fast doppelt so alt wie meine Mutter, wahrscheinlich hat er sie geheiratet, weil sie schwanger war. Ich kam in die Landverschickung. Das war zwar eher für ältere Kinder gedacht, aber sie konnten mich wohl nicht ernähren. Und dann natürlich immer der Bombenalarm.« Sie zuckte mit den Achseln. »So war das eben früher.«

»Er war Richter, oder? Und sie?«

»Er musste nach dem Krieg umschulen, wie die meisten. Er wurde auf seine alten Tage Maurer, mit seiner Beinprothese. Sie hat in einer Fabrik gearbeitet.«

»Du hast nie was davon erzählt.«

»Kind, man ist froh, dass es einfach vorbei ist. Was nützt es, in den alten Dingen zu wühlen. Letztendlich ging es uns doch gut. Und jetzt ist es Zeit für die Nachrichten.«

September 2019

60

Einige Wochen nach dem verheerenden Abendessen in der Villa und dem Albtraum auf der Dachterrasse war der Transporter aus Frankfurt endlich da, der die ganzen Kisten aus Zsazsas Wohnung zugeladen hatte.

Auf dem Weg nach Spandau merkte Toni, wie gut es ihr tat, wieder aktiv zu sein. Den ganzen August hatte sie bei ihren Eltern gewohnt und versucht, mit dem Schock über Zsazsas Selbstmord zurechtzukommen und mit dem, was sie auf der Dachterrasse am Frankfurter Zoo erlebt hatte. Beides war ebenso schwer, wie Clara zu vergessen.

Alleine das Verkehrsaufkommen schien nun eine willkommene Ablenkung von den zermürbenden Gedanken zu sein. Toni traf den Fahrer des Lkws vor ihrem kleinen Haus und bat ihn, die Kisten in die Scheune zu stellen. Sie hatte Evelyn nichts von Zsazsas Sachen überlassen wollen. Doch nun? Sie musste abschließen mit allem und Zsazsas Dinge bei sich zu haben, würde ihr kein bisschen dabei helfen. Sie machte die Scheune zu, zahlte dem Mann die zweite Rate für den Transport und verschob die Entscheidung, was sie mit dem ganzen Zeug machen sollte, auf einen anderen Tag.

Sie sah zu dem kleinen Fenster hoch, hinter dem früher ihr Kinderzimmer gewesen war und in dem sie als Erwachsene ihr

Büro eingerichtet hatte. Vielleicht sollte sie einmal ins Haus, um nach dem Rechten zu sehen. Aber sie scheute sich davor, also leerte sie nur den Briefkasten und war froh, dass nichts Wichtiges zwischen den Werbeprospekten lag.

Tonis Handy klingelte und sie war sich sicher, dass es Brigitte war, um zu fragen, ob alles okay sei bei ihr und auf dem Grundstück.

Doch es war nicht ihre Mutter. Toni starrte auf das Display.

Sie parkte den Wagen am Columbiadamm, gegenüber dem Luftbrückendenkmal, und ging zum Haupteingang des Tempelhofer Felds, dem riesigen Stadtpark, der noch bis 2008 der dienstälteste Flughafen der Welt gewesen war.

Sie erspähte Claudia Gallenberger, die Shorts und ein Sportlershirt trug und an einem schnittigen Fahrrad lehnte. Toni war beim Besuch in ihrer Wohnung nicht aufgefallen, wie gut trainiert sie für ihr Alter war. Sie war wieder ungeschminkt und sah gut aus, gebräunt und gesund, die blonden Haare akkurat geschnitten und den Pony locker in der Stirn.

»Sie sehen schrecklich aus«, begrüßte die Anwältin sie.

»Danke, das höre ich zurzeit öfter.«

Sie gingen ein Stück über das Feld, vorbei an dem Baseballfeld, einem Biergarten mit Liegestühlen und vorbei an dem Basketballfeld, auf dem erwachsene Jungs mit weiten Sporthosen Körbe warfen.

»Ich habe Ihre Nummer im Internet gefunden«, erklärte die Anwältin. »Ich wollte gerne wissen, wie es weiterging, nachdem Sie bei mir waren.«

Toni musterte Zsazsas Exfreundin. »Sie können auch nicht recht loslassen, oder?«

Claudia Gallenberger zuckte mit den Achseln.

»Ich habe Ihnen etwas verschwiegen«, sagte Toni.

Es schien die Juristin nicht zu überraschen. Während die beiden ein altes Rollfeld entlanggingen, erzählte Toni von ihrem Unfall, von der Operation und von Claras Brief. Sie erzählte es dieser Person, ohne etwas auszulassen, ohne zu wissen, ob die Anwältin ihr Vertrauen verdiente und ob diese das Ganze überhaupt hören wollte. Toni endete damit, dass Zsazsa sich das Leben genommen hatte.

Inzwischen waren sie auf der Seite des Felds angekommen, die an Neukölln grenzte, wo Berliner ein Areal aus Stadtgärten errichtet hatten. In einem Dickicht aus selbst gezimmerten Hochbeeten, Blumen und wucherndem Grün versteckten sich zahlreiche Sitzmöglichkeiten. Toni gab Claudia Gallenberger Zeit, um das, was sie erzählt hatte, zu verdauen. Sie hielt eine mobile Cafeteria an, ein schweres Fahrrad mit aufgebautem Verkaufsstand und einer großen italienischen Espressomaschine. Sie bestellte zwei Iced Cappuccino und dann setzten sie ihren Weg fort.

»Das ist schlimm«, sagte die Anwältin nach einem großen Schluck.

»Sie haben nichts von dem Selbstmord gewusst?«

Ein Kopfschütteln.

»Zsazsas Exfreund sagt, sie war furchtbar. Wechselhaft, launisch, gemein, beleidigend. Stimmt das?«

Die Juristin atmete geräuschvoll aus und holte dann tief Luft. »Und charmant, liebevoll, entzückend, lebendig.«

Eine Gruppe von Rennradfahrern raste auf der alten Rollbahn an ihnen vorbei, einer im Windschatten des anderen, der Fahrtwind umspielte Tonis Haare. »Dann stimmt es. Warum hat mir das niemand gesagt?«

»Ich fand, das steht mir nicht zu. Und die Mertens – da redet doch niemand ehrlich.«

»Zum Beispiel?«

Claudia Gallenberger haderte mit sich. Sie deutete auf eine der von Berliner Bürgern gezimmerten Aussichtsplattformen auf dem Areal, halb Jägerhochstand, halb erhöhte Terrasse. Oben angekommen, überblickten sie das weite Feld bis zum Ende der dreihundert Hektar, wo das alte Flughafengebäude und die Unterkünfte für Geflüchtete standen. Während die Anwältin nach Worten suchte, schoss Toni durch den Kopf, dass dieser freundliche Ort einst Hitlers Weltflughafen werden sollte. In der monumentalen Architektur des Nationalsozialismus war das einst flächengrößte Gebäude der Welt, das auch von hier aus noch gewaltig aussah, entstanden – ehe es in dieser Hinsicht vom Pentagon abgelöst wurde. Auf diesem Feld hatte es ein Konzentrationslager gegeben und Tausende Zwangsarbeiter hatten in der Zeit vor Kriegsende für die deutsche Rüstungsproduktion in den Katakomben des Flughafens schuften müssen. Unzählige Schilder auf dem Feld erinnerten an diese Zeiten sowie an die Geschichte der Berliner Luftbrücke.

»Sie war krank«, rang Dr. Gallenberger sich endlich durch. »So muss man es wohl sagen. Borderline-Störung.«

Toni schüttelte den Kopf. »Das sind doch die, die sich ständig ritzen.«

»Es gibt auch viele andere Arten, sich zu verletzen.«

Wieder spürte Toni Widerwillen in sich, so wie bei Michael, als er schlecht über Zsazsa gesprochen hatte. »Ist das nicht zu einer Modediagnose verkommen, weil den Ärzten sonst nichts mehr einfällt?«

»Sie war emotional völlig instabil. Zwischen Größenwahn und Depression. Zwischen Angst, verlassen zu werden, und Angst, dass ihr jemand zu nahe kommt.«

Toni schluckte und dachte daran, wie sehr sie selbst sich seit der Operation verändert und wie sie sich gegenüber Holger verhalten hatte. »Und das wusste ihre Familie?«

»Klar. So was kann man schlecht verbergen. Zumindest nicht vor den Menschen, die einem nahestehen. Aber die können natürlich weggucken und so tun, als würden sie es nicht sehen. Könnte ja anstrengend werden. Also lieber nichts ansprechen. Keiner weiß, wie es dem anderen wirklich geht, aber alle spüren, dass was verkehrt ist.«

»Das heißt: Man hätte sie retten können?«

»Ja. Das glaube ich. Aber ihre Mutter hat sich nur um ihre eigenen Depressionen gedreht, der Vater um seine Affären.«

»Jürgen?«

»Zsazsa meinte, er hätte ständig eine junge Geliebte am Start gehabt. Alle haben es gewusst. Er hat sie immer in seiner Stadtwohnung gevögelt. Eine Angeberwohnung mit Dachterrasse und Blick über den Zoo und die Skyline.«

Toni erschauderte. Hatte Zsazsa sich deshalb dort umgebracht?

»Mal ehrlich, hat sie ihre Familie gehasst?«, fragte Toni, ohne zu wissen, ob sie wirklich eine Antwort darauf bekommen wollte.

»Ja.«

Diese Antwort erschütterte Toni. Hass war ein großes Wort und ein noch größeres Gefühl. Was musste passieren, dass man anderen Menschen gegenüber so empfand? Dauerhaft empfand? Sich nicht wohlfühlen, ja. Sich nichts zu sagen haben, ja. Aber *hassen*?

»Angenommen, sie hätte ein dunkles Geheimnis in der Familie entdeckt. Hätte sie ihre Verwandten, ihre Eltern verraten?«

Claudia Gallenberger knüllte ihren Pappbecher zusammen. »Ich habe es Ihnen schon mal gesagt: Zsazsa war besessen. Und ehrlich gesagt rücksichtslos. Natürlich hätte sie es gemacht. Zsazsa wäre auch ohne das Geld ihrer Familie gut durchs Leben gekommen. Zsazsa kam überall gut durch.«

Toni fragte sich, ob sich Zsazsa, wenn sie so war, wie die Juristin sie beschrieb, wirklich von einer Dachterrasse gestürzt hatte. Da es einen Abschiedsbrief gab, musste der Suizid geplant gewesen sein. Aber mit Höhenangst, hätte sie da nicht andere Wege gefunden? Und was, wenn dieser Abschiedsbrief nicht echt war? Wer hatte ihn je gesehen? War Zsazsa überhaupt selbst gesprungen? Hätte sie sich mit ihrer Höhenangst so weit ans Geländer gewagt? Welches Gefühl konnte stärker sein als diese Angst, die Toni selbst dort oben gespürt hatte?

Die Anwältin riss sie aus ihren Grübeleien. »Nun habe ich auch eine Bitte.«

»Ja?«

»Sie haben ihre Sachen entrümpelt. Haben Sie Fotos gefunden?«

»Das war sehr verwunderlich«, erwiderte Toni. »Keine.« Und als sie die Enttäuschung von Claudia sah, begriff sie. »Sie meinen von Ihnen und Zsazsa?«

Die Anwältin zuckte mit den Schultern. »Ein Erinnerungsbild hätte ich gerne gehabt. Zsazsa hat bei unserem einzigen Urlaub viele Fotos von uns gemacht. Haben Sie ihr Handy gefunden?«

»Das habe ich. Aber da ist kaum etwas drauf. Familienfotos. Die letzten Bilder waren von Bronzestatuen. Eine Nixe mit Schwert und Schild.«

»Das war in Warschau! Die bewaffnete Meerjungfrau. Sie ist das Wahrzeichen der polnischen Hauptstadt.«

»Dann muss sie die anderen Fotos gelöscht haben.«

»Aber das Handy ist noch da?« Dann seufzte Claudia. »Natürlich in Frankfurt.«

Toni dachte daran, dass das Telefon mit allen anderen Besitztümern von Zsazsa in der Scheune des kleinen Gartens lag. »Wozu soll das Gerät gut sein, wenn die Fotos gelöscht sind?«

Die Anwältin sah sie amüsiert an. »Gelöscht heißt nicht entfernt. Daten können wiederhergestellt werden.« Und dann fügte sie ernst hinzu. »Ein Erinnerungsbild hätte ich gerne, das mich an die guten Zeiten mit ihr erinnert.«

Eine Stunde später parkte Toni vor ihrem Garten am Rande von Spandau. Am Vormittag hatte sie weder ihr Haus noch die Scheune betreten wollen. Nun war sie wie elektrisiert. Im Rückspiegel ihres Autos sah sie sich selbst in die Augen. Die Iris sahen aus, als würden sie sich ständig wandeln, wunderschön gemalt und doch immer in Bewegung. Und dann kam *sie.* Diesmal erschrak Toni nicht. Diesmal blickte *sie* freundlich zurück.

61

Toni riss die Flügeltüren zu ihrer Scheune auf. Der Lkw-Fahrer hatte die Umzugskisten zwischen Tonis alte Möbel und Mitbringsel aus Auflösungen gestapelt. Dinge, die sie mal renovieren und verkaufen wollte.

Die ersten Kisten hatte Toni sorgfältig in Zsazsas Wohnung beschriftet. Aber schon bei Zsazsas Kleidung war sie nachlässig geworden. Und die Umzugskartons mit dem Inhalt des Schreibtisches hatte sie gar nicht mehr markiert. Sie riss alle Pappdeckel auf, die keine Zuordnung hatten. Nach zehn Minuten winkten ihr Zsazsas Handy und der Laptop entgegen. *Na endlich*, schienen sie zu rufen.

Toni eilte mit beiden Geräten ins Haus. Keines war durch Passwörter gesperrt, was Toni immer noch wunderte. Sie verband den Laptop mit dem Internet und suchte nach einer Software, die gelöschte Inhalte wiederherstellen konnte. Es war ein Kinderspiel. Sie lud ein Programm auf den Laptop und startete es. Dann ging sie zurück in die Scheune. Irgendwo in den Unterlagen fand sie vielleicht den PIN-Code für das Handy. Und sie wurde fündig.

Mit zitternden Händen gab sie die vier Zahlen für die Entsperrung der SIM-Karte ein. Es funktionierte. Das Telefon vibrierte ein ums andere Mal und schien fast unter den eingehenden Nachrichten zu tanzen. Die meisten Nachrichten bezogen sich auf Anrufe, die Zsazsa nicht angenommen hatte. Wie auch, sie stammten alle aus der letzten Zeit. Der Anrufer war immer *Mama.* Unzählige Male hatte Clara diese Nummer gewählt – nach Zsazsas Tod. Weil sie nicht hatte glauben können, dass ihre Tochter wirklich *weg* war?

Tonis Blick ging auf das Symbol für die Voicemail. Sie klickte darauf und wartete auf die Stimme der Mailboxansage. »Keine neuen Nachrichten.«

Toni nahm jetzt ihr eigenes Handy und rief Zsazsas Nummer an. Augenblicklich vibrierte das Telefon ihrer verstorbenen Spenderin. Schließlich verstummte es, aber Toni hörte nun an ihrem Ohr die Ansage des Anrufbeantworters.

»Hallo, ihr Lieben, Zsazsa ist nicht zu erreichen und ruft vielleicht zurück!«

Es war das erste Mal, dass Toni ihre Stimme hörte. Sie klang wie eine Sirene, sie war wie ein Weckruf. Die Stimme schien einer geliebten Schwester zu gehören, die sie lange nicht gehört hatte. Toni beendete den Anruf und wählte die Nummer erneut. Wieder ging nach kurzem Läuten die Mailbox an.

»Hallo, ihr Lieben, Zsazsa ist nicht zu erreichen und ruft vielleicht zurück!«

Deswegen musste Clara so oft angerufen haben, einfach um die so lebendige Stimme ihrer toten Tochter zu hören.

In den letzten Tagen war eine Festnetznummer bei den eingehenden Anrufen zu sehen. Toni suchte im Internet nach dem zugehörigen Anrufer.

Die Vorwahl 0 67 23 gehörte zum Ort Eberbach.

Endlich spuckte der Computer erste Ergebnisse für die Wiederherstellung der gelöschten Daten aus. Toni klickte zweimal auf das Symbol für den Kalender. Diverse Einträge, die entfernt worden waren, erschienen. Toni starrte auf das Datum *19. 2. 2019.* Zsazsas Todestag.

Sie hatte einen Termin gehabt.
Ein Treffen mit Xaver in der Europäischen Zentralbank.

62

Am nächsten Morgen erklärte Toni ihren Eltern, dass sie zurück in ihr Haus ziehen würde. Sie bedankte sich für den Unterschlupf in den letzten Wochen in ihrem alten Jugendzimmer, doch nun sei es an der Zeit, dass sie wieder ihr Leben als Erwachsene aufnehme. Brigitte und Jürgen waren besorgt, aber Toni versprach, sich zumindest jeden Tag kurz zu melden.

Schlimme Albträume hatten sie in der Nacht geplagt, was auch nicht weiter verwunderlich war. Ihre Nachtlektüre war eine der schrecklichsten gewesen, die man sich vorstellen konnte. Jetzt hatte sie eine sechsstündige Autobahnfahrt vor sich. Falls es keinen Stau gab, konnte sie am frühen Nachmittag in Eberbach sein.

Während der Fahrt versuchte sie sich mit Musik, einem Hörbuch und den Nachrichten von den dunklen Erinnerungen abzulenken, aber ihre Gedanken gingen immer wieder zurück zu dem, was am Zielort auf dem Navi passiert war. Anfang des 18. Jahrhunderts hatte man im Kloster Eberbach, in dem über einhundertfünfzig Jahre später der weltberühmte Historienthriller *Der Name der Rose* gedreht worden war, eine »Irrenanstalt« eröffnet. Die wunderschöne Gegend des Rheingaus, die Auen am Flusslauf des Neckars, die Weinberge ließen einen dieses düstere Kapitel der Geschichte allerdings allzu schnell vergessen.

Die umliegenden Kliniken und Krankenhäuser dieser berückend schönen Gegend hatten auch an dem braunen Leichentuch mitgewebt, das während des Dritten Reichs alles überzog. Toni erschauderte immer noch bei dem Gedanken. Die Erweiterung der »Irrenanstalt« im Kloster Eberbach, die nahe gelegene Klinik Eichberg, verfügte damals sogar über eine Kinderfachabteilung – inklusive einer Tötungsbaracke, in der Hunderte von Kindern und Jugendlichen ermordet wurden. Es gab auch eine eigene Abteilung, in der Patienten zwangssterilisiert wurden.

Toni hielt während der Fahrt viermal an einer Tankstelle an und musste sich mit Augentropfen versorgen, mit jedem Kilometer brannte ihre Cornea mehr. Jeder Stopp erinnerte sie daran, Stress zu vermeiden, ihren Augen zuliebe. Aber wie hätte sie nun noch umkehren können?

Am frühen Nachmittag erreichte Toni die Weinberge, fuhr vorbei an burgähnlichen Gehöften eingesessener Weinbauern und vorbei an futuristisch anmutenden Gebäuden neuer Winzer. Eberbach lag unter einem strahlend blauen Himmel, ein Fachwerkstädtchen zwischen Flussufer und Berghängen. Der Ort selbst sah aus wie aus einem Ferienprospekt. Ein schmuckes gelbes Rathaus, zierlich bemalte Fassaden, wo kein Fachwerk war, mittelalterliche Türme und oberhalb der Stadt auf einem Hügel des Odenwalds eine mittelalterliche Burgruine.

Toni steuerte ihren Wagen einen Hang hinauf und hielt auf dem Parkplatz einer Klinik. Das Gebäude war ein funktionaler Klotz, aber es bot einen weiten Ausblick über den Neckar und die wie gekämmten Hänge der Weinberge.

Toni betrat den Empfangsbereich durch eine Drehtür, vorbei an einem Schild, das die Einrichtung als psychosomatische Klinik auswies. Zu diesem Krankenhaus gehörte die Telefonnummer, die in den letzten Tagen so oft auf Zsazsas Handy angerufen hatte. Es musste Clara gewesen sein, die auf der Mailboxansage die Stimme der toten Tochter hatte hören wollen.

Am Empfang stellte Toni sich vor und fragte nach Frau Mertens. Der Mitarbeiter musterte sie misstrauisch über den Tresen, dann sah er auf einen Notizzettel neben dem Telefon.

»Wir dürfen keine Auskunft geben.«

Toni starrte auf den Zettel. Stand da ihr Name? Mit dem Datum von heute?

»Woher kennen Sie meinen Namen?«

»Sie müssen jetzt gehen. Sonst rufe ich den Sicherheitsdienst«, sagte der Mann und erhob sich.

Antonia Petzold stand auf dem Zettel. Wer konnte gewusst haben, dass sie hierher unterwegs war?

Sie sah durch die Frontscheibe nach draußen und wurde einiger Leute gewahr, die mit kurzen Hosen und Turnschuhen auf das Gelände kamen. Toni eilte durch die Drehtür und auf die Spaziergänger zu, von denen sie annahm, dass es sich um eine Gruppe Patienten handelte, da sie dem äußeren Eindruck nach so unterschiedlich waren.

»Entschuldigen Sie, kennen Sie Clara Mertens?«, sprach sie zwei Frauen an, die sich angeregt unterhielten.

Die beiden unterbrachen ihr Gespräch und musterten Toni neugierig.

»Ich bin ihre Tochter«, log Toni.

Die beiden Frauen erzählten Toni, dass Clara mit anderen Patienten ihrer Gruppe wandern gegangen sei. Sie wollten zum Kloster, hätten sie gesagt.

Kloster Eberbach lag keine fünfzehn Fahrminuten von der Klinik entfernt in einem bewaldeten Tal. Toni hatte Mühe, auf dem Parkplatz eine Lücke für ihren Wagen zu finden. Frustriert sah sie die Besuchergruppen aus den Torbögen der mittelalterlichen, blendend weißen Mauern quellen, die das Gelände umschlossen, und ebensolche Mengen hineinmarschieren. Kleinere Gruppen folgten rechter Hand den Wanderwegweisern in die bergigeren Waldlagen.

Toni schob sich durch die Massen und hielt, nachdem sie die dicken Mauern passiert hatte, kurz inne. Von außen war nicht zu ahnen gewesen, wie gewaltig die Ausmaße der Klosteranlage waren. Sie lief einmal um ein lang gestrecktes altes Gebäude aus roh gehauenen Steinen, das wohl mal Pferdeställe beherbergt hatte und nun Raum für Seminare bot. Sie stieg vom klostereigenen Standesamt hinauf zur Klosterschänke, einem großen Restaurant mit Terrasse. Nirgends war Clara zu sehen. Ob sie im Museum war? Am Ticketshop hatte sich eine lange Schlange gebildet. Toni würde ewig warten müssen, bis sie an der Reihe war.

Mehrere Besucher beschwerten sich, als sie sich bis zum Kartenkontrolleur vordrängelte und nach Clara fragte. »Mitte sechzig, weiße, lange Haare. Kam sie kürzlich rein?«

Der Mann konnte sich nicht erinnern, zu viele Touristen liefen an ihm vorbei.

Auf dem Drehständer mit Postkarten erkannte Toni die Motive aus dem Historienfilm *Der Name der Rose*: den Kreuzgang des Innenhofs, die alte Basilika mit ihren mannshohen Grabplatten an den Wänden, die Nachttreppe, das Dormitorium der Mönche, einen schmucklosen Schlafsaal mit Kreuzrippengewölbe, das von niedrigen Stützsäulen getragen wurde, den Cabinetkeller. Es gab Postkarten des Laienrefektoriums mit hohen Gewölben und historische Weinpressen.

Toni spähte zu den Besuchern, die sich im Kräutergarten aufhielten.

Und da, auf einer Parkbank, leuchtete weißes Haar. Toni erkannte die schmale Figur und Claras Gesicht sofort.

Toni empfand gleichzeitig Freude, Sehnsucht und Argwohn. Sie umschiffte eine Gruppe japanischer Touristen. Ihr Herz raste. Langsam ging sie auf die Parkbank zu.

»Wir müssen uns unterhalten.«

Clara schreckte hoch und starrte Toni an. »Es tut mir leid, Antonia, ich darf keinen Kontakt mehr zu dir haben. Ich muss lernen, die Wahrheit zu akzeptieren. Sonst werde ich wieder krank.«

»Wir beide werden krank«, erwiderte Toni. »Ich werde es akzeptieren, aber ich muss wissen, was los war.«

»Es tut mir leid, wirklich. Aber ich habe es versprochen.«

»Wem? Evelyn?«

»Und Jürgen. Den Ärzten. Mir selbst.«

»Und was genau musst du akzeptieren?«

»Dass Zsazsa tot ist. Weg. Dass sie unglücklich war. Dass ich sie nicht retten konnte. Ich war eine Idiotin. Ich dachte, dass ich sie mit dir zurückbekomme, und damit habe ich auch dir wehgetan.«

»Wovor hast du Zsazsa nicht gerettet? Wovor?«

»Na, wovor denn wohl? Dass sie sich umgebracht hat!«

Einige der Vorbeigehenden drehten sich nach ihnen um. Toni lächelte ihnen flüchtig zu und setzte sich neben Clara.

»Da ist doch noch was anderes.«

»Was willst du hören, Antonia? Dass wir miserable Eltern waren? Ja, das waren wir. Anfangs waren wir gut. Aber dann ...«

Claras Blick glitt über Tonis Schulter und in ihren Augen spiegelte sich kurz Überraschung. Es war wie auf einer Party, wenn derjenige, mit dem man sich unterhielt, jemand anderen sah und im Geiste schon das laufende Gespräch verließ. Clara deutete ein Kopfschütteln an, kaum merklich. Toni drehte sich um. Im Kräutergarten flanierten Touristen und schossen Selfies. Als Toni sich wieder zu Clara umwandte, hatte sich der Ausdruck auf dem Gesicht ihrer Gesprächspartnerin verändert. Sie sah jetzt verschlossen aus. Wieder blickte Toni sich um, wieder sah sie nur Touristen, die sich vor den Klosteranlagen fotografierten.

Clara stand nun auf. Ihre Worte klangen wie ein Abschied. »Zsazsa hat mich verachtet. Bevor ich in den Urlaub gefahren bin, hat sie es mir gesagt. Dass sie mich verachtet für alles. Und dann hat sie sich umgebracht. Ich muss anfangen zu vergessen. Und wir müssen das beide akzeptieren.«

»Wieso sollte sie dich verachtet haben?« Toni schüttelte den Kopf. »Weil Jürgen Affären hatte?«

Clara sah sie blicklos an.

»Ich weiß es«, sagte Toni.

Clara zuckte nur mit den Achseln. »Jürgen kann so unglaublich charmant sein. Aber er ist innerlich ganz unsicher. Das darf niemand merken. Er muss immer im Mittelpunkt stehen, braucht immer Bestätigung. Von mir, von seinen Töchtern … von Evelyn. Von Frauen. Besonders von Frauen. Und auch von Michael. Jürgen hätte lieber einen Sohn gehabt.«

»Wieso ist er so? Und warum bleibst du bei ihm?«

Clara lächelte und dieses Lächeln ergab gar keinen Sinn, denn sie sah schrecklich traurig aus. »Er ist nicht böse. Er liebt mich.« Clara klang nun, als wolle sie sich rechtfertigen, und vielleicht tat sie das auch. »Ich habe ihn vor Zsazsa in Schutz genommen, weil sie Jürgen so gehasst hat. Das konnte sie nicht verstehen.«

Tonis Herz begann jetzt gegen ihren Brustkorb zu hämmern. »Aber er hat sie doch so vergöttert.«

»Ja, als sie klein war. Und als Jugendliche. Und noch mit Anfang zwanzig. Aber es wurde zunehmend schwierig. Evelyn war ein Kind aus dem Bilderbuch, hat alles getan, was man ihr gesagt hat. Sie ist Jürgen sehr ähnlich geworden. Zsazsa war von Anfang an anders. Sie hatte eine zarte, verletzliche Seite. Und Jürgen kann Schwäche nicht ausstehen. Er besucht mich hier nicht, weißt du? Er erträgt mich so nicht. Er hat mich auch nicht ertragen, wenn ich früher depressiv war. Dann war er mit den Kindern alleine. Wenn ich wieder zu mir kam, nach Wochen, waren die Mädchen ganz verändert. Steif, wie Soldaten und Prinzessinnen zugleich. Später haben sie sogar versucht, seine Affären vor mir zu vertuschen. Aber was wir alle nicht gesehen haben: Diese Leerstelle, die er in sich hat, die können wir alle nicht füllen.« Sie straffte sich und nahm ihre

Handtasche von der Parkbank. »Antonia, ich muss jetzt gehen. Wir müssen zum Abendessen zurück in der Klinik sein.«

»Wie wird es weitergehen? Mit euch? Mit … uns?«

»Ich muss Menschen meiden, die mir nicht guttun.«

Toni fühlte einen unglaublichen Schmerz. »Und da gehöre ich dazu?«

»Ja, meine Kleine. Ich habe dich wahnsinnig lieb gewonnen.«

Toni nickte. »Darf ich dir bitte noch zwei Fragen stellen?« Uns als Clara nicht widersprach, fragte sie: »Wer war die Geliebte? Die letzte?«

Zsazsas Mutter zuckte müde mit den Schultern. »Ich weiß es nicht, vielleicht gab es noch eine nach Zsazsas Tod. Die zu der Zeit war eine Mieterin von uns. Tanja Slomka. Er hat es beendet.«

Toni hatte das Gefühl, dass irgendetwas an der Geschichte nicht zusammenpasste. Jürgen und seine Ehefrau, in seit Ewigkeiten getrennten Schlafzimmern; ihm hatte das Leben – oder vielleicht ein paar Viagrapillen – einen nicht ermüdenden Ständer geschenkt, durch den er sein Selbstbild aufrechterhielt und mit dem er wie mit einem verzierten Spazierstock durch Frankfurt gockelte; und dann, wie in einer griechischen Tragödie oder durch einen ausgleichenden Mephisto, hatte das Leben seinen Preis gefordert: für all die vielen jungen Geliebten hatte er die vergötterte jüngste Tochter verloren. Und weil in einer griechischen Tragödie nichts gut ausgehen darf, hatte er auch die Geliebte verloren. Und nun vielleicht sogar die Ehefrau.

Dieser Jürgen passte nicht zu dem, den Toni erlebt hatte.

Clara sah auf die Uhr und wandte sich dem Parkplatz zu. »Die anderen warten sicher schon am Auto.«

Toni folgte ihr. »Wie bist du auf meinen Namen gekommen?«

»Ein Privatdetektiv. Sechs habe ich angerufen, die ersten

fünf haben abgelehnt. Datenschutz. Der sechste hat viel Geld genommen. Sehr viel Geld. Aber er war gut.«

»Wie heißt er?«

»Ich kann ihn nicht verraten.«

Clara winkte ihren Mitpatienten zu, als sie durch die dicken Mauern auf den Parkplatz zusteuerten.

»Was stand in ihrem Abschiedsbrief?«, fragte Toni. Sie waren jetzt keine fünfzig Meter mehr vom Parkplatz entfernt.

Clara sah sie überrascht an. »Ich habe ihn tausendmal gelesen. Ich verstehe es immer noch nicht.«

»Darf ich ihn lesen? Gibt es ihn noch?«

Unsichtbare Wolken verschatteten Claras Gesicht und es waren dunkle Schatten. »Zu Hause. Ich habe ihn zu Hause.«

»Die Bilder«, sagte Toni gehetzt und hielt Clara fest. »Bleib kurz stehen. Was ist das mit den Gemälden?«

Clara starrte sie erschrocken an.

»Ich weiß es. Und deine Tochter wusste es auch. Woher der ganze Reichtum eurer Familie kommt.«

Clara sah auf die Hand hinunter, die sie festhielt. »Ach, das.«

»Das ist alles, was du dazu sagst?«

Clara trat einen Schritt zurück. »Wovon redest du?«

»Verschollene Bilder aus dem Städel Museum? Die, die im Ausland verkauft werden sollten?«

»Ich weiß nicht, wovon du sprichst. Jürgen hat die Bilder geerbt.«

Toni war völlig vor den Kopf gestoßen. Aber Clara, der man sofort ansah, wenn sie log – zumindest dachte Toni das –, sah völlig arglos aus.

»Jürgens Eltern lebten in Bayern. Er ist auf ihrem Bauernhof aufgewachsen und erst zum Studium weggegangen.«

Toni war zu perplex, um zu antworten. Clara legte eine Hand auf Tonis Wange.

»Es ist so weit.« Nun standen Clara Tränen in den Augen.

»Danke, Antonia, für alles. Wir müssen jetzt Abschied nehmen. Es fühlt sich an, als würde ich noch eine Tochter verlieren.« Clara senkte den Blick zu Boden. »Aber es muss trotzdem sein. Pass gut auf dich auf«, flüsterte sie.

Dann drehte sie sich um und eilte davon. Toni stand wie gelähmt da und starrte ihr nach. Clara wurde in die Gruppe der Patienten aufgenommen und kurz darauf rollte ein Auto mit ihnen allen davon. Das Letzte, was Toni von Clara zu Gesicht bekam, war das weiße, wallende Haar in der Heckscheibe und ein letztes Aufblitzen ihres Gesichts, als sie sich noch mal zu Toni umdrehte.

Es war ein seltsames Déjà-vu. Toni hatte das schon mal gesehen, das Gesicht ihrer Mutter, das durch die Heckscheibe zu ihr sah und dann für immer verschwand. Oder war es nur ein Gefühl, dass sie das schon mal erlebt hatte? Das Gefühl, ganz allein zu sein?

Und dann sah Toni den Mann. Er stand an einem der Autos auf dem Parkplatz und fixierte sie mit dem gleichen Blick, den er Toni auf Claras Geburtstagsfeier zugeworfen hatte. Es war der langweilige Mann mit Ehering, der niemanden auf der Party gekannt hatte. Jetzt war er alles andere als langweilig, nun war sein Anblick beängstigend. Hatte Clara ihn im Kräutergarten gesehen? Was hätte sie Toni sagen wollen, wenn sie nicht über ihre Schulter geblickt und nicht jemanden erkannt hätte, der dort nicht hingehörte?

Der Mann starrte sie immer noch an. Toni lief zu ihrem Auto und fuhr los. Im Rückspiegel konnte sie ihn nicht mehr ausmachen. Aber warum war da immer noch das Gefühl, beobachtet zu werden?

63

Toni brauchte über eine Stunde nach Frankfurt. Den über dreihundert Meter hohen Europaturm sah sie schon von der Autobahn aus. Er hatte mit der trichterförmigen Plattform und den darüber aufgestapelten Tellern etwas von einem Landeplatz für Ufos.

Sie quälte sich durch den Stadtverkehr. Als sie an der EZB parkte, begann eine frühe Abendsonne an den gläsernen Fassaden zu explodieren.

Toni eilte an hohen Zäunen vorbei, die nahtlos mit Überwachungskameras bestückt waren. Als sie das an der Straße gelegene Sicherheitsgebäude passierte, dachte sie, dass auf dessen Dach wahrscheinlich spielend zwei Kampfhubschrauber Platz fanden. Im Vergleich zu dem Bankgebäude war dieser nicht einsehbare Glaskasten, gesichert durch Kameras und Schleusen, natürlich winzig klein.

Toni betrat den Securitycheck. Zu einem Sicherheitsbeamten hinter einem Counter sagte sie, sie wolle Xaver Herold sprechen. Den Nachnamen hatte sie im Handy von Zsazsa gefunden.

»Es steht kein Termin mehr für ihn im System. Ihren Ausweis bitte«, sagte der Mann, nachdem er auf den Computer vor sich geschaut hatte.

Artig gab sie ihm die Plastikkarte. Er guckte wieder in den Computer, dann blickte er sie scharf an. Ein zweiter Sicherheitsbeamter schlenderte heran.

Toni kam sich vor wie an einem Flughafen, es gab die gleichen Sicherheitsmaßnahmen wie am Check-in eines großen Drehkreuzes zu Zeiten erhöhter Terrorismuswarnstufe. Förderbänder für Taschen, und Beamte, die sie durchleuchteten und auf Monitoren begutachteten. Daneben Körperdetektoren, die Alarm schlugen, sollte man unerlaubte Dinge wie Waffen mit sich tragen.

Der Sicherheitsbeamte am Counter betrachtete Tonis Ausweis und schüttelte den Kopf.

Toni jaulte innerlich auf. »Können Sie ihn bitte, bitte anrufen? Es ist wirklich wichtig.«

Der andere Beamte sah sie scharf an. »Sie kommen hier nur mit Termin rein und nur mit entsprechendem zeitlichem Vorlauf. Sie finden die Besuchsbestimmungen im Internet. Sie müssen sich schriftlich anmelden. Die entsprechende Abteilung prüft Ihr Anliegen und meldet sich dann bei Ihnen.«

»Aber ich kenne Xaver doch!«

Am Empfang ging ein Telefon. Der Beamte dort nahm den Hörer und klemmte ihn zwischen Kinn und Schulter, während er mit Tonis Ausweis wedelte, eine Aufforderung, dass sie sich mit dem Plastikdokument verpissen solle. Sie wollte eben wütend danach greifen, da blitzte etwas in seinen Augen auf.

»Okay«, sagte er. »Danke.«

Der Hörer krachte auf die Gabel zurück und mit einem Kopfnicken zu seinem Kollegen kam der Mann um den Counter. »Ihre Handtasche.«

Toni hatte einen großen Umhängebeutel aus fester Jute dabei, dessen Gurt ihr quer über die Brust lief. Sie trat einen Schritt zurück. »Was ist los?«

Sie stand nun eingepfercht zwischen den beiden Beamten. In deren Augen loderte Angst. Angst vor ihr, Toni?

Einer der beiden sprach jetzt langsam und zugleich bedrohlich. »Legen Sie Ihre Tasche ganz sachte ab. Ist da irgendetwas drin, das uns verletzen könnte?«

»Nein!«, schrie Toni. »Spinnen Sie? Was war das für ein Anruf?«

Inzwischen starrten Bankmitarbeiter, die das Gelände in den Feierabend verließen, zu ihnen herüber und legten jetzt einen

Zahn zu, um das Gebäude zu verlassen. Die Mitarbeiterausweise tanzten an ihren Kleidungsstücken.

Toni hob abwehrend die Hände. »Ich will nur einen Bekannten besuchen.«

Einer der Beamten zog ihr den Gurt über den Kopf. »Sie bleiben ganz ruhig stehen. Haben Sie ein Reizgas dabei?« Vorsichtig reichte er den Beutel an seinen Kollegen weiter, der ihn auf das Transportband des Röntgenscanners legte.

Sprachlos schüttelte Toni den Kopf. Zwei weitere Kollegen betrachteten den Monitor und Tonis Tascheninhalt. Dann durchsuchten sie die Tasche.

Sie blitzte den Mann an, der ihr den Umhängebeutel abgenommen hatte. »Und? Was haben Sie gefunden? Tampons und ein Mittel gegen Durchfall? Ist das eine Bedrohung? Was soll das hier?«

Die Beamten fixierten sie mit ihren Blicken. Toni hob die Arme hoch. »Bitte, durchsuchen Sie mich.«

Eine Beamtin kam auf sie zu und tastete sie ab, während alle anderen Beamten sie weiter anstarrten. Ein schreckliches Gefühl schwemmte heran. Es begann in Tonis Magengegend und es war wie ein Krampf, der sich ausweitete. Ihre ganzen Muskeln verhärteten sich und sie dachte, dass sie die Blicke nicht mehr aushalten konnte. Was wollten diese Leute von ihr? Warum die Fragen? Und warum fühlte sie sich plötzlich so elend, als würde sie gleich implodieren, sich auflösen und in einen bodenlosen Abgrund stürzen?

Als sie in die Augen eines jungen Beamten starrte, die vor Angst geweitet waren, erschien ihr die Welt einen Moment wie ein doppelt belichtetes Foto, denn vor dem Mann stand das Mädchen, das sie mit ebenso furchtsam aufgerissenen Augen anstarrte. *Wir sind stärker als sie*, sagte es, aber es hatte so viel Angst, dass die Worte zerbrechlich klangen. Und Toni *hörte* sie auch nicht wirklich, die Worte schwebten in der Luft.

Die Beamtin beendete die Untersuchung.

»Sie müssen jetzt gehen«, sagte der Beamte vom Counter, reichte ihr die Tasche und schob sie zum Ausgang.

Toni war noch ganz steif, als sei sie ein Reh, das in die Scheinwerfer eines heranrasenden Autos starrte. »Warum? Warum können Sie nicht einfach Xaver anrufen?«

Und dann sah sie auf der anderen Straßenseite den langweiligen Mann von der Party, der eineinhalb Stunden zuvor am Kloster gewesen war. Er stand zwischen zwei geparkten Wagen und starrte zu ihr herüber, in der Hand hielt er sein Mobiltelefon.

Oktober 2019

64

Ich wache auf, weil Claudia im Hosenanzug, das Telefon zwischen Schulter und Ohr geklemmt, an meinem Fuß rüttelt. Sie stellt mir einen Kaffee auf den Nachttisch und bedeutet mir mit einer Geste, dass ihr Telefonat auch mich betrifft.

»Gut«, spricht sie ins Handy. »Sie wird da sein. 14 Uhr.« Und legt auf.

Ich richte mich auf. »War das die Polizei?«

Natürlich denke ich sofort an den Einbruch in die Wohnung meiner Eltern.

Während sie sich ein Halstuch aus dem Kleiderschrank holt, erzählt sie mir über die Schulter von den Neuigkeiten. »Ich habe mit dem Anwalt deines Vaters gesprochen. Du kannst ihn besuchen. Nimm deinen Personalausweis mit.«

»Heute?« Ich bin geschockt.

»Ja, du kannst heute hin. Das Krankenhaus braucht in vierundzwanzig Stunden deine Entscheidung. Zwanzig Minuten. Das Gespräch kann mitgehört werden, wird es wahrscheinlich auch. Also sag nichts, das ihn belastet.«

Ich bin so überrumpelt, dass ich mich nicht freuen kann. Ich dachte, ich würde ein wenig Zeit bekommen, um mich innerlich darauf vorzubereiten, ihn wiederzusehen.

Claudia stellt sich vor das Bett und seit ich sie kenne, sieht sie das erste Mal – mit blank polierten Schuhen und einem Jackett – wie eine respektable Anwältin aus.

»Ich muss dir noch etwas sagen. Dein Vater hat den Antrag auf deinen Besuch gestellt und sein Anwalt konnte die Dringlichkeit der Angelegenheit deutlich machen. Es gibt aber noch etwas, warum es so schnell ging.«

Ich stelle den Kaffee, von dem ich gerade zwei Schluck getrunken habe, zurück auf den Nachttisch. Claudias Gesichtsausdruck sagt mir, dass es besser ist, nichts in der Hand zu haben, was mir vor Schreck runterfallen könnte. Ich nicke zaghaft, um sie aufzufordern, es zu sagen.

»Dein Vater hat gestanden.«

Nachdem Claudia in die Kanzlei gefahren ist, kommt alles in mir hoch. Die Tränen und auch das bisschen Kaffee. Ich hänge über der Toilettenschüssel und würge. Dann liege ich wieder in ihrem Bett und starre die Wand an. Das alles ergibt für mich immer noch keinen Sinn. Plötzlich kommt mir der Gedanke, dass er nur behauptet, schuldig zu sein, damit ich zu ihm darf. Das ist die einzig logische Erklärung. Wenn ich bei ihm war, wird er sein Geständnis zurückziehen und sagen, er habe es fälschlich abgegeben, um mir bei der schwierigen Entscheidung zu helfen, wie ich mit meiner Mutter verfahren soll.

Mit diesem glimmenden Hoffnungsschimmer raffe ich mich auf, schmiere mir ein Toastbrot mit Butter und zwinge mich, es zu essen. Mir ist immer noch schlecht. Ich sehe aus dem Fenster hinunter auf die Straßen. Gegenüber, vor dem Haus mit dem Flachdach, läuft eine Schulklasse entlang. Wahrscheinlich besuchen sie den Checkpoint Charlie.

Und dann halte ich mitten in der Kaubewegung inne. Ich starre zu dem Mann hinüber, der neben einem Van mit dunklen Scheiben steht. Instinktiv trete ich einen Schritt vom Fenster zurück. In der nächsten Sekunde ist der Typ verschwunden. Ich beobachte die Straße, aber ich kann ihn nicht mehr entdecken. War er das wirklich? Oder bin ich inzwischen so übermüdet und dünnhäutig, dass meine Augen mir wieder Streiche spielen? Aber er sah genauso aus wie der Typ, der mir vor wenigen Wochen vom Kloster Eberbach zur Europäischen Zentralbank gefolgt ist.

September 2019

65

Toni mischte sich auf der Straße vor dem Bankgebäude in eine Gruppe von Touristen und wurde wie in einem Fischschwarm den breiten Gehweg entlanggespült. Sie war wütend. Es brodelte in ihr, tiefrot und heiß. Sie durchsuchte ihre Umhängetasche und holte das Handy heraus. Nicht ihr Mobiltelefon, sondern das von Zsazsa. Den Code hatte sie sich gemerkt, er war wie eintätowiert. Sie blickte an den Türmen der EZB hinauf und rief Xaver an.

Nach drei Klingelzeichen nahm jemand ab. Toni hörte nur ein dünnes Atmen an ihrem Ohr.

»Hallo?«, fragte Toni ins Handy. Sie sah Xaver förmlich vor sich, wie er auf sein Telefon starrte, das auf dem Display den Anruf einer Toten anzeigte.

Er klang heiser. »Wer ist da?«

»Antonia«, sagte sie und sah sich nach dem Mann um, ob er ihr gefolgt war. Er hatte sie in der Touristengruppe verloren, aber seine Blicke suchten nach ihr. Schnell wandte sie sich wieder ab. »Xaver, es ist wichtig. Bist du noch im Büro? Ich muss dich sprechen. Kannst du mich in die EZB holen?«

»Wieso hast du Zsazsas Handy?« Seine Stimme schien zu zittern.

»Ich erkläre es dir. Persönlich.«

»Ich mache in einer halben Stunde Feierabend. Es gibt ein Restaurant gegenüber.«

»Kann ich bitte hochkommen?«

»Wegen der Kunstsammlung?«

Nein, dachte sie, wegen Zsazsa, die kurz vor ihrem Tod da oben bei dir war. »Ich will das nicht am Telefon besprechen. Bitte, Xaver, es ist wirklich wichtig.«

»Okay, ich rufe unten am Empfang an.«

»Komm bitte runter und hol mich an diesem Securitycheck ab.«

Toni spähte weiter nach dem Mann auf der anderen Straßenseite. Er schien verschwunden zu sein. Mit ständigen Blicken über ihre Schulter ging sie zurück zu dem Glasbunker und wartete kurz davor, bis sie Xaver aus dem EZB-Gebäude kommen und zur Sicherheitskontrolle gehen sah. Erst als er aus ihrem Sichtfeld verschwand und sie sicher war, dass er den Checkpoint betreten hatte, trat auch sie wieder in den Raum. Beim Anblick der Beamten begann ihr Herz wie wild gegen ihren Brustkorb zu hämmern. Alles in ihr war in Aufruhr, aber diesmal war es keine Wut. Eine Panikattacke rollte heran. Warum jetzt? Warum hier? Sie dachte an das, was der Therapeut ihr erklärt hatte; dass solche Gefühle von einem alten Trauma herrühren konnten und dass sie irgendwann in der Vergangenheit mal berechtigt gewesen waren und bei bestimmten Auslösern fragmentiert hervorbrechen konnten. Sie zwang sich, ruhig zu atmen, und konzentrierte sich auf den Schmerz, den sie mit ihren Fingernägeln in den Handballen verursachte, um sich von der irrationalen Angst abzulenken. Der Schmerz war etwas Reales zum Anfassen.

Xaver winkte Toni zu sich und sie trat unsicher und unter den wachsamen Blicken aller Sicherheitsbeamten auf die Schleuse zu. Vor den Detektoren machte einer von ihnen eine Geste, die sie zum Stehenbleiben aufforderte.

Xaver sah besorgt aus. »Sie wurden vor dir gewarnt, weil du angeblich eine psychisch labile Stalkerin bist?«

Die Panik kroch vom Bauch in den Brustkorb. Tonis Kopf fühlte sich zugleich heiß und eiskalt an, eine Empfindung, die völlig irreal war. *Wir sind stärker als sie*, klang es von irgendwo her.

Mit dem Mut der Verzweiflung stieß Toni nun hervor: »Xaver, ich bin durch ein ätzendes Gas blind geworden und hatte eine Augenoperation. Ich habe Zsazsas Augen bekommen, verstehst du? Sie hatte einen Organspendeausweis. Deshalb bin ich mit Clara befreundet.« Xaver starrte sie fassungslos an und Toni sprach nun keuchend. »Clara geht es beschissen, richtig gewaltig beschissen. Ich weiß nicht, warum Evelyn dich verlassen hat, aber es war direkt nach Zsazsas Tod. Zsazsa hat Selbstmord begangen, wusstest du das? Nur wenige Stunden, nachdem sie dich hier besucht hat. Ich muss wissen, was an dem Tag passiert ist. Und ich glaube, Clara muss es auch wissen, sonst …« Die Panik erreichte jetzt ihren Hals und Toni ballte wieder die Fäuste, damit sich ihre Fingernägel noch tiefer in die Handballen bohrten. »Ich weiß es, es wird etwas Schreckliches passieren. Es geht jetzt darum, ihr das Leben zu retten.«

Und mir auch, dachte sie.

Xaver wandte sich an den Beamten. »Ich bürge für sie. Es ist wichtig, es geht um meine Schwiegermutter.«

66

Als Toni den Securitycheck an Xavers Seite verließ und wieder frische Luft atmete, lockerte die Angst, die sich mit Klauen an ihrer Wirbelsäule emporgekämpft hatte, ihren Griff.

Sie gingen auf die mehrere Stockwerke hohe Eingangshalle

der Währungsbehörde zu. Xaver grüßte die Kollegen, die ihnen auf dem Weg zum Ausgang entgegenkamen. Toni musste sich sputen, um mit ihm Schritt zu halten. Auch er schien jetzt innerlich gehetzt.

Während Xaver mit Tonis Ausweis einen Besucherzugang am Empfang orderte, sah Toni sich um. Gegenüber dem Empfang standen die Fahnen der europäischen Mitgliedsländer Spalier. Linker Hand, über dem Besucherzentrum, war die nahezu hundert Jahre alte Mauer der Markthalle mit ihrem Beton- und Fensterraster zu sehen. Und dann zu beiden Seiten Glas und Beton, die in unendliche Höhen emporstrebten. Es war ein verrücktes Zusammenspiel aus Alt und Neu. Wo man hinsah, hingen kugelförmige Überwachungskameras an den Decken. Hier blieb nichts unentdeckt.

Xaver drückte Toni die Besucherchipkarte in die Hand. Sie hatte eine Klemmvorrichtung. »Du musst den Ausweis immer sichtbar tragen.«

Nachdem sie diverse Schleusen passiert hatten, folgte sie Xaver eine Treppe hinauf, die durch einen rauschenden Wasserfall nach oben stieg. Er öffnete mit seinem Ausweis eine weitere Sicherheitstür, dann schritt er durch helle Gänge bis zu einer großflächigen Aussichtsplattform. Vor ihnen erstreckte sich die alte Markthalle in ihrer ganzen Höhe und Größe. Fünf Meter über ihnen wellte sich die alte, freischwebende Dachkonstruktion in großen Bögen, gut fünfundzwanzig Meter unter ihnen standen winzig anmutende Stehtische. Xaver steuerte nicht auf die Sitzgelegenheiten der Plattform zu, er blieb am Geländer stehen.

»Hier können wir in Ruhe reden. Ich bin ganz geschockt. Was ist mit Clara? Und Zsazsa hat sich umgebracht? Evelyn hat nichts davon erzählt!«

Toni schaute bis zum geklinkerten Ende der Halle. Hinter winzigen Bürofenstern wuselten Menschen. Rechter Hand sah sie durch die großen Rasterfenster bis hinüber zur Brücke mit den Klangkugeln.

»Was wollte Zsazsa hier?«, fragte sie und wandte den Blick von der Halle ab.

Xaver seufzte. »Nichts Schlimmes. Sie wollte unsere Kunstsammlung sehen.«

»Was sind das für Kunstwerke?«

»Moderne Sachen, zeitgenössische Gemälde und Skulpturen.«

»Es ist nichts Altes dabei?«

»Nein.« Er sah sie forschend an.

Hatte Julia aus dem Atelier nicht erzählt, Zsazsa habe sich nicht für die ganz modernen Sachen interessiert? Sagte sie nicht, die Leidenschaft ihrer toten Spenderin seien Expressionisten gewesen? »Wie war sie denn bei eurem Treffen?«

Xaver wirkte nun misstrauisch. »Glaubst du etwa, ihr Tod hat etwas mit mir zu tun?«

»Natürlich nicht«, erwiderte sie hilflos. Und nun wurde das mulmige Gefühl in ihrem Bauch stärker.

Xavers Augen bekamen einen traurigen Glanz. »Sie war nicht anders als die Male davor. An dem Tag war sie so besessen davon, mich zu sehen, weil ich am nächsten Tag mit Evelyn in Urlaub fahren wollte.«

Besessen. Da war sie wieder, diese seltsame Zuschreibung. Xavers Gesicht verschattete sich, tiefe Furchen traten auf seine Stirn. Sicherlich fragte er sich in diesem Moment auch, ob er etwas hätte merken müssen oder ob er etwas gesagt hatte, wodurch Zsazsa bestärkt worden war, sich umzubringen.

»Wusste Evelyn, dass ihr euch alleine getroffen habt?«

Ihre Blicke kreuzten sich nur einen winzigen Moment und Toni las darin die ganze Geschichte. »Deswegen hat sie dich verlassen? Lief etwas zwischen dir und Zsazsa?«

»Nein!«, sagte er. »Nein! Aber als ich es Evelyn erzählt habe, dass Zsazsa hier war und alles Mögliche über Kunst wissen wollte, hat sie Schluss gemacht. Radikal Schluss. Sie wollte mich nie wieder sehen und hat mir vorgeworfen, ich würde etwas für Zsazsa empfinden.«

»War es denn so?«

»Na ja, alle waren ein bisschen in sie verknallt. Aber es war ganz unschuldig. Ich bin kein Mann in Zsazsas Beuteschema. Ich habe in das Treffen auch nur eingewilligt, weil sie die Schwester meiner Freundin war. Ich war wirklich ganz auf Evelyn fokussiert. Ich habe nicht mal im Ansatz über eine Trennung nachgedacht. Aber anscheinend bin ich durch dieses eine Treffen zu einer Persona non grata geworden.«

Toni spürte, dass das nicht der wahre Grund gewesen sein konnte. »Würdest du mir alles zeigen, was du ihr gezeigt hast? Und alles erzählen, was du ihr erzählt hast?«

Xaver sah Toni in die Augen, aber er sah nicht wirklich hinein, er sah ihre Augen *an.* »Willst du es deshalb alles wissen?« Er deutete auf ihre Pupillen.

»Auch«, erwiderte sie. »Und weil ich glaube, dass etwas ganz schräg ist bei den Mertens. Evelyn hat dich nicht verlassen, weil du Zsazsa getroffen hast. Sie hat dich verlassen, weil da irgendwas nicht stimmt. Deshalb will sie nicht mehr mit dir zusammen sein. Sie liebt dich immer noch. Aber trotz aller Liebe: Wenn sie mit dir zusammenbleiben würde, müsste sie dich anlügen, ein ums andere Mal.«

Xaver sah jetzt bleich aus. Toni ahnte, dass sie etwas in ihm angerührt hatte. Vielleicht nur die Hoffnung, Evelyn eines Tages zurückzubekommen. Aber vielleicht auch das Gefühl, dass mit Zsazsas Tod und diesem ganzen Familienclan etwas nicht stimmte.

»Okay«, sagte er tonlos. »Gehen wir.«

Die Kunstsammlung mit über fünfhundert Objekten stand und hing im ganzen Gebäude verteilt, zu dem allerdings nur Mitarbeiter Zugang hatten. Toni überlegte, ob vielleicht schon der blaue Teppich in den Gängen zur Kunst zählte. In den Dutzenden Metern Länge waren in hellerem Farbton immer wieder abstrakte Formen eingearbeitet.

Sie marschierten schweigend an den weißen Ausstellungsflächen entlang. Toni kannte keinen der Künstler. Es gab einen Wandteppich, Fotostrecken, auf einer Glaswand prangte eine riesige Formel aus Buchstaben, Zahlen und Rechenzeichen aus Aluminium. Es gab einen männlichen Torso mit griechisch anmutendem Kopf. Die rote Farbe, die an dem Objekt hinunterlief, ließ Toni erschaudern. Ein großflächiges Werk war aus Papierresten und Müll zusammengeklebt (*Jesus lebt*), eine aufgeblasene Daunenjacke stand am Boden wie ein Gorilla. Toni sah nur ein Bild, von dem sie dachte, dass es Zsazsa interessiert haben könnte. Es war ein expressionistisch anmutendes Werk, allerdings keine zehn Jahre alt. Xaver erklärte, mit Zsazsa in diesem Gebäudeteil nur über die verschiedenen Künstler gesprochen zu haben. Er führte Toni die Runde, die er auch mit seinem Besuch im Februar gegangen war. Er zeigte ihr den fast hundert Jahre alten Paternoster der Markthalle, der noch funktionstüchtig war, und die neue hauseigene Bibliothek. Sie sah die Konferenzräume, das Pressezentrum, das sie aus den Nachrichten kannte, lugte in die Kantine, die einem schicken Restaurant mit Live-Küche glich, und sah in das hauseigene Sternerestaurant für die hohen Gäste. Es gab Besprechungsnischen mit Ledersofas, einen Flügel für kleine Konzerte, und mit jedem Stockwerk war Toni mulmiger zumute.

Sie betraten den Sockel der beiden Banktürme über eine geschlossene Glasbrücke, die von der alten Markthalle hinüberreichte. Wieder wölbte sich über ihnen eine riesige Halle, diese hier war aus Stahl und Glas. Sie füllte fünf der insgesamt fünfundvierzig Stockwerke aus. Auf einem Fahrstuhlplateau teilte sich der Zugang zum Nord- und Südturm. Xaver tippte auf einen Touchscreen an der Wand. Lautlos glitt eine Fahrstuhlkabine von oben heran. Sie traten ein und kurz darauf fühlte Toni ihren Magen in die Füße sacken. Sie musste sich an die Wand stützen, ihr Blutkreislauf schien nicht mit der Geschwindigkeit mithalten zu können, mit der der Kokon sie nach oben schoss. Und als sich der Fahrstuhl öffnete und Toni in einem der oberen Stockwerke ausspuckte, glaubte sie, den letzten Rest Blut aus ihrem Kopf tropfen zu hören. Sie stand nun direkt vor der Fensterhaut der Türme und alles da unten sah ameisenhaft aus. Sie klammerte sich an Xaver und in ihren Schläfen pochte die gleiche Angst, die sie auch auf der Dachterrasse am Frankfurter Zoo gespürt hatte. Höhenangst, die sie bis vor Kurzem noch nie gefühlt hatte. Toni hatte diese Furcht völlig vergessen, da sie in ihrem Leben so neu war. Aber Zsazsa war sich dieser Angst sehr bewusst gewesen. Und sie war dennoch hergekommen und hatte sich über zwanzig Stockwerke hochkatapultieren lassen. Warum nur?

Frankfurts Häuser wirkten nun wie Legosteine und der Fernmeldeturm wie ein einsamer Bleistift. Anhöhen des Taunus wellten sich in kleinen Hügeln hinter der urbanen Bauklötzchenlandschaft. Toni keuchte, sie spürte Schweiß aus allen Poren drängen. Vielleicht sind das Tränen der Angst, dachte sie, wenn man zu schockiert ist, um wirklich zu weinen. Sie versuchte, nicht auf die Stimme zu hören, die ihr sagte, dass alles nur aus *Glas* sei und das *Glas* brechen könne, sogar sehr schnell.

Xaver griff nach ihren Oberarmen. »Du kippst mir jetzt hier nicht auch um«, sagte er, nun ungehalten. »Sie hat mir auch nicht gesagt, dass sie das nicht kann.«

Ein prachtvoller Abendhimmel breitete sich nun über die Stadt, aber Toni hielt das Panorama kaum aus, die Angst würgte sie regelrecht. Also heftete sie ihren Blick an Xaver und versuchte den Abgrund um sie herum und die Glaswände zu ignorieren.

»Was habt ihr dann gemacht?«, keuchte sie. »Du hast gesagt, sie wollte alles Mögliche über Kunst wissen. Was genau?«

Seine Augen weiteten sich. Toni sah ihm an, dass er nun auch wusste, weswegen sie gekommen war.

67

Wir waren hier oben, so wie jetzt«, sagte Xaver und obwohl er Toni anschaute, schien er sie nicht wahrzunehmen. Er blickte in die Vergangenheit, zurück in den Februar.

Die beiden standen sich gegenüber, jeder hatte die Oberarme des anderen gegriffen, sie, um sich festzuhalten, er, um sie am Umkippen zu hindern.

Toni fühlte die Angst nun wie körperliche Schmerzen, ähnlich einer Grippe, die auf der Haut wehtat.

»Sie sagte«, erinnerte er sich, »ich solle ihr vom Kunstmarkt erzählen, damit sie sich auf etwas konzentrieren kann. Sie stand hier wie angewurzelt, obwohl sie ganz bleich und schwitzig war. Jetzt ...« Eine senkrechte Falte grub sich zwischen seine Augenbrauen. »Jetzt erinnere ich mich, dass sie mich das schon an Weihnachten gefragt hatte. Wir waren alle in New York. Evelyn, Zsazsa, Jürgen, Clara. Wir haben Galerien besucht und so Sachen. Und an Heiligabend fragte Zsazsa mich, ob man auch in Deutschland Kunstwerke als Sicherheit für hohe Kredite verwenden könne, so wie in Amerika.«

Toni hörte die Puzzleteile, die an ihren Platz fielen, während Xaver weitersprach.

»Evelyn und Jürgen haben das Gespräch damals unterbrochen, sie wollten Urlaub machen und nichts von beruflichen Dingen hören. Irgendwann im Februar habe ich aber Clara versprochen, dass Zsazsa sich unsere Kunstsammlung ansehen kann. Und als sie hier oben in Panik geriet, da wollte sie, dass ich ihr erkläre, wie Kunstobjekte als Sicherheit für Bankkredite funktionieren. Ich sollte es ihr möglichst genau darlegen, damit sie sich konzentrieren muss und die Angst vergisst.«

»Dann erkläre es mir auch«, sagte Toni. Die Angst war nur noch als Hintergrundmusik zu hören, stattdessen war der Hunger wieder da, der Drang, mehr zu hören, alles zu wissen.

»Ich habe ihr erklärt«, sagte Xaver und lockerte seinen Griff etwas, »dass Kunst oft als Handelsobjekt eingesetzt wird. Im Jahr wird damit ein Umsatzvolumen von 70 bis 80 Milliarden Dollar generiert, weltweit. Bei sehr ausgesuchten Banken werden Kunstwerke als Kreditsicherheit akzeptiert. In Deutschland muss ein Objekt dafür mindestens eine halbe Million wert sein und es muss der Bank zur sicheren Verwahrung überlassen werden. Der Kreditrahmen beläuft sich für gewöhnlich auf vierzig bis fünfzig Prozent des Marktwertes. In Amerika gibt es Banken, die steigen erst ab fünf Millionen ein und der Besitzer darf sein Kunstobjekt sogar behalten.«

Toni schüttelte ungläubig den Kopf. »Wie lange laufen solche Kredite?«

»Standardlaufzeit sind fünf Jahre. Die Kredite können aber immer verlängert werden, vorausgesetzt natürlich die Zinsen, meist so ein bis zwei Prozent, werden pünktlich gezahlt und das Objekt hat keinen Wertverlust. Dieser Markt ist äußerst volatil. Und für gewöhnlich ist das ein Konzept, um die hohen Geldsummen, in die das tote Kapital – die Kunstwerke – verwandelt wurde, woanders gewinnbringend zu investieren. Das Darlehen wird meistens auf Non-Recourse-Basis gewährt.«

»Was heißt das?«

»Dass ein Kreditnehmer allein mit den Kunstwerken haftet. Seine Bonität wird nicht wie sonst bis in den letzten Winkel überprüft.«

Toni spürte den Puls an den Schläfen wummern. Ihr Herz fühlte sich plötzlich doppelt so groß an. Es raste nicht, es galoppierte nicht. Es hämmerte auch nicht gegen den Brustkorb. Es kam ihr so vor, als wären es nun zwei, die mit doppelter Kraft schlugen.

»Wer prüft die Kunst? Ob sie gestohlen ist oder gefälscht?«

»Profis natürlich.«

»Angenommen, jemand würde ein Gemälde aus der Beutekunst als Kreditsicherheit zur Verfügung stellen?«

Xaver ließ sie los. »Das ist unheimlich. Zsazsa hat mich das auch gefragt. Heutzutage wird die Provenienz von Gemälden selbstverständlich lückenlos geklärt. Ich kann mir nicht vorstellen, dass das klappen würde. Aber die Provenienzforschung ist noch jung.«

»Welche Banken machen solche Geschäfte?«

»Diese hohen Kredite geben ausgesuchte Privatbanken. Wie das im Einzelnen abläuft, kann ich dir nicht sagen. Das ist ein ganz eigenes Geschäftsfeld. Ich bin hier nur im Kunstausschuss und wir kaufen ja auch nur moderne Objekte.«

Xaver zog Toni zu den Aufzügen und sie lehnte sich an die kühle Glaskonstruktion. »Hast du mal mit Jürgen darüber gesprochen?«

Er schüttelte den Kopf.

Sie schloss die Augen. So ausgelaugt hatte sie sich früher nach Entrümpelungsaufträgen für große Häuser gefühlt. »Jetzt bring mich nach unten«, bat sie ihn.

»Du siehst aus, als müsstest du dich dringend hinlegen«, sagte er, als der Fahrstuhl nach unten glitt. »Ich hoffe, dein Hotel ist nicht weit weg.«

Toni hatte noch kein Hotel. Darum würde sie sich kümmern, wenn sie Jürgen mit all dem konfrontiert hatte, was sie nun wusste, vor allem mit der Frage, ob Zsazsa ihn diesbezüglich zur Rede gestellt hatte.

Oktober 2019

68

Der erste Herbstwind des Jahres streift mir mit seiner kalten Hand durch den Nacken. Ich starre auf die vergitterten Fenster des großen Klinkerbaus. Wie viele Mörder mögen hinter diesen Mauern leben? Wie gehen sie mit ihren Toten um?

In einer Viertelstunde werde ich meinen Vater sehen. Ihm gegenübersitzen. Ihm in die Augen sehen.

Ich zeige meinen Ausweis. Der Polizist sieht mich lange prüfend an. Ich wende den Blick ab und natürlich muss ich an das Sicherheitsgebäude in Frankfurt denken und an die Durchsuchung, bevor ich endlich zu Xaver durfte. Auch da habe ich dieses Starren der Beamten nicht ertragen.

Ich bekomme einen Besucherausweis und muss alles in eine Plastikwanne legen, was ich bei mir trage, außer meiner Kleidung. Tasche, Handy, Schlüssel, Geld. Dann werde ich gescannt und abgetastet.

Ein Beamter führt mich durch einen kahlen Flur ohne Tageslicht. Es geht durch eine weitere Schleuse. Eine schwere Sicherheitstür schließt sich hinter uns und ich werde sie auf dem Rückweg nur mithilfe des Beamten passieren können. Ein weiterer Flur.

»Sie wissen, dass Ihr Besuch überwacht wird?«, fragt der Beamte freundlich und als er mich ansieht, komme ich mir sofort schuldig vor. Ich weiß nicht, wofür oder weswegen, mein Kontingent an Schuldgefühlen reicht wohl einfach für mehrere Menschen. Das war schon immer so. Andere Menschen haben Schönheit, Charisma, Talent oder Glück in die Wiege gelegt bekommen, manche sogar alles auf einmal. Wenn ich mir meine letzten Monate ansehe, sind für mich an der Ausgabestelle der Fähigkeiten und Eignungen nur noch Schuldgefühle zu empfinden übrig gewesen und der Hang, mich tief in die Scheiße zu reiten.

»Unter Umständen wird das Gespräch auch mitgehört, das ist Ihnen auch bekannt?«

Ich nicke.

»Sie dürfen sich nicht in einer Fremdsprache unterhalten.« Er blickt auf das Dokument in seinen Händen. »Einen vereidigten Dolmetscher haben Sie ja nicht beantragt. Sie haben zwanzig Minuten.«

Ich bleibe vor einer grauen Tür stehen. Sie hat ein Fenster, das durch ein Gitternetz in hundert kleine Quadrate eingeteilt ist. Drinnen sehe ich einen leeren Tisch mit zwei Stühlen.

Der Beamte öffnet die Tür. Ich starre auf den leeren Tisch.

»Sie müssen drinnen warten. In fünf Minuten komme ich mit dem Inhaftierten.«

Ein Kolibri flattert in meinem Hals, als wäre er darin gefangen und als würde er wie verrückt versuchen, sich zu befreien.

Fünf Minuten. Dreihundert Sekunden. Sie tropfen wie zähflüssige Ewigkeiten in den Raum. Ich sitze. Ich stehe wieder auf. Ich gehe zum Fenster. Ich zupfe an meinem Pullover. Dann sitze ich wieder. Ich habe Angst.

Schließlich erscheint in dem Fenster in der Tür kurz das Gesicht des Beamten, der mich in den Besucherraum geführt hat.

Und dann sehe ich ihn.

September 2019

69

Die Villa in Kronberg lag wie ein Tier kurz vor dem Sprung in der Dunkelheit. Zwei Fenster im Obergeschoss blitzten wie Drachenaugen auf die Straße hinunter.

Toni hatte sich auf der Fahrt einen Kaffee besorgt, um die Tabletten hinunterzuspülen und nicht vor Müdigkeit umzukippen, und zwei belegte Brötchen von der Tankstelle, damit die Medikamente ihren Magen nicht durchlöcherten.

Sie klingelte. Kurz darauf öffnete Jürgen. Unter dem Schein der Außenlampe sah er alt und verbraucht aus, aber seine Mundwinkel waren zu einem spöttischen Lächeln verzogen. »Ich habe dich erwartet.«

Ein Summer öffnete die Gartentür. Toni steuerte auf Jürgen zu. »Ach ja?«

»Wie war es in Eberbach?«

»Sehr aufschlussreich.« Tonis Blick fiel auf die Mülltonne neben dem Gartentor. Davor lehnte ein mit Leinwand bespannter Rahmen aus Holz. Sie starrte auf die helle Rückseite der Leinwand und griff nach dem Bild. Eine Straßenlaterne warf fahles Licht auf die blauen Pferde. Die acht Personen auf dem Foto in der Mitte wirkten nun angespannt. Das Foto löste sich und fiel zu Boden. Toni hob es auf.

»Du wirfst das Bild einfach weg? Während Clara nicht da

ist?« Toni blieb kurz vor ihm stehen, dann ging sie an ihm vorbei ins Haus. Toni hatte vermutet, dass er sie aufhalten würde, aber erstaunlicherweise ließ er sie passieren.

Im Haus war es still. Sie drehte sich auf der ersten Treppenstufe zum Obergeschoss zu ihm um. »Clara wollte nicht mehr leben. Du hast sie nicht ein Mal besucht. Was bist du nur für ein Mensch?«

Er schloss die Haustür und neigte selbstgefällig den Kopf. »Clara wird mich nie verlassen. Auch nicht so.«

Toni spürte die Wut in roten Wellen heranbranden. »Das glaubst du wirklich, ja? Und deshalb behandelst du sie so übel? Du und Evelyn, ihr seid ein echtes Traumpaar. Bei dieser Tochter haben sich deine Gene ja ganz wunderbar durchgesetzt.«

Sein Kopf neigte sich noch mehr zur Seite und in dieser Geste lag noch mehr Hohn als in seinen Worten. »Vielleicht solltest du das mal mit deinem Therapeuten besprechen?«

»Ihr beschattet mich, ja? Was ist so gefährlich an mir?«

Er lachte humorlos auf. »Du glaubst, du kannst uns gefährlich werden? Wie war es in der EZB? Oh, du konntest sie wohl nur von außen sehen?«

Toni verzog nun ihrerseits spöttisch den Mund. »Ich war sogar ziemlich weit oben.«

Die indirekte Deckenbeleuchtung der Empfangshalle war hell genug, dass Toni das Zucken in seinen Augen bemerkte.

Er kam langsam auf sie zu. »Dass du uns nachstellst und sogar meine kranke Frau in der Klinik stalkst, das ist ein Straftatbestand. Hat dir das nicht deine neue Freundin Claudia gesagt? Sie ist doch Anwältin?«

Tonis Mund fühlte sich trocken an. Sie stieg rückwärts die Treppe hoch und behielt ihn im Auge. Er kam ihr nach. Langsam, wie eine Raubkatze, und nun sah Toni in ihm, was Clara beschrieben hatte. Der Vater, dessen Diktat sich alle unterzuordnen hatten. Sein jugendliches Aussehen war ihm in den letzten Wochen abhandengekommen und auf dem Gesicht des Alten lag nun etwas Herrisches. Es war der Ausdruck, den Toni schon bei Evelyn gesehen hatte. Sie waren sich in dieser Sekunde entsetzlich ähnlich.

Toni drehte sich um und stürmte die Treppe hoch. Zsazsas Abschiedsbrief konnte nur in Claras Zimmer sein. Jürgen kam ihr nach, sie hörte seine Schritte auf der Glastreppe. Er ging langsam und das klang umso bedrohlicher. Er schien sich sicher, dass es keiner Eile bedurfte, um sie zu stoppen. Toni stürzte in Claras Zimmer und schaltete das Licht ein. Vor ihren Augen flimmerte es. Sie brannten inzwischen wie Feuer. In drei Schritten war sie bei Claras Schreibtisch und riss eine Schublade nach der anderen auf, wühlte in Briefpapier und Fotos. Hier lagen sie, die Bilder, die Toni im Haus vermisst hatte, Andenken an Zsazsa und an das seltsame Mutter-Tochter-Verhältnis. Sie sah die beiden Arm in Arm, lachend am Strand, Wein trinkend. Die Fotos wollten so gar nicht zu dem passen, was Claudia ihr über das Verhältnis der beiden erzählt hatte, und dazu, dass Zsazsa Clara verachtet hatte.

Unter dem Stapel Fotos entdeckte Toni den Brief. Sie erkannte die Handschrift von Zsazsa sofort. Sie hatte sie oft genug in der Wohnung am Schweizer Platz gesehen, in Unterlagen und auf Ordnerrücken.

Liebste Mama, liebe Evelyn,
es tut mir furchtbar leid, was ich euch antue. Aber ich kann nicht mehr. Ich komme mit diesem Leben nicht mehr zurecht. Ich habe es so lange versucht, meine Kraft ist aufgebraucht. Mama, ich liebe euch, aber ich kann euch nicht mehr ertragen. Und mich selbst auch nicht mehr. Ich kann es auch nicht mehr ertragen, andere Menschen zu enttäuschen. Ich bin unfähig, dieses Leben zu leben, und ich habe alle Hoffnung verloren, dass sich das jemals ändert. Mama, du weißt, was du

tun musst. Lebe. Tu das Richtige. Hör mit der Lüge auf, mit dieser großen Lüge.
Seid mir nicht böse und denkt nicht zu schlecht von mir.
In Liebe, eure Zsazsa
PS: Papa, ich kann dir nicht verzeihen. Auch dich habe ich mal geliebt. Ich war dir nie genug. Die ganze Grausamkeit lebt nun in mir. Ich hoffe, dass auch du sie eines Tages fühlen wirst.

Toni las den Brief dreimal. *Ich bin unfähig, dieses Leben zu leben … Hör mit der Lüge auf, mit dieser großen Lüge … Die ganze Grausamkeit lebt nun in mir …*

Sie hörte ein Geräusch hinter sich und fuhr herum. Jürgen lehnte im Türrahmen und hatte die Hände in seinen Hosentaschen vergraben. Sein Blick wanderte zu dem Brief, der in Tonis Hand zitterte.

»Frauen«, seufzte er. »Dass ihr immer so zum Drama neigt.«

Toni stierte ihn wütend an. »Was hast du deiner Tochter angetan?«

Er lächelte. »Nein, ich bin doch kein Pädophiler.«

»Sie hat sich in deiner Stadtwohnung umgebracht. Kam dir das nicht verdächtig vor? Die Wohnung, in der du junge Frauen im Alter deiner Tochter gefickt hast?«

»Du fickst hier doch auch einen Mann im Alter meiner Zsazsa. Ihren Verlobten.«

Angewidert wandte Toni ihren Blick von ihm ab und faltete den Brief zusammen. Sollte das Papier in der Villa bleiben, würde Jürgen es entsorgen, so wie er das letzte Bild seiner Tochter im Müll entsorgt hatte. Sie steckte es in ihre Tasche zu dem Familienfoto, das sie draußen aufgehoben hatte, und ging auf Jürgen zu. Zwei Meter entfernt blieb sie vor ihm stehen. Ohne ihn anzusehen, forderte sie ihn auf, sie durchzulassen.

Er rührte sich nicht. »Diese ganze Sache hier wird mir lästig und langweilig. Was willst du, damit du uns endlich in Ruhe lässt? Die Augen meiner Zsazsa hast du ja schon. Ich finde das ziemlich viel.«

Tonis Wut schlug nun in Hass um. »Wie wäre es mit einem gewissen Prozentsatz von den Bildern? Den alten Bildern, die die Nazis beschlagnahmt hatten? Wie hoch waren die Kredite, die du dafür bekommen hast?«

Jürgens Augen wurden schmal. »Du solltest dieses Spiel nicht spielen.«

»Meinte Zsazsa diese Lebenslüge? Waren eure Eltern Nazischweine? Wurden für die Bilder Juden deportiert und vergast?«

»Ich zeige dir was«, sagte er kalt. »Komm mit.«

Er ging den Flur entlang zur Treppe. Sie folgte ihm in sicherem Abstand. Er sah es und lachte. »Was glaubst du, dass ich dich die Stufen hinunterstoße?«

Vorsichtig folgte sie ihm ins Wohnzimmer. Auf dem Esstisch lagen ein Foto und so etwas wie ein Messer. Toni blickte sich kurz um. Sie waren alleine. Erneut schaute sie auf den blitzenden Gegenstand. Nun erkannte sie einen silbernen Brieföffner. Ohne Jürgen aus den Augen zu lassen, trat sie näher an den Tisch.

Toni senkte den Blick auf das Foto.

Und in diesem Moment explodierte die Welt vor ihren Augen und zurück blieben ein rotes Chaos aus Blut, Tränen, Angst und Entsetzen.

70

Das Mädchen sah Toni mit großen Augen an und in diesem Blick lag eine ganze Welt aus schwarz-weißen Albträumen. *Wir schaffen das*, rief ihr das farblose Kind zu und es klang, als wäre es verzweifelt und würde heftig weinen. Wie schmal dieses Mädchen war. Das weite Kleid konnte nicht über ihre magere

Statur hinwegtäuschen und die Schlaufen eines Schulranzens mussten schwer auf den knochigen Schultern lasten.

Das einzig Farbige an diesem Bild war der rote Schleier, der sich über Tonis Augen gelegt hatte. Sie kannte das Mädchen inzwischen so gut, als wäre es ihr eigenes Kind. Seit Monaten träumte sie von ihr. Zittrig nahm Toni das alte Foto in die Hände und nun sah das Mädchen aus, als ob es schlotterte.

Jürgen schlenderte durch den roten Schleier auf sie zu. Tonis Kopf war heiß und eiskalt zugleich, die Panik verquirlte ihre Wahrnehmung nun zu einem seltsamen Strudel. Keuchend griff sie nach dem Brieföffner und streckte ihn fest umschlossen Jürgen entgegen.

Sie bemerkte, dass er eine Fernbedienung drückte und dann beide Hände hob, wie um sich zu ergeben.

»Wer ist sie«, keuchte Toni. »Was passiert hier gerade?«

»Wir haben dich oft genug gewarnt«, sagte er. »Bleib uns fern oder …«

Sie ließ das Foto los und das Mädchen segelte in die Tiefe. *Der Abgrund, sie stürzt in den Abgrund.* Toni wurde schwindelig.

»Wovor konnte Clara Zsazsa nicht schützen?«, keuchte sie. Die Ränder ihres roten Sichtfelds fransten nun schwarz aus. Es würde nicht mehr lange dauern, bis sie umkippte. Was würde dann passieren? Würde Jürgen sie aus einer Dachgeschosswohnung werfen? »Was hast du Zsazsa angetan? Und ihr?« Toni stieß den Brieföffner in Richtung des Fotos, das nun zwischen ihnen auf dem Parkett lag.

Jürgens Stimme klang ganz ruhig, aber voller Hohn. »Hör endlich auf oder du wirst dich noch selbst umbringen. So wie Zsazsa. Du bist doch jetzt schon verrückt.«

Er trat einen Schritt auf sie zu. Tonis Amygdala mobilisierte ein letztes Himmelfahrtskommando, sie stürzte auf ihn zu, den Brieföffner weit nach vorne gestreckt. »Geh weg von mir!«

Irgendwo erwischte sie ihn mit der Klinge. Er stieß sie zur Seite und Toni krachte der Länge nach auf den Boden. Dann zog die Schwärze vor ihre Pupillen und der letzte Blick in diese blutrot getränkte Welt zeigte Jürgen, der sich über sie beugte und sie betrachtete wie einen Käfer, der auf den Rücken gefallen war und im Todeskampf nur noch ein bisschen zuckte.

71

Toni konnte die Hände nicht bewegen. Sie war im Krankenhaus. Neben ihr saßen Holger und Peter und hielten ihre Hände, damit sie sich die Verbände nicht von den Augen zog. Sie spürte etwas auf der Stirn. Sie öffnete die Lider und sah ein Gesicht durch einen roten Schleier heranschwimmen. Etwas Grelles leuchtete ihr in die Augen.

»Sie ist wieder da. Pupillen reagieren.«

Toni wollte sich aufsetzen, aber sie konnte den Kopf nicht heben. Und nun spürte sie etwas an ihren Handgelenken. Und an ihrer Hüfte. Und den Knöcheln. Sie war irgendwo festgeschnallt. Sofort kam die Panik wieder.

»Was ist hier los? Wo bin ich?«, schrie sie.

Nun tauchte ein anderer Kopf über ihr auf. Die Frau war in ihrem Alter und trug eine Uniform. »Frau Petzold, die Sanitäter bringen Sie jetzt ins Krankenhaus.«

»Warum, was ist los?«

»Es geht Ihnen nicht gut.«

»Hat er mich vom Haus geworfen?«

»Beruhigen Sie sich. Sie bekommen jetzt eine Spritze und es wird Ihnen gleich besser gehen.«

Toni sah hinter ihr ein zweites Gesicht. Jürgen. »Passen Sie auf! Er steht hinter Ihnen!«

Die Frau blickte sich kurz um. »Frau Petzold. Herr Mertens

hat uns angerufen, weil sie in sein Haus eingedrungen sind und ihn mit einem Brieföffner angegriffen und verletzt haben.«

»Das stimmt nicht!«, schrie sie. Verzweifelt kämpfte sie gegen die Fesseln an, doch es war zwecklos. »Machen Sie mich sofort los! Ich will keine Spritze!«

»Wir haben die Kamera des Sicherheitssystems gesehen. Und wir haben den Angriff gesehen.«

»Was soll das!«, schrie Toni nun und schluchzte auf.

»Wir wissen, dass Sie Frau Mertens gestalkt haben und dass Sie glauben, die verstorbene Susanne Mertens würde in Ihnen weiterleben. Sie haben alle Habseligkeiten der Toten aus deren Wohnung gestohlen. Sie haben ihr Mobiltelefon gestohlen und benutzen es. Sie haben ihren Abschiedsbrief und ein Urlaubsfoto der Familie entwendet. Sie nehmen schwere Medikamente, das wissen wir. Herr Mertens würde eventuell auf eine Anzeige verzichten, aber nur, wenn er sich sicher sein kann, dass Sie wieder bei Verstand sind und Krankheitseinsicht zeigen.«

Toni strampelte erneut, aber die Bandagen ließen ihr keinerlei Spielraum. Das Gesicht eines anderen Mannes schob sich in ihr Sichtfeld. »Ich bin Arzt vom psychiatrischen Notdienst. Ich spritze Ihnen jetzt ein Beruhigungsmittel.«

Sie versuchte noch mal sich zu wehren und jaulte einen langen Schrei, doch es war völlig sinnlos. Ein Stich am Arm und dann war da etwas in ihrem Körper, das sie schlagartig müde machte. Sie spürte alle Kraft aus ihren Gliedern weichen. »Aber das stimmt alles nicht …«, nuschelte sie.

Jürgen sah immer noch mit dem Blick auf sie hinunter, mit dem ein Wissenschaftler einen sterbenden Käfer begutachtete.

Die Stimme des Arztes kam nun von weit her. »Ich habe mit Ihren Eltern telefoniert und die haben mir die Nummer Ihres Therapeuten genannt. Sie gelten als suizidal. Wir bringen Sie jetzt in die Psychiatrie. Dort bleiben Sie ein paar Tage zur Beobachtung, bis wir sicher sind, dass Sie für sich selbst und für andere Menschen keine Gefahr mehr sind und nicht unter einer Psychose leiden. Entspannen Sie sich. Kämpfen Sie nicht gegen die Beruhigungsspritze an.«

»Das Foto. Sie müssen ihr Foto mitnehmen …«, lallte sie.

Der Arzt griff nach etwas neben ihr auf dem Boden. Er zeigte ihr ein Foto der jungen Zsazsa. »Das lag auf dem Tisch, bevor Sie den Anfall hatten und Herrn Mertens angegriffen haben. Es gehört Ihnen nicht.«

»Es war ein anderes Mäd…« Ihre Zunge blieb dick und pelzig zwischen ihren Zähnen liegen. Sie spürte feste Hände an ihrem Kiefer, eine Beißschiene legte sich zwischen die Zahnreihen.

»Nur damit Sie sich nicht verletzen, wenn Sie krampfen.«

Dann wurde es wieder dunkel.

72

Die Tage in der Psychiatrie verschwammen zu einem Klumpen aus Zeit. War Toni achtundvierzig Stunden hier? Oder schon drei Tage? Sie bekam neben den Immunsuppressiva regelmäßig Beruhigungsmittel, erst mit einer Spritze, dann als Pille. Die Einnahme wurde streng kontrolliert. Bei den kurzen Gesprächen mit Ärzten und Therapeuten unternahm sie anfangs noch Anstrengungen durchzusetzen, dass jemand von der Polizei kam. Doch nach zwei Tagen schwieg sie stumpf und versuchte mit stetig sinkender Motivation zu verstehen, was passierte, was aus ihrem Leben geworden war und wie sie so hatte enden können.

Sie lag mit zwei anderen Patientinnen in einem Zimmer. Die Fenster waren nicht vergittert, aber ließen sich nicht öffnen. Einmal, als sie aus einem Dämmerschlaf aufwachte, stand eine ihrer Zimmergenossinnen an ihrem Nachttisch und kramte in Tonis persönlichen Sachen. Wenn sie nachts etwas zum Schlafen brauchte, bekam sie Tabletten, die sie abschossen. Wenn sie eine Kopfschmerztablette wollte, musste erst ein Arzt konsultiert werden. Diese Welt war nichts, was man verstehen konnte.

Sie vermutete, dass es der vierte Tag war, an dem sie nicht einmal mehr versuchte das zu tun. Eine Pflegerin kam ins Zimmer und brachte sie den Flur entlang zu einem Besprechungsraum. Der Oberarzt, der sie zweimal untersucht hatte, saß an seinem Schreibtisch. Davor kauerten auf Stühlen Brigitte und Peter. Sie sahen ihr mit hohlen Wangen entgegen. Ihr Blick glich der Person, die Toni sah, wenn sie in den Spiegel schaute: das reine Elend, zu lebendig zum Sterben und zu zerstört zum Leben.

Ihr Vater stand auf und umarmte Toni. Brigitte schluckte Tränen hinunter und klopfte ihr hilflos auf den Rücken. Keiner von ihnen sagte etwas.

»Setzen Sie sich«, forderte der Oberarzt sie freundlich auf. »Ihre Eltern nehmen Sie mit nach Berlin, damit Sie Ihre Augen untersuchen lassen können. Damit ich Sie in ihre Obhut entlassen kann, müssen wir ein gemeinsames Gespräch führen.«

Toni setzte sich zwischen ihre Eltern, ein anderer Stuhl war nicht mehr frei, und starrte auf den Schreibtisch. Die Situation war fast noch demütigender als der Abend in der Villa, als sie fixiert zu sich gekommen war.

»Ich gebe Ihnen einen Brief für Ihren Therapeuten in Berlin mit. Darin steht, welche Medikamente Sie bekommen und unsere Erstdiagnose. Ihre Eltern haben schon einen Termin bei Uwe Katzer ausgemacht. Er wird weiter abklären, ob Sie mit einer ambulanten Therapie ausreichend versorgt sind oder ob ein Aufenthalt in einer stationären Klinik angebracht ist. Wichtig ist, dass Sie regelmäßig die Medikamente gegen Ihre Schübe nehmen und dass Sie bereit sind, sich helfen zu lassen. Dazu gehört das Eingeständnis sich selbst gegenüber, dass Sie Wahnvorstellungen haben und dass Sie Hilfe brauchen. Haben Sie das so weit verstanden?«

Toni nickte dumpf.

»Haben Sie Selbstmordgedanken?«

Toni hörte ein unterdrücktes Schluchzen von Brigitte und ein geräuschvolles Ausatmen ihres Vaters. »Nein«, sagte sie, ohne zu wissen, ob das der Wahrheit entsprach. »Ich will nur, dass es aufhört. Ich will mein Leben zurück.«

»Das ist gut. Das ist wirklich sehr gut. Das wird Sie motivieren, die nötigen Schritte zu gehen. Glauben Sie, dass Ihre verstorbene Spenderin auf Sie übergegangen ist?«

»Nein«, antwortete sie und wusste wieder nicht, ob es der Wahrheit entsprach. Aber sie wollte nur raus hier und sie würde alles erzählen, um die geschlossene Abteilung verlassen zu dürfen. »Die Mutter der Spenderin hat es mir eingeredet. Ich wollte es gar nicht glauben. Ich weiß nicht, was dann passiert ist.«

»Ihre Eltern nehmen Sie mit«, wiederholte der Oberarzt. »Damit übernehmen sie eine große Verantwortung. Wenn Sie sich auf der Fahrt oder in den nächsten Tagen etwas antun, würden Sie das, das wissen Sie, Ihren Eltern antun. Richtig?«

Toni spürte förmlich, wie die beiden sich neben ihr verkrampften. Also nickte sie brav.

»In einer Psychiatrie zu sein«, sagte der Oberarzt, »kann ein aufrüttelndes Erlebnis sein. Keiner will das und niemand will, dass es andere wissen. Aber die meisten Patienten sehen im Nachhinein, dass es gut war, dort gewesen zu sein, und einen Punkt markiert, an dem sie erkannt haben, dass es so nicht weitergeht. Nutzen Sie diese Chance, um wieder ins Leben zurückzufinden. Sie bekommen bei der Pflegedienstleitung noch Medikamente für zwei Tage mit. Holen Sie sich in Berlin ein Rezept für die Anschlusszeit. Ich wünsche Ihnen alles Gute.«

Brigitte und Peter wechselten sich mit dem Fahren von Tonis Wagen ab. Sie hing auf der Rückbank und tat so, als ob sie schlafen würde, ganz so, wie sie in den letzten Tagen vorgespielt hatte, aufgegeben zu haben. Tatsächlich hatte sie darauf verzichtet, irgendetwas verstehen zu wollen. Aber sie würde sich nicht geschlagen geben. Der Hass in ihr war geduldig und sie hatte ihn wie einen wilden Dobermann an die Leine genommen und ihn auf eine spätere Gassirunde vertröstet.

Der Abschiedsbrief von Zsazsa und das Familienfoto der Mertens vor dem Bergmassiv waren nicht in ihren Sachen gewesen. Auch nicht das Foto des Mädchens. Anfangs hatte sie noch gedacht, dass sie sich tatsächlich geirrt haben könnte und auf Jürgens Esstisch nur ein Foto der jungen Zsazsa gelegen hatte. Aber es war ihr Mantra in den letzten Tagen gewesen, diese Fotos nicht zu vergessen. Sie war sich sicher, dass ihr Gehirn eine wahre Erinnerung ausgespuckt hatte.

In Berlin zog sie wieder in die Wohnung ihrer Eltern, wo sie nicht hatte aufwachsen dürfen und nun in einer anderen Art von Irrenhaus lebte. Sie nahm ihre Medikamente vor den Augen von Brigitte, hatte aber inzwischen genug gelernt, um diese nicht runterzuschlucken, sondern sie bei der nächsten Gelegenheit aus der Wange zu holen und zu entsorgen. Die ersten Tage bekam sie Kopfschmerzen und Schweißausbrüche von dem erneuten Chemiewechsel in ihrem Körper, aber sie lernte, damit umzugehen. Ihre Zeit würde kommen.

Ihr Vater wartete nun nicht mehr bis zum frühen Abend, bis er sich seine Biere und die Kurzen genehmigte. Manchmal telefonierte er mit gedämpfter Stimme in einem der Nebenzimmer und täglich fing er früher an zu trinken. Toni hörte Brigitte im Schlafzimmer weinen, doch wenn sie sich zeigte, wirkte sie wie immer gefasst und bestimmt.

Ja, dachte Toni, es war das kleinste Irrenhaus Berlins, mit Stuck an der Decke und einem hohen Aufkommen an Altglas.

Oktober 2019

73

Ich höre einen Stuhl auf dem Boden entlangschrappen und sehe, wie er sich setzt. Kurz kommt die Panik wieder.

»Keine Berührungen«, weist der Beamte uns an. »Die Hände bleiben auf Ihrer Seite des Tisches, wo wir sie sehen können.«

Ich nicke. Dann fällt die Tür ins Schloss und wir sind alleine im Besucherraum. Herbstsonne bricht kurz hinter den Wolken hervor und wirft einen Gitterschatten vom Fenster auf den Tisch zwischen uns. Endlich traue ich mich, ihm in die Augen zu blicken. Ich kenne sie in- und auswendig. Was ich noch nie darin gesehen habe, ist diese Resignation.

»Wie geht es dir?«, fragt er so leise und unsicher, dass es sich gar nicht nach einer Frage anhört. Mehr nach einer Entschuldigung. Seine Hände mit den kaffeebraunen Altersflecken sind ineinander verschränkt und ich würde sie gerne berühren.

»Was ist passiert?«, frage ich.

»Es tut mir leid. Es tut mir wirklich leid.« Er klingt ehrlich.

Dann bricht alles über mir zusammen. Ich weine. »Du hast nur gestanden, um mich sehen zu können, oder? Wieso hast du das getan? Das war dumm! Ich meine, spinnst du?«

Sein Blick huscht kurz zur Überwachungskamera in der Ecke des Raumes.

»Papa, gibt es eine Patientenverfügung? Was hätte Brigitte gewollt?«

Er seufzt und mir fällt auf, wie alt er aussieht. »Wir haben nie über so was gesprochen.«

»Warum nicht? Ich habe euch darum gebeten! Wie soll ich denn so was entscheiden?«

»Toni, ich liebe dich«, sagt er leise. Dabei starrt er mich beschwörend an. »Ich kann nicht erwarten, dass du mir verzeihst, aber ich bitte dich darum.«

Irgendetwas klingt seltsam an seinen Worten und ich merke, wie wütend sie mich machen. »Was soll das heißen?«

Er schweigt unglücklich. Nun sehe auch ich kurz auf die Überwachungskamera.

Mein Vater blickt auf den Tisch zwischen uns und zieht die Augenbrauen ganz weit hoch, als wolle er sich selbst zwingen, mich anzusehen, aber schaffe es nicht.

»Du fragst mich gar nicht«, sagt er, »ob ich es war.«

»Das ist jetzt nicht dein Ernst.«

Er massiert mit dem rechten Daumen seine linke Handinnenfläche.

»Papa, warum habt ihr gestritten? Sag es mir!«, brülle ich nun. »Warum hast du Evelyn Mertens angerufen?«

Ich weiß, dass er mich liebt und mich nicht gehen lassen will. Dennoch sehe ich ihm an, dass er gerade nur an eines denkt: ein paar Bier und Schnaps. Nur langsam scheint ihm bewusst zu werden, was ich da gesagt habe, und auch mir wird es erst jetzt richtig klar.

Er blickt auf. »Woher weißt du das?«

Ich starre wütend zurück. »Zufall. Euer Telefon hat die Nummer abgespeichert.«

Er spricht jetzt leise. »Du warst in unserer Wohnung?«

Ich widerspreche nicht.

»Was hast du da zu suchen? Es ist ein Tatort.«

Dass er plötzlich so böse wird, erschreckt mich, aber ich sehe ihm an, dass er noch viel erschrockener ist, und zwar über die Tatsache, dass ich alleine in der Wohnung war.

»Na und? Oder was könnte ich da finden?«

Eines seine Lider zuckt. »Nichts. Nichts außer Erinnerungen.«

Er lügt mich an. Erneut verspüre ich den tiefen Schmerz, ausgerechnet von ihm hintergangen zu werden. »Warum wurde euch das Sorgerecht für mich entzogen?«

Er überlegt lange, dann nickt er, als würde er sich geschlagen geben. »Evelyn Mertens wollte wissen, wie es dir geht. Deshalb habe ich sie zurückgerufen. Und damals … Es war meine Schuld. Du weißt, dass ich schon sehr lange ein Alkoholproblem habe. Früher war es schlimm. Deine Mutter hat Abendkurse gegeben, ich war in der Kneipe, du warst alleine. Deswegen bist du zu Oma gekommen.«

Unter seinen schlaffen Wangen sehe ich die Kiefer, die er aufeinanderpresst. Dass er hier zwangsweise auf Entzug ist, macht ihm sicher höllisch zu schaffen. Aber da ist noch mehr, ich spüre es, und zwar mit der gleichen Intensität, mit der ich gespürt habe, dass mit Zsazsas angeblichem Selbstmord etwas nicht stimmt. Und habe ich nicht meiner Intuition trauen können?

Ich stehe auf und muss mich mit aller Mühe hochstemmen, denn plötzlich bin ich zweihundert Kilo schwer. »Du lügst.«

»Nein, Toni, geh nicht!«

»Ich komme wieder, wenn du endlich redest.«

Er sieht auf den leeren Tisch und nun weint er. Er tut mir unendlich leid. Und zugleich würde ich gerne auf ihn einprügeln. Dass er weiter schweigt, macht mich wütend.

Ich hämmere gegen die Tür zum Flur. Der Beamte öffnet sofort. Ich drehe mich noch einmal zu dem Tisch um. An dem jämmerlichen Bild hat sich nichts verändert.

»Na dann«, sage ich gekränkt. »Tschüss, Papa.«

September 2019

74

Brigitte ließ Toni in der ersten Zeit nicht alleine das Haus verlassen. Sie fuhr sie erneut zum Arzt und zur Therapie und wartete, um sie zurückzubringen.

In der ersten Therapiestunde schwieg Toni und starrte Uwe Katzer nur wütend an. Sie kam sich von ihm verraten vor, da er ihren Eltern und dem Oberarzt der Psychiatrie von ihrem Erlebnis auf der Dachterrasse erzählt hatte. Er beteuerte, dass es seine professionelle Verpflichtung gewesen sei, um sie vor sich selbst zu schützen. Dann fragte er, wer das wütende Mädchen in ihr sei, das sich gedemütigt fühle und so viel Hass empfinde.

Sie schnauzte ihn an, ob das ein Test sei. »Wollen Sie wissen, ob ich immer noch glaube, dass die andere in mir ist? Schicken Sie mich dann wieder in die Klapse?«

»Nein«, erwiderte er geduldig. »Aber wenn uns Gefühle so stark beherrschen, dann kommen sie zu neunzig Prozent aus der Vergangenheit. Es war sicher nicht schön, was Sie in den letzten Tagen erlebt haben. Aber Ihre Augen sprühen vor Hass. Und der gehört nicht zu mir, sondern zu jemand anderem. Wir nennen das in der Psychologie Übertragung. Wann in Ihrem Leben waren diese Gefühle berechtigt, durften aber nicht gezeigt oder ausgelebt werden?«

Toni war wutschnaubend gegangen und hatte die Tür zugeschlagen.

In der Cornea-Sprechstunde der Charité wurde eine Augenentzündung diagnostiziert und sie bekam andere Immunsuppressiva verschrieben. Der Arzt konnte nichts versprechen, aber er vermutete, dass sie Tonis Psyche weniger strapazieren würden.

Als Toni Kleidung brauchte, insistierte Brigitte, sie zu ihrem Haus nach Spandau zu fahren, denn keinesfalls würde sie zulassen, dass Toni sich unter Einfluss der Medikamente und in ihrem Zustand ans Steuer setzte. Da Brigitte ihren Autoschlüssel konfisziert hatte, musste Toni wohl oder übel einwilligen, wenn sie nicht drei Stunden mit öffentlichen Verkehrsmitteln unterwegs sein wollte. Ihr Hass auf Jürgen und Evelyn ließ sich immer weniger zügeln und inzwischen schwappte er regelmäßig auf ihre Eltern über. Nicht, dass sie es sich anmerken ließ, aber die Fahrten mit Brigitte wurden zu einer echten Herausforderung. Schwieg ihre Mutter, hasste Toni sie dafür. Redete sie, hasste Toni sie auch. Sie hasste inzwischen auch ihr altes Kinderzimmer mit dem alten Bett, in dem sie als Jugendliche einsame Nächte verbracht und sich nach ihrer Oma gesehnt hatte.

Während Brigitte sich nebenan für die Fahrt nach Spandau fertig machte, warf Toni Zsazsas Koffer aufs Bett und überlegte, ob sie die drei Kleidungsstücke ihrer Spenderin hierlassen oder in ihr Haus bringen sollte. Unschlüssig und genervt starrte sie auf das Baggage-Tag, das so eng und fest um den Griff geklebt war, dass sie es in Frankfurt nicht hatte abreißen können. Sie holte eine Schere aus der Küche und mühte sich erneut damit ab. WAW stand über dem Strichcode.

WAW. Wahrscheinlich Zsazsas letzte Reise. Wo war sie hingeflogen? Toni griff nach ihrem Handy und gab die Abkürzung des Flughafens ein.

Chopin-Flughafen Warschau las sie und spürte, wie sich in ihrem Gehirn ein Puzzlestück an die richtige Stelle setzte. Warschau. Hatte sie nicht vor einigen Wochen bei ihren Recherchen über Beutekunst auch einen Artikel über geraubte Kunst aus Polen gelesen? Oder war das im Archiv des Städel Museums gewesen? Und als sie auf Evelyns Laptop nach einem Hinweis gesucht hatte, wo Clara war, hatte sie da nicht auch einen Flug nach Warschau entdeckt? Nun erinnerte sie sich, was Michael ihr erzählt hatte: Eine der Mieterinnen habe ihm gefallen und sie sei, wie er es ausgedrückt hatte, *hot* gewesen. Tanja. Das war ihr Name. Und Clara hatte den gleichen Namen gesagt, als sie von Jürgens Geliebter gesprochen hatte, wegen der sie nach Amerika geflüchtet war. Tonis Herz begann zu klopfen. Sie öffnete die Bildergalerie ihres Handys. Sie hatte ein Foto von Evelyns Laptop gemacht. Und von dem geöffneten Kontoüberblick.

Das Foto war verschwunden.

»Fuck you!«, schrie sie tonlos ins Zimmer. »Scheiß Jürgen, *fuck you*!«

Nur er konnte es vom Handy entfernt haben. Es musste ein Leichtes gewesen sein, das Gerät während ihrer Ohnmacht mit ihrem Daumen und der Touch-ID zu öffnen.

»Nicht mit mir«, sagte sie zu sich selbst. »Ich habe dazugelernt.«

Sie fand das Programm zum Wiederherstellen von gelöschten Inhalten, das sie für Zsazsas Geräte heruntergeladen hatte, sofort. Aber als sie es aufgespielt hatte, stellte sie enttäuscht fest, dass es nur wenig rekonstruieren konnte. Je öfter ein Handy nach der Löschung bestimmter Dateien benutzt worden war, umso weniger konnte man wiederherstellen, da der frei gewordene Speicherplatz neu überschrieben wurde.

Sie erinnerte sich, dass von Evelyns Konto eine absurd hohe Miete abgebucht worden war, der Cateringservice für Claras

Fest, ein Hotel Chopin und ein Dauerauftrag an Tanja Somka. Oder Lomka?

Zu Tonis Erstaunen war das Wiederherstellungsprogramm an ihrem Handy erst jetzt fertig.

Doch es hatte keine Datei, sondern ein Programm namens *Spy Easy* wiederhergestellt. Toni starrte auf ihr Display. Sie suchte im Internet nach der Software und fand sofort diverse Einträge.

Spy Easy ist ein kostenloses Programm zum Download, um Handys, Tabletts und Laptops zu tracken. Sie können damit jederzeit den Aufenthaltsort Ihrer Kinder lokalisieren und sämtliche Bildschirmaktivitäten verfolgen: Browserverläufe, Fotos, Kurznachrichten sehen und Telefonate mithören. Das Programm kann in dreißig Sekunden auf dem Gerät installiert werden.

Toni spürte wieder die Hände an ihrer Kehle, die ihr die Luft abschnürten. Wie war das Überwachungsprogramm auf ihr Handy gekommen? Hatte Clara etwas damit zu tun? Oder Michael? Und dann wusste sie es. Es musste in dem Moment auf ihr Handy gespielt worden sein, als sie bei Evelyn in der Wohnung gewesen war und diese sie regelrecht genötigt hatte, ins Badezimmer zu gehen. *Das Programm kann in dreißig Sekunden auf dem Gerät installiert werden.* Toni schloss die Augen, als ihr das ganze Schlamassel bewusst wurde. Seitdem hatte Evelyn jeden ihrer Schritte überwacht. Jedes Telefonat mitgehört. Alles gesehen, was Toni recherchiert hatte. Deshalb hatte Evelyn auch in Claras Klinik anrufen und sie als Persona non grata anmelden können. Deshalb hatte jemand sie von Eberbach bis zur EZB verfolgt und deshalb hatte auch Jürgen gesagt: *Ich habe dich erwartet.*

Für die Mertens musste Toni eine echte Bedrohung darstellen, anders konnte sie sich das nicht erklären. Die Wut brandete wieder mit roter Gischt heran. *Die Überwachung. Sie war eine Bedrohung. Jürgen hatte nicht gewollt, dass Xaver Zsazsa etwas über Kunstkredite erzählte. Die Polin Tanja. Chopin-Flughafen Warschau. Hotel Chopin. Evelyn war dort gewesen. Zsazsa war dort gewesen.*

Toni suchte nach dem Artikel, den sie gefühlt vor Jahrzehnten gelesen hatte. Darin war berichtet worden, dass in Polen während des Zweiten Weltkriegs Tausende Kulturgüter verschwunden waren. Sie fand ihn. Er war erst zwei Jahre alt.

Die Journalisten schrieben über einen hochrangigen SS-Führer, der in Polen Gouverneur gewesen war. Er hatte ein Verbot für jüdische Kinder erlassen, zur Schule zu gehen, und Zwangsarbeiter rekrutiert. 1945 hatte er seinen Tod vorgetäuscht und war nach Rom geflohen. Ein Bischof, der sich den Nazis als Fluchthelfer angedient hatte, gewährte ihm Unterschlupf in einem Priesterkolleg. Der Sohn des SS-Führers hatte zwar jede persönliche Verantwortung seines Vaters an dem Geschehenen bestritten, aber freiwillig die geraubte Kunst an Polen zurückgegeben, die im Besitz seines Vaters gewesen war.

»Wo bleibst du denn?«

Toni fuhr herum, sodass sie rücklings aufs Bett fiel. Brigitte hatte direkt hinter ihr gestanden und sah nun auf sie hinab.

»Gleich da«, stotterte Toni und bemerkte das Flackern in Brigittes Augen. Irgendetwas Beängstigendes lag darin. »Was ist? Warum starrst du mich so an?«

Brigittes Kiefer traten einen Moment deutlich sichtbar hervor. »Du hast wieder diesen Blick.«

»Was meinst du?«

»Du nimmst doch deine Medikamente?«

Toni schluckte. »Ja.« Und obwohl sie sich fest vornahm, nicht schuldbewusst wegzusehen, tat sie es doch. Vielleicht blieb man im Hause seiner Eltern einfach immer Kind.

Rasch deinstallierte sie *Spy Easy* und nahm den Koffer.

Die Fahrt nach Spandau verlief schweigend. Das war Toni nur recht, so konnte sie ihren Gedanken nachhängen. Wieso zahlte Evelyn Jürgens ehemaliger Geliebter per Dauerauftrag Geld in der Höhe großzügiger Alimente? Damit sie sich von ihm fernhielt? Oder als Schweigegeld? Was hatte sie während der Affäre über die Mertens mitbekommen, das dreitausend Euro im Monat wert war? Toni dachte daran, was Xaver ihr in der EZB erzählt hatte – und einige Monate vorher Zsazsa, die kurz vor ihrem Tod nach Warschau geflogen war.

Kunst als Kreditsicherheit. Ab einer halben Million Euro. Manche Banken erst ab fünf Millionen Euro. Man wird nicht durchleuchtet, das Bild alleine ist die Sicherheit.

Toni konnte endlich wieder denken. Ihr Körper schien die Medikamente aus der Psychiatrie ausgespült zu haben, der nebulöse Zustand, in dem sie aufgehört hatte, etwas verstehen zu wollen, hatte sich gelichtet. Sie war wieder wach. *Sie* war wieder wach und Toni fühlte beim Gedanken an Zsazsa ihr Herz schneller schlagen, wie es einem passiert, wenn man einen geliebten Menschen nach längerer Zeit wiedersieht.

Brigitte hielt vor dem Briefkasten, den Toni in einem anderen Leben aus einer Auflösung mitgenommen hatte.

»Ich brauche nicht lange«, sagte Toni, als sie sah, dass Brigitte sich abschnallte. »Ich hole nur ein paar Klamotten und die Post.«

»Ich kann dir doch helfen«, erwiderte Brigitte bestimmt.

»Bitte, lass mich irgendwas selber tun. Ich will einmal kurz das Gefühl haben, dass ich ein normaler Mensch bin.«

Brigitte lehnte sich in ihren Sitz zurück. Toni stieg aus und nahm den leeren Koffer von der Rückbank. Ihr Garten hatte sich seit dem letzten Besuch noch mehr in einen Dschungel verwandelt. Sie nahm es ohne große Gefühlsregung wahr, sammelte die Post ein und betrat ihr Haus. Es waren mehrere Briefe ihrer Bank gekommen. Toni öffnete sie nicht. Ihr war klar, dass sie ihren Dispo gewaltig überzogen hatte. Da waren die Monate ohne Einkünfte, aber auch das Hotel in Frankfurt, das Clara hatte übernehmen wollen.

Nachdem sie die Briefumschläge in der Küche abgelegt und den Koffer fallen gelassen hatte, spähte sie aus dem Fenster. Brigitte saß noch im Auto. Toni eilte zur Terrassentür und schlüpfte in den Garten. Sie würde nicht viel Zeit haben, bevor ihre Mutter merkte, dass etwas nicht stimmte.

75

Toni trat in die Scheune. Das Chaos, das sie beim letzten Mal hinterlassen hatte, hatte sich nicht von selbst beseitigt. Der alte Rasenmäher, den sie wie die alten Möbel ebenfalls von einer Auflösung mitgebracht hatte und über dessen Lautstärke sich die Nachbarn immer beschwert hatten, stank nach Benzin. Um den dazugehörigen Kanister hatte sich ein dunkler Kranz aus Spritresten gebildet. Toni stellte den Behälter zur Seite, er gluckste dumpf.

Nun stand sie also wieder zwischen Zsazsas Sachen und die Präsenz ihrer toten Spenderin war mit Händen zu greifen.

»Jetzt musst du mich leiten, Zsazsa«, flüsterte Toni. »Sieh durch deine Augen und lass mich sehen, wonach ich suchen muss.«

Toni riss einige Kisten auf. Sie scannte die Sachen, blicklos. Sie sah die Bücher, Romane, Bildbände, Sachbücher über die Kriege der letzten Generationen und Reiseführer. Ihre Hand – und es kam ihr nicht vor, als sei es ihre eigene Hand – griff nach dem Travelguide von Warschau. Die Hand legte ihn zur Seite und *ihr* Blick glitt weiter über die Kisten. Die beiden Kartons mit dem Schreibtischinhalt waren vollkommen ungeordnet. Erstens, weil Toni es in Frankfurt nicht mehr sehr genau damit genommen hatte, und zweitens, weil sie neulich schon darin gewühlt hatte.

Von irgendwoher drang eine stimmlose Stimme zu ihr. *Es geht nicht um das, was du siehst; es geht um das, was du nicht siehst.*

Tonis Augen brannten wieder, aber der Schmerz drang nur wie durch einen Nebel zu ihr. Ohne sich selbst zu bewegen, ließ sie ihre Pupillen wandern. Ihre Hände sahen jetzt aus wie die eines anderen Wesens, als gehörten sie nicht zu ihrem Körper. Zsazsas Präsenz erfüllte nun alles und Toni war lediglich eine unbeteiligte Augenzeugin; sie war die Hülle, durch die Zsazsa arbeitete. Dann schlüpfte sie zusammen mit *der anderen* aus dem Körper und schwebte zur Decke. Eine *Dissoziation*, dachte sie, so hatte es Uwe Katzer gesagt. Bislang hatten ihr diese Wahrnehmungstäuschungen Angst gemacht; aber nun gab sie sich ganz hinein. Es war nicht mehr schlimm. Es war wie ein Flow. Sie hing unter der Decke und sah auf sich hinab, wie sie die Kisten mit dem Schreibtischinhalt scannte. Sie nahm die Schutzhülle des Laptops wahr, der leer und lasch zwischen den Sachen lag. Der Laptop. Sie hatte ihn neulich in ihr Haus getragen und ein Wiederherstellungsprogramm daraufgeladen.

Wie in Trance wandte sie sich von den Kisten ab und schwebte durch den Garten zurück ins Haus. Sie öffnete Zsazsas Computer.

Die Hände des anderen Wesens öffneten das Mailprogramm und suchten nach dem Stichwort Warschau. Einige Buchungsbestätigungen erschienen im Filter. Susanne Mertens war mehrere Male von Frankfurt nach Polen geflogen. Irgendetwas stimmte nicht.

Plötzlich war Toni wieder in der Scheune. Sie fiel zurück in ihren Körper und starrte auf die geöffneten Kartons. Zsazsas Präsenz war verschwunden. War Toni tatsächlich eben im Haus gewesen? Warum stand sie dann noch wie angewurzelt vor der Laptoptasche? Sie erinnerte sich dunkel, dass Uwe Katzer dieses Phänomen beschrieben hatte. Es gab wohl Menschen, die sich in einer Überforderungssituation so aus der Realität zurückzogen, dass sie sich selbst dabei beobachteten, wie sie für eine kurze Zeitspanne woanders hingingen. Reine Psychologie, ganz nach Fachbuch.

Und dann wurde es Toni klar. Jetzt wusste sie, was in ihrem Hinterkopf geschwelt hatte. Sie rannte mit dem Reiseführer zurück in die Küche, griff sich den Koffer und Zsazsas Laptop und legte beides auf den Esstisch eines lange verstorbenen Menschen.

Sie öffnete den Computer und rief die Mails mit den Bestätigungen der Flüge auf. Wie in dem Film, den ihr Gehirn ihr eben vorgeführt hatte, sah sie, dass Zsazsa ihre Flüge jedes Mal ohne Gepäck gebucht hatte. Sie war für die Wochenenden in Polen immer nur mit Handgepäck gereist. Der Aluminiumschalenkoffer war definitiv zwei Nummern zu groß für Handgepäck. Nie im Leben hätte er in eine der Ablagen über den Sitzreihen eines Flugzeugs gepasst. Der Barcode, der so fest um den Griff des Koffers geklebt worden war, sah neu aus. Er hatte erst einen Flug erlebt. Und zwar einen *nach* Warschau. Wieso war er dann in Frankfurt gewesen?

Zsazsa war schwanger gewesen. Die Obduktion hatte das laut Michael bestätigt. War ihre tote Spenderin deshalb nicht zurückgeflogen? Toni konnte sich nicht genau erinnern, in welchen Monaten Schwangere nicht fliegen durften, aber sie glaubte, dass die ersten drei dazugehörten, weil es das Risiko einer Fehlgeburt erhöhte. War Zsazsa also hingeflogen und zurückgefahren? Doch in ihrem Wallet auf dem Handy hatte Toni keine entsprechende Zugreise entdeckt, wo Zsazsa sonst alles über ihre App gekauft hatte.

Toni starrte auf den Barcode. Dann rief sie auf dem Laptop eine Suchmaske auf und schaute, was sie dazu fand. Laut einer

Fluglinie waren auf dem Code des Gepäckstücks die Fluggesellschaft gespeichert, die Flugnummer, der Code des Zielflughafens, Name und Geschlecht des Reisenden, die Zahl der Gepäckstücke und Vielfliegeraccounts mit dem jeweiligen Status.

Sie klickte sich zurück in die Suchergebnisse und nun sprang sie ein Artikel einer Computerzeitschrift an. *Wieso man immer seine Kofferbänder vernichten sollte*, lautete die Überschrift. Toni stockte der Atem, als sie las, dass man sich problemlos einen Barcode-Reader aus dem Internet herunterladen konnte, mit dem sich alle Informationen der Codes auslesen ließen. Der Artikel warnte davor, dass es aufgrund des Einsatzes solcher Programme – ebenso wie bei leicht zugänglicher Spyware für Laptops und Handys – zu Internetbetrug, schwerem Stalking und illegaler Spionage gekommen sei.

Tonis Herz polterte, als sie die App eines Barcode-Readers auf ihr Handy lud. Sie war in dreißig Sekunden betriebsbereit. Sie atmete jetzt nur noch stoßweise und hielt die Kamera auf das Baggage-Tag an Zsazsas Trolley.

Der Name des Fluggastes, der Anfang Februar von Frankfurt am Main nach Chopin-Warschau geflogen war und ein Gepäckstück aufgegeben hatte, lautete *Tanja Slomka.*

Toni wurde schwindelig. Jürgens Geliebte. Die Frau, der Evelyn regelmäßig Geld überwies. Die Mieterin, die Michael *hot* gefunden hatte. Das junge Ding, vor dem Clara nach Amerika geflüchtet war.

Was machte ihr Koffer in Zsazsas Wohnung?

Und plötzlich brannten Tonis Augen wieder. Aber diesmal von dem beißenden Rauch, der in den Raum wehte. Sie fuhr zu den Fenstern herum. Und alles, was sie sah, waren lodernde Flammen.

76

Toni rannte in den Garten. Dicke Rauchwolken umfingen sie und trieben ihr Tränen in die Augen. Durch die grauen Schleier sah sie Brigitte. Sie hielt den alten Benzinkanister in der Hand und starrte auf die Feuersbrunst. Die ganze Scheune stand in Flammen.

»Nein!«, kreischte Toni und stürzte auf die Holztüren zu. Irgendwo an der Seite musste ein Feuerlöscher stehen.

Brigitte schnitt ihr den Weg ab und krallte ihre Hände in Tonis Oberarm. »Du hast ihre ganzen Sachen hier?«

Etwas in Brigittes Blick war schier wahnsinnig und es lag so viel Aggression darin, dass Toni Angst vor ihr bekam. Sie wollte sich losreißen, aber der Griff war zu fest.

»Toni«, spie Brigitte sie an, »jetzt ist Schluss! Du wirst unser Leben nicht noch mehr zerstören! Oder ich lasse dich in eine geschlossene Klinik einweisen!«

Toni starrte durch die offenen Türen der Scheune. Zsazsas Sachen wurden vom Feuer verschlungen. Die Flammen waren längst auf die alten Möbel übergegangen. Und mittendrin stand das Mädchen. Sie sah Toni an und hielt ihr die ausgestreckten Hände hin.

»Tu es nicht!«, schrie Toni und wollte sich zu dem Kind kämpfen. »Komm her!«

Toni hatte nicht geahnt, wie viel Kraft Brigitte hatte, sie konnte sich nicht aus deren Griff lösen. Und als sie sich zu ihr umdrehte, um sie anzuflehen, das Kind zu retten, starrte Brigitte mit großen dunklen Augen auf die gleiche Stelle.

»Du siehst es auch«, flüsterte Toni. »Das Mädchen, das verbrennt, du siehst es auch?«

Brigitte fing sich. »Ich sehe gar nichts. Nur, dass du uns alle ins Verderben reißt.« Sie zerrte Toni von der Scheune weg. »Du nimmst die Medikamente nicht mehr, oder?«

Das Zucken in Brigittes Augen verriet Toni, dass sie auch etwas bemerkt haben musste; sie hatte irgendetwas wahrgenommen und es hatte sie erschreckt.

Toni sah die Flammen nun gefährlich zu den Tannen hinüberzüngeln. Das Gras um die Scheune kräuselte sich in gräulich braunem Überlebenskampf. »Brigitte«, sagte sie jetzt mit fester Stimme. »Du musst die Feuerwehr rufen. Sonst brennt hier alles ab und das Feuer geht auf die Nachbarhäuser über.«

Brigitte bemerkte es nun auch und lockerte ihren Griff. Toni riss sich los, griff nach dem Autoschlüssel, der neben Brigittes Tasche im Gras lag und rannte durch die Hintertür zurück ins Haus. Sie schlug sie zu und sperrte von innen ab. Dann nahm sie den Koffer, ihren Umhängebeutel, den Reiseführer und Zsazsas Laptop. Brigitte hämmerte gegen die abgesperrte Tür.

Toni flüchtete nach vorne raus auf die Straße. Nachbarn kamen angelaufen und redeten auf sie ein. Toni nahm sie kaum wahr. Sie stieg ins Auto, wendete und dann war alles, was sie noch im Rückspiegel sah, die Staubwolke, die die Räder ihres Kombis aufwirbelten, und dahinter die Feuersbrunst.

Ihr Vater war nicht in der Schöneberger Wohnung. Toni warf ihren Kulturbeutel und die Immunsuppressiva in den Koffer – war es Zsazsas Reisetrolley oder Tanja Slomkas? – und klaubte ein paar Klamotten von der Wäscheleine. Mit einem leichten Schamgefühl, das sie aber sofort ungeduldig beiseiteschob, plünderte sie die Keksdose in der Küche ihrer Eltern. Schlappe fünfundvierzig Euro lagen darin. Weit würde sie damit nicht kommen und ihre Kreditkarte würde ihr wohl auch nicht mehr lange weiterhelfen.

Unter der Bettdecke ihres Jugendzimmers lag die Plastiktüte mit Zsazsas Kleidungsstücken. Es war der jämmerliche Rest dessen, was nicht vom Feuer aufgefressen worden war. Tausende von Euro hatte Brigitte verbrennen lassen und Dutzende von

Kleidern, nach denen sich jede Frau die Finger leckte. Noch schlimmer war allerdings, dass sich die Sachen wie ihre eigenen angefühlt hatten und Brigitte damit einen Teil von Toni selbst verbrannt hatte.

Ein Restduft von Zsazsa stieg noch aus der Tüte. Tonis Kleidung roch scharf nach Rauch, also streifte sie das lilafarbene T-Shirt über und zog den grünen Parka an. *The future is female.*

Kurz darauf quetschte sie sich in einen Bus zum Flughafen und sah zwischen den reisefreudig aufgeregten Gesichtern hinaus. Berlin zog an den Fenstern vorbei. Es kam Toni vor, als würde sie der Stadt zum Abschied melancholisch zuwinken.

Der Bus fädelte sich auf dem Stadtring ein und verließ ihn an der Ausfahrt nach Tegel. Toni warf einen Blick auf ihr Handy, doch bislang hatte Michael nicht zurückgerufen. Als sie ihn in mehreren Nachrichten, die sie hinterlassen hatte, angebettelt hatte, er möge ans Telefon gehen, und er endlich den letzten ihrer Anrufe entgegengenommen hatte, schweigend, ohne ein Wort zu sagen, war alles wieder hochgekommen. Die Sehnsucht, das Verlangen, der Wunsch, ihm nahe zu sein. Und das Gefühl, dass sie sich schrecklich verliebt hatte. Sie wollte nichts mehr, als in seinen Armen zu liegen und ihm in die Augen zu sehen. Michael hatte es geschafft, sie an ihrem Verstand vorbei direkt in der Seele zu berühren, und als sie gegangen war, hatte sie ein stilles Versprechen bei ihm gelassen, ihn nie wiederzusehen, weil sie wusste, dass diese Beziehung früher oder später ihr Untergang sein würde. Es war reiner Selbsterhaltungstrieb gewesen.

Vielleicht, dachte Toni, müsste sie nun mit diesem Schmerz leben, vielleicht war das der Preis dafür, ihr Leben zurückzubekommen.

Der gelbe Doppeldecker durchquerte einen kurzen Tunnel und steuerte dann die Haltestellen der öffentlichen Buslinien an. Der Otto-Lilienthal-Flughafen lag nun direkt vor ihr. Toni liebte ihn, so wie nahezu alle Berliner ihn liebten. Er hatte eigentlich im Sommer 2012 geschlossen werden sollen, da er bei seiner Erbauung nur auf zweieinhalb Millionen Fluggäste im Jahr ausgelegt gewesen war, aber schnell schon die zehnfache Menge der Passagiere bewältigen musste. Vor mehr als zwanzig Jahren hatten die Planungen für den neuen Großflughafen Berlin-Brandenburg begonnen. Und jetzt, sieben Jahre nach der geplanten Schließung von Tegel, manövrierten sich immer noch täglich sechzigtausend Reisende durch das verrückt kleine Gebäude des Flughafens Tegel.

Toni schwamm mit dem Strom der Abfliegenden in die Haupthalle des sechseckigen Gebäudes. Wieder sah sie auf ihr Handy, doch Michael schwieg. Sie hatte ihn angefleht, ihr zu helfen, und sich entschuldigt, dass sie sich nicht mehr gemeldet hatte. Sie bog die Wahrheit etwas zu ihren Gunsten, indem sie ihm erklärte, dass sie mehrere Tage in einem Krankenhaus verbringen und von ihren Eltern abgeholt werden musste.

»Kannst du bitte Clara für mich anrufen?«, hatte Toni gefleht. »Und wenn sie nicht ans Telefon geht, fahr nach Eberbach zu dieser Klinik. Ich muss mit ihr sprechen. Ich habe etwas über Zsazsas Tod rausgefunden.«

Natürlich hatte er wissen wollen, was es war. Toni hatte ihn um Geduld gebeten. »Erst muss ich sicher sein, dass es stimmt, bevor ich jemanden beunruhige. Aber ich muss dazu etwas von Clara wissen. Außerdem, Michael, schau bitte, ob es ihr gut geht. Ich habe sie in der Klinik besucht und ich mach mir wirklich Sorgen. Wenn du es nicht für mich tun kannst, bitte tu es für Clara.«

Schließlich hatte er zugestimmt.

»Und ich habe noch eine Bitte«, hatte sie sich schließlich überwunden zu fragen. »Du hast mir von Tanja Slomka erzählt. Sie war Mieterin bei euch. Weißt du, was aus ihr geworden ist?«

Zuerst hatte er geschwiegen, dann misstrauisch gefragt: »Warum willst du das wissen?«

»Weil Evelyn noch Kontakt zu ihr hat und ich nicht verstehe, warum«, hatte sie erklärt und an Tanjas Koffer in Zsazsas Wohnung, an Jürgens Affäre mit der Polin und das Geld, das Evelyn ihr regelmäßig überwies, gedacht.

»Jürgen hat mir nur irgendwann gesagt, dass sie zurück nach Polen ist und er zugestimmt hat, den Mietvertrag fristlos aufzulösen, auch wenn er dadurch Mieteinnahmen verschenkt. Das war's.«

»Kannst du mir bitte ein Bild von ihr schicken?«

»Du glaubst, ich habe ein Foto von ihr?« Er war wütend gewesen. »Sie war heiß, aber ich bin nicht fremdgegangen.«

»Das habe ich dir auch nicht unterstellt. Aber ihr habt im Büro doch sicher noch Mietunterlagen. Vielleicht war auf der Bewerbung ein Foto. Heutzutage muss man doch eine ganze Bewerbungsmappe vorlegen, als würde man für einen Geschäftsführerposten vorstellig werden.«

Nun war Toni an der großen Anzeigetafel angelangt und suchte nach ihrem Abfluggate. Sie hoffte inständig, dass Michael sich noch melden würde, bevor sie ihr Handy in den Flugmodus schalten musste. Durch die Halle schlenderten Polizisten mit schusssicheren Westen und musterten Toni. Sie verkrampfte sich augenblicklich und dachte an die Sicherheitskontrolle in der EZB. Auch dort hatte sie sich augenblicklich unwohl gefühlt. Woher kam die Angst vor Uniformierten, die sie seit der Operation erlebte?

Toni ließ die Geschäfte im Zentralgebäude hinter sich und steuerte auf die Galerie mit der Gastronomie zu. Die Schlange an den Take-away-Tresen war überall ähnlich lang, so lang wie alle Schlangen in der gesamten Flughafenanlage. Als Berliner hatte man sich daran gewöhnt und vielleicht liebte man diese archaische Art des Flugbetriebs deshalb so, weil die Entstehungsgeschichte Tegels während der sowjetischen Blockade Westberlins begonnen hatte. Die französische Besatzungsmacht hatte zusammen mit US-amerikanischen Spezialisten und deutschen Arbeitskräften in nur neunzig Tagen einen neuen Flugplatz erbaut, und das mit den einfachsten Mitteln. Es war die damals längste Landebahn der Welt entstanden, um die Berliner Luftbrücke zu unterstützen.

Mit einem Kaffee marschierte Toni zum Check-in, um den Koffer aufzugeben. Die Schlange am Counter bewegte sich nur langsam voran und kurz bevor sie an der Reihe war, rief Michael an.

»Ich konnte Clara nicht erreichen und in der Klinik haben sie mir gesagt, sie könnten keine Auskunft geben. Also bin ich hingefahren. Wieder: keine Auskunft. Ich habe ein paar Patienten gefragt, die sagten, sie wüssten nichts. Clara sei von heute auf morgen verschwunden. Niemand weiß etwas.«

Was Michael erzählte, bedrückte Toni. Zugleich war es tröstlich, seine Stimme zu hören, und sie fragte sich, ob es doch falsch gewesen war, ihn so feige zu verlassen, weil sie selbst Angst hatte, verlassen zu werden.

Nun stand nur noch ein Passagier vor ihr in der Reihe. Toni sah auf den Griff des Koffers hinab. Immer noch klebte die Papierschleife daran. Irgendetwas sagte ihr, dass es sinnvoll wäre, das Ding aufzubewahren. »Hast du ein Foto von Tanja Slomka gefunden?«, fragte sie Michael.

»Ich muss erst ins Büro. Ich schätze, es ist sinnlos, dich zu fragen, warum du es brauchst?«

»Ich bin am Check-in und jetzt dran«, sagte sie. »Ich verspreche dir, ich melde mich noch mal in den nächsten Tagen und erkläre dir alles. Wenn du etwas von Clara hörst, kannst du mir bitte eine Nachricht schreiben?« Und einem plötzlichen Impuls folgend fügte sie hinzu, dass sie nach Warschau fliege. Es wäre gut, dachte sie, wenn ein Mensch wüsste, wo sie als Letztes war, für den Fall, dass sie nie wiederkehren würde.

77

Toni landete am späten Nachmittag. Nach dem Flughafen Tegel kam ihr der Chopin-Flughafen äußerst modern vor. Große Hallen, viel Glas, viel Stahlbeton.

Sie hatte im Internet nach dem Hotel Chopin gesucht und festgestellt, dass sich viele Unterkünfte mit dem Namen des polnischen Komponisten schmückten. In welchem davon Evelyn wohl abgestiegen war? Vermutlich im teuersten.

Auf dem Flug hatte Toni im Reiseführer von Zsazsa geblättert, um sich von der Frage abzulenken, warum Tanja Slomkas Koffer in der Wohnung ihrer toten Spenderin gestanden hatte. Toni waren sofort die Bilder der bewaffneten Meerjungfrau in dem Buch aufgefallen. Der Legende nach schwamm das Wahrzeichen von Polens Hauptstadt ursprünglich mit ihrer Schwester aus dem Atlantik zur Ostsee. Der einen Nixe gefiel es in Kopenhagen so gut, dass sie dort heimisch wurde. Die andere legte die Strecke bis Warschau durch die Weichsel zurück. Ein gieriger Kaufmann fing das hübsche Wesen mit den goldenen Haaren und sperrte es ein. Ein junger Fischersohn hörte ihr Weinen und befreite sie. Die Meerjungfrau war so dankbar, dass sie versprach, die Stadt fortan zu beschützen. Seitdem steht sie, bewaffnet mit Schwert und Schild, in Warschau. Mehrere Skulpturen erinnern an diese Legende.

Toni dachte an die beiden Schwestern und auch an Evelyn und Zsazsa. Die eine Schwester war oft hierhergekommen, während die andere in Frankfurt am Main saß und einer Polin dreitausend Euro im Monat zahlte, der Polin, die sich Jürgen zur Geliebten genommen hatte und deren Koffer seltsamerweise in Zsazsas Besitz gewesen war.

Die Taxifahrt in die Altstadt dauerte eine halbe Stunde. Toni hatte mit müden und brennenden Augen aus dem Autofenster geschaut und den Stimmen aus dem Radio gelauscht. Sie hörte ein Kauderwelsch aus lauter kurzen Vokalen, es war, als hätte diese Sprache keine Zeit für Gemütlichkeit übrig.

Toni wunderte sich über die Stadt. Selten hatte sie mehr Hässlichkeit und Schönheit nebeneinander gesehen. Sozialistische Alleen und Monumentalbauten reihten sich an graue und traurige Wohnklötze. Gotische Kirchen und klassizistische Paläste wurden von Wolkenkratzern überragt, überall prangten Neonschilder, eines neben dem anderen, und dann kam ein Marktplatz mit pastellfarbenen Häusern und einem bunten Café-Treiben. Die im Krieg völlig zerstörte Altstadt war wie ein Phönix aus der Asche auferstanden. Inmitten des Platzes stand eine Statue, natürlich die Seejungfrau, die mit der einen Hand schützend einen Schild vor sich hielt und in der anderen ein Schwert. *The future is female.*

Toni stieg aus dem Taxi und blickte über die Straße zu einer Polizeistation. Sie riss das Baggage-Tag mit ihren Daten vom Griff ab – dieses Mal ging es sehr leicht –, holte die wichtigsten Sachen aus dem Trolley, ihren Kulturbeutel und die Medikamente, und stopfte sie in ihre Umhängetasche. Dann ging sie, den Koffer hinter sich herziehend, auf die beiden Polizisten zu, die vor der Wache standen und rauchten. Als die Beamten sie musterten, fühlte Toni sich sofort wieder beklommen. Einen kurzen Moment dachte sie, wenn sie die Augen schließen und dem Gefühl lauschen würde, dann könnte sie vielleicht hören, was es ihr zu erzählen hatte, könnte die Geschichte hinter dieser Angst sehen. Aber dazu blieb ihr keine Zeit.

»Sprechen Sie Deutsch?«, fragte sie freundlich.

»Bisschen«, sagte einer der Polizisten.

»Ich habe am Flughafen den falschen Koffer bekommen. Die Leute dort haben den Barcode eingelesen, er gehört einer Tanja Slomka. Ich habe exakt den gleichen Koffer. Darin sind meine Medikamente. Ich brauche sie dringend, ich hatte eine Organtransplantation«, übertrieb sie ihre Lüge etwas. Zum Beweis hielt sie den Beamten einen Blister mit den Immunsuppressiva hin. Er war fast leer. »Können Sie vielleicht herausbekommen, wo diese Frau wohnt? Oder wenigstens ihre Telefonnummer?«

Die Männer unterhielten sich kurz auf Polnisch, dann ging einer von ihnen in die Wache. Der andere lehnte sich an einen Streifenwagen. Er sah aus wie die in Deutschland, weiß und blau und mit einem ähnlichen Schriftzug. *Policija* stand darauf.

Toni wartete bange Minuten, während der rauchende Polizist ihr eine Zigarette anbot. Aus reiner Nervosität nahm sie eine an. Sie schmeckte stark und scheußlich.

Endlich kam sein Kollege mit einem Blatt Papier zurück.

»Sie hat Geheimnummer und Meldeadresse. Dürfen wir nicht geben. Wir können hinfahren.«

Tonis Herz begann zu galoppieren. Sie hatten sie gefunden. Toni war vielleicht endlich ganz nah dran. »Nehmen Sie mich mit?«

Kurz flammte der unangenehme Gedanke bei ihr auf, dass es durchaus hilfreich sein könnte, wenn Polizisten sie zu ihrem Ziel brachten, falls man am nächsten Tag ihre Leiche an den Ufern der Weichsel finden sollte.

Der Beamte nickte und deutete auf den Streifenwagen. Toni öffnete mit zittrigen Händen die Tür zur Rückbank, warf den Aluminiumkoffer darauf und stieg ein.

78

Die nächtliche Stadt rauschte an ihnen vorbei. Unter dem dunklen Himmel begann die Skyline zu leuchten. Von weit entfernt schwappte ein Frankfurt-Gefühl auf Toni zu, wie eine warme, sommerliche Brise mit einer Glitzerschicht Zuversicht.

Ein sozialistischer Wolkenkratzer funkelte in Blau, Gelb, Pink und Grün.

Der Fahrer deutete darauf und blickte Toni über den Rückspiegel an. »Früher *Kultur- und Wissenschaftspalast Josef Stalin.* Niemand wollte mehr. Jetzt *Kulturpalast.* Höchste Turmuhr von Welt.«

Toni war überrascht von der Stadt. Sie verstand nun, warum Zsazsa hierhergeflogen war. Und aufgeregt überlegte sie, ob ihre Spenderin vor ihrem Tod auch Tanja Slomka getroffen hatte. Sie fragte sich, ob sie das irgendwie spüren würde, wenn sie der Polin gegenüberstand.

Der Streifenwagen bog in eine Wohnsiedlung mit großen Bürgerhäusern ein und Toni sah im Licht der Scheinwerfer einen Fuchs über die Straße huschen und hinter einer Reihe gehobener Mittelklassewagen verschwinden. Breite Bürgersteige waren mit Bäumen gesäumt und in den aufstrebenden Fassaden leuchteten heimelige Fenster. Eine solche Straße würde man auch in Berlin-Charlottenburg finden.

Tonis Handy piepte erneut und diesmal war es Michael, der ihr eine Bilddatei geschickt und vier Worte dazu geschrieben hatte. *Geht es dir gut?*

Toni tippte das Bild an. Es dauerte einen Moment, bis das polnische Netz es auf ihr Handy lud. Und dann sah sie einer jungen Frau von Mitte zwanzig in die Augen. Die blonden Haare waren nach hinten gekämmt und dort wahrscheinlich zu einem Pferdeschwanz gebunden. Sie war hübsch. Michael hatte recht gehabt, ein bisschen ähnelte sie Zsazsa. Was Zsazsa wohl gedacht haben musste, als sie erfahren hatte, dass ihr Vater mit einer Frau schlief, die nicht nur ähnlich alt wie seine Tochter war, sondern rein optisch auch noch ihre Schwester sein konnte? Sie musste es gewusst haben, dachte Toni. Clara hatte ihr am Kloster Eberbach erzählt, dass die Töchter gemeinsam versucht hatten, seine Geliebten vor ihr zu verheimlichen. Zsazsa musste angewidert gewesen sein. Toni wäre es gewesen. Und nachdem sie nun die hässliche Seite von Jürgen kennengelernt hatte, fragte sie sich, wie sie ihn jemals hatte nett finden können.

Der Streifenwagen kam in einer Einfahrt zum Stehen. Die Beamten stiegen aus und Toni folgte ihnen zum Hauseingang. Ein Polizist bedeutete ihr, in einigem Abstand zur Eingangstür zu warten, dann drückte er eine Klingel. Toni blickte an der Fassade hoch. Mit den dreitausend Euro, die Evelyn Tanja Slomka monatlich überwies, wohnte diese anscheinend recht gut.

Ein unverständliches Wort rauschte aus der Gegensprechanlage, aber irgendetwas in Toni horchte auf. Es hatte vertraut geklungen. Der Polizist bellte ein paar Sätze zurück. Toni stellte sich vor, wie Tanja Slomka, die Frau, deren Gesicht sie nun endlich kannte, oben an einer Wohnungstür stand und auf einem kleinen Schwarz-Weiß-Monitor die beiden Beamten erblickte, die in das Auge des Kamerasystems starrten. Was mochte ihr durch den Kopf gehen?

Der Türsummer ging und die Beamten winkten Toni mit einer Kopfbewegung heran. Sie folgte den Beamten mit dem Koffer in den zweiten Stock. Oben angekommen sah sie zwischen den Beinen der Polizisten, die vor ihr die letzten Stufen nahmen, Licht aus einer Wohnung dringen. Im Türrahmen stand eine Frau, so viel erkannte sie. Wie Tanja wohl auf Tonis Lüge mit dem vertauschten Koffer reagieren würde?

Die Beamten blieben stehen, breitbeinig und die Hände am Gürtel. Und als Toni zwischen sie trat, um die Besitzerin des Koffers endlich zu begrüßen, ließ sie vor Schreck den Aluminiumtrolley fallen. Sie löste ganz offensichtlich das gleiche Gefühl in der Frau aus, die sie schockiert anstarrte. Keine von ihnen brachte einen Ton heraus.

Der Polizist, der geklingelt hatte, sagte etwas zu Toni, aber es klang weit entfernt. Auf dem Gesicht der Frau im Türrahmen zuckten kleine Muskeln und man hörte es förmlich in ihrem Kopf rattern. Ganz klar, sie spielte ihre Optionen durch. Und umso sicherer war Toni nun, dass sie tatsächlich eine Bedrohung für Familie Mertens darstellte. Eine große Bedrohung.

Sie war sich einen Moment sicher, dass sie keinen Laut herausbringen würde. Doch ihre Stimme klang fest und bestimmt. »Ich möchte mit Tanja Slomka sprechen.« Dann nickte Toni kurz. »Hallo, Evelyn.«

Nun fing auch Zsazsas Schwester sich. Sie lächelte, wenn auch etwas gekünstelt, und warf den Polizisten ein paar polnische Brocken zu, die nicht nach Sprachkenntnissen klangen, sondern nach ein paar Standardsätzen, die man sich im Laufe einiger Auslandsbesuche angeeignet hatte. Dann wandte sie sich an Toni. »Tanja ist nicht da und kommt heute spät zurück. Ich werde ihr ausrichten, dass du da warst. Vielleicht rufst du morgen früh an und kommst dann noch mal wieder?«

»Ich könnte auch warten«, entgegnete Toni und hielt Evelyns Blick stand.

»Ich kann wirklich keine Fremden in die Wohnung lassen, dazu bin ich gar nicht befugt. Aber ich kann sie eben anrufen.«

Während Evelyn auf ihrem Handy eine Nummer wählte und sich das Telefon ans Ohr hielt, spähte Toni an ihr vorbei in die Wohnung. Viel konnte sie nicht erkennen, außer dass sie geschmackvoll eingerichtet schien. Das verwunderte Toni nicht, Evelyn würde sicher keine Wohnung betreten, die nicht ihrem Standard entsprach.

Anscheinend hatte jemand den Anruf angenommen. »Tanja, ich bin's«, sagte Evelyn gekünstelt fröhlich. »Hier ist eine Frau, die dich sprechen will, aus Frankfurt am Main. Du bist ja heute spät zu Hause. Könntest du sie morgen treffen?« Sie lauschte einen Moment und fragte Toni dann, worum es eigentlich gehe. Toni wiederholte ihre Lüge mit dem Koffer. Nun senkte sich Evelyns Blick auf das Gepäckstück und Toni war sich sicher, dass Zsazsas Schwester kurz zusammenzuckte, bevor sie den Lautsprecher des Telefons aktivierte.

Toni vernahm die Stimme, die nun aus dem Handy drang, und sie sah den Namen *Tanja Slomka* auf dem Display, das Evelyn ihr hinhielt. Die Frau am anderen Ende der Verbindung schlug auf Deutsch, aber mit starkem polnischem Akzent vor, sich am nächsten Tag gegen zehn Uhr zu treffen. Toni stimmte zu.

Einer der Polizisten überreichte Toni den Zettel, auf dem er sich im Auto Notizen gemacht und Adresse und Telefonnummer festgehalten hatte. Dann wandten sich beide zum Gehen und Toni folgte ihnen. Auf der ersten Stufe drehte sie sich noch mal um und hob den Koffer wie zum Gruß in die Höhe. Evelyns Gesicht war wie eingefroren. Toni dachte, dass sie hier, weit weg von zu Hause, wirklich allen Grund hätte, eine Höllenangst vor ihr zu haben. Und genau jetzt merkte sie, dass sie dieser Angst zum ersten Mal etwas entgegensetzen konnte.

Das Polizeiauto setzte sich in Bewegung und die Scheinwerfer huschten die Straße hinunter. Toni hatte den Beamten gedankt und gesagt, sie würde zum Hotel laufen. Dann hatte sie sich hinter den Büschen des Nebengebäudes versteckt. Ihr Handy hatte sie auf Lautlos gestellt. Toni war sich sicher, dass Evelyn nicht in der Wohnung bleiben würde, und hoffte, dass sie keinen Mietwagen hatte. Als vier Minuten später ein Taxi vor dem Haus hielt, spürte Toni ihr eigenes Lächeln auf dem Gesicht. Bevor Evelyn aus dem Hauseingang eilte, schoss Toni Fotos des Taxis, und als es mit dem nächtlichen Fahrgast davongebraust war, suchte sie im Internet nach dem Fahrunternehmen.

Sie war heilfroh, dass sie jemanden an die Strippe bekam, der Englisch konnte, und erklärte, dass sie in einem Taxi des Unternehmens etwas vergessen habe. Ob man ihr sagen könne, wo es gerade hinfuhr? Dann würde sie sich auch auf den Weg dorthin machen. Sie gab die Nummer des Taxis durch und beschrieb den Fahrer, den sie, wenn auch nicht gut, aber halbwegs hatte sehen können.

»*Nocny Market*«, informierte sie der Mitarbeiter aus der Zentrale schließlich. »Towarowa.«

Toni bat um ein Taxi, das sie dorthin bringen konnte. Nach drei Minuten bogen Scheinwerfer in die Straße.

79

Das Taxi hielt vor einer großen Halle, *Warszawa Główna* stand in leuchtenden kantigen Lettern auf dem alten Bahnhofsgebäude. Junge Menschen tummelten sich auf den Stufen zum Eingang. Toni bezahlte den Fahrer und folgte dann dem Strom aus Nachtgestalten einen langen Kiesparkplatz entlang. Der Koffer polterte hinter ihr her. Hinter dem Bahnhofsgebäude öffnete sich der Blick auf einen ehemaligen Bahnhofstrakt. An diesem Gebäude fehlten die Wände und an den Decken hingen unzählige bunte Neonröhren, wobei der Giebelteil der Dachkonstruktion auf voller Breite ausgefräst war und somit einen Blick in den Nachthimmel freigab. Unter den verbliebenen Dachteilen reihten sich Imbissstände Warschauer Restaurants aneinander, Bars schenkten alles von Caipirinha über Shots bis Wein aus. Boxen beschallten den wandlosen Bahnhof mit Musik. Dies war eine Open-Air-Genussmeile mit dem Flair einer Gartenparty für Hunderte Nachteulen.

Toni hielt Ausschau nach Evelyn. Die Feierlaunigen lachten, tranken und aßen. Viele von ihnen hatten sich für die Nacht aufgehübscht, dennoch wirkte es hier bodenständig und ein bisschen wie in Berlin: Jeder fand seine Nische. Toni bahnte sich einen Weg durch den *Nocny Market.*

Noch ein paar Wochen vorher hätte sie sich liebend gerne in diesen Trubel gestürzt, doch nun huschten ihre Blicke herum, zoomten an jede Frisur heran, die der von Evelyn ähnlich war. Sie bereitete sich innerlich darauf vor, ihr und Tanja Slomka in die Arme zu laufen. Am Ende der einen Fressgasse schleifte sie ihren Koffer in einer Kurve in die nächste Gasse. Hier fanden sich mehr Getränkestände und es war brechend voll, sie kam kaum noch mit dem Koffer voran.

Und dann erspähte sie Evelyn. Sie stand gut zehn Meter entfernt vor einem Imbissstand mit japanisch-veganen Burgern und Meeresalgen-Bällchen. Toni hatte Evelyn noch nie so aufgelöst gesehen. Sie redete mit einer Frau und gestikulierte wild. Die andere, die mit dem Rücken zu Toni stand, war blond und hatte die Haare zu einem Zopf gebunden. Es musste sich um Tanja Slomka handeln. Kurz glaubte Toni, dass Evelyn sie gesehen hatte, und sie schob sich hinter eine Gruppe junger Polen. Sie wartete, bis sich ihr Puls etwas beruhigt hatte, und spähte wieder zu Evelyn. Nun lag der herrische Blick in ihrem Gesicht, den Toni inzwischen so gut kannte, genauso wie die abschätzig heruntergezogenen Mundwinkel. Evelyn verhielt sich also auch Tanja gegenüber so.

Toni ging weiter. Einen besseren Ort als diesen unter vielen Menschen würde sie nicht finden, um Tanja und Evelyn zu konfrontieren. Was sollte ihr hier passieren?

Mit jedem ihrer Schritte schien sich die Menge vor ihr zu verdichten. Toni bewegte sich wie in einem Traum vorwärts, in dem man rannte und rannte und rannte und so langsam war, als würde man unter Wasser laufen. Sie senkte den Kopf, als sie näher an die beiden kam. Erst direkt hinter Tanja hob sie ihn wieder. Sie roch einen seltsam vertrauten Duft.

»Hallo, Tanja«, rief sie gegen die Musik an.

Die Frau reagierte nicht. Aber Evelyns Augen glitten von Tanjas Gesicht über ihre Schulter hin zu Toni.

Und dann ist da nur noch Entsetzen in Evelyns Augen. Toni sieht, wie sich Tanjas Pferdeschwanz bewegt und mehr von dem so vertrauten Duft ausströmt. Tanja legt den Hinterkopf schief, anscheinend ist ihr Evelyns Entsetzen aufgefallen. Dann dreht sie sich um und sieht Toni. Zuerst blickt sie fragend und Toni sieht, dass sie überlegt, ob sie sich kennen. Plötzlich huscht ein Verstehen in die Miene der Frau. Sie ist Anfang dreißig und wunderschön. Ihre Haare sind blond gefärbt und dunkelhaarig hat sie Toni besser gefallen. Dennoch begreift Toni sofort, warum sie jeder liebt. Sie hat eine Anmut und zugleich eine Verletzlichkeit, die einem direkt ins Herz geht.

Toni steht nur da und die Sekunden kommen ihr vor wie in Zeitlupe vorbeischwebende Minuten. Denn was sie sieht, kann nicht sein. Vor ihr steht die Frau, in deren Leben sie getaucht ist, die sie in sich aufgesogen hat, die sie zu lieben gelernt hat, ohne sie jemals getroffen zu haben. Und nun steht sie vor ihr, Zsazsa, Susanne Mertens, am Leben und mit vollkommenen Augen. Toni fragt sich kurz, wessen Cornea ihr das Augenlicht geschenkt hat, wenn diese unfassbaren Augen *der anderen* sie ansehen. In diese Augen tritt nun ein unsicherer und fast kindlicher Blick und Toni erkennt das Mädchen wieder, das im Kreise ihrer Familie vor dem Bergmassiv sitzt.

Und dann fallen weitere Puzzleteile zusammen. Der Berg, es ist der Watzmann. Heißt es nicht, er sei ein Schicksalsberg? Der Watzmann bei Berchtesgaden. *Der Zug. Die Bilder.*

Zsazsa sieht plötzlich so ängstlich aus, dass Toni sie in den Arm nehmen will, aber sie kann sich nicht rühren. Und dann erscheint wie in Zeitlupe Evelyns Gesicht über Zsazsas Schulter. Bevor Toni es bewusst denken kann, dreht sie sich um, vielleicht ist diese Reaktion seit der Steinzeit ganz tief in der Amygdala verankert, hat sich vererbt von Generation zu Generation, um die Menschen einst vor Raubtieren zu beschützen – und nun vor ihrer eigenen Spezies.

80

Da ist Zsazsas Parfüm, dieser so vertraute Duft ihres Kleiderschrankes. Toni strauchelt zurück und läuft. Leute, die sie anrempelt, schnauzen sie an, aber sie stolpert blind weiter und ihre Augen brennen wieder. Der rote Schleier ist zurück. Bluten ihre Augen oder ist das die Farbe der Neonröhren?

Toni versteht nichts mehr, drängt sich durch die Leute voran. Zsazsa lebt? Warum hat Clara sie glauben lassen, dass Zsazsa tot sei und sie ihre Cornea bekommen habe? Warum hat sie zugelassen, dass Jürgen sie in eine Psychiatrie verfrachtet hat? Warum hat sie Toni so verraten? Warum hat sie ihr das Gefühl gegeben, eine zweite Mutter für Toni sein zu können, und sie dann so in den Abgrund stürzen lassen?

Und warum, fragt sich Toni mit einer Flut aus Selbstvorwürfen und rennt über den Parkplatz, warum hat sie selbst sich den Gedanken einpflanzen lassen, Zsazsa könnte auf sie übergegangen sein? Warum hat sie in dem alten Foto, das Jürgen ihr in der Villa gezeigt hat, das Mädchen aus ihren Träumen erkannt? Warum hat Toni sich von Holger, Brigitte und Peter abgewandt in dem Glauben, ein neues Leben geschenkt bekommen zu haben?

Toni rennt zur Straße. Sie weiß nicht, wo sie hinwill, aber sie muss weg. Alles ist jetzt in ein tiefes Rot getaucht. Evelyn holt sie ein und hält sie fest.

Toni schreit sie an. »Lass mich in Ruhe!«

»Wir erklären es dir, du wirst es verstehen!« Evelyn klingt ängstlich.

»Spinnst du? Ihr habt meine Familie zerstört! Ihr habt mich zerstört!«

Evelyn ist nun auch den Tränen nahe. »Du wirst es verstehen. Wirklich.«

»Ich hasse euch!«, schreit Toni und sie spürt die immense

Kraft dieser Worte und kurz ist sie erschrocken, denn sie denkt, dass sie imstande wäre, jemanden zu töten. Jetzt weiß sie, sie könnte Evelyn töten, so groß ist diese Kraft, so stark ist der Hass. »Erzähl mir nicht noch irgendeinen Scheiß!«, brüllt Toni und es ist ihr egal, wie viele Menschen sich nach ihr umdrehen. Und in der Wut liegt eine Kälte, die sie selbst verwundert. »Ich gehe jetzt zur Polizei.«

Plötzlich flammt ein Bild vor ihrem geistigen Auge auf, wie sie auf einem Revier sitzt und die Polizisten sie anstarren. Wie sie sie nötigen, die Wahrheit zu sagen. Und wie sie kein Wort herausbringt.

Evelyn will Toni am Arm fassen, aber hält in der Bewegung inne. »Mach es nicht, bitte. Gib uns die Chance, es zu erklären.«

»Damit ich wieder nur Lügen höre? Wieder in der Klapse lande? Wieder Drohungen höre, dass du meiner Mutter etwas antust? Ist Jürgen auch hier? Hat er wieder Leute engagiert, die mich verfolgen? Ihr spinnt doch alle! Ihr seid doch völlig verrückt!«

Toni wundert sich, warum sich dieser Ausbruch trotz allem gut anfühlt. Da ist diese Wut, von der sie nicht wusste, dass sie in ihr ist. Zsazsa taucht nun hinter ihrer Schwester auf, schön und lebendig. Toni denkt an den lilafarbenen Puppenhut. *Falls wir jemals alt werden sollten, dann werden wir zwei verrückte Alte mit lila Hut sein.* Die beiden Schwestern, verschworen bis in die Ewigkeit.

»Gib uns eine Stunde«, fleht Evelyn. »Ich verspreche dir mit allem, was ich habe, dass dir nichts passieren wird. Wir können in dein Hotel fahren.«

Toni lacht kalt. »Du glaubst nicht allen Ernstes, dass ich dir sage, wo ich wohne. Ich denke nicht, dass ihr mich dann morgen noch mal aufwachen lasst.«

Zsazsa wirkt unsicher und ängstlich. Sie kann Tonis Blick

kaum standhalten. »Ich habe Fehler gemacht. Aber ich musste vor meinem Vater fliehen. Sonst wäre ich wirklich gesprungen.«

Tonis Wut pulsiert nun in ihren Schläfen, stark und tiefrot und so hart, dass es wehtut. »Wo ist Clara? Weiß sie es?«

Zsazsa schüttelt verstört den Kopf und Evelyn ist ganz die große Schwester. »Wir wollten sie da nicht mit hineinziehen.«

Toni lacht bitter auf. »Wie sehr müsst ihr sie hassen, dass ihr eurer Mutter das antut.« Doch erstaunlicherweise glaubt Toni ihnen. »Und deshalb zahlst du Tanja Slomka dreitausend Euro im Monat? Weiß sie es? Ist es Schweigegeld?«

Die beiden Frauen sehen betreten zu Boden. Und dann fällt bei Toni der Groschen. Sie starrt Zsazsa an. »Du bist Tanja Slomka. Sie ist in der Nacht gestorben und du hast es aussehen lassen, als hättest du dich umgebracht. Du siehst ihr etwas ähnlich. Und lebst jetzt unter ihrem Namen.«

Keine der Frauen antwortet. Aber Evelyn nimmt Toni am Arm und drängt sie auf einen ruhigeren Teil des Parkplatzes. Zsazsa folgt zögerlich. Toni lässt sie nicht aus den Augen. Es hat etwas Unwirkliches, sie zu sehen, nachdem sie monatelang dachte, durch die Augen dieser Frau zu blicken.

»Zsazsa, du hast Höhenangst. Du hättest dich nie so weit über die Brüstung gebeugt. Die Obduktion hat bestätigt, dass die Tote schwanger war. Es gibt nur einen Grund, warum du vor deinem Vater fliehen musst. Du hast seine schwangere Geliebte über die Brüstung gestoßen.«

Toni ist jetzt eiskalt und nun sieht sie durch Tanjas Augen, hat die Szene deutlich vor sich. Sie fühlt die Nacht auf der Dachterrasse, eine kalte Februarnacht, spürt wieder die Brüstung. Sie lehnt daran und sieht Zsazsa, mit so viel Hass in ihren Augen und so viel Wut. Sie steht in der offenen Terrassentür über den Dächern, kämpft mit ihrer Höhenangst. Und dann wird die Wut stärker. Zsazsa rennt auf sie, Tanja, zu und Toni spürt den gewaltigen Stoß der Hände auf ihrer Brust. Dann fährt ihr Wind durch die Haare, ihr wird schwindelig und die Welt dreht sich. Sie ist im freien Fall.

Plötzlich war Toni wieder da, auf dem *Nocny Market*, und stellte fest, dass Zsazsa sie tatsächlich vor die Brust gestoßen hatte.

»Du kippst gleich um. Du musst dich setzen.«

Toni fühlte wieder den Boden unter den Füßen, sie war wieder in Warschau. »Zsazsa, du hast sie umgebracht, sie und ihr ungeborenes Kind. Die ungeborene Tochter deines Vaters und deine ungeborene Halbschwester.«

Zsazsa weinte nun und Evelyn drückte sie an sich.

»Es war keine Absicht«, schluchzte Susanne Mertens. »Ich wollte es nicht.«

Evelyn hatte nun wieder zu ihrer Haltung zurückgefunden. »Meine Schwester ist keine Mörderin. Wenn du das jemandem erzählst, beendest du ihr Leben.«

Toni war fassungslos. Ihr war also bei der Transplantation die Cornea von Tanja Slomka eingesetzt worden. Nicht Zsazsa hatte Besitz von ihr ergriffen, wie sie es sich kurz eingebildet hatte. All die Veränderungen, die sie an sich erlebte, kamen nicht von Claras Tochter. Jetzt spürte Toni eine tiefe Traurigkeit.

»Da ist eine Frau gestorben! Sie hatte auch Eltern, Freunde. Sie war schwanger.« Zsazsa schluchzte auf und Toni wandte sich ihr zu. »Du warst auch schwanger. Und du hast das Kind von Michael offensichtlich nicht bekommen.«

Zsazsa schüttelte den Kopf, ohne aufzublicken. »Ich hätte so gerne eine eigene Familie. Aber so ging das nicht.«

Evelyn betonte nun ihre Worte mit Gesten ihrer aufgefächerten Finger. »Wir haben es überprüfen lassen. Sie war Waise, kam aus irgendeinem kleinen Kaff in Polen. Sie ist nach Frankfurt gezogen, um sich einen reichen Mann zu angeln, der ihr Leben finanziert.«

Toni würde sie am liebsten schlagen. »Du tust ja gerade so, als ob es ihre Schuld wäre. Jürgen war ja wohl auch beteiligt!«

»Niemand vermisst sie, niemand leidet darunter – außer mein Vater«, beharrte die ältere Schwester.

Toni starrte sie fassungslos an. Gedanken bombardierten ihr Gehirn. Was Tanja wohl für ein Leben gehabt hatte? Was war in ihrer Familie passiert, dass sie so früh keine Eltern mehr gehabt hatte, mal vorausgesetzt, es stimmte, was Evelyn sagte? Was war Tanja für eine Frau gewesen, schwanger von einem mehr als doppelt so alten Mann, der Frauen brauchte und sie nicht mochte?

»Du hast deiner Schwester geholfen, oder?« Evelyn hielt Tonis Blick stand, aber widersprach nicht. »Du hast ihr geholfen, die Spuren zu verwischen und abzuhauen. Zuerst der Abschiedsbrief, dann habt ihr Zsazsas Laptop und das Handy von allem gesäubert, was verräterisch war, habt Tanjas Sachen entfernt. Wahrscheinlich hast du Tanjas Leiche auch als die deiner Schwester identifiziert, nicht wahr? Als die Polizei kam? Clara war nicht da und deshalb hattet ihr es so eilig mit der Einäscherung. Wie war das mit Jürgen? Hast du es ihm erzählt? Ist er nicht auch in die Gerichtsmedizin gekommen, um seine geliebte jüngere Tochter ein letztes Mal zu sehen? Es muss ein quälender Moment für dich gewesen sein, als du mit deinem Vater vor der Leiche seiner aufgebahrten Geliebten standest und er sich überlegt hat, ob er euch Schwestern auffliegen lässt oder ob er klein beigibt und das Spiel mitspielt.«

Evelyn schwieg.

Toni schüttelte den Kopf, als ihr das ganze Ausmaß der Vertuschung klar wurde. »Euer Vater hat mitgespielt und bestätigt, dass die Tote seine Tochter sei. Und jetzt verstehe ich auch, warum er dich angeschrien hat, als ich bei dir war. ›Sorge dafür, dass sie nie wieder einen Fuß in diese Stadt setzt‹. Er hat damit gar nicht mich gemeint, sondern Zsazsa. Er hasst sie jetzt, oder?

Weil sie sich endlich seinem Machtbereich entzogen hat. Weil das erste Mal Frauen gegen ihn rebellieren. Und es sind ausgerechnet seine Töchter.«

Evelyn sah nun wieder bedrohlich aus, bereit, alles zu tun, um das schmale Rehkitz neben ihr bis aufs Blut zu verteidigen. Etwas an dem Bild ließ Toni kurz schwindelig werden und einen Moment schwebte sie aus ihrem Kopf, zwang sich aber zurück in ihren Körper. *Wir brauchen jetzt die Erwachsene. Wir schaffen das.*

»Nur blöderweise habt ihr Tanjas Koffer nicht entsorgt. Sie ist von Frankfurt nach Warschau geflogen und dann mit dem Zug zurückgekommen, weil sie schwanger war. Alles habt ihr aus Jürgens Stadtwohnung entfernt, alles, was von Tanja dort war, und es dann weggeworfen. Nur den Koffer habt ihr vergessen.«

»Sie saß auf der Brüstung und hat mich ausgelacht«, sagte Zsazsa.

Evelyn zischte sie an, den Mund zu halten, aber die Jüngere redete weiter.

»Ich will es erklären. Immer heißt es, ich bin die komplizierte, bescheuerte, egoistische Böse. Aber diese Schlampe, sie wusste alles über mich. Mein Vater hat eine Frau gefickt, die genauso aussieht wie ich, und er hat ihr alles über mich erzählt! Es fühlte sich plötzlich an, als hätte er mich vergewaltigt, und dann war alles wieder da von früher. Niemandem sollte ich gehören, kein Mann war gut genug. Nie war etwas gut genug. Und wie er mich angestarrt hat, als ich in die Pubertät kam, als würde ich immer ihm gehören.«

»Trotzdem, das ist vorbei«, rief Toni. »Zehn, zwanzig Jahre vorbei!«

»Nein!«, schluchzte Zsazsa. »Es ist da! Papa und das Gefühl, dass er mich … in dieser Frau gesehen hat. Jeden verdammten Tag! Ich hatte das erste Mal das Gefühl, endlich eine andere sein zu können, als ich nicht mehr Zsazsa sein musste und Deutschland verlassen habe. Endlich hatte er keine Macht mehr über mich! Ich wusste nie, wer ich eigentlich war, nie war das, was ich gemacht habe, genug für ihn. Und plötzlich habe ich gemerkt, dass ich jemand sein kann.«

Toni glaubte ihr. Sie hatte selbst erlebt, wie es war zu fühlen, dass man jemand anderes sein konnte als die eigene Geschichte, und wie erleichternd es war, keinen Erwartungen von anderen entsprechen zu müssen. Und wie schwer es war, sich von diesen zu befreien. Rechtfertigte es diese Tat? Mit Sicherheit nicht.

Zsazsa wirkte nun wie entrückt. »Sie saß da und sagte, nun sei sie die Prinzessin meines Vaters und dass ihr Kind danach die neue Prinzessin sein würde. Und sie würde ein Drittel des Erbes bekommen und sie würde meinen Vater glücklich machen und nicht so eine Versagerin sein wie ich. Und da kam alles wieder hoch. Und ich dachte: Mein Vater darf nicht noch einem Kind das Leben versauen. Mein Leben war eine Qual, eine einzige Depression mit kleinen Rauschzuständen. Ich wollte, dass es endlich aufhört. Und plötzlich habe ich in ihr alles gesehen, was wehgetan hat. Es war, als hätte er jemandem, der sich nie Mühe gegeben hat, all das gegeben, was er mir nie gegeben hat. Einer Frau, die aussieht wie ich und die er …« Sie sprach den Satz nicht zu Ende und schluchzte. »Ich kam mir so verraten vor, so beschmutzt …«

»Ich weiß nur noch nicht genau, warum sich euer Vater ergeben hat. Nur, um seine Töchter zu schützen? Das würde sein Ego nicht mitmachen, oder? Was habt ihr gegen ihn in der Hand?« Zsazsa blickte kurz zu Evelyn, dann sahen sie beide Toni an.

Ihre Blicke waren so verräterisch, dass Toni abwechselnd nickte und den Kopf schüttelte. »Es sind die Bilder, nicht wahr? Deine Großeltern stammen aus Berchtesgaden. Dort wurde 45 der Zug mit Görings ganzem Kunstbesitz von Einheimischen geplündert. Wie viel ist davon noch verschwunden? Ein Viertel? Die Hälfte? Es war Beutekunst, viele Menschen mussten dafür ihr Leben lassen und sind vergast worden. Der Wert der meisten Gemälde hat sich seit Kriegsende verzehnfacht, verhundertfacht. Das ist der Grundstein für euren Reichtum gewesen. Deine Großeltern waren unter den Plünderern. Jürgen hat einige der gestohlenen Bilder von seinen Eltern geerbt und erkannt, welche Werte er da in Händen hielt. Früher gab es noch keine Provenienzforschung. Einen Teil davon zu verkaufen war sicher nicht schwer, zumal Käufer und Verkäufer meistens anonym bleiben. Aber es gibt noch Bilder, oder? Jürgen hat sie vor langer Zeit einer Privatbank als Kreditsicherheit überlassen. 68 hat er noch in Frankfurt gegen die alten Naziseilschaften in Politik und Behörden demonstriert. Und er hat Häuser besetzt und Kapitalistentürme angezündet. Aber als er plötzlich diesen Schatz in Händen hielt, war ihm sein Geschwätz von gestern egal. Als er selbst Geld hatte, hat er Wohnungen gekauft, und es war ihm einerlei, wie viel Blut und wie viel Leben daran klebte. Es war ihm egal, dass sein Reichtum aus dem grausam erworbenen Privatbesitz von Göring stammte. Das hast du gegen ihn in der Hand. Vielleicht spielt seine Bank inzwischen mit, weil sie den Skandal vermeiden will, Millionenwerte für Görings Beutekunst ausgezahlt zu haben. Du könntest deinen Vater in der Tat zur Strecke bringen. Deshalb hat er bei dem vorgetäuschten Selbstmord mitgespielt. Fast wäre das geglückt. Aber du vergisst, wie viele Menschen um dich getrauert haben, geweint haben; weißt du, wie sehr Claudia noch immer leidet?«

Zsazsa sah überrascht auf, dann traten ihr neue Tränen in die Augen. »Klaustrophobia …«, flüsterte sie.

Als sie nicht weitersprach, legte Toni nach. »Und deine Leute im Atelier? Hast du an die gedacht? Julitschka? Die Jungs? Und daran, dass deine Mutter sich fast umgebracht hat vor Gram? Weißt du, dass sie suizidal ist? Dass ich durch die Hölle gegangen bin? Dass damals Menschen wegen dieser Scheißbilder ermordet wurden? Und auch im Februar eine Frau ermordet wurde? Diese Gleichung wird nie aufgehen können.«

Evelyn wollte etwas erwidern, doch Toni schnitt ihr das Wort ab. »Und du hast Xaver verlassen, obwohl du ihn noch liebst. Weil er es irgendwann herausbekommen würde. Und er, denke ich, würde das nicht akzeptieren. Er ist bereit, viel von deinem fragwürdigen Charakter zu ertragen, aber ich denke, bei Mord hört es auf. Und ich denke, dir ist es auch ganz lieb, wenn es keinen Skandal gibt und die Bilder in eurem Besitz bleiben. Wie solltet ihr auch plötzlich die Millionenkredite zurückzahlen, wenn die Bilder beschlagnahmt werden? Wie viel Prozent eurer Immobilien könntet ihr dann noch halten? Gäbe es die Villa noch?«

Toni war in Fahrt, sie konnte einfach nicht mehr aufhören. »Du glaubst wirklich, Zsazsa, wenn du eines Tages eine Familie hast, dass du deinen Kindern nichts von dem ganzen Scheiß mitgeben wirst? Glaubst du nicht, dass sie eines Tages erfahren werden oder zumindest immer spüren werden, mit welcher Schuld du rumläufst? Und eine letzte Frage: Weiß es Clara wirklich nicht?«

»Nein«, sagten die Schwestern unisono.

»Wo ist sie?«

»Das weißt du doch«, fauchte Evelyn. »Du warst in der Klinik und hast sie gesprochen. Ich weiß, dass sie dir das Gefühl gegeben hat, du könntest ihre Ersatztochter sein, Zsazsa ersetzen, und dass sie deine Mutter sein könnte. Das war falsch von ihr.«

»Aber in der Klinik ist sie nicht mehr«, fuhr Toni ihr ins Wort. »Clara ist verschwunden.«

Die Schwestern sahen sich besorgt an.

Toni trat an die Straße und winkte ein Taxi heran. Evelyn kam ihr nach. »Willst du Geld? Wir zahlen dich aus.«

Evelyn hielt ihr ein Geldbündel hin.

»Mir würde es ausreichen, wenn ihr mir einen Nachtzug zahlt.«

Sie nahm sich hundert Euro aus dem Geldbündel und gab die restlichen Scheine zurück.

»Antonia, lass es, wie es ist. Niemand wird dir glauben. Du warst in der Irrenanstalt. Alle Ärzte wissen, dass du glaubst, eine Tote spukt in dir rum. Die Polizei hat das Überwachungsvideo, wie du meinen Vater mit einem Brieföffner angreifst. Wenn du zur Polizei gehst, wirst du auseinandergenommen, das weißt du.«

»Evelyn, schenk es dir einfach. Ich habe so viel Scheiße erlebt in den letzten Monaten, ich habe keine Angst mehr vor dir.«

»Es wird niemandem nützen. Du zerstörst nur Zsazsas Leben und dein eigenes. Wenn das zu einem Fall wird und vor Gericht und in die Zeitungen kommt, dann zerreißt dich die Boulevardpresse. Dann kennt jeder dein Gesicht als das der verrückten Irren. Tu dir das nicht an.«

»Wegsehen?«, fragte Toni, während sie die Taxitür öffnete.

»Wir zahlen dir eine sehr großzügige Wiedergutmachung für alles.« Evelyn klang nun wieder nervös.

Aber Toni lachte nur humorlos auf. »Du hast es immer noch nicht verstanden. Ich will nichts mehr mit mir herumtragen, was nicht zu mir gehört, verstehst du das nicht? Deine Schwester und ich sind uns in manchen Dingen tatsächlich ähnlich. Und ich möchte nicht so enden wie sie.«

Das Letzte, was Toni von Evelyn hörte, bevor sie die Taxitür zuschlug, war: »Denk wenigstens an deine Eltern.«

Oktober 2019

81

Der Besuch im Gefängnis sitzt mir noch in den Knochen und ich grübele wie verrückt über meine Eltern nach. Claudia hat mich schon angerufen, wahrscheinlich, um zu fragen, wie es bei meinem Vater war. Aber ich bin nicht drangegangen, weil ich sie sonst belügen müsste. Denn ich sitze in meinem Auto und beobachte das Wohnhaus in Schöneberg. Zehn Minuten sitze ich schon hier, den Ersatzschlüssel meiner Eltern umklammert, und frage mich, ob ich es wagen kann, noch mal unerlaubt in ihre Wohnung zu gehen. Dass mein Vater so erschrocken darüber war, sagt mir, dass ich dort etwas finde. Etwas, das mir erklärt, warum meine Mutter jetzt nur noch mit Maschinen beatmet wird. Das erste Mal in meinem Leben bin ich scheißwütend auf ihn. Es ist ein neues Gefühl und wahrscheinlich ist es so stark, weil ich ihn immer noch liebe. Das Gegenteil von Liebe ist nicht Hass, es ist Gleichgültigkeit.

Ich steige aus und schlendere die Straße entlang. Vor dem Eingang blicke ich mich um, dann bin ich im Treppenhaus. Leise gehe ich in den dritten Stock. Aus der Wohnung der Nachbarn ist kein Laut zu hören. An der Tür meiner Eltern klebt das Polizeisiegel, das ich gestern notdürftig wieder angebracht habe. Anscheinend haben die Nachbarn mir meine

Lüge doch noch geglaubt und mein Eindringen nicht gemeldet.

Vorsichtig schließe ich auf, um mich nicht mit Schlüsselklappern zu verraten, dann husche ich hinein. Heute überfällt mich hier keine Wehmut, ich verharre nicht vor den Fotos und bekomme keine Tränen in die Augen beim Anblick von Papas Schuhen. Ich marschiere zielgerichtet in Brigittes Arbeitszimmer. Seit meinem Weggang hat sich nichts verändert. Die Briefe meiner Großmutter aus Schleswig liegen noch auf dem Boden und die Kartons, die ich aus dem Regal genommen habe, stehen mit geöffneten Deckeln herum.

Ich aktiviere meinen professionellen Scan-Modus und lese noch mal die Aufschriften der zahlreichen Kartons. Da gibt es *Weihnachtsschmuck, Osterdekoration, Raclette-Service, Wärmeplatte, Schnüre und Seile* und stapelweise anderen Kram, den meine Eltern wahrscheinlich seit hundert Jahren nicht benutzt haben. Ich scanne die Reihe der Aktenordner. *Kontoauszüge, Versicherung I, Versicherung II, Mietverhältnisse, Volkshochschule ...* Ich stutze. *Mietverhältnisse* kommt mir mit einem Mal komisch vor. Meine Eltern leben seit über dreißig Jahren in dieser Wohnung und es würde mich selbst bei Brigitte wundern, wenn sie noch die Verträge für ihre alte Wohnung in Wilmersdorf hätte.

Ich hole die Leiter und steige hinauf. Aber vielleicht war Brigitte ja so penibel, dass hier ein Hinweis zu finden ist, wo mein Vater in dem Jahr war, als sie getrennt waren.

Ich setze mich mit dem Ordner auf den Boden. Es gibt zwei große Einlegekartons, die den Inhalt einteilen. Hinter dem ersten Karton, dessen Ränder schon ganz verblichen sind, ist der Mietvertrag für diese Wohnung eingeheftet. Ich blättere hinter den zweiten Karton. In einer Klarsichthülle liegt ein zusammengefaltetes Papier. Ich breite es aus. Es ist ein Formular eines Friedhofs.

Verlängerung des Nutzungsrechts der Ruhestätte für Urnengrab. Zum zweiten Mal Verlängerung um zwanzig Jahre, Kosten 517 Euro.

Es ist eine Nummernbezeichnung für das Grab angegeben. Der Friedhof ist allerdings nicht der, auf dem Oma begraben wurde, der liegt im Bezirk Spandau. Hier steht *Friedhof Grunewald Forst.*

Welcher unserer Verwandten liegt dort? Ich nehme mein Handy und rufe die Internetsuchmaske auf. Dann tippe ich den Namen ein, der auf dem Formular steht. Als die Ergebnisse auftauchen, lasse ich vor Schreck mein Telefon fallen. Das Display leuchtet mir entgegen.

Friedhof Grunewald Forst – Die letzte Ruhe für Selbstmörder, steht da als Überschrift des ersten Ergebnisses. Im Eintrag darunter heißt die Headline: *Der einzige Friedhof in Deutschland für Suizidenten*, darauf folgt die Schlagzeile des dritten Suchergebnisses: *Verlieren die Selbstmörder bald ihre letzte Ruhestätte? Friedhof soll geschlossen werden!*

Ich ringe nach Luft und mir wird schwindelig, Pixel tanzen wieder vor meinen Augen. In der Hoffnung, dass mir frische Luft hilft, reiße ich das Fenster auf und atme durch. Dann sehe ich hinunter auf die Mülltonnen. Es ist nicht tief, nur drei Stockwerke trennen mich vom Hof. Und plötzlich ist die Höhenangst wieder da, meine Knie werden weich und ich bin mir sicher, gleich abzustürzen.

September 2019

82

Der Zug von Warschau nach Berlin brauchte sechs Stunden. Toni konnte kaum schlafen, zu viel ging ihr durch den Kopf. Sie fragte sich, ob sie Michael und Clara informieren sollte, und grübelte, ob sie schon in Warschau zur Polizei hätte gehen sollen. Dann hätte sie den Nachtzug verpasst und sie spürte, dass sie auf schnellstem Weg nach Hause musste. Die innere Unruhe war zu dem quälenden Gefühl geworden, zu spät zu kommen. Bei einem Halt in Posen rief sie ihren Vater an. Dem Geräuschpegel nach war er in seiner Kneipe.

»Papa, ich bin morgen früh zurück. Dann müssen wir reden. Und ich wünsche mir, dass du dann nüchtern bist. Ich will jetzt Antworten, das habe ich verdient. Ich weiß, dass Zsazsa nicht in mir lebt, davon bin ich jetzt kuriert. Aber ich will wissen, warum wir keine normale Familie waren, warum ich nicht bei euch wohnen konnte, warum Brigitte nie bei Oma zu Besuch kam. Ich muss jetzt wissen, was damals passiert ist, egal, wie weh es tut. Nur dann hört diese ganze Scheiße auf, glaube ich.«

Er schwieg.

»Bist du noch dran?«

»Ja«, sagte er. »Ich hab dich lieb.«

»Ich dich auch, Papa.«

Je weiter Toni sich von Warschau entfernte, umso erleichterter fühlte sie sich. Es war, als hätte sie einen schweren Rucksack dort stehen lassen. Im letzten Moment vor ihrer Abfahrt hatte sie den Aluminiumkoffer einer Obdachlosen geschenkt, die ihre Sachen in einer Tüte herumschleppte. Die grüne Jacke *The future is female* kam ihr nun wie reiner Hohn vor und auch die überließ sie der Bedürftigen, ebenso den Laptop. Wenn er half, ein paar Mahlzeiten zu finanzieren, sollte Toni das recht sein. Dinge, die nicht ihr gehörten, loszulassen war, als würde sie unsichtbare Seile durchschneiden, die sie an Clara gefesselt hatten.

Der Abend war ein Schock gewesen. Sie musste auch das loswerden, was sie nun wusste, sonst würde sie die Geschichte mit sich herumschleppen und weiterhin mit unsichtbaren Banden an die Mertens gefesselt bleiben. Ob ihr jemand glauben würde, stand auf einem anderen Blatt. Ob es jemanden gab, der Tanja Slomka vermisste, jemand, dem sie wichtig war und der die Wahrheit wissen sollte? Sie hatte die Szene von Tanjas Tod gesehen, sie *war* kurz Tanja gewesen. Vielleicht hatte ihr Therapeut wieder einen Fachausdruck für dieses Phänomen, vielleicht lautete es »bekloppt«. Würde nun alles wieder von vorne losgehen? Würde sie die nächsten Wochen und Monate das Gleiche durchleben wie im letzten halben Jahr? Würde sich der Horrortrip wiederholen, in dem eine fremde Frau von ihr Besitz ergriffen hatte?

Das erste Mal hatte Toni das Gefühl, Uwe Katzer wirklich zu brauchen, um mit Distanz, wie er es ausdrückte, auf die Sache und sich selbst zu sehen. Und dann dachte sie daran, dass die Mertens sie hatten ausforschen und überwachen lassen. Sie zweifelte inzwischen daran, dass sie auf Jürgens Esstisch das Foto ihres Traum-Mädchens gesehen hatte, aber sicher war sie sich nicht. Und wenn sie ehrlich zu sich selbst war, fürchtete sie, dass es ein Bild von Tanja gewesen sein könnte, die begonnen hatte, in ihren Träumen herumzuspuken. Toni wollte nicht, dass alles wieder von vorne losging. Allerdings verspürte sie die gleiche Verpflichtung Tanja gegenüber, die sie geglaubt hatte, Zsazsa gegenüber zu verspüren: Was mit ihr passiert war, durfte nicht vertuscht werden.

Ob sie sich einen Privatdetektiv leisten konnte, der ihr Informationen über Tanja besorgen konnte? Wohl kaum.

Als sie in den frühen Morgenstunden am Berliner Hauptbahnhof ausstieg, rannte sie über die Rolltreppen aus dem unterirdischen Gleissystem der Fernzüge, durch die Stahl- und Glaskonstruktion der Bahnhofshalle mit ihren drei offenen Verbindungs- und Geschäftsebenen und erwischte in letzter Sekunde eine S-Bahn. Die zehn Minuten Fahrt nach Charlottenburg kamen ihr endlos lange vor. Nun erschien es ihr unvorstellbar, dass sie so viele Jahre all die Fragen nicht gehabt hatte, die ihr nun auf der Zunge brannten.

In der U-Bahn Richtung Schöneberg wanderten ihre Gedanken zurück zu der Therapiestunde, in der sie am wenigsten verstanden hatte, in der sie nur blödes Gelaber von Uwe Katzer gehört zu haben glaubte und selbst geschwiegen hatte. Es war die erste Stunde nach der Psychiatrie gewesen und sie hatte einen inneren Kampf gegen die Wut und die Demütigung ausgefochten, gegen die Wut auch auf ihn, weil sie sich verraten fühlte.

Er hatte gelächelt. »Sie dürfen wütend auf mich sein, ich nehme das nicht persönlich. Das kann in jeder Therapie passieren. Die Wut gehört aber woandershin, wir sprachen schon mal darüber. Wenn Menschen das verstehen würden, gäbe es nicht so viele Morde und auch nicht so viele Kriege.«

Sie hatte die gelbe Wand angestarrt.

»Frau Petzold, viele Menschen in Ihrer Generation fragen ihre Eltern nicht nach der Vergangenheit und konfrontieren sie nicht, weil sie denken, die Eltern seien nicht stabil genug. Das ist eine ungesunde Umkehr. Eltern sollten so stabil sein, dass ihre Kinder es auch werden können. Aber Kinder spüren die Traumata der Erwachsenen und haben Angst, dass nur wenige Fragen alles zusammenbrechen lassen. Verdrängen und Nichtwissen kostet immens viel Kraft. Damit wir diese Kraft für unser eigenes Leben einsetzen können, müssen wir aufhören, sie zum Niederdrücken unserer Traumata und zum Verdrängen einzusetzen. Viele wissen nicht mal, dass sie diese Kraft haben. Wenn Sie mal richtig, richtig wütend sind, dann achten Sie auf die Kraft, die darin liegt. Diese Kraft haben Sie für sich zur Verfügung, aber Sie nutzen sie noch nicht richtig. Natürlich geht es darum, diese Energie sozial verträglich und produktiv einzusetzen und sie weder gegen andere noch gegen sich selbst zu verwenden. Wir können nicht rumlaufen und Leute schlagen und umbringen. Das müssen wir auch nicht, wenn wir wissen, wo die Wut eigentlich hingehört.«

Nun erinnerte sich Toni an die mahnenden Worte ihres Vaters, kein Leid anzurichten, und an seine wiederholten Versicherungen, dass sie beide Toni liebten.

Denk wenigstens an deine Eltern, hatte Evelyn gesagt.

Mit Tränen in den Augen rannte sie die Treppen des U-Bahnhofs hinauf. Das Gefühl, keine Zeit mehr zu haben, war unerträglich geworden.

Als Toni am Wohnhaus ihrer Eltern ankam, standen drei Streifenwagen in der Einfahrt. Toni wusste sofort, dass etwas Schlimmes passiert sein musste, dass sie zu spät gekommen war. Sie rannte die Treppe hoch, vorbei an einigen Nachbarn, die sie bang und zugleich alarmiert von der Polizeipräsenz anstarrten. An der Wohnungstür ihrer Eltern standen zwei Beamte mit schusssicheren Westen und versperrten ihr den Weg.

»Was ist mit meinen Eltern?«, schrie Toni und drängte vorwärts, doch die beiden Männer hielten sie fest.

»Sie sind die Tochter von Peter Petzold?«, fragte der eine misstrauisch.

»Können wir Ihren Ausweis sehen?«

Toni fummelte ihren Geldbeutel aus der Umhängetasche. Er rutschte ihr durch die Finger und fiel zu Boden. Sie hob ihn auf und drückte ihn dem Mann in die Hand. Nun konnte sie die Tränen nicht mehr zurückhalten.

»Wo ist mein Vater? Ich will zu ihm!«

»Das geht jetzt nicht«, sagte der Polizist. »Wann haben Sie ihn das letzte Mal gesehen?«

»Vor Kurzem, in Frankfurt, wir sind zusammen hierhergefahren. Keine Ahnung, vor ein paar Tagen.«

Toni sah den Polizisten, wie er ihren Geldbeutel durchsuchte und den Ausweis fand, dann dem anderen zunickte. Der sah Toni nun durchdringend an. »Ja, wir haben eine Hotelrechnung gefunden. Sie waren also auch dort? Was ist in Frankfurt passiert?«

Die Bilder der Psychiatrie feuerten durch ihr Gehirn, wurden abgelöst von Momentaufnahmen ihrer Begegnungen mit Clara, die seit Tagen verschwunden war, und wechselten zu dem Bild ihres Vaters, der ihr im Besprechungszimmer des Oberarztes nicht in die Augen hatte sehen können.

»Das ist eine lange Geschichte!« Toni fuchtelte hilflos mit den Armen. »Ich will jetzt zu ihm!«

Die Beamten wechselten einen Blick. »Wir fahnden nach ihm.«

Toni starrte die Polizisten an. Der Wahnsinn griff nun nach ihr. »Fahnden? Spinnen Sie? Warum?«

Der eine Polizist gab ihr den Geldbeutel zurück. »Peter Petzold steht unter dringendem Tatverdacht eines versuchten Tötungsdeliktes.«

83

Tonis Kopf summt schrecklich und sie ist nun in einem seltsam überbelichteten Film. Alles ist unwirklich und da das hier alles nicht real sein kann, träumt sie wahrscheinlich. Sie kneift sich in den Arm, weil das doch ein Indikator dafür ist, ob man träumt oder nicht. Sie spürt es, dumpf und weit entfernt, aber es tut nicht richtig weh. Dann stürzt sie in die Wohnung. Sie merkt, dass jemand sie festhalten will, aber das passiert in einer weit entfernten Welt. Der Flur in der Wohnung ist zu einem Tunnel geschrumpft, an dem die Ränder ausfransen, und irgendjemand hat Blut über alles gekippt.

»Sie kontaminieren einen Tatort«, hört sie, aber es ist eine Stimme unter Wasser.

Wieder hält sie jemand fest. Toni kneift die Augen zusammen, aber das Rot verschwindet nicht.

»Wo ist Brigitte?«, glaubt sie sich selbst zu hören. Durch den roten Schleier taucht das Gesicht einer Frau in Uniform auf. »Wo ist sie?«, schreit jemand und Toni glaubt erneut, dass sie es selbst ist.

Die Polizistin sieht nett aus und deshalb passt es gar nicht, was sie sagt. »Ihre Mutter ist im Krankenhaus. Man versucht sie zu retten.«

Toni sieht durch den Tunnel zum Schlafzimmer ihrer Eltern. Eine Frau in einem Overall kommt heraus. An der Gestalt vorbei erhascht sie einen Blick auf das Doppelbett ihrer Eltern. Auf dem Laken ist ein großer dunkler Fleck, an der Wand sind dunkle Spritzer. Kann das sein oder streiken ihre Augen wieder? Die Frau im Anzug lehnt die Tür an und obwohl es dunkler wird im Flur, ist alles immer noch überbelichtet.

»Was ist da passiert?«, schreit Toni und nun weiß sie, dass es aus ihrem Mund kommt.

Die Polizistin fasst sie am Arm. »Wir haben um fünf Uhr

heute früh einen Anruf der Nachbarn erhalten, Verdacht auf häusliche Gewalt. Ihre Mutter musste reanimiert werden.«

Toni hört sich kreischen, schrill und ohrenbetäubend. »Das war sie! Evelyn Mertens hat das getan!«

Die nette Frau packt Toni nun fester, was vielleicht gut ist, denn Toni spürt ihre Beine nicht mehr. Was hat sie nur angerichtet, indem sie nach Warschau gefahren ist und Zsazsa aufgespürt hat? Ja, sie hat gedacht, dass Evelyn über Leichen gehen würde, aber so schnell?

»Gehen wir kurz in die Küche«, sagt die Polizistin.

Toni lässt sich von ihr fortziehen, weil sie alle Energie dafür braucht, nicht umzukippen, und auch für ihre Gedanken braucht, die Karussell und Geisterbahn fahren und ihre Kleidung mit Angstschweiß durchtränken.

In der Küche gibt die Polizistin ihr ein Glas Wasser und weist sie an, sich hinzusetzen. »Wer ist Evelyn Mertens?«

Toni verschüttet die Hälfte des Wassers und ein Polizist sagt, sie müsse den Tatort verlassen. Aber die nette Frau hebt zwei Finger. Vielleicht will sie zwei Sekunden alleine mit Toni, vielleicht zwei Minuten.

Toni muss die Zeit nutzen, denn schlimmstenfalls will Evelyn auch ihrem Vater etwas antun. »Sie hat mir gedroht. Sie hat mehrfach gesagt, dass meiner Mutter etwas passieren wird, wenn ich zur Polizei gehe. Sie hat gesagt, dass sie mein Leben zerstören wird.«

Toni sieht den Unglauben auf dem Gesicht der Frau und redet nun lauter, denn die Polizei muss verstehen, was hier vor sich geht.

»Sie ist gerade in Warschau, aber sie alle leben in Frankfurt am Main, der ganze Clan. Evelyn hat mich überwachen lassen und jetzt hat sie jemanden geschickt, um meine Mutter umzubringen. Sie müssen in Polen anrufen und sie verhaften lassen. Vielleicht tun sie meinem Vater auch etwas an!«

Die Polizistin sieht einen ihrer Kollegen an, der im Türrahmen steht und kurz nickt, bevor er hinausgeht.

Die Frau fragt, ob jemand in dem Kinderzimmer lebt, weil es so bewohnt aussieht. Toni versteht die Frage erst nicht und stammelt dann, dass sie vorübergehend eingezogen ist.

»Warum wohnen Sie hier? Hatten Ihre Eltern Probleme?«

Toni kapiert nicht, warum die Frau sie nicht versteht. »Nein. Überhaupt nicht. Nun rufen Sie doch in Polen an! Sie müssen Evelyn festnehmen! Und auch Zsazsa, bevor sie irgendwo untertaucht, in Argentinien oder Timbuktu oder irgendwo, wo man Mörder nicht ausliefert!«

»Wir rufen einen Krankenwagen, Sie haben einen Schock. Das ist verständlich. Können wir sonst jemanden informieren, der Ihnen beisteht?«

»Sie müssen mir glauben!« Und dann hört Toni sich selbst lachen, schrill und wahnsinnig. »Aber natürlich, sie hat das alles so eingefädelt, dass niemand mir glauben wird. Sie hat es mir gestern Nacht noch gesagt, für alle werde ich die verrückte Irre sein. Aber es ist alles wahr!«

Die Polizistin sieht sie mitfühlend an. »Sie sehen sehr müde aus, wie viel haben Sie geschlafen?«

»Keine Ahnung, zwei Stunden oder so, was spielt das für eine Rolle?« Toni steht wütend auf. »Nun rufen Sie schon an!«

»Bitte setzen Sie sich. Sie können eine Beruhigungstablette nehmen.«

»Ich nehme nie wieder so ein Zeug!«

Nun ist der Blick der Polizistin nicht mehr mitfühlend, sondern skeptisch und das macht Toni noch wütender.

»Setzen Sie sich.«

Toni macht es und starrt zu der Frau hoch, die nun nicht mehr nett aussieht. Und dann flammt wieder diese Zweitbelichtung vor ihrem inneren Auge auf, wie sie bei der Polizei sitzt und die Beamten sie anstarren, sie zum Reden bewegen wollen. Und dann kommt die Angst wieder.

Der Beamte, der vorhin die Küche verlassen hat, kommt wieder. Er hat die Augenbrauen hochgezogen und macht ein Gesicht, als hätte er gerade jemanden bei einer abstrusen Lüge ertappt. »Evelyn Mertens aus Frankfurt«, sagt er.

»Haben Sie sie gefunden?«, fragt Toni und springt wieder auf.

Der Mann in der Uniform sieht nun auch nicht mehr nett aus. »Sie hat vor Kurzem Anzeige gegen Sie erstattet, weil Sie Dinge ihrer toten Schwester im Wert von rund 25 000 Euro gestohlen haben. Auch Jürgen Mertens hat Sie angezeigt wegen Hausfriedensbruch und Körperverletzung. Sie waren jüngst in einer geschlossenen Psychiatrie, weil Sie suizidal waren und glaubten, die tote Susanne Mertens lebe in Ihnen.«

Toni heult verzweifelt auf. Warum verstehen diese Leute nicht den Ernst der Lage? »Aber das glaube ich doch gar nicht mehr! Sie lebt ja noch! Ich habe sie vor neun Stunden gesehen. Sie lebt in Warschau unter dem Namen einer Toten! Ich habe die Augen der Toten. Und sie wurde umgebracht. Von Zsazsa Mertens!«

»Wer ist Zsazsa?«, fragt die Polizistin und drückt sie zurück auf den Stuhl.

»Susanne Mertens.«

Der Mann in Uniform sieht seine Kollegin bedeutsam an. »Das ist die Frau, die im Februar tödlich verunglückt ist?«

»Das ist sie eben nicht!«

Die Polizisten sehen sich wieder an und Toni weiß instinktiv, durch den roten Nebel hindurch, dass sie gerade mit einem Bein zurück in die Psychiatrie gestiegen ist. »Ich muss mal an die frische Luft. Ich brauche eine Zigarette. Und dann will ich ins Krankenhaus.«

Die Polizistin will sie begleiten, aber der Mann hat noch

etwas zu sagen. »Jemand hat gestern Ihre Scheune in Spandau in Brand gesteckt. Nachbarn sagten aus, dass Sie vom Tatort geflohen sind. Andere sagten, Ihre Mutter habe das Holzhaus angezündet und der Brand wäre fast auf das Wohnhaus übergegangen. Wo waren Sie heute Nacht?«

Toni starrt ihn an. »Das ist jetzt nicht Ihr Ernst!«

»Warum hat Ihre Mutter Ihr Haus anzünden wollen? Wie war Ihr Verhältnis?«

»Sie denken, ich könnte jemanden töten?«, sagt Toni und denkt an den Moment in Warschau, in dem sie gespürt hat, dass sie es könnte.

»Sie sind mit einem Messer auf den Vater der Frau losgegangen, von der Sie glauben, dass sie in Ihnen weiterlebt. Und Sie wirken nicht gerade traurig.«

»Weil ich das alles nicht glaube! Und ich weiß, dass mein Vater niemandem etwas antun kann!«

Toni ist immer wichtig gewesen, niemanden zu brauchen, auf eigenen Füßen zu stehen und unabhängig zu sein. Vielleicht weil ihr Vater abhängig war, nicht nur vom Alkohol, auch von Brigitte. Wann immer Toni anderen vertraut hat, ist der Preis dafür hoch gewesen. In den letzten Monaten hat sich das mehrfach wiederholt. Alles spricht dagegen, dieses Wagnis noch einmal einzugehen. Aber die beiden Polizisten in der Küche ihrer Eltern lassen ihr keine Wahl.

»Ich möchte meine Anwältin anrufen.«

84

Toni wachte aus einem viel zu kurzen und verstörenden Traum auf. Jemand hatte sie sanft gerüttelt. Sie spürte ihre Wange und ihren Nacken schmerzen, als hätte jemand sie niedergeschlagen. Dann sah sie eine Obstschale und ein Wasserglas vor sich, nahm den vertrauten Geruch ihrer Eltern wahr und schlagartig war sie wieder in der Küche. Sie war auf dem Stuhl eingeschlafen, der Kopf lag schwer auf der Plastikdecke des Tisches.

Claudia kniete neben ihr und sah sie skeptisch an. Sie sah wieder schrecklich gesund und munter aus und Toni dachte an das Schlafzimmer, in dem eine riesige Blutlache auf dem Laken prangte. Es musste alles ein Irrtum sein.

Toni lächelte, den Tränen nahe. »Du bist gekommen. Du bist wirklich gekommen!«

Sie stand auf und umarmte die Anwältin.

»Was ist hier passiert, Antonia?«

Dieser Name klang fremd und immer noch schwang eine Verheißung in ihm mit. Doch er hatte ihr nur Unglück gebracht. Toni sah zu den Polizisten hinüber. »Wir müssen unter vier Augen reden.«

»Ich bin Anwältin für Rückerstattungen«, flüsterte Claudia. »Ich kann dir nicht helfen. Du brauchst jemanden für Strafrecht.«

»Bitte, gib mir eine halbe Stunde. Wenn du dann gehen willst, okay. Weißt du, im übertragenen Sinne geht es hier um Rückerstattung. Um die meines Lebens. Und außerdem … auch im wortwörtlichen Sinn.« Sie dachte an die Bilder.

Claudia bat die Polizisten, die Küche zu verlassen. Toni spürte es fast als körperliche Anstrengung, sich konzentrieren zu müssen. Sie berichtete in groben Zügen, was sich seit ihrem letzten Treffen auf dem Tempelhofer Feld ereignet hatte.

»Ich hoffe, ich tue das Richtige, wenn ich dir erzähle, was in Warschau passiert ist. Ich hoffe es. Aber ich glaube, du hast ein Recht darauf. Es zu wissen und dann endlich loslassen zu können. Und wenn du mir glaubst, ich hoffe es, denn sonst tut es keiner, dann kannst du mir vielleicht helfen. Entschuldige, ich bin ins Du gerutscht, ich bin so schrecklich müde.«

Claudia wirkte wach. Sehr wach. »Egal. Geht es immer noch um die Bilder?«

»Nein, um *sie.*«

Die Anwältin runzelte die Stirn. Sie wappnete sich innerlich für das, was sie hören würde, das war ihr anzusehen.

»Sie lebt, Claudia. Ich habe sie getroffen. Sie ist gar nicht tot. Sie lebt in Warschau.«

Claudia sah sie nun mit der gleichen Miene an, wie die Polizistin sie angesehen hatte, und das brachte Toni zum Weinen.

»Antonia, es gab eine Beerdigung, eine Todesanzeige. Das kann doch nicht sein.«

»Alles Betrug. Details erzähle ich dir, wenn wir mehr Zeit haben. Aber jetzt geht es darum, meinen Vater zu retten. Er hat meine Mutter nicht geschlagen.« *Reanimiert,* hatte der Polizist gesagt. Toni verdrängte den Gedanken wütend. »Er war bestimmt wieder betrunken und hat geschlafen wie ein Stein.«

»Betrunken zu sein macht ihn leider nicht weniger verdächtig. Es wurde nicht eingebrochen, das Schloss war nicht beschädigt.«

»Evelyn hat mich mehrfach gewarnt, dass Brigitte etwas zustößt, wenn ich sie nicht in Ruhe lasse und weiter nach Zsazsa und den Bildern suche. Sie hat es geschafft, mich total unglaubwürdig zu machen. Wenn du jetzt aufstehen und gehen willst, weil du Zsazsa noch liebst, dann nehme ich dir das nicht übel. Aber ich muss dir auch sagen, warum sie ihren Tod vorgetäuscht hat. Sie hat die Frau getötet, unter deren Namen sie jetzt lebt. Ob es Mord war oder Totschlag oder Affekt, das weiß ich nicht, aber sie ist untergetaucht, um ihre Familie zu verlassen und die Tat zu verschleiern. Dafür hat sie sogar ihre eigene Mutter glauben lassen, dass sie sich umgebracht hat. Ich erwarte nicht, dass du etwas gegen Zsazsa unternimmst, ihr wart ein Paar. Aber hilf mir irgendwie, meinen Vater zu retten und dass sie mich nicht wieder in die Geschlossene schicken.«

Claudia fuhr sich mit beiden Händen durch die Haare, stand auf und atmete mit geblähten Backen aus. »Hast du einen Beweis für das, was du erzählst?«

»Keinen, wahrscheinlich.« Toni schüttelte den Kopf, dann hielt sie inne und sagte: »Ich weiß nicht, ob das einer ist … Als ich Zsazsa fragte, wie sie das all den Menschen antun konnte, die um sie trauern, habe ich auch dich erwähnt. Da sah sie sehr traurig aus und sagte: Klaustrophobia …«

Claudia schluckte. »Sie sah traurig aus?«

»Ja. Was soll das mit Klaustrophobie? Hast du das?«

»Nein. Klaustrophobia. So hat sie mich genannt, wenn ich mich aufs Rennrad geschwungen oder für einen Triathlon trainiert habe. Sie sagte immer, ich würde es nicht in geschlossenen Räumen aushalten. Sie meinte es liebevoll.« Claudia schüttelte fassungslos den Kopf. »Mein Gott, in was hat sie sich da nur reingeritten.«

Toni lächelte, obwohl es in dieser Wohnung nichts zum Lächeln gab. Aber endlich glaubte ihr jemand.

85

Toni schlief bis zum späten Nachmittag. Sie erwachte in einem Bett, in dem sie noch nie zuvor gelegen hatte.

Am Morgen hatte sie den Polizisten ihr Flugticket nach Warschau gezeigt und auch ihre Bahnfahrkarte zurück nach Berlin. Sie hatte den Zettel mit der Adresse von Tanja Slomka vorgelegt und erklärt, dass polnische Kollegen sie dort hingebracht hätten. Offensichtlich kam die Summe dieser Belege einem Alibi gleich. Daraufhin hatte sie gehen dürfen, um zu schlafen, sollte sich aber für Befragungen bereithalten.

Doch Toni war nicht schlafen gegangen, wie hätte sie das können? Claudia begleitete sie ins Krankenhaus, aber dort wurde ihnen nur gesagt, die Operation würde noch einige Stunden dauern. Man würde sie informieren, wenn Brigitte aus dem OP käme. Claudia nötigte Toni, mit zu ihr zu kommen und nicht auf den Wartebänken zu schlafen.

»Wenn du dich nicht etwas erholst, stehst du das nicht durch. Du kannst hier gerade nichts tun.«

Nun, im Licht der Nachmittagssonne, tapste Toni schlaftrunken durch die Wohnung der Anwältin. Auf dem Esstisch fand sie einen Stapel frischer Wäsche und einen Block mit einer Notiz drauf.

Bin im Büro, nimm dir alles, was du brauchst. Die Klamotten müssten dir passen. Versuche alles aufzuschreiben, woran du dich erinnerst. Bitte nur Fakten, Intuitionen helfen uns nicht. Bis später, Claudia

Toni schaltete ihr Handy an, die Nachricht ihrer Mailbox kam fast augenblicklich.

Ihre Mutter hat die Operation überstanden. Sie liegt auf der Intensivstation im künstlichen Koma, hörte Toni die unwirkliche Stimme aus dem Telefon. Sie brauchte einen Kaffee, dann würde sie sich auf den Weg machen.

Dann las sie eine Nachricht von Claudia. *Sie haben deinen Vater gefunden, er schweigt. Ich versuche herauszubekommen, wo sie ihn hinbringen. Weißt du schon etwas vom Krankenhaus?*

Die Gedanken an ihren Vater trieben Toni wieder die Tränen in die Augen. Es war absolut unmöglich, dass er etwas mit Brigittes Zustand zu tun hatte. *Ihre Mutter musste reanimiert werden.* Toni verstand nur nicht, warum Peter schwieg. War er bedroht worden? Und womit? Toni dachte an die gemeinsamen Nachmittage mit ihrem Vater, wenn er sie draußen bei ihrer Großmutter besucht hatte. Was waren sie unbeschwert gewesen.

Während Toni nun wartete, bis der Kaffee durchgelaufen war, sah sie sich wehmütig in Claudias Wohnung um. Dieses

Nest drückte aus, dass hier eine Frau lebte, die sich ihr eigenes Reich geschaffen hatte. Hier wohnte eine Frau, die ihr Leben im Griff hatte und nicht von einem Wahnsinn in den nächsten gestoßen wurde. Toni hatte sich nie über ihr skurriles Mobiliar Gedanken gemacht. Sie hatte immer geglaubt, es sei einfach ihr besonderer Stil. Aber nun, wo nahezu alles in ihrem Leben zerstört war und sie in der Wohnung dieser selbstsicheren Anwältin stand, fühlte sie, dass sie nie gewusst hatte, wer sie eigentlich war, und dass sie deshalb auch nie gewusst hatte, wie ihr ganz eigenes Nest aussehen sollte.

Toni packte den Block in ihre Umhängetasche, vielleicht könnte sie sich ein paar Notizen machen. Und vielleicht würde ihr das helfen, nicht durchzudrehen. Als sie das Haus verließ, fiel ihr ein Van mit getönten Scheiben auf, der sich ebenfalls gerade in Bewegung setzte. Aber sie war so damit beschäftigt, sich auf den Anblick ihrer Mutter vorzubereiten, dass sie nicht weiter darauf achtete.

Am ersten Tag saß sie stumm und in Schutzkleidung am Bett von Brigitte und sah sie nur an. Sie dachte, sie müsse mit ihr reden, damit sie vielleicht auf einer weit entfernten Ebene mitbekäme, dass ihre Tochter da war. Aber Toni war verstockt, seltsam taub, schämte sich, laut zu sprechen, und wartete nur darauf, dass die Ärzte kamen und sagten, alles würde gut werden. Aber sie kamen nicht.

Am nächsten Tag begann sie in Gedanken mit Brigitte zu sprechen. Am dritten flüsterte sie.

»Was ist passiert? Wach doch auf und erzähl es uns. Papa braucht dich jetzt. Du musst es uns erzählen, Brigitte.« Dann verstummte sie verschämt, weil sie das Wort *Mama* nicht über die Lippen brachte. Und als sie das Krankenhaus deprimiert verließ, fiel ihr erneut der Van mit den getönten Scheiben auf.

Die Abende bei Claudia gab sie sich alle Mühe, nicht zu

niedergeschlagen zu wirken und ein guter Gast zu sein, abzuwaschen, keine Unordnung zu schaffen und etwas zu essen zu organisieren. Zweimal bot sie der Anwältin an, nach Spandau zu ziehen. »Es wird schon gehen.«

Claudia hatte sie kopfschüttelnd angesehen. »Du musst nicht so tun, als ginge es dir gut. Ich kann das aushalten.«

Sie sah ehrlich aus bei diesen Worten, fand Toni, und das trieb ihr seltsame Tränen in die Augen.

»Warum nennst du deine Mutter eigentlich Brigitte?«, fragte die Anwältin.

»Ich habe sie ja erst mit zwölf richtig kennengelernt. Da war es dann … komisch.« Und Toni dachte, dass Brigitte nie ihre richtige Mutter gewesen war, es hatte sich nie wirklich nach Mama angefühlt. Ihre Großmutter, die hatte sich nach Oma angefühlt, aber Brigitte war immer eine seltsam distanzierte Respektsperson geblieben. Vielleicht hatte sie sich deshalb so auf Clara fixiert, vielleicht war ein Teil in Toni immer Kind geblieben und hatte sich nach dieser Mutterfigur gesehnt. »Irgendwie war immer eine Wand zwischen Brigitte und mir. Wie eine dicke Glasscheibe, die man nicht durchdringen kann. Und jetzt sitze ich am Krankenbett und die Scheibe ist noch dicker. Panzerglas. Und weißt du, was das Schlimme ist? Ich sitze da und bin taub. Ich kann nicht mal weinen.«

Claudia sah sie mitfühlend an. »Weil es alles schrecklich viel ist gerade. Das sagt doch nichts darüber aus, ob du sie liebst. Gegen die Liebe zu unseren Eltern sind wir machtlos, die ist einfach da, ob du da nun aufgewachsen bist oder nicht. Und das Unnahbare ist doch typisch für diese Generation.«

»Meinst du?«

»Oh ja. Und ich sehe an deinem Gesicht, dass du dir Vorwürfe machst.«

»Natürlich mache ich mir die! Wenn ich nicht nach Warschau gefahren wäre …« Toni verstummte.

Claudia vollendete ihren Satz. »Dann wäre das nicht passiert? Glaubst du das wirklich?«

Toni nickte andeutungsweise.

»Dann schleppst du viel Verantwortung mit dir herum. Wer auch immer das deiner Mutter angetan hat, *du* warst es nicht.«

»Aber ich habe es ausgelöst, das ist doch klar.«

»Dein Vater schweigt, also ist erst mal gar nichts klar. Und du bleibst erst mal hier. Alleine kriegst du den Koller. Und wenn es stimmt, dass die Mertens etwas damit zu tun haben, solltest du sowieso nicht alleine in deinem Haus übernachten.«

Während sie aßen, erzählte Claudia, dass sie mit einem Kollegen gesprochen habe, der Strafrechtler sei.

»Ich muss dir das immer wieder sagen, ich bin nicht die Richtige und kann dich nicht angemessen vertreten. Irgendwann könnte dir das alles um die Ohren fliegen und dann will ich nicht verantwortlich sein. Ich helfe dir, so gut es geht. Ich habe auf jeden Fall schon einmal Akteneinsicht beantragt.«

»Ich unterschreibe dir auch, dass es mein freier Wille ist, dass du mich berätst. Ich möchte, dass du das machst, solange es geht. Alles, was ich gerade tun kann, ist warten. Warten darauf, dass Brigitte aufwacht, dass mein Vater anfängt zu reden, dass Evelyn um die Ecke kommt und mich über den Haufen schießt, dass wieder und wieder nichts wegen Tanja in die Wege geleitet wird. Ich kann mich nicht noch mal einem Menschen anvertrauen, der mir nicht glaubt.«

Claudia forschte in ihrem Gesicht und Toni überwand sich, ihren Verdacht auszusprechen. »Ich glaube, ich werde verfolgt. Ein dunkler Van.«

»Hast du jemanden gesehen? Fotos gemacht? Ein Nummernschild?«

Toni verneinte.

»Und nun glaubst du, Evelyn hat einen Häscher auf dich angesetzt. Jetzt guck nicht beleidigt, war nicht böse gemeint.«

»Claudia, ich weiß manchmal nicht mehr, was ich mir einbilde und was echt ist. Ja, so ist es. Aber die Sache macht mir Angst. Vielleicht steckt Evelyn dahinter. Keine Ahnung, vielleicht lässt mich die Polizei beobachten wegen meinem Vater.«

»Süße, ich glaube, du hast ein bisschen zu viel schlechtes Fernsehen gesehen.«

Am vierten Tag übernahm es Toni im Krankenhaus, ihre Mutter zu waschen. Die Krankenschwester lächelte ihr aufmunternd zu. »Sie lieben sie sicher sehr.«

Toni sah weg, damit die Frau nicht den Zweifel in ihren Augen sah. Toni half hier, damit sie zu etwas nutze war und nicht im Weg herumstand. Wie bei Claudia wollte sie auch hier keine zusätzliche Belastung sein. Und dann kam ihr der Gedanke, dass sie vielleicht deshalb nie mit jemandem zusammengezogen war, weil sie sich immer sorgte, jemandem zur Last zu fallen, und das alle Fluchtinstinkte bei ihr aktivierte. Sie sank auf den Besucherstuhl und sah ihre Mutter an, der ein dicker Schlauch aus dem Mund ragte und deren Brustkorb regelmäßig von der Beatmungsmaschine gehoben wurde.

Toni erinnerte sich an ihre Besuche bei ihren Eltern in den letzten Jahren. Sie war eine vorbildliche Tochter gewesen, hatte den Abwasch gemacht, selbst wenn sie zum Essen eingeladen gewesen war, und hatte beim Gehen den Müll mitgenommen. Oft hatte sie angeboten, für ihre Eltern einkaufen zu gehen, obwohl diese immer rüstig genug dazu gewesen waren. Aber machte man das nicht aus Höflichkeit? War das nicht normal? Toni ließ das Gefühl zu, das sich auf ihre Seele legte, es war dumpf und dunkel. War sie jemals ohne diese innere Anspannung bei Brigitte und Peter gewesen?

»War ich eine Belastung?«, fragte sie plötzlich laut und vernehmlich.

Brigitte schwieg, nur die Beatmungsmaschine tat ihren

Dienst und die Medikamente aus dem Plastikbeutel tropften ihr in die Venen.

»Hast du mich denn geliebt?«, brachte Toni mühsam hervor. »Warum hast du mich nur an meinen Geburtstagen besucht? Warum haben wir diese Kluft zwischen uns? Dieses Schweigen? Werden wir es jemals schaffen, wirklich miteinander zu reden? Zu lachen?«

Und wie Brigitte da lag, still und unbeteiligt, erschien etwas am Rande von Tonis Denken, eine Mischung aus Erinnerung und Ahnung, gepaart mit einem Anflug von Angst. Toni versuchte danach zu greifen, aber wo immer sie auch hinlangte, entwischte ihr dieser Silberfisch.

Sie sah auf die Hand ihrer Mutter, in der ein Zugang steckte. Vorsichtig nahm sie sie in ihre eigene. Brigitte zeigte keine Reaktion. Nun weinte Toni und als die Krankenschwester wiederkam, legte sie tröstlich die Hand auf Tonis Schulter. Natürlich dachte sie, dass Toni um Brigitte weinte, und Toni schämte sich, dass sie in Wahrheit um das einsame Kind weinte, das sie einmal gewesen war und das immer noch in ihr lebte.

86

Claudia wartete in ihrer Wohnung mit Essen aus dem asiatischen Take-away auf Toni.

»Ich möchte mit dir noch einmal die Fakten durchgehen. Wenn es dir zu viel ist, besprechen wir das nachher.«

»Ist okay«, sagte Toni, bedankte sich für das Curry und löffelte erst Claudia und dann sich selbst Reis auf den Porzellanteller.

»Da dein Vater zu den Vorwürfen schweigt, ist er weiter Hauptverdächtiger. Die Ermittlungsbehörden werden nach einem Motiv suchen. Und wahrscheinlich werden sie es finden, wenn er es war. Weißt du etwas?«

»Ich kann es mir nicht erklären. Sie sind fünfundvierzig Jahre verheiratet. Ich weiß nicht, ob sie glücklich waren, aber sie haben zusammen funktioniert.«

Claudia schaufelte gelbcremige Soße aus der Aluschachtel über den Reis. »Warum bist du nicht bei ihnen groß geworden?«

»Sie haben gearbeitet«, erwiderte Toni missmutig und plötzlich wollte sie nicht mehr essen. Sie wollte ein Glas Wein und Zigaretten. Claudia schien ihren Stimmungsumschwung nicht zu bemerken oder sie ignorierte ihn, denn sie fragte einfach weiter. Vielleicht war die Schonzeit für Toni vorbei.

»Kein Lehrer hat so viel zu tun, dass er nicht ein Kind erziehen kann. Noch dazu mit Partner.«

»Sie waren jung, wollten noch leben«, sagte Toni unfreundlicher, als sie gewollt hatte.

»Deine Mutter war Mitte dreißig. Das ist nicht mehr jung.«

»Was spielt das für eine Rolle?« Toni dachte an Uwe Katzer und an seine Fragen über ihre Kindheit, an die sie sich so wenig erinnern konnte.

»Ich weiß nicht, wie es damals in Berlin war während der Mauer«, beharrte die Anwältin und Toni bekam eine Ahnung davon, dass sie in juristischen Dingen *a pain in the ass* sein konnte. Nun stach sie mit ihrer Gabel ein paarmal in Tonis Richtung, um ihre Worte zu unterstreichen. »Aber man kann nicht einfach ein Kind zwölf Jahre lang bei einer Verwandten aufwachsen lassen. Damals gab es auch Jugendämter. Spätestens als du eingeschult wurdest, müsste sich die Frage nach dem Sorgerecht und der Aufsichtspflicht gestellt haben. Auch hier bräuchtest du jemanden, der sich besser auskennt.«

Nun tauchte wieder der Silberfisch am Horizont von Tonis Denken auf, die seltsame Paarung aus Erinnerung und Ahnung. »Ich verstehe immer noch nicht, was das für eine Rolle spielt.«

»Ich will nur sicher sein, dass wir keine bösen Überraschungen erleben. Haben deine Eltern in Westberlin gelebt oder in der DDR?«

»Westen.«

»Aber du warst nie bei ihnen zu Hause?«

»Kann mich nicht erinnern. Sie kamen mich bei Oma besuchen, also, hauptsächlich Papa.«

Toni merkte, wie sich bei ihr im Laufe des Gesprächs die alte Wut ankündigte. Rote Wellen brandeten heran. Sie dachte an das Mädchen, das in der Scheune gestanden und gebrannt hatte. Die Scheune hatte schon gestanden, als Toni noch klein war, insofern spielte ihr Geist ihr einen Streich. Diese Scheune hatte nie gebrannt, und auch kein Mädchen darin. Aber ihre Mutter hatte die Kleine auch gesehen, da war Toni sich immer noch sicher.

»Kann ich meinen Vater besuchen?«

»Ich kümmere mich darum. Die Erlaubnis hängt davon ab, ob ein Besuch die Ermittlungen behindern könnte. Und dein Vater muss es selbst wollen. Wenn er blockt, kannst du es nicht durchsetzen.«

»Und was ist mit Tanja Slomka? Und Zsazsa?«

Claudia fiel nun auf, dass Toni nichts aß, sie sagte aber nichts. Fast wünschte sich Toni, dass die Anwältin sie ermahnte, wegen der Medikamente etwas zu sich zu nehmen, dann hätte sie wütend entgegnen können, dass sie alt genug sei, das selbst zu entscheiden. Aber Claudia, ganz die Juristin in diesem Moment, machte es nicht.

»Ich bin mir noch nicht ganz sicher. Du kannst Anzeige erstatten, aber du hast selbst gemerkt, dass deine Glaubwürdigkeit gerade eher angezweifelt wird.«

Toni knallte die Gabel auf den Tisch. Claudia zuckte zwar kurz zusammen, aß aber ruhig weiter. »Ich verspreche dir, wenn ich merke, dass ich nicht mehr objektiv handeln kann, sage ich es. Ich sage dir aber auch: Ich weiß nicht, ob wir irgendetwas erreichen. Wessen Asche da auch immer in Frankfurt begraben ist, ich fürchte, eine DNA-Analyse ist nicht mehr möglich.«

»Außer es wären noch Knochenstückchen übrig«, sagte Toni. »Dann ginge es doch, oder?«

Trotz einer schlechten Nacht und den wiederholten Albträumen, in denen das Mädchen sie besuchte, erwachte Toni mit einer nervösen Energie. Obwohl das Schwindelgefühl stärker geworden war und ihre Augen brannten, fuhr sie mit dem Auto ins Krankenhaus. An der Schleuse zur Intensivstation erklärte man ihr, dass sie mit der behandelnden Ärztin sprechen müsse. Bang wartete sie auf dem Flur, bis eine Frau in Weiß auf sie zukam. Sie war pragmatisch. Nicht unfreundlich, aber deutlich.

»Ihre Mutter hatte gegen Mitternacht eine Hirnblutung. Sie war sehr stark.«

»Was? Was heißt das? Ein Schlaganfall?«

»Nach den Schädelverletzungen und der Operation haben wir sie ins künstliche Koma versetzt, damit die Schwellungen im Gehirn zurückgehen.«

Die Erklärung der Ärztin zum Auslöser des Gerinnsels verhallte dumpf in Tonis Ohren.

»Sobald die Schwellungen im Gehirn zurückgegangen sind, machen wir einige Tests. Der Druck war bei Ihrer Mutter aufgrund des Gerinnsels so groß, dass die Blutzirkulation im Gehirn teilweise zum Erliegen gekommen ist. Nach der bildgebenden Klärung mittels CT haben wir die Narkosemedikation abgesetzt und leiten nun eine Hirntod-Diagnostik ein.«

Als Toni am Bett ihrer Mutter stand, schüttelte sie den Kopf. »Aber sie schwitzt. Und das Bein zuckt.«

»Das sind motorische Reaktionen, die über das Rückenmark vermittelt werden«, sagte die Ärztin. »Sogenannte Lazarus-Zeichen. Wir wissen es noch nicht genau, aber Sie sollten sich darauf vorbereiten. Und auch, wenn es Ihnen jetzt pietätlos erscheinen mag, muss ich Sie das jetzt fragen. Wir haben keinen Organspendeausweis bei Ihrer Mutter gefunden. Wissen Sie, wie sie zu dem Thema stand?«

Toni starrte die Ärztin durch die Cornea an, die ihr vor knapp sechs Monaten ein neues Leben geschenkt hatten.

»Ich würde gerne sagen: Nehmen Sie sich Zeit«, fuhr die Ärztin fort. »Die Diagnostik läuft und dauert bis zu zweiundsiebzig Stunden. In drei Tagen bräuchten wir eine Antwort von Ihnen.«

In drei Tagen, dachte Toni. An ihrem vierzigsten Geburtstag.

Die Ärztin legte ihr eine Hand auf die Schulter, ein Routinezeichen von Mitgefühl. »Vielleicht reden Sie auch mit Ihren anderen Verwandten darüber. Oder Sie finden etwas in der Wohnung von Frau Petzold. Eine Patientenverfügung vielleicht.«

Oktober 2019

87

Ich bin noch ganz zittrig von der Höhenangst und dem seltsam vertrauten Gefühl, gleich abzustürzen. Es erinnert mich an den Moment in Warschau, als ich glaubte, durch Tanjas Augen zu sehen, wie Zsazsa sie – *mich* – in die Tiefe stößt.

Weil ich es keinen Moment länger in der Wohnung meiner Eltern, dem *Tatort*, aushalte, gehe ich wieder, ohne aufzuräumen. Eine Patientenverfügung habe ich nicht gefunden, aber ein Grab, das meine Mutter bezahlt. Liegt darin das Geheimnis meines Vaters begraben? Erklärt das die Angst in seinen Augen?

Ich steige in mein Auto und gebe die Adresse ein. Das Navi lenkt mich durch Wilmersdorf und ein Schauder läuft mir über den Rücken. Hier hat alles angefangen, in einer unscheinbaren Wohnung des gutbürgerlichen Stadtteils, an einem kühlen Apriltag bei einem Auftrag, wie ich ihn schon hundertmal vorher erledigt hatte.

Ich fädele mich auf den Stadtring ein, verlasse ihn am Funkturm Richtung Westend und nehme die Heerstraße Richtung Spandau. Doch ich fahre nicht zu meinem Haus, sondern biege schon vor der Havel, kurz hinter dem britischen War Cemetery, links ab. Dort thront der Teufelsberg mit seinen alten und verfallenden Abhörstationen und der Flugüberwachung der US-amerikanischen Streitkräfte. Die fünf Antennenkuppeln aus dem Kalten Krieg leuchten immer noch weiß wie riesige Champignons.

Die Havelchaussee führt am Ufer entlang, an Bootsliegeplätzen und Segelvereinen vorbei, an Ruderclubs, Restaurantschiffen, einem Yachthafen, Badestellen und Hotels. Die Sonne glitzert auf der seidigen Wasseroberfläche, die Boote glucksen wie im Schlaf und über den ersten sich verfärbenden Wäldern ist der urbane Nachmittagshimmel in ein grandioses Oktoberblau getaucht.

Ich parke kurz vor der Halbinsel Schildhorn. Dann stapfe ich los. Der Waldweg führt mich von der Havel weg. Ich lasse mich von meiner Handynavigation führen und unter mir knacksen Äste, als ich vom Weg abbiege und auf eine Steinmauer zulaufe. Das Eingangsportal sieht verwunschen aus, über der zweitürigen Pforte aus Holz und Eisen wölbt sich ein gemauerter Bogen.

Ich habe im Internet gelesen, dass der Friedhof ursprünglich für unbekannte Tote und Selbstmörder angelegt worden war, da die Kirche noch im 19. Jahrhundert Suizidenten auf christlichen Friedhöfen ein Grab verweigert hat. Auch wenn später andere Verstorbene hier ihre letzte Ruhe fanden, hielt sich der Ruf des abgelegenen Ortes als Selbstmörderfriedhof.

Und jetzt stehe ich hier und mir fällt wieder der unheimliche Besuch mit Clara auf dem jüdischen Friedhof in Frankfurt ein. *Warum wir und nicht du?*

Ich kämpfe gegen meinen Fluchtinstinkt an und öffne die Pforte. Das helle, metallische Quietschen scheucht einige Vögel in den Himmel, der zwischen den Bäumen aufblitzt. Kaum bin ich durch die Friedhofsmauern getreten, greift wieder eine kalte Hand nach meinem Herzen und nach meiner Kehle. Aber inzwischen habe ich gelernt, diese Panikattacken in den Griff zu bekommen, und atme langsam ein und sehr langsam wieder aus.

Dann scanne die Aufschriften der Gräber. Immer wieder muss ich stehen bleiben und in den Himmel sehen, um mich *zu erden*, wie Uwe Katzer es nennt. Meine Beine fühlen sich an wie Kuchenteig und ich balle die Fäuste, damit ich meine Fingernägel spüre, etwas Reales, das hilft, die Panik kleinzuhalten.

Und plötzlich ist da jemand. Ich spüre einen Körper direkt hinter mir, ganz dicht, und wahrscheinlich fasst *es* mich gleich an. Ich fahre herum, doch ich bin allein. Es gibt nur mich, ein paar Vögel und Schwärme kleiner Fliegen, die in der späten Sonne tanzen. Dennoch ist *es* da. *Sie* ist da. In den letzten Monaten habe ich oft gedacht, ich würde die Präsenz von Zsazsa spüren. Aber im Vergleich zu dem, was mich jetzt ergreift, war das ein Windhauch. Die Anwesenheit *der anderen* scheint sich in jedem Kubikzentimeter Luft zu materialisieren.

Ich merke, dass ich kaum noch atme, und zwinge mich, Luft zu holen. Dann gehe ich weiter und gelange zu den Urnengräbern. Mein Blick huscht über die Grabsteine und dann bin ich am Ziel.

Melanie
12. 7. 1975 – 6. 10. 1984

Der Schriftzug fängt an zu tanzen, verpixelt, plötzlich dreht sich alles und dann fühle ich einen rasenden Schmerz über der Augenbraue. Die Narbe. Sie explodiert. Und dann wird erst alles rot und ich spüre warme Flüssigkeit auf meiner Stirn.

O Gott, denke ich noch, du bist es die ganze Zeit gewesen. *Du* bist die andere. Du hast gebrannt.

Ich öffne die Augen und durch das Rot schimmert vor einem Dach aus Baumkronen und blitzendem Himmel das Gesicht einer grün gekleideten Frau.

»Sie sind umgekippt. Geht es Ihnen gut?«

Meine Stirn schmerzt, über allem liegt ein roter Schleier. »Bluten meine Augen?«

»Nein«, sagt die Frau und kniet sich neben mich. »Sie sind ohnmächtig geworden und haben sich den Kopf gestoßen. Eine Platzwunde. Ich bringe Sie ins Krankenhaus.«

Ich rieche den Waldboden und unter meinen Händen spüre ich Blätter. Vorsichtig richte ich mich auf. »Mein Auto, es steht an der Havelchaussee.«

Die Frau stützt mich. »Ich möchte Sie nicht gerne fahren lassen.«

»Melanie«, sage ich und sehe auf den Grabstein. Er steht da wie vorhin, nur dass nun mein Blut daran klebt. »Sie ist es.«

»Kennen Sie das Mädchen, das hier begraben liegt? Sie sind auf ihr Grab gefallen.«

»Ich glaube, ich kannte sie, als ich klein war. Sie war meine Luftfreundin.«

Die Frau neigt den Kopf zur Seite und mustert mich besorgt. »Geht es Ihnen wirklich gut? Was meinen Sie mit Luftfreundin? Das ist ein richtiger Friedhof. Hier wurden echte Menschen begraben.« Dann sieht sie auf den Grabstein. »Das arme Mädchen. Sie ist nur neun Jahre alt geworden.«

88

Ich lasse die Tür von Claudias Wohnung zufallen und bücke mich, um mir die Schnürsenkel aufzuziehen. Ich höre meine Anwältin und Gastgeberin heranrauschen.

»Ich habe eine Verwandte von Tanja Slomka gefunden, die Großtante. Sie könnte eine Exhumierung der Urne von Tanja beantragen, um zu überprüfen, ob sie es ist, die statt Zsazsa begraben wurde – für den Fall, dass sich noch Knochenreste finden. Soll ich ihr das schreiben?«

Ich streife die Schuhe ab und richte mich auf. Claudia sieht auf meine Stirn. »Was ist passiert? Sieht fast aus, als wäre deine Narbe aufgeplatzt. Wir desinfizieren das.«

Sie zieht mich ins Bad. Ich setze mich auf den Rand der Badewanne und beobachte sie, wie sie im Medikamentenschränkchen kramt. Wieder bin ich verwundert, dass sie mich hier wohnen lässt.

Als sie meine Wunde desinfiziert, öffne ich auf dem Handy die Bildergalerie und zeige ihr das Foto von Melanies Grab.

»Oje, klebt da Blut dran?« Der Blick der Anwältin huscht wieder auf die verkrustete Narbe. »Bist du schon wieder umgekippt? Du solltest jetzt mal dringend zum Arzt, solche Kreislaufprobleme sind doch nicht normal. Du verträgst die neuen Immunsuppressiva nicht.« Dann betrachtet sie wieder das Foto. »Melanie. Kennst du sie von früher?«

»Meine Mutter zahlt das Grab.«

»Echt jetzt? Ist das eine Verwandte?«

»Ich bin mir sicher, ich hatte nie mehr als meine Eltern«, sage ich und blinzele Tränen aus den Augenwinkeln. »Scheiße, brennt das Zeug.«

»Süße, du darfst heulen wegen deiner Mutter. Du musst deine Tränen nicht verbergen.«

Ich schluchze kurz auf. »Darin bin ich gut. Wenigstens etwas, das ich noch auf die Reihe bekomme. Mein Vater lügt mich an, er sagt nichts zu einer Patientenverfügung oder Organspende. Ich erkenne ihn gar nicht mehr wieder und ich weiß nicht, ob ich das mit meiner Mutter entscheiden kann.«

»Fuck«, sagt Claudia in einem lang gedehnten Seufzer. »Bei so was kann man, glaube ich, nur im Sinne des Menschen entscheiden, der …« Sie verstummt.

»Gestorben ist, du kannst es ruhig sagen. Ich habe keine Ahnung, was in meiner Mutter vor sich geht.«

Claudia legt einen Zeigefinger auf meine Wange und dreht meinen Kopf zu sich, bis ich sie ansehe.

»Anwaltlicher Vorschlag: Wie machen jetzt einen Arzttermin für dich und dann bringe ich dich zu deiner Therapiestunde. Auf dem Rückweg holen wir uns was zu essen und dann besprechen wir die nächsten Schritte.«

»Du musst mich nicht fahren.«

»Doch. Eine Platzwunde reicht und eine Petzold im Krankenhaus auch.«

Ich lächele sie tapfer an. Und in einem Anfall von Wahrhaftigkeit sage ich: »Ich habe Angst, dass mein Vater es wirklich war.«

Sie wischt mir eine Träne von der Wange. »Das Einzige, was ich bislang in dieser Sache verstehe, ist, dass ihr beide euch sehr liebt. Und dass er nicht wollen würde, dass es dir schlecht geht. Wenn er schweigt – vielleicht ist es Selbstschutz. Kann aber auch sein, dass er dich nur beschützen will.«

89

Ich sitze auf dem Sessel im gelben Zimmer. Uwe Katzer hat wie immer die Beine übereinandergeschlagen, um die Schreibunterlage darauf zu balancieren. Er lächelt wieder sein freundliches Lächeln.

»Was ist mit Ihrer Stirn passiert?«

»Bin umgekippt.«

Er wartet und als ich nichts weiter dazu sage, seufzt er. »Wir reden nun seit einigen Wochen und irgendwie bleiben wir immer auf einer Metaebene. Ich habe Ihnen versprochen, wir gehen in Ihrem Tempo vor. Sie offenbaren sehr wenig von sich. Wenn es ein Vertrauensproblem gibt, dann kann ich Ihnen nicht gut helfen. Dann sollten Sie vielleicht zu einer Frau wechseln.«

Das trifft mich völlig unvorbereitet und mitten in die Magengrube, mir schießen schlagartig Tränen in die Augen. »Sie werfen mich raus?«

»Aber nein«, beeilt er sich zu sagen. »Ich möchte Sie aber ermutigen, endlich die Erfahrung zu machen, dass Sie sich offenbaren können und nichts Schlimmes passiert.« Er macht sich eine Notiz und hebt dann den Blick. »Sich jemandem zuzumuten, ist Ihnen nicht sehr vertraut, oder?«

Ich schüttele den Kopf.

»Und Sie glauben sehr schnell, ausgeschlossen zu werden.«

»Weil es immer so ist«, gebe ich etwas beschämt zu.

»Wann war das erste Mal, an das Sie sich erinnern können, und was ist passiert, das diesen Eindruck ausgelöst hat?«

Ich starre auf die Holzbohlen zwischen den Sesseln und verliere mich einen Moment in dem Muster eines uralten Baumes, der irgendwann mal gelebt hat. »Warum kann ich mich an so wenig erinnern, was früher passiert ist?«

»Also noch weiter Metaebene?«

Ich schlucke. »Ich glaube, ich habe panische Angst, mich zu erinnern.«

»Gut, spüren Sie es einfach nur.«

»Genau das will ich ja nicht!«

Er legt das Klemmbrett zur Seite und beugt sich vor. »Frau Petzold, Erinnerungen können nie so schlimm sein wie das, was man mal erlebt hat.«

»Warum erinnere ich mich dann nicht?«

Er erzählt geduldig, dass es verschiedene Erklärungen für das Phänomen gibt. »Die meisten Erwachsenen können sich an die ersten vier Lebensjahre kaum erinnern, viele nicht mal an ihre Einschulung, obwohl das eine Erinnerung ist, die mit vielen

Emotionen zusammenhängt. Wir nennen das infantile Amnesie. Es wurde viel darüber geforscht. Kinder entwickeln erst ab dem zweiten Lebensjahr eine eigenständige Persönlichkeit, dann erkennen sie sich auch selbst im Spiegel. Erst dann können Erfahrungen als Ich-Erlebnisse abgespeichert werden. Man erinnert sich nicht mehr an frühe Erfahrungen, die nicht ich-kodiert sind. Je später eine eigenständige Persönlichkeit entwickelt werden konnte, umso weniger bleibt hängen, vermutet man. Außerdem scheint die Sprachfähigkeit eine enorme Rolle bei unserem Erinnerungsvermögen zu spielen. Mit vier Jahren können Kinder erzählen, was ihnen passiert ist, und das wird im Gedächtnis eher gespeichert als nur Bilder. Deswegen fällt es oft so schwer, sich an frühe, traumatische Erlebnisse zu erinnern. Der Patient spürt, dass es etwas gibt, aber er kann es nicht erklären. Weil es auch damals nicht in Worte zu fassen gewesen ist. Haben Eltern oder Bezugspersonen viel mit den Kindern gesprochen, darüber, wie es ihnen geht und was sie erlebt und gefühlt haben, ist die Erinnerung größer und stärker.«

Er betrachtet mich und wahrscheinlich scannt er, ob seine Worte etwas bei mir auslösen, aber das tun sie nicht. Was auch immer in meiner Familie los war, geredet haben wir nicht. Nicht über den Tod, nicht über Melanie, nicht darüber, warum ich bei meiner Großmutter aufgewachsen bin. Das sage ich ihm, aber lasse Melanie unter den Tisch fallen.

Er nickt. »Das ist recht typisch für die Generation unserer Eltern. Zur NS-Zeit gab es einen Beziehungsratgeber: *Die deutsche Mutter und ihr Kind.* Sagen wir so, es beschrieb im übertragenen Sinne, wie man aus Babys Soldaten macht und ihnen von Kindesbeinen an beibringt, keine engen Bindungen einzugehen. Dieses Buch stand noch bis in die 70er-Jahre in den meisten Regalen und Haushalten. Die Autorin hatte keine Ausbildung in Pädiatrie oder Pädagogik, aber sie schaffte es durch die Unterstützung der Nazis in jedes Kinderzimmer.

Diese Art von Erziehung zielte auf Gleichschaltung ab und darauf, sich selbst und auch anderen gegenüber rigoros hart zu sein. Daran haben sich komplette Elterngenerationen orientiert – Mehrzahl. Und – darüber haben wir schon gesprochen – die Kinder haben das Ganze bewusst oder unbewusst an die nächste Generation weitergegeben. Das Wichtigste schien, aus Kindern keine sogenannten Haustyrannen zu machen, sondern Gefolgsleute, die sich unterordneten. Deshalb wurde nicht über Gefühle gesprochen, sie wurden meistens negiert und tief im Inneren vergraben. Eltern können noch heute oft nicht mit Traurigkeit der Kinder umgehen, weil es sie unbewusst an einen eigenen verdrängten Schmerz erinnert. Deshalb reagieren sie so hart. Und diese Art zu trauern wird auch weitergegeben. Das ist das eine.«

Ich lausche beklommen mit ineinandergekrampften Händen. »Und das andere?«

»Wir haben auch schon über die Fragmentierung während eines Traumas gesprochen. Wenn etwas so Schlimmes passiert, dass sich das Bewusstsein ausklinkt, weil die Situation sonst nicht zu ertragen wäre, dann werden Bilder und Gefühle anders abgespeichert als im Normalfall. Beide können Jahre oder Jahrzehnte später aus dem Nichts kommen und völlig unabhängig voneinander. Sie liegen sozusagen in einer falschen Ablage im Gehirn. Sie sind irgendwie weg, aber immer noch da. Dann kann das Trauma nicht erzählt werden, weil es nicht richtig erinnert wird. In der Traumatherapie geht es auch darum, diese Fragmente zusammenzufügen, damit sie erzählt werden können und die Bilder und Gefühle ins biografische Gedächtnis wandern. Was immer es ist, das Schlimmste haben Sie hinter sich. Dennoch, es geht darum, langsam und achtsam vorzugehen. Dass Sie stabil sind, steht immer an erster Stelle.«

Ich lache humorlos auf. »Meine leichteste Übung …«

»Hatten Sie denn jemanden zum Reden?«

Ich sehe auf meine Füße hinab und reibe die Zehen aneinander. »Nein. Ich glaube, ich habe immer funktioniert. Mit zwölf habe ich was geklaut und wurde erwischt. Niemand hat mich gefragt, warum ich das getan habe. Aber in dem Sommer musste ich zu meinen Eltern ziehen und meine Oma verlassen. Ich habe mir immer die Schuld daran gegeben. Und an Omas Trauer. Dann war ich auf dem Gymnasium in Schöneberg, kannte niemanden und die Mädchen, die ich bei meiner Oma draußen kannte, habe ich nur noch ein paarmal gesehen. Ich hatte eine Luftfreundin. Meine andere Oma, die ich nicht kennengelernt habe, hielt das wohl für geistig zurückgeblieben.«

»Warum haben Sie gestohlen?«

»Alle haben es gemacht. Na ja, fast alle.« Und dann spüre ich, wie sich auf meiner Stirn tiefe Falten bilden. Fast verwundert sage ich: »Ich wollte auch cool sein. Ich glaube, ich wollte endlich mal dazugehören.«

90

Ich wache auf und das Erste, was ich sehe, ist ein Blumenstrauß auf Claudias Nachttisch und eine Karte. Ich richte mich auf und starre in die Wohnung, die nicht meine ist und in der man mir auch an meinem 40. Geburtstag Unterschlupf gewährt.

Das Geschreibsel auf der Karte ist schwer zu entziffern, ich glaube, darauf steht: *Liebe Antonia, es ist seltsam, wie du in mein Leben gestolpert bist, aber ich bin froh darüber. Vielleicht ist das der Beginn einer langen Freundschaft.* Dahinter prangt ein dicker Smiley. *Alles Liebe zum Geburtstag, deine Claudia.*

Sie rührt mich immer noch zutiefst. Und *der Beginn einer langen Freundschaft* bringt mich zum Weinen. Alles bringt mich inzwischen zum Weinen.

Im Bad erinnere ich mich an die Frau im Spiegel, die ich vor sechs Monaten war. Damals war ich die gute alte Toni. Aber heute? Ich bin es nicht mehr, ich bin jetzt eine andere.

Als Claudia mit frischen Brötchen zur Tür hereinkommt, umarmt sie mich fest und lange und ich lasse es geschehen, weil es sich tröstlich und echt anfühlt. Wir frühstücken und ich sehe ihr an, dass etwas in der Luft liegt.

»Du kannst in die Kanzlei fahren«, sage ich. »Du musst nicht wegen mir hierbleiben. Ich kriege den Tag schon rum.«

»Ich dachte«, sagt sie, »wir machen einen Ausflug.«

Und dann bin ich wieder in Wilmersdorf, hier, wo alles angefangen hat. Gestern auf dem Weg zum Selbstmörderfriedhof meinte ich damit noch den Unfall in der Wohnung, bei dem ich blind wurde. Heute meine ich die Wohnung meiner Eltern, die, an die ich mich nicht erinnern kann und in der ich wohl fast fünf Jahre gelebt habe. Claudia meint, es wäre gut, hinzufahren. Kurz habe ich überlegt, Uwe Katzer um Rat zu fragen, aber wenn er mir abgeraten hätte, wäre ich trotzdem gefahren. Also lasse ich es.

Claudia ist gefahren und parkt meinen Wagen in einer Seitenstraße und wir steigen beide aus. Ich sehe mich um. Mir kommt nichts bekannt vor, aber müsste es das nicht? Ich erinnere mich zwar an das, was Uwe Katzer mir gesagt hat, dass Erinnerungen ich-kodiert sein müssen, um als solche wahrgenommen zu werden, doch als ich auf dem breiten Grünstreifen zwei Männer mit Kinderwagen spazieren gehen sehe und Kinder auf dem kleinen, eingezäunten Spielplatz, erscheint kein Bild und kein Gefühl. Wenn man diese scheißfragmentierten Gedächtnisfetzen mal braucht, zieren sie sich. Die Straße hier ist von schillerndem Herbstlaub zugedeckt und dann kommt doch noch ein Gefühl heran, als Kinderlachen mit den bunten Blättern heranweht. Es fühlt sich melancholisch an und ich fröstele auf unheilvolle Weise.

Claudia deutet auf ein schmuckloses blaues Haus und geht voran. Sie scheint in ihrem dünnen Pullover nicht zu frieren. Ihre trainierten Beine stecken in engen, ausgewaschenen Jeans und ich denke plötzlich, dass sie die stärkste Frau ist, die ich kenne. Das liegt nicht daran, dass sie ständig für irgendeinen Triathlon trainiert, es hat irgendwie mit ihrer unverkrampften Art zu tun. Ich frage mich, wie Zsazsa sie verlassen konnte. Vielleicht, weil Claudia zu stark war, um ihre Spielchen mitzuspielen.

Claudia sieht sich nach mir um, streicht sich den blonden Pony aus der Stirn und nickt aufmunternd. Die Tür steht offen und überall liegen Sand und Staub. Claudia lässt mir den Vortritt. Ich glaube nicht, dass es höflich gemeint ist. Ich denke, sie weiß, dass ich den ersten Schritt über die Schwelle machen muss. Die Treppen scheinen mir so hoch wie ein unbezwingbarer Berg und ich spüre, dass ich ganz nach oben muss. Ich bewältige Stufe um Stufe und je höher ich komme, desto höher steigen auch die Tränen in meinem Hals. Schon im ersten Stock ist das Gefühl wieder da, ohnmächtig zu werden, mein Unterleib zieht sich schmerzlich zusammen.

»Ich kippe gleich um«, keuche ich und greife nach Claudias Arm.

Sie stützt mich und klingt streng. »Nein, das wirst du nicht. Wir schaffen das.«

Ich starre sie an und kurz denke ich, dass nicht sie das gesagt hat, sondern jemand anders. Eine andere weibliche Stimme. *Wir schaffen das.*

Dann blicke ich durch das Treppengeländer nach oben. Vom vierten Stock schwebt feiner Staub herunter und ich spüre die Höhenangst wieder. Aber ich will sie besiegen, denn sie gehört nicht zu mir, und ich beginne mit dem Aufstieg.

Als wir im vierten Stock ankommen, bin ich schweißnass. Ich starre auf die beiden offenen Wohnungstüren. Ein Bauarbeiter begrüßt uns freundlich. Langsam trete ich durch die linke Tür und höre Claudia, die dem Bauarbeiter zuruft, wir würden nur kurz einen Blick in die Räume werfen, die Hausverwaltung habe uns geschickt. Ich wundere mich, dass Anwälte lügen dürfen, und dann spüre ich ihre Hand an meinem Oberarm. Sie packt fest zu. Wir sind alleine in der Sanierungsbaustelle. Und doch sind wir zu dritt. Ich glaube, Claudia krallt sich so an mich, weil sie auch spürt, dass da was ist. Die Präsenz vom Selbstmörderfriedhof ist wieder da und sie füllt die drei Zimmer bis unter die Decke aus. *Die andere* ist gekommen.

»Wer bist du?«, flüstere ich und gehe langsam weiter.

Wo einst eine Küche war, sieht man nur noch verstaubte Anschlüsse. Genauso sieht es im Bad aus. Die Wände der anderen Zimmer sind kahl, Tapete wurde heruntergerissen und der alte Dielenboden entfernt. Es – nein, *sie* – zieht mich in das kleine Zimmer am Ende der Wohnung. Durch die verstaubten Doppelfenster dringt der letzte Rest Tageslicht dieses Herbsttages – meines Geburtstags – herein. Es wird langsam dunkel und kalt, ich spüre eng neben mir einen warmen Körper. Und ich spüre *sie.*

Die Erinnerung kann nie so schlimm sein wie das Erlebte, rufe ich mir ins Gedächtnis, atme tief ein und dann springe ich in den dunklen Brunnen der Vergangenheit.

Ich bin im Jahr 1984. Ich kauere vor dem Kinderbett und friere. Sie sitzt neben mir, hat den Arm um mich gelegt. »Wir schaffen das«, sagt sie.

»Ich muss pullern«, winsele ich und mein Unterleib tut schrecklich weh.

»Du darfst hier nicht reinmachen, Mama bringt uns um.«

»Ich kann es nicht mehr halten.« Nun weine ich.

»Noch ein paar Minuten. Ich versuche auf den Balkon zu kommen, die Tür kann man von außen aufdrücken. Dann sperre ich das Zimmer auf und du kannst aufs Klo.«

»Aber wenn Mama uns erwischt!«

»Wir schaffen das. Wenn du fertig bist, sperre ich dich wieder ein und klettere zurück.«

Das Mädchen, sie ist vier Jahre älter als ich, geht zum Fenster und öffnet es. Sie klettert auf den Sims und ich weine noch mehr.

»Ich habe Angst.«

»Sei kein Schisser«, sagt sie und ich sehe an ihrem Gesicht, dass sie auch Angst hat. Sie späht an der Hausfassade zum Balkon des Wohnzimmers und angelt mit ihrem Fuß danach. Dann hält sie sich nur noch mit einer Hand am Fensterrahmen fest. Und als sich die Hand löst, sehe ich nur noch das Fenster und den fast dunklen Himmel und dann höre ich ein seltsames Sausen und einen Schrei. Etwas kracht, wie ich es noch nie habe krachen hören.

Ich renne zum Fenster, klettere auf den Sims und starre hinunter. Im Hof liegt sie. Auf der geteerten Fläche liegt Melanie. Meine geliebte große Schwester Melanie.

Ich spüre heiße Flüssigkeit an meinem Bein hinablaufen und ich schreie. Und dann denke ich, ich muss zu ihr, es geht bestimmt ganz leicht und tut nicht weh, Melanie hat es auch geschafft. Der Sog ist stark und ich höre sie flüstern. *Wir schaffen das. Komm zu mir.*

»Ich will ja«, weine ich, »aber ich habe so Angst.« Ich klammere mich an das Fensterbrett und dann sehe ich im Hof die nette Frau aus dem ersten Stock, die uns immer Kekse schenkt. Sie schreit und dann kommt ihr Mann.

Ich will da runter, zu Melanie, der Sog ist enorm, aber die Tür ist verschlossen. Dann höre ich hinter mir das Schloss und drehe mich panisch um. Mutter steht da. Wutverzerrt ihr Gesicht. Sie reißt mich vom Fensterbrett weg, sieht meine eingenässte Hose und haut mir eine runter. Mein Kopf kommt auf der Bettkante auf, direkt über der Augenbraue.

Ich starre in den Hof und plötzlich ist er leer. Ich bin erwachsen und stehe am offenen Fenster. Der Sog ist immer noch da. *Komm zu mir, es ist ganz einfach. Wir schaffen das.*

»Ich kann nicht, Melanie«, sage ich. »Du bist wegen mir gefallen. Du wolltest mir helfen. Aber ich kann dir nicht folgen. Ich habe in den letzten Monaten gesehen, dass es noch etwas anderes gibt. *Du* hast mir gezeigt, dass ich auch eine andere sein kann als die, die ich war, als Brigitte uns das angetan hat.«

»Antonia!«, höre ich es laut in meinem Ohr und merke nun, dass Claudia an mir rüttelt.

Ich starre sie an. »Deshalb ist Papa zum Alki geworden.«

Und dann bin ich für einen Moment wieder fünf Jahre alt und auf der Polizeistation. Beamte starren mich an und reden auf mich ein und dass ich doch endlich die Wahrheit erzählen soll. Und ich habe solche Angst vor ihnen, dass ich kein Wort herausbringe, und habe auch Angst vor meiner Mutter, weil ich in die Hose gepinkelt habe, und auch, weil sie mir gesagt hat, ich dürfe nichts sagen, weil ich sonst in ein Heim komme. Und ich denke, ich sterbe innerlich, weil Melanie nicht da ist. Ohne Melanie bin ich ganz alleine, denn Papa ist nur lieb, wenn Mama weg ist.

Jetzt spüre ich, dass meine Wangen nass sind, dass ich weine. Claudia drückt mich an sich. Und ich verstehe nun, warum ich dachte, ich müsste mich auf Zsazsas Seite schlagen, als alle anfingen, sie schlechtzumachen. Es ging gar nicht um diese Schwester. Es ging um meine. Und nun wird mir klar, warum Papa mir auch bei meinem Gefängnisbesuch nicht die Wahrheit sagte. Er hat uns früher nicht beschützt und dann sein Leben lang geschwiegen, auch als Oma mein Vormund wurde. Oma hat Brigitte immer gehasst und nun weiß ich endlich, warum. Ich verstehe auch, warum Oma mir das Haus vererbt hat und nicht ihrem Sohn Peter, der inzwischen die Dämonen seiner Schuld hinunterschluckte, und seiner überforderten Frau, die wahrscheinlich auch ein Exemplar von *Die deutsche Mutter und ihr Kind* im Regal stehen hatte. Und nun muss ich mich nicht mehr fragen, warum ich Angst vor Friedhöfen habe und nicht an den Tod denken kann, mir aber stattdessen ein Heim aus den Andenken Toter zusammengebaut habe. Vielleicht, denke ich, habe ich immer nur dich gesucht, Melanie.

91

Ich verlasse das blaue Haus und Claudia folgt mir in den kühlen Oktoberabend. Ich weiß, wie ich mich gefühlt habe, als ich dieses Zuhause das letzte Mal verließ, vor fünfunddreißig Jahren. Ich war umgeben von Menschen und mutterseelenallein. Ich erinnere mich nicht, wer die Leute waren, ob Polizisten oder Betreuer vom Jugendamt. Und dann fährt da ein Polizeiauto weg und auf der Rückbank dreht sich jemand um und sieht zu mir zurück. Es ist Brigitte.

Ich erinnere mich sehr gut an die Einsamkeit dieses Moments, die mich seitdem nie mehr wirklich verlassen hat. Jetzt bin ich nicht mehr alleine und da ist kein Mann, der mich retten will, und keine Mutterfigur, die ihr Schuldgefühl an mir abarbeiten will. Da ist auch keine Luftfreundin, da ist eine richtige Freundin. Claudia ist neben mir.

Ich bin erschöpft und will nur noch schlafen. Zugleich hat sich eine Ruhe in mir breitgemacht, die ich nicht kannte.

Die fragmentierten Gefühle und Bilder haben sich zu einer Erinnerung zusammengesetzt und ich bin fassungslos, dass Uwe Katzer die ganze Zeit das richtige Gespür hatte. Und plötzlich habe ich das Bild vor Augen, als ich mit Holger und meinen Eltern in der Villa der Mertens war. Evelyn hat von Zsazsas Selbstmord erzählt. Sie sagte, ihre Schwester sei von ganz weit oben aus dem Fenster gesprungen. Papa und Brigitte waren totenbleich und wollten sofort gehen. Deshalb hat Papa später mit Evelyn telefoniert. Sie wusste es. So wie Clara meine Identität mit einem Privatdetektiv herausgefunden hat, muss auch Evelyn dieses Geheimnis gelüftet haben. Sie hat meine Eltern erpresst, da bin ich mir sicher. Sie sollten dafür sorgen, dass ich nie wieder Kontakt zu Frankfurt aufnehme, dann würde sie ihren Mund halten. Andernfalls hätte sie mir wohl verraten, was meine Eltern mir fünfunddreißig Jahre verschwiegen haben.

Wenn ich das alles in der nächsten Therapiestunde Uwe Katzer erzähle, wird er nicht böse sein, weil ich ihm so viel verschwiegen habe. Er wird es sicher als *großen Durchbruch* bezeichnen – dass ich mich erinnert habe und dass meine Seele nun bereit ist, die Vergangenheit in Worte zu fassen.

Ich blicke an mir herunter und ein schrilles Lachen platzt aus mir heraus. »Ich habe mich echt eingepullert, ich glaube es ja nicht!«

Claudia zuckt mit den Achseln. »Ist ja schon dunkel, fällt keinem auf. Wir finden sicher eine Decke in deinem Auto als Unterlage. Was willst du mit deinem Abend anfangen?«

»Ich glaube, ich will mich in eine Decke einmummeln, Kakao trinken und nichts tun.«

»Auch nicht anstoßen?«

Erstaunlich, ich habe keine Lust auf Alkohol. Mir ist nicht mal nach Rauchen zumute. »Nicht an diesem Geburtstag«, sage ich.

»Soll ich die Akten von damals noch sichten, wenn sie kommen?«, fragt sie und öffnet mein Auto.

Während ich nach einer Unterlage für den Sitz suche und die nasse Hose an meinen Beinen unangenehm kalt wird, überlege ich. »Vielleicht weiß ich genug. Ich muss das erst mal alles verdauen.«

Als wir den Grünstreifen mit dem Spielplatz umrunden und

die Scheinwerfer die Hauswand am Ende des Platzes entlangtasten, lesen wir beide, Claudia und ich, die Schmierereien auf der Fassade. *Ausländer raus! Einwanderung stoppen! Unsere Heimat, unser Recht!*

Wir sagen beide nichts. Das Schweigen, das all die Jahre in mir geschrien hat, ist in meinem alten Auto nun zu einem stillen Einverständnis mit einem Menschen geworden, dem ich nichts erklären muss. Und dann denke ich, dass es so viele Dinge gab, die ich zu anderen gesagt habe, die sie verletzt haben und ihnen nicht gerecht wurden. Und es gab zu viel, was ich nicht gesagt habe, weil ich gelernt habe, dass Schweigen mich davor retten kann, ausgeschlossen zu werden.

»Ich habe doch noch einen Wunsch«, sage ich und blicke zu Claudia hinüber, die an der Ampel hält. Ein roter Filter liegt über ihrem Gesicht, aber er kommt nicht von meinen Augen und nicht von meiner Wut. Er geht nur noch von einem Verkehrssignal aus.

Sie sieht mich an. »Wo soll es hingehen?«, fragt sie und ich spüre das dringende Bedürfnis, ihr die Hand zu drücken, eine Geste der tiefen Dankbarkeit. Ich habe keine Angst mehr, einem Menschen nahezukommen.

Als wir eine Dreiviertelstunde später Spandau durchqueren und durch das kleine Wohngebiet mit den modernen Häusern fahren, sehe ich den Van schon von Weitem vor meinem Haus stehen. In mir zieht sich alles zusammen.

Claudia ist an meiner Seite, als ich auf die Fahrerseite des Wagens trete. Der langweilige Mann steigt aus, Claras Privatdetektiv.

»Was wollen Sie von mir«, schnauze ich ihn an.

Er hebt seine Handflächen in Brusthöhe, als wollte er sich ergeben.

Claudia will etwas sagen, aber ich schaffe das. »Warum verfolgen Sie mich immer noch?«

Der Mann hat ein kleines Päckchen in der Hand. »Ich sollte ein paar Tage auf Sie aufpassen.«

»Spinnen Sie?«, fauche ich.

»Clara Mertens wollte sichergehen, dass bis morgen nichts passiert.«

»Morgen? Warum? Will Evelyn mich beseitigen lassen? Und wo ist Clara?«

»Sie ist in Frankfurt, in der Wohnung am Schweizer Platz.«

Ich bin zu verdattert, um etwas zu erwidern.

Er hält mir das Päckchen hin. »Mein letzter Auftrag. Herzlichen Glückwunsch zum Geburtstag.«

Das Päckchen ist ungefähr so groß wie ein kleiner Eierkarton. Ich reiße es auf. Darin liegt ein lilafarbener Puppenhut. Auf einer Karte mit einem Gemälde von Franz Marc mit blauen Pferden erkenne ich ihre geschwungene Handschrift.

Ich werde nie zulassen, dass einer meiner Töchter noch mal etwas passiert – keiner von euch dreien. Ich wünsche dir alles Liebe und Gute. Du hast mir mein verschollenes Pferd zurückgebracht, das werde ich dir nie vergessen. Wenn du jemals etwas brauchst, melde dich. Und ich soll dir ausrichten: The future is female. In Liebe, C.

Es ist ein Friedensangebot von Zsazsa, glaube ich. Sie muss gesehen haben, dass ich in Warschau ihre Jacke anhatte. Ob sie sich stellt? Ob die Mertens eine Armee von Anwälten beauftragen, sie zu vertreten und vor dem Gefängnis zu bewahren? Sie werden bald wissen, dass eine Verwandte von Tanja Slomka das Grab von Zsazsa exhumieren lassen will. Oder ob Zsazsa in Argentinien untertaucht? So sehr hat sie versucht, dem Familiensystem zu entkommen, weit weg zu flüchten, um eine andere sein zu können. Wenn sie Clara nicht wieder verlieren will, ist sie erneut in dem Netz der Familie gefangen.

Der Privatdetektiv verabschiedet sich. Kurz überlege ich, ihn zu fragen, wie er meinen Namen herausgefunden hat, aber es spielt keine Rolle mehr. War es gegen das Gesetz? Ja. Wünschte ich, er hätte den Job nicht gemacht? Nein. Dann stünde ich nicht hier. Ich entlasse ihn mit seinem schlechten Gewissen, das ihm ins Gesicht tätowiert ist.

Claudia begleitet mich in mein windschiefes Haus. Ich sehe mich um und das Bauchgefühl, das ich hatte, ist zu einer inneren Sicherheit geworden. Dass ich jemals an einen Punkt geraten würde, an dem ich mein eigenes Heim entrümpeln muss, hätte ich nicht gedacht. Vielleicht ist das der letzte Job, den ich in meinem Beruf ausüben werde, und vielleicht ist er der wichtigste.

Ich hole mir ein paar Klamotten für die nächsten Tage und ziehe mir eine frische Hose an. Als ich am Fenster stehe und hinunter in den Garten blicke, sehe ich die Steine der Feuerstelle im Mondlicht. Die gab es schon früher. Wir haben oft gegrillt, wenn mein Vater mich besucht hat.

Dann bin ich wieder fünf Jahre alt. Meine Oma hat mir befohlen, in meinem Zimmer zu bleiben. Und hier stehe ich und sehe hinunter, wie sie die Erinnerungsstücke an Melanie in die Flammen wirft. Ihre Schultern zucken und ich glaube, sie ist sehr traurig. Selbst von hier aus erkenne ich meine ältere Schwester auf den Fotos und sehe, wie sie sich im Feuer erst rollen und dann schwarz werden. Ich sehe ihre Bilder, die sie für Oma gemalt hat, schöne Bilder, denn sie war begabt, und als Oma sie dem Vergessen übergibt, wird das Feuer hell. Ich sehe das Gesicht von Oma. Sie weint auch. Ich bin schuld an allem Unglück, denke ich, weil ich pullern musste.

Und dann bin ich wieder erwachsen und sehe in den dunklen Garten. Ich dachte immer, Brigitte hätte mich nie geliebt. Sie war unfähig und überfordert, weil wir Mädchen sie an ihre eigene Kindheit erinnert haben. Vielleicht konnte sie es nicht besser. Ich weiß nicht, was sie erlebt hat mit ihrem Vater, dem Richter, der entnazifiziert werden musste. Was hatte sie zum Kriegsende und in den Trümmerjahren erlebt, über das nicht gesprochen wurde? Ich weiß nicht, wie viel Schmerz sie in sich vergraben hatte, dass sie unser Leid nicht sehen konnte und es hinter einer Kinderzimmertür verschloss.

Natürlich weiß ich jetzt, dass meine Oma mir das Haus wegen Melanies Tod vererbt hat und nicht Papa und Brigitte. Oma hat auch über alles geschwiegen. Um mich zu schützen, denke ich. Ich hätte alles gerne früher gewusst. Dann hätte ich Oma Danke sagen können für das etwas bessere Leben, das sie mir ermöglich hat.

Melanie ist immer mehr zu einer Luftfreundin verblasst und irgendwann unter einem Trümmerhaufen begraben worden. Welche Angst muss ich gehabt haben. Was für eine unbewusste Panik in mir gewütet haben mag, als ich zurück zu meinen Eltern ziehen musste.

92

Heute ist der Tag des Abschieds. Wir sind am Ende angekommen und es ist Zeit für einen Neuanfang, nicht nur für ein neues Kapitel, sondern für ein neues Buch. Dazu muss ich noch ein paar unsichtbare Seile kappen, die mich binden, und es wird schwer. Sehr schwer.

Zuerst rufe ich Michael an. Er freut sich, mich zu hören. Und er ist etwas durch den Wind.

»Ich habe Clara gestern erreicht«, erzählt er, »aber sie sagt, dass sie nicht mit mir sprechen kann. Im Büro ist die Hölle los. Jürgen sieht dreißig Jahre älter aus und er schreit rum. Leute von der Bank waren da. Irgendetwas stimmt nicht. Außerdem … Er hat mich entlassen. Antonia, weißt du, was los ist?«

»Ich glaube«, sage ich, »du wirst es erfahren. Wenn Clara so weit ist, wird sie es dir erzählen.«

»Wollten wir nicht immer ehrlich sein?«, fragt er gereizt.

»Ich möchte mit den Mertens einfach nichts mehr zu tun haben und dazu gehört, mich nicht mehr da reinziehen zu lassen.«

»Kommst du mich besuchen?«

»Nein, Michael. Meine Mutter ist gestorben und ich habe hier einen wahnsinnigen Berg vor mir.«

»Das tut mir leid. Ich komme zu dir und helfe dir.«

»Das ist lieb, aber das, was ich zu tun habe, muss ich alleine tun. Und wo es geht, hilft mir eine Freundin.«

Er schweigt. Dann klingt er traurig. »Du willst mich nicht wiedersehen, verstehe ich das richtig?«

»Ja«, sage ich und finde meine eigene Ehrlichkeit schmerzhaft. »Du wirst es verstehen. Wir sind nichts füreinander, denn du liebst Zsazsa noch und sie ist zu lebendig, als dass ich eine wirkliche Chance hätte, das muss ich akzeptieren.«

»Aber ich habe mich in dich verliebt.«

»Ich glaube, wenn du ganz ehrlich zu dir bist, weißt du, dass du mich immer mit ihr vergleichen wirst. Und ich bin sicher, ich würde dich wieder an sie verlieren.«

Er schweigt. Wahrscheinlich wird er sehr bald wissen, wie recht ich habe. Dann verabschieden wir uns. Es liegt viel Wehmut darin, aber auch eine große Erleichterung.

Ich treffe Holger an der Oberbaumbrücke, der siebenbögigen Verbindung über die Spree. Die Deutschen hatten den Backsteinübergang mit den zwei Mitteltürmen gesprengt, um die Rote Armee im Kampf um Berlin fernzuhalten, bevor Kreuzberg zum amerikanischen und Friedrichshain zum sowjetischen Sektor wurde. Im Kalten Krieg sind hier Menschen erschossen worden und mehrere Kinder starben, da ihnen wegen der

Grenze von Westberlin aus nicht geholfen werden konnte. Die Grenzbeamten der DDR haben sie elendig ertrinken lassen. Die Hinterlassenschaften des Krieges sind grausam.

Vielleicht ist es mein Fluch, dass ich jetzt, wo die Erinnerungen zurückgekommen sind, überall das Schlimme in den Dingen sehe, so wie hier. Aber ich hoffe, wenn ich auch das zulasse und es nicht mehr verdränge, dass es mich irgendwann nicht mehr so anfasst.

Eine Weile gehen wir schweigend an der East-Side-Gallery entlang. Wir könnten ziemlich lange gehen, denn die größte Oper-Air-Galerie der Welt ist über eintausenddreihundert Meter lang. Es ist der inzwischen geliebte Rest der einhundertfünfundfünfzig Kilometer Berliner Mauer, an der mindestens zweihundertfünfunddreißig Menschen auf der Flucht starben.

Nun leuchtet das Denkmal für den Fall der Mauer, die Wiedervereinigung, für die friedlich erkämpfte Freiheit und Hoffnung, mit seinen Wandbildern in der Oktobersonne. Im Sommer mochte ich es hier nie. Der Grünstreifen zur Spree war von Touristen und jungen Leuten übersät und ich hatte immer das Gefühl, dass sie etwas können, wozu ich nicht in der Lage bin: fröhlich sein. Nun ist es etwas ruhiger und das Lachen einer Schulklasse macht mich nicht mehr traurig.

Dann fange ich an zu reden und erzähle Holger die ganze Geschichte. Wir sehen uns nicht an dabei und er hört zu, ohne mich zu unterbrechen. Wir schlendern über eine Stunde, und als ich auf der anderen Spreeseite den wie ein Buddha thronenden Berliner Dom mit seinen grünen Kuppeln sehe, erzähle ich von Warschau. Ein Stück weiter legt ein Touristenboot von der Anlegestelle ab und mein Blick wandert über das Wasser zum Säulengang des Kolonnadenhofs und zur Alten Nationalgalerie, während ich Holger von der blutigen Matratze meiner Eltern berichte. Die Schönheit der Museumsinsel steht in so einem krassen Gegensatz zu meinen inneren Bildern, dass sich meine eigene Geschichte vorübergehend ganz irreal anhört. Als wir den Monbijoupark erreichen, betrachte ich den schlichten, neoklassizistischen Bau des Pergamonmuseums und erzähle meinem Exfreund von meinem Besuch im Gefängnis. An der Spitze der Insel thront das Bode-Museum mit seiner neobarocken kaiserlichen Würde und ich bin am Ende meiner Erzählung angelangt.

Holger schweigt noch immer. Als ich den Blick zu ihm hebe, sehe ich die Bestürzung in seinen Augen. Er nimmt mich einfach in den Arm und wir stehen einige Minuten da, bis ich mich löse.

»Danke«, flüstere ich und mit etwas festerer Stimme fahre ich fort: »Es tut mir wahnsinnig leid, was ich dir angetan habe. Ich kann dir nur sagen, dass ich es nie böse gemeint habe und dass ich weiß: Es war nicht okay und ich habe dich verletzt. Leider habe ich mich selbst nicht verstanden.«

Er nickt traurig. »Es tat sehr weh. Und … ich weiß nicht, was ich zu deinen Eltern sagen soll. Es ist … es ist furchtbar. Ich wünschte, ich könnte dir einfach verzeihen, angesichts dessen, was du gerade durchmachst.«

Ich unterbreche ihn, als er weitersprechen will. »Das musst du nicht, darum geht es nicht. Ich meine ehrlich, dass es mir leidtut. Auch, dass ich nicht früher erkannt habe, dass wir nicht das Gleiche wollen. Ich habe es vielleicht gespürt, aber nicht ehrlich hingesehen. Kann sein, dass ich Angst hatte, ich würde mir damit eine finale Beziehungsunfähigkeit attestieren.«

Mein Exfreund sieht mich enttäuscht an. »Das meinst du immer noch? Dass wir nicht das Gleiche wollen?«

»Ja.« Wieder schmerzt mich meine eigene Ehrlichkeit. »Und ich brauche jetzt vor allem Zeit für mich.«

»Aber das kann sich doch ändern«, wagt er einen verzweifelten Schritt.

»Ja, Holger, aber das dauert. Lange.«

»Ich helfe dir dabei.«

Ich werde wütend, aber atme einmal tief ein und aus und bleibe ruhig. »Ich will mich nicht verändern. Also, schon auch, aber vor allem will ich mich finden. Und es ist nicht gut, wenn wir beide uns verändern müssen, um das Gleiche zu wollen.«

Er blickt nun auch der Wahrheit ins Gesicht. »Du willst nicht mit mir zusammenleben?«

»Nein«, erwidere ich. »Ich möchte nicht mit dir zusammenleben.« Er sieht böse aus und ich weiche seinem Blick nicht aus. »Es tut mir leid, dass ich dir das nicht früher sagen konnte. Aber jetzt muss ich es tun. Ich kann keine Lügen mehr ertragen. Auch nicht mehr meine eigenen.«

Wir umarmen uns zum Schluss. Er fragt mich nicht, ob wir in Kontakt bleiben, und auch nicht, ob er mich anrufen darf oder ich mich mal melde. Es ist gut so. Ich glaube, Holger braucht auch einen Neuanfang, und ich wünsche ihm, dass er die passende Frau dafür findet.

»Eines will ich dir noch sagen«, erkläre ich. »Ich habe nie wertgeschätzt, wie wichtig das ist, was du tust. Ich habe eine Lehrerallergie. Vielleicht wegen meinen Eltern. Aber es ist toll, was du machst. Dass du geflüchteten Kindern Bildung schenkst, ihnen Deutsch beibringst. Du bist sicher ein guter Lehrer, jemand, den sie mögen und vor dem sie keine Angst haben müssen. Du gibst ihnen eine Sprache. Es tut mir leid, ich konnte einfach nicht sehen, wie wertvoll genau das ist: eine Sprache zu haben.«

Ob ich ihn vermissen werde? Bestimmt, in manchen traurigen Stunden. Ob ich mich dann zurückwünsche? Wahrscheinlich, ab und zu, um mich an einer Schulter auszuweinen und nicht in ein Kopfkissen. Ob ich zurückwill? Auf keinen Fall. Denn als ich ihm nachsehe, spüre ich es wieder. Ich bin nicht Toni. Nicht mehr, ich bin jetzt eine andere.

Ich treffe Claudia vor dem Krankenhaus. Wir haben noch eine Viertelstunde bis zum Termin. Wir sitzen auf einer Bank und frösteln.

»Was«, frage ich sie, »wenn ich zustimme und die Organe meiner Mutter jemand bekommt, der dann das erlebt, was ich erlebt habe? Der mit einem Privatdetektiv herausfindet, wer sie war, und dann denkt, Brigittes Seele hause nun in ihm?«

Claudia streicht mir freundschaftlich über den Rücken und hört mir weiter zu.

»Ich weiß nicht mal, ob sie ein böser Mensch war. Bescheuert, oder? Sie hat Böses getan, aber ich kriege es nicht hin, es zu fühlen.«

Sie lächelt mich warm an. »Ob du ihr jemals verzeihen kannst oder für dich entscheidest, dass sie scheiße war – lass dir Zeit. Das Wichtigste hast du getan: Du hast dich befreit. Und ich glaube, die Organspende hat nichts mit ihrer Verantwortung zu tun. Wenn du nicht glaubst, dass es für sie okay wäre, mach es nicht. Wenn du dich nicht entscheiden kannst und dich grämen würdest bei dem Gedanken, dich dafür entschieden zu haben: Mach es nicht. Ich persönlich glaube, deine Mutter kann so etwas wiedergutmachen. Ein anderer oder mehrere andere haben dann die Chance, noch ein paar Monate oder Jahre zu leben und mit ihrem Leben ins Reine zu kommen. Sie haben dann Zeit, Abschied zu nehmen und dankbar zu sein für die Zeit, die sie geschenkt bekommen.«

Ich nicke und stehe auf.

Sie bietet mir nicht an, mich zu begleiten. Es ist schwer, dass sie mir nichts von dem abnimmt, was ich selbst tun muss. Aber ich weiß, dass sie noch hier sitzen wird, wenn ich zurück bin.

Ich stehe am Bett meiner Mutter und sehe, wie ihre Brust von den Maschinen gehoben wird. Zwei Ärzte, die nichts mit Organentnahme oder -verpflanzung zu tun haben, haben unabhängig voneinander den Hirntod festgestellt. Brigittes bleiche Hand liegt neben dem künstlich am Leben erhaltenen Körper. Ob sie noch hier ist? Oder schon weg? Ich kann mir gar nicht vorstellen, dass dies nur noch eine Hülle ist. Wann wird ihre Seele verschwinden, wenn sie noch da ist? Sobald die Maschinen nicht mehr piepen? Oder war sie schon in eine andere Sphäre gewandert, als die Sanitäter sie wiederbelebt hatten?

»Ich weiß es nicht, ob ich dir je verzeihen kann, Brigitte.« Es ist seltsam, mit einer Toten zu sprechen. Und obwohl ich das sage, ist mir zum Heulen zumute, ich spüre die Tränen unter meinem Kehlkopf schmerzen. »Ich weiß nicht, ob du versucht hast, etwas wiedergutzumachen, oder ob du dich nur selbst schützen wolltest in den letzten Wochen, weil du gemerkt hast, dass bei mir alles wieder hochkommt. Du hast die kleine Toni in mir wiedererkannt, die noch nicht vergessen hatte. Ich weiß nicht, ob es einfacher gewesen wäre, wenn du den Mut gehabt hättest, es mir endlich zu erzählen. Aber es hätte mir viel bedeutet. Es wäre anders gewesen. Ich unterstelle dir mal, dass du es damals nicht besser konntest. Wenn ich heute von Kindern höre, die in der Obhut ihrer Eltern oder Pflegefamilien sterben, missbraucht werden und so viel erleiden müssen, wird meine Welt rot vor Hass. Dann könnte ich diese Leute umbringen. Ein Teil davon meint eigentlich dich, es ist alte Wut auf dich, die ich nicht spüren durfte als Kind. Ich habe in Warschau gespürt, dass ich Evelyn töten könnte, weil sie mich so kontrolliert und fertiggemacht hat. Auch das bezieht sich wahrscheinlich auf dich. Vielleicht dachte ich als Kind, dass ich dich am liebsten umbringen würde, weil du unser Leben zur Hölle gemacht hast und mir den einzigen Menschen genommen hast, dem ich wirklich vertraut habe und auf den ich mich verlassen konnte. Ich weiß jetzt, was Mordswut ist, und Papa wusste es anscheinend auch. Ich hätte uns ein anderes Ende gewünscht, dir auch. Angenommen, du hast versucht, etwas wiedergutzumachen. Bei mir bist du damit gescheitert. Aber ich versuche, diese Absicht anzunehmen und danach zu handeln: Deshalb habe ich mich für die Organspende entschieden. Ich hoffe, ich handele in deinem Sinn. Eine letzte Bitte habe ich an dich. Wenn du noch da bist: Bitte geh. Bitte geh wirklich weg.«

Nun weine ich und tiefe Schluchzer schütteln mich durch. Eine Zeit lang kann ich nicht sprechen, dann flüstere ich, unterbrochen von weiterem Schluchzen: »Wer immer deine Organe bekommen wird, respektiere diesen Menschen – mehr als du es bei deinen eigenen Kindern getan hast. Verlasse mit deiner ganzen Seele diese Welt und vererbe den Empfängern nicht das, was du mir vererbt hast, und lass sie in Frieden ihr eigenes Leben leben. Ich gebe dir jetzt, an diesem Bett, deine ganze Schuld zurück, die nicht zu mir gehört, deine ganze Einsamkeit, die ich gefühlt habe, deine Bindungslosigkeit und Freudlosigkeit.«

Wieder weine ich, wie ein kleines Kind. *Gegen die Liebe zu unseren Eltern sind wir machtlos.* Das hat Claudia gesagt.

Ich spüre jetzt die Trauer von damals, als ich nicht mehr zu meiner Mutter durfte, die ich gehasst habe und dennoch liebte. Die meine Mutter war und nicht sein konnte. Von der ich dachte, dass sie mich nicht liebt, weil ich ein schlechtes Kind bin, und mich deshalb so schlecht behandelt hat und mich nicht bei sich haben wollte.

Ich atme ein paarmal tief durch und putze mir den Rotz von der Nase. »Bestimmt hast du auch Schlimmes erlebt, aber das entschuldigt es nicht. Wir waren klein und verängstigt und schutzlos. Du warst die Erwachsene und du hättest den Arsch hochbekommen müssen, um deine Dämonen woanders loszuwerden als in unserem Kinderzimmer. Mach es gut, Mutter, wo immer du auch hingehst. Sollte ich es eines Tages wollen, besuche ich dich an deinem Grab.«

Meine Kehle schmerzt, als würde sie explodieren, die Tränen laufen nun still. Ich sehe sie noch mal an. Und dann rollt auch aus ihren Augen ein Wassertropfen. Ich starre ihn an, wie er sich einen Weg über den Wangenknochen und dann zum Ohr bahnt. Dann kommt noch ein Tropfen. Die Ärzte haben gesagt, dass so etwas und auch Zuckungen nicht unnormal sind, auch bei einem Hirntod. Aber irgendwie sagt mir das, dass es auch ihr leidtut und dass sie mich gehen lässt.

»Tschüss«, flüstere ich und mit einem letzten Schluchzer spreche ich es aus: »Leb wohl, Mama.«

93

Ich lege meine persönlichen Gegenstände in einen grauen Plastikkorb und trete durch die Sicherheitsschranke. Meine Umhängetasche verschließe ich in einem Fach und folge dem uniformierten Beamten durch die Flure. Wenige Minuten später stehe ich wieder vor der grauen Tür mit dem Fenster, das durch ein Gitternetz in hundert kleine Quadrate eingeteilt ist. Ich trete ein und warte an dem leeren Tisch. Draußen trommelt Regen gegen die Scheibe.

Mein Vater kommt und er sieht elend aus. Er setzt sich und sieht mich nicht an.

»Ich habe der Organspende zugestimmt. Wahrscheinlich wird sie gerade in den Operationssaal geschoben.«

Er weint.

»Papa, warum hast du nie etwas dagegen unternommen? Warum hast du uns nicht beschützt?«

»Es tut mir so leid«, schluchzt er.

»Und warum hast du sie getötet? Jetzt, fünfunddreißig Jahre später?«

»Ich war betrunken.«

»Nein, das glaube ich dir nicht. Du bist Alkoholiker geworden, weil du mit deiner Schuld nicht klarkamst und aus irgendeinem Grund bei ihr geblieben bist. Wie Frauen bei Männern bleiben, die sie schlagen, weil sie früh gelernt haben, dass so ein Umgang normal ist und man ihnen vermittelt hat, dass sie nichts wert sind.«

Er nickt langsam und schluckt. »Ich wollte etwas wiedergutmachen.«

»Hast du nicht.«

Er starrt mich verzweifelt an.

»Dachtest du, ich gebe dir den Segen für einen Mord?«

»Ich habe es nicht ausgehalten, dich noch mal so zu sehen. So verzweifelt, so alleine, in der ständigen Panik und Hoffnung, dass da jemand ist, den es nicht gibt, ein Geist, ein Wesen.«

»Aber es gab sie!«, fauche ich. »Und sie hatte einen Namen! Melanie!«

»Ich war jede Woche auf dem Friedhof im Grunewald. Fünfunddreißig Jahre habe ich sie um Vergebung gebeten. Ich kann nicht verlangen, dass du mir vergibst. Als das passiert ist mit Brigitte …«

»Passiert ist? Du meinst, als du einen Briefbeschwerer genommen und ihr den Schädel eingeschlagen hast?«

Er schweigt und ich sehe ihm an, dass meine Wut ihn innerlich zerfrisst. Aber er reißt sich zusammen. »Ja. An dem Tag, du warst plötzlich weg. Alles war wieder da, es war wie früher. Ich mit deiner Mutter allein, meine Töchter weg. Dein Anruf aus dem Zug war so voller Schmerz … und dann kam der ganze Hass auf Brigitte wieder.«

»Du hast nicht etwas an mir wiedergutgemacht, du hast dich selbst verachtet, weil du es damals nicht besser gemacht hast. Und du hast mir die Chance genommen, mich mit Brigitte auszusprechen und von ihr zu erfahren, warum sie das getan hat.«

»Ich wollte nicht, dass du es je erfährst, um dich nicht noch mal damit zu belasten. Wir beide wollten das nicht. Sie war nicht so, als wir uns kennenlernten. Sie war auch nicht so, als sie schwanger wurde und wir geheiratet haben. Es kam erst später und ich habe deine Mutter so geliebt.«

»Ich werde nicht mehr kommen, Papa.«

Er weint.

Ich hingegen kämpfe meine Tränen hinunter. »Vielleicht geht es irgendwann wieder. Ich liebe dich, weißt du? Du warst immer der Mensch für mich, bei dem ich das Gefühl hatte, richtig zu sein. Aber das geht jetzt nicht mehr. Du bist jetzt der Mensch, der mich nicht beschützt hat und mich fünfunddreißig Jahre lang angelogen hat. Du hast vielleicht nicht den Schlüssel im Schloss gedreht, aber du hast zugelassen, dass wir stundenlang alleine und durstig in unserem Zimmer eingesperrt waren. Auch nachts, glaube ich.«

Er greift nach meiner Hand und sieht mir das erste Mal richtig in die Augen. »Ich liebe dich über alles, Toni. Und ich habe deine Schwester nie vergessen. Ihr zwei, du und Melanie, ihr wart mein Leben. Ich weiß, dass das alles unverzeihlich ist und ich habe Fehler gemacht. Ich darf hier nicht trinken und ich kann keinen Nebelschleier mehr über meine Schuld legen. Das ist eine viel schlimmere Strafe, als im Gefängnis zu sein, und ja, wahrscheinlich habe ich sie verdient.«

»Beantworte mir noch das: Warum hast du dich nicht endgültig von ihr getrennt? Und war sie im Gefängnis?«

Er schweigt unglücklich.

»Papa, ich kriege es eh raus. Es gibt alte Akten.«

»Brigitte und ich, wir haben uns oft gehasst, aber wir haben uns gebraucht, um an Melanies Tod nicht zugrunde zu gehen. Ich habe versucht, wenigstens seitdem ein guter Vater zu sein. Ich habe deine Mutter nach Melanies Tod verlassen und angefangen zu trinken. Es stand schrecklich um mich. Brigitte hat mich da wieder rausgeholt. Ich bin wegen dir zurück zu ihr gegangen, sonst hätte ich es nicht geschafft, für dich da zu sein.«

»Also war sie nicht im Gefängnis. War das irgendein beschissener Deal? Der Tod wurde als Selbstmord eingestuft und sie hat zugestimmt, das Sorgerecht an deine Mutter zu übergeben? Ich meine, wer ist denn so blöd und glaubt, dass ein Kind sich umbringt?«

»Sie wurde verurteilt wegen Kindesvernachlässigung und musste ihre Arbeit an der Schule aufgeben. Sie durfte keine Kinder mehr unterrichten. Sie ist dann in die Erwachsenenbildung gewechselt. Oma hat nie zugelassen, dass Brigitte mitkommt, wenn ich dich besuche. Nur an deinen Geburtstagen. Und als du zwölf warst, nach sieben Jahren, haben wir das Sorgerecht zurückbekommen. Mit der Auflage, dass Oma eine nahe Kontaktperson für dich bleibt.«

Ich sehe auf seine Hand, die meine umschließt. Ich kann sie nicht wegziehen.

Er drückt sie. »Deine Augen sehen schlimm aus. Ist es wegen der Cornea?«

»Ich habe gleich einen Arzttermin. Ich weiß nicht, ob sie sich wieder ablösen und dann der ganze Horror wieder von vorne losgeht, ob ich wieder blind werde. Ich kann nicht mehr Auto fahren und ständig kippe ich um und mir wird schlecht.«

»Toni, ich werde alles akzeptieren, was du willst. Wenn du mich aus deinem Leben streichst, muss ich damit leben. Du bist das Einzige, für das ich noch lebe.«

Ich stehe auf. »Dann solltest du daran arbeiten, nicht mehr von Frauen abhängig zu sein, deren Gnade du ausgeliefert bist. Hier drinnen dürfte das gehen. Und ich arbeite daran, nicht mehr deinen Segen zu brauchen.«

Ich gehe zur Tür und drehe mich noch mal um. Da sitzt er und ich sehe den verängstigten Jungen in dem alten Gesicht, sehe seine Angst und den Wunsch, dass sich jemand anders um ihn kümmert.

Ich lasse ihn damit alleine.

Ich muss in den nächsten Wochen die Wohnung meiner Eltern entrümpeln. Aber ich habe ihr Erbe ausgeschlagen.

Claudia wartet im Auto auf mich. Sie nimmt mich in den Arm und als ich mich löse, sieht sie mich fragend an.

»Letztes Kapitel?«

Ich nicke.

Sie startet den Motor und die Scheibenwischer fegen die letzten Tränen von der Windschutzscheibe.

94

Auf dem Weg Richtung Spandau teilen Claudia und ich uns ein Sandwich. Sie fährt und wir hören Nachrichten.

»In Frankfurt am Main gibt es den größten Kunstfund seit dem Fall Gurlitt im Jahre 2012 in München. In den frühen Morgenstunden wurde vor dem gesicherten Archivbereich des Städel Museums eine massive Kiste gefunden und die Polizei alarmiert. Der Verdacht auf Kunstterror und eine mögliche Bombe erhärtete sich jedoch nicht. Stattdessen fanden die Beamten in dem Behälter fünf Gemälde, die seit 1945 als verschollen gelten. Mutmaßlich befanden sie sich zum Ende des Zweiten Weltkriegs im Privatbesitz von Hermann Göring, einem führenden Politiker zur Zeit des Nationalsozialismus und Oberbefehlshaber über die Luftwaffe. Seine Kunstsammlung ließ er kurz vor Ende des Zweiten Weltkriegs mit einem Zug abtransportieren. In Berchtesgaden wurden die Waggons damals von Einheimischen und mutmaßlich auch von alliierten Soldaten geplündert. Nur ein Teil der Kunst ist damals offiziell gefunden worden. Erste Experten haben die fünf wiederaufgetauchten Bilder inzwischen begutachtet. Weitere Untersuchungen bezüglich der Echtheit stehen an, aber, wie ein Sprecher des Museums sagte, bestehe berechtigter Grund zur Hoffnung. Unter den Bildern befindet sich auch *Der Turm der blauen Pferde* von Franz Marc und van Goghs *Liebespaar* sowie *Frauenkopf* von Pablo Picasso. Der Wert des Kunstschatzes wird auf mehrere Hundert Millionen Euro geschätzt, wenn nicht noch mehr. Abzuwarten bleibt nun, ob die Echtheit der Gemälde bestätigt wird. Wenn ja, beginnt wohl ein jahrelanges Forschen nach den rechtmäßigen Eigentümern. In Deutschland gelten noch Tausende Werke aus der Beutekunst als verschollen.«

Jetzt ist mir klar, warum Jürgen in Frankfurt so ausgeflippt ist und sogar Michael hinausgeworfen hat. Wenn Clara und die Töchter dafür gesorgt haben, dass die Bilder nicht mehr als Kreditsicherheit dienen, müssen die Mertens die Kredite mit Immobilien ablösen.

Claudia sieht mich an und wir beide lächeln. Sie parkt mein Auto und dieses Mal begleitet sie mich ein Stück. Der Wald ist finster und er riecht satt und grün. Eine bauchige Mondscheibe lässt den breiten, nassen Weg leuchten. Erst als wir ihn verlassen, schalten wir die Taschenlampen an.

Claudia wartet am Friedhofsportal. Ich steige über die Mauer. Ich folge dem Sucher der Taschenlampe und stehe bald vor Melanies Grab.

Ich lege meine Regenjacke auf den Waldboden und setze mich. Die Taschenlampe zeigt mir, dass der Regen meinen Blutfleck vom Grabstein gewaschen hat.

Ich spüre sie schon, bevor ich sie begrüßen kann. Ich hebe den Blick und sehe den hellen Nachthimmel über den schwarzen Baumkronen.

»Hallo, Melanie«, sage ich und atme den wunderbaren Geruch der nassen Natur ein. »Du wunderst dich vielleicht, warum ich dich so spät besuchen komme, aber ich werde nicht schlafen können, wenn ich es dir nicht erzählt habe. Du sollst die Erste sein, die es weiß.« Dann erzähle ich ihr von meinem Tag. »Ich danke dir so sehr für das, was du für mich getan hast. Früher, als wir klein waren, und auch dafür, dass du mir die Augen geöffnet hast, als ich blind wurde. Du musst mich jetzt nicht mehr in Albträumen besuchen, ich werde nun zu dir kommen, so oft ich kann. Ich hätte dich gerne besser gekannt und kann mich nur an einzelne Bilder von dir erinnern. Aber die werde ich mir immer bewahren. Wie wir wohl als Schwestern gewesen wären? So voller Hassliebe wie Zsazsa und Evelyn? Ich habe jetzt eine Freundin gefunden, eine richtige, eigene Freundin. Sie ist Anwältin und sehr nett; sie hat mir ein Zimmer zur Untermiete angeboten, da wohne ich, aber nur vorübergehend, bis ich was Eigenes gefunden habe. Ich verkaufe das Haus von Oma, es ist nicht mein Zuhause. Claudia hat mir auch einen Recherchejob für die Kanzlei angeboten, weil ich darin angeblich gut bin. Aber ich weiß nicht, ob ich weiter in den Leben anderer herumgraben will. Ich muss mich erst mal um meines kümmern. Und dann …« Mir kommen die Tränen, diesmal vor Glück. »Und dann um ein zweites. Ich spüre, dass es ein Mädchen wird. Manchmal denke ich, ich müsste sie Tanja nennen, aber ich will wirklich ganz neu anfangen. Raja ist hebräisch und heißt *Hoffnung*, das gefällt mir, als zweiter Name passt Melanie. Raja Melanie Petzold. Eigentlich kann ich nicht schwanger sein.« Ich muss lachen und zugleich weinen. »Ich bin schwanger. Völlig verrückt, oder? Immer hatte ich so schreckliche Angst davor und nun weiß ich endlich, warum. Dieser Friedhof hier wird 2038 aufgelöst, das sind noch neunzehn Jahre. Dann ist mein Kind erwachsen. So lange brauche ich dich auch, damit ich mit jemandem reden kann. Wir haben so viel nachzuholen.«

Blätter rascheln über meinem Kopf und es klingt, als würde *sie* vor Freude klatschen.

»Wer der Vater ist, willst du sicher auch wissen.« Dann lache ich. »Ich will es auch wissen. Holger oder Michael? Hättest du gedacht, dass ich jemals so verrückt sein werde, so etwas nicht zu wissen? Ich will mein Kind nicht anlügen, es soll seinen Vater kennen. Ich muss nur darüber nachdenken, wann der richtige Zeitpunkt ist, es den Jungs zu sagen. Also vor oder nach der Geburt.«

Ich denke an Michael und Holger. Es wird nicht leicht ohne sie. Aber mit ihnen auch nicht.

»Morgen werde ich mir übrigens einen Organspendeausweis holen. Es klingt blöd und pathetisch, aber früher hatte ich immer Angst, dass, wenn ich mir einen hole, mir auch was passiert. Dann, als das mit dem Albtraum losging und ich dachte, Zsazsa sei in mir, hatte ich Angst, dass ich den Horror weitergebe, wenn jemand etwas von mir bekommt. Jetzt gebe ich nichts mehr weiter. Ob irgendwas von mir brauchbar ist wegen der Medikamente? Keine Ahnung. Aber jetzt weiß ich: Ich habe wirklich ein neues Leben geschenkt bekommen. Zwei sogar. Wenn es mich eines Tages trifft, will ich dieses Geschenk in den Kreislauf zurückgeben.

Aber ich hoffe, dass ich noch viel Zeit habe. Denn endlich bin ich mit dem richtigen Menschen zusammen und ich freue mich darauf, ihn kennenzulernen: mich selbst. Ich habe noch sechs Monate Zeit, bevor ich sie kennenlerne: Raja Melanie Petzold. Das erste Mal fühle ich eine Verantwortung als etwas wirklich Schönes. Ob ich Schiss habe? Natürlich, riesengroßen!«

Ein Windhauch fährt mir durchs Haar und von den nassen Bäumen tropft es.

»Ich komme wieder, liebe Melanie. Ich komme jede Woche. Endlich habe ich dich gefunden und ich weiß, dass du irgendwo bist und es mitbekommst.«

Der Wind böt auf und die Baumkronen singen eine Melodie. Ich lege mich auf die Regenjacke, die Hände sanft auf meinem Bauch, und sehe hinauf. Ich habe meine Angst vor Friedhöfen verloren. Und was das größte Geschenk ist: Ich habe meine Angst vor der Dunkelheit verloren.

Es ist ein ruhiges, stilles Glück.

Eine Zeit der Ungewissheit liegt vor mir. Und ich fühle mich wohl damit. Denn ich bin nicht mehr allein.

Ich lausche den Blättern und dem Wind und es ist, als sängen sie:

Wir schaffen das.

ENDE

Nachbemerkung

Die im Roman erwähnten Gemälde und ihr Verbleib:

Der Turm der blauen Pferde von Franz Marc aus dem Jahr 1913 gilt seit dem Ende des Zweiten Weltkriegs als verschollen. Zuletzt war das Bild 1937 in der Ausstellung »Entartete Kunst« in München zu sehen. Hermann Göring erwarb es für seine umfangreiche private Kunstsammlung. Der Wert des Bildes wird auf mindestens 50 Millionen Euro geschätzt. Dass dieses Meisterwerk wieder aufgetaucht ist, habe ich erfunden.

Das 1888 von Vincent van Gogh gemalte Bild *Liebespaar im Stadtpark von Arles* ist seit 1937 verschollen. Der Schätzwert dieses Gemäldes liegt bei 50 Millionen Euro. Heute existiert davon nur noch eine Schwarz-Weiß-Reproduktion. Das Auftauchen dieses Meisterwerks ist meinem Sinn für Gerechtigkeit entsprungen.

Das Gemälde *Frauenkopf* aus Pablo Picassos früher Schaffenszeit wurde 1937 von den Nazis beschlagnahmt und in die Schweiz versteigert. Das Verbleiben des Bildes ist nicht bekannt. Es existiert nur noch ein Schwarz-Weiß-Foto des Werkes, das ich im Archiv des Städel Museums bewundern konnte. Zumindest im Geiste sah ich es mit den anderen Meisterwerken wieder im Städel Museum hängen.

Die anderen im Roman erwähnten Gemälde, ihre Reise durch die Weltgeschichte und deren Verbleib habe ich anhand meiner Recherchen nachskizziert.

Die Raubkunst der Nazis:

Von 1939 bis 1944 plünderten nationalsozialistische Organisationen Schlösser, Bibliotheken, Museen und Privatsammlungen in den von der deutschen Wehrmacht besetzten Gebieten. Die erbeuteten Kunstgegenstände sollten im »Führermuseum« im österreichischen Linz ausgestellt werden. Es sollte das größte Museum der Welt werden.

In den Jahren 1943 bis 1948 befand sich ein wesentlicher Teil der Beutekunst aus ganz Europa im Salzbergwerk Altaussee.

Hermann Göring, der seine Privatsammlung durch die Beutekunst erheblich vergrößert hatte, ließ seine Sammlung 1945 in Sonderzügen nach Berchtesgaden bringen. Viele dieser Gemälde und Kunstgegenstände wurden in den letzten Kriegstagen von Plünderern und angeblich auch von Alliierten gestohlen. Der Rest wurde sichergestellt.

Die Schätzungen der Experten, wie viel Prozent der Naziraubkunst aus den Jahren des Zweiten Weltkriegs wieder restituiert worden sind, liegen weit auseinander. Sie gehen von 50 bis 80 Prozent aus.

Die Bundesrepublik Deutschland hat sich 1998 in der Washingtoner Erklärung zur Rückerstattung von Kunstwerken bereit erklärt, auch wenn keine internationale oder zivilrechtliche Verpflichtung dazu besteht.

Die psychologische Ebene:

Über die Auswirkungen eines frühkindlichen Traumas, die Diagnosen und Symptome, ebenso über die psychodynamischen

Auswirkungen der Erfahrungen der Kriegsgeneration auf die Folgegenerationen habe ich mich in Fachbüchern informiert und mich von Ärzten beraten lassen.

Für die psychischen Veränderungen bei Transplantatempfängern gibt es keine wissenschaftlichen Beweise, aber Studien und enorm viele Aussagen Betroffener, die die im Roman geschilderten Phänomene belegen.

Danksagung

Ich danke Dr. Michael Lücking für seine Beratung in Sachen Organ- und Gewebespende.

Ich danke dem Städel Museum in Frankfurt am Main für die Unterstützung bei meinen Kunstrecherchen und den Zugang zum Archiv.

Ich danke dem Landesarchiv Berlin für die Beratung in Sachen Aktenlagerung und Familiendokumente.

Ich danke der Europäischen Zentralbank für die Einzelführung durch das Gebäude und die Kunstsammlung und die freundliche Unterstützung.

Ich danke Tim Gehrke, meinem Erstleser, für die klugen Anmerkungen zum Manuskript.

Ich danke meinem wunderbaren Literaturagenten Alfio Furnari und meiner Agentur Landwehr & Cie für die immer großartige Unterstützung.

Ich danke Katrin Fieber vom Ullstein Verlag für ihr Vertrauen in meine Geschichte und Astrid Roth für das feine Lektorat.

Und ich danke allen, die mich bei meinem Roman zum Thema Provenienzforschung, Cornea-Transplantation und Kunst als gewichtiges Anlageobjekt unterstützt haben und hier nicht genannt sein wollen oder dürfen.